法学精品教科书译丛

〔日〕前田雅英 著

曾文科 译

刑法总论讲义

（第七版）

著作权合同登记号　　图字:01-2021-1853
图书在版编目(CIP)数据

刑法总论讲义／(日)前田雅英著；曾文科译. 7版. -- 北京：北京大学出版社, 2024. 10. -- (法学精品教科书译丛). -- ISBN 978-7-301-35627-2
Ⅰ. D931. 34
中国国家版本馆 CIP 数据核字第 2024J53V52 号

前田雅英　刑法総論講義　第 7 版
東京大学出版会　2019 年 Copyright(c) 2019 by Masahide Maeda
本書は東京大学出版会が北京大学出版社との契約により中国語(簡体字)への独占翻訳権を許可したものである。

Criminal Law: The General Part, the 7th Edition
First published by University of Tokyo Press in Japanese in 2019
All right reserved.
Chinese translation rights are arranged by University of Tokyo Press, exclusively for Peking University Press

书　　　　名	刑法总论讲义(第七版)
	XINGFA ZONGLUN JIANGYI(DI-QI BAN)
著作责任者	〔日〕前田雅英　著　曾文科　译
责 任 编 辑	张　宁
标 准 书 号	ISBN 978-7-301-35627-2
出 版 发 行	北京大学出版社
地　　　　址	北京市海淀区成府路 205 号　100871
新 浪 微 博	@北京大学出版社　@北大出版社法律图书
电 子 邮 箱	编辑部 law@ pup. cn　总编室 zpup@ pup. cn
电　　　　话	邮购部 010-62752015　发行部 010-62750672
	编辑部 010-62752027
印 刷 者	北京中科印刷有限公司
经 销 者	新华书店
	965 毫米×1300 毫米　16 开本　24.75 印张　431 千字
	2024 年 10 月第 1 版　2024 年 10 月第 1 次印刷
定　　　　价	99.00 元(精装)

未经许可，不得以任何方式复制或抄袭本书之部分或全部内容。
版权所有，侵权必究
举报电话：010-62752024　电子邮箱：fd@ pup. cn
图书如有印装质量问题，请与出版部联系，电话：010-62756370

作者简介

前田雅英（まえだ　まさひで），1949年生于东京，1972年东京大学法学部毕业，1975年任东京都立大学法学部助教授，1988年任东京都立大学法学部教授，2014年任日本大学大学院法务研究科教授，现为东京都立大学名誉教授。除本书与大量学术论文外，主要著作有：《可罰的違法性論の研究》（东京大学出版会1982年版）、《現代社会と実質的犯罪論》（东京大学出版会1992年版）、《少年犯罪》（东京大学出版会2000年版）、《刑事法最新判例分析》（弘文堂2014年版）、《刑法各論講義》（东京大学出版会2020年第7版）、《刑事訴訟法講義》（合著，东京大学出版会2022年第7版）、《最新重要判例250　刑法》（合著，弘文堂2023年第13版）。

译者简介

曾文科，中国政法大学副教授、博士生导师、钱端升青年学者，刑法学研究所副所长。清华大学法学学士、法学硕士，日本早稻田大学法学博士。在《法学研究》等书刊上发表学术论文二十余篇，独译、合译日文文献多部（篇），主持国家级、省部级研究课题多项。获评北京高等学校优秀专业课主讲教师，中国政法大学优秀教师、青年教学名师、最受本科生欢迎的十位老师等荣誉称号。

中译本序

我国刑法学界都比较熟悉"前田雅英"的大名。尽管如此,我还是想借本书出版的机会对他作一番比较简单但或许并不多余的介绍。

前田雅英教授1972年3月毕业于东京大学法学部,随后在法学部担任助手(师从平野龙一先生),1975年任东京都立大学法学部副教授,1988年7月晋升为教授。在东京都立大学任教期间,前田教授曾任东京都立大学评议员、东京都立大学附属图书馆馆长、法学部部长、社会科学研究科科长。2005年4月,东京都立大学合并其他学校后改名为首都大学东京(后于2020年4月又再次更名为东京都立大学),前田教授曾任首都大学东京都市教养学部部长与社会科学研究科科长。2014年前田教授从首都大学东京退休后,转任日本大学大学院法务研究科教授,现为东京都立大学名誉教授。

前田雅英教授出版了大量著作,其中代表性的独著有:《可罚的违法性论的研究》(1982)、《刑法总论讲义》(第1—8版,1988—2024)、《刑法各论讲义》(第1—7版,1989—2020)、《现代社会与实质的犯罪论》(1992)、《刑法的基础·总论》(1993)、《最新重要判例250刑法》(第1—13版,1996—2023)、《少年犯罪》(2000)、《刑法入门讲义》(2000)、《少年犯罪的惨状与日本的危机》(2001)、《有关少年使用刀具犯罪的对策的调查研究》(2002)、《日本的治安能否再生》(2003)、《针对裁判员的刑事法入门》(2009)、《针对警察官的刑事法要论》(2010)、《易懂的刑法》(2012)、《司法考试论文题解说讲义》(2013)、《刑事法手册——罪与罚的现在》(2014)、《刑事法最新判例分析》(2014)、《法的深奥之处——逝水川流不息,塞翁失马焉知非福》(2015)、《刑事法的要点》(第1—2版,2017—2022)、《刑事法判例的最前线》(2019)。除独著外,前田教授与他人合著(包括主编)的著作有50余部,如《思考刑法》《刑法讲义各论——现代型犯罪的体系地位》《从刑法看日本》《Exciting刑法总论》《Exciting刑法各论》《彻底讨论——刑法理论的展望》《条解刑法》《判例刑法》《刑事诉讼法讲义》《刑事诉讼实务的基础》《刑事诉讼判例注释》《刑事诉讼法手册》等。此外,前田教授发表了近700篇学术论文。

关于前田雅英教授的学术观点,我于25年前在李海东主编的《日本刑事法学者(下)》(中国法律出版社与日本成文堂1999年联合出版)一书中有所介绍。前田教授执教40余年，其基本立场虽然没有明显的变化，但对具体问题的研究却在不断深化。在我看来，前田教授的刑法学研究具有以下特色：（1）坚持实质的解释论或者说是实质的犯罪论（形成实质的构成要件论、实质的违法性论与实质的责任论），认为倘若仅仅对刑法作出形式的文理解释，刑法就不能得到具体运用。前田教授虽然采取了灵活解释的态度，但并没有放弃罪刑法定原则。（2）强调"国民规范意识"，认为离开裁判时的国民规范意识的刑事司法制度，不可能发挥应有的机能；同样，刑罚如若不与国民的"规范意识""正义感"相适应，就不可能产生应有的效果。（3）善于根据日本的犯罪现状、司法体制等形成自己的学术观点，重点构筑适合现代日本的"日本型"刑法理论，不照搬其他国家的学说。（4）注重具体问题的解决与具体结论的妥当性，将"体系性思考"置于次要地位。（5）充分尊重裁判所的判断，尽可能说明判例的合理性与一致性，并且善于从判例中归纳和提升刑法理论（如因果关系的判断方法）。在前田教授看来，日本虽然是成文法国家，但事实上也是判例法国家，而且日本的判例值得信赖；所以，前田教授反对将其他国家的通说或者有力说作为判断日本判例是否妥当的标准。（6）善于用通俗易懂的语言和图表，归纳复杂的学术观点。这本《刑法总论讲义》虽然与第六版（比第五版减少了三分之一的篇幅）一样简洁明了，但我们仍然可以从中领略前田刑法学的风格。我也相信，本书的出版会对我国的刑法学研究产生积极的影响。

前田雅英教授虽然潜心著书立说，但也并非"两耳不闻窗外事"。从1986年起，前田教授先后担任了40多项社会与学术兼职（大体按任职先后排列），如法与精神医学会理事和会长、司法考试考查委员、日本刑法学会理事、东京都情报公开审查会委员、东京都个人情报保护审查会委员、警察厅综合治安对策会议委员长、警察厅政策评价研究会主席、最高裁判所一般规则制定咨询委员、文部科学省中央教育审议会初等中等教育分科会委员、厚生劳动省医疗安全对策检讨会议委员及事故报告范围检讨委员长、内阁府少年非行对策检讨会主席、东京都青少年问题协议会委员、法务省出入境管理政策恳谈会委员、法务省政策评价恳谈会委员、警视厅留置施设视察委员、警察厅触法少年调查指南检讨会主席、警察厅风俗行政研究会委员长、警察政策学会副会长与会长、国家公务委员采用综合职考试专门委员、厚生劳动科学研究费评价委员、内阁情报安全政策会议委员、内阁网络安全战略本部本部员、东京都安全委员会委员，等等。

前田雅英教授无比热爱刑法学的教学与研究，他将全部精力投入到刑法学的教学、研究以及相关社会活动与学术活动中,他基本上每年出版一部新著,每两周写一篇论文。除了刑法学外,他似乎没有其他爱好。当然,他喜欢美酒;在他看来,喝酒是人生一大乐趣。我曾经多次邀请他到中国讲学和旅游,但他总是说没有时间。据我所知,迄今为止,他没有去过其他任何国家。

我1989年10月前往东京都立大学法学部进修学习一年,指导教师就是前田雅英教授。第一次见面时,我就感觉到他非常亲切,特别善解人意,十分尊重他人的感受。在这一年里,我每周至少会与前田教授见一次面,向他请教日本刑法理论,此外还会旁听他的讲演课,参加他主持的讨论课。除了具体的刑法理论外,记忆犹新的是前田教授多次向我提到以下两点:其一,刑法学是解决本国问题的学问,中国学者不要照搬德国、日本的学说,而是要形成中国自己的刑法理论。其二,要做好学问就必须先做好人,如果没有高尚的人品就不可能做好学问。每次见面后,除特殊情况以外,前田教授都会请我吃饭(绝大多数场合都只有我们两人),而且每次都会在不同的餐馆;相同的是,每次都是我吃美食、他品美酒。记得有次一起吃饭时,服务员不小心将菜汤洒在我西裤上,服务员不停地道歉,前田教授则手拿毛巾蹲在地上帮我擦了很久。让我好感动!前田教授很健谈,每次和我在一起时,他都会向我讲许多小故事,同时也问许多中国的事情(如"万元户"是什么意思)。1990年10月我回国前,前田教授对我说:"你要回国了,我得送点礼物给你,我想你最需要的可能是日本的书,你开一个书单,我购买后寄给你。"还特别问道:"邮寄时国家名称是仅写'中国'就可以了,还是必须写'中华人民共和国'?"回国后我很快收到了前田教授寄给我的一箱书。让我好开心! 1996年4月至10月,我又在东京都立大学做了半年的客员研究教授,接收者也是前田教授。这一次,我的研究室就在前田教授研究室的对面,所以能够经常见面。他将法学部图书馆的入门卡与复印卡交给我使用,所以即使周末或者其他节假日图书馆馆员休息时,我也可以利用入门卡进入图书馆看书或者借书,同时还能大量复印日文刑法资料。值得回忆的事情很多,千言万语汇成一句话,前田教授一直给予我无微不至的关怀,我也一直对他心存感激!

写序题跋是文人雅事,我也喜欢阅读序跋类文字,但我不是文人;写序也非易事,"凡序文籍,当序作者之意",但我不能保证自己能够透彻地理解其他作者的意思。所以,这些年来,我都一直坚持"自著新书自序文"的原则,既没有请他人为自己的拙著作序,也没有给他人的新著写序。2016年12月30日上午收到译者曾文科博士的邮件(当时译者翻译完毕准备出版本书第六版),其中说道:"关于前田老师教科书的出版,今天北大出版社联系我说,看您能否为本书写篇文字。我知道您向来不为他人作品写序,本想就此回绝出版社的这一请求。但又考虑到您和前田老师关系非比寻常,而且前田老师在为本书写的《致中国读者》中反复提到了与您的交情及对您学术精神的看法,或许您也愿意对此有所回应。所以决定还是冒昧地发邮件征求一下您的意见。"我没有丝毫犹豫就回复表示同意。回复时当然想到了自己长期坚持的原则,但原则总会有例外,我想以这种例外方式表达我对前田教授的感激之情!

张明楷
2016 年 12 月 30 日于清华明理楼
(2024 年 6 月 18 日修改)

致中国读者

继第6版后,本书仍然由曾文科老师翻译并呈现给中国的读者朋友。对曾老师,我表示由衷的感谢。与此同时,对建立起我与曾老师之间联系的张明楷老师,也在此表达深深的谢意。

就我的刑法理论而言,最大的特色莫过于"实质犯罪论"。换言之,也可以说成是"日本式的犯罪论"。犯罪论的终极问题是"应否予以处罚",这一价值判断最终不得不由"日本国民"来作出。而国民规范意识主要结晶于判例之中,遵照国民规范意识的正确的法解释,也就只能从"判例"之中析出。虽然对各个具体的判例而言当然存在争议的余地,但"作为总体的判例"所呈现出来的国民规范意识乃是"终极的正义",不可能存在排斥这一点的理论。"正确的价值"是流动着的,至少在法的世界里,不可能求得"不变的正确"。可以说,150年间,在大学学习了"理论"的法律工作者们一直以来也是在结合眼前变化的现实,积累具有常识性的结论。

在此意义上,我认为明治时代以来的近代日本刑法理论,进入21世纪20年代后,终于到达了"真正意义上的日本刑法学"这一地步。日本明治政府受列强殖民地政策,尤其是对中国侵略(如鸦片战争)的冲击,认为有必要装饰成与列强处于对等地位的国家,于是迅速"进口"了欧洲的法制度。此时开始了包括刑事法制在内的日本近代法制。所以,刑法解释学说在作为"法制进口地"的德国的强烈影响下发展起来。

但是,自那时起的150年间,就全局来看,为了契合日本的现实(与国民的意识),进口的外国法理论经历了"脱胎换骨"般的历史。直至最近,终于在全部刑法领域大体上迎来了完结。

关于构成要件论,最近未遂论的变化值得关注。以特殊诈骗案件的多发等为契机,判例中立足于主客观综合评价的未遂论赢得了决定性的地位(第二章第六节)。

比未遂论的变化稍早一些,在因果关系论中,自第二次世界大战前以来的"从条件说向相当因果关系说的展开"这一德国式的理论,也被判例的观点所取代(第二章第七节)。比这还早的是,故意论中以回应有关毒品犯罪的判例为核心,发生了把故意形式地理解为"对犯罪事实的认识"到"实质故意论"的变化,并且在不断深化该理论(第三章第二节)。

正当防卫论中,自第二次世界大战前开始,判例与学说之间就产生了距离,但在平成二十九年(2017),日本式的正当防卫理解(较为狭窄的正当防卫成立范围)透过判例鲜明地呈现出来(第四章第三节)。

共犯论是最能代表德国理论与日本判例关系的领域。判例中形成的共谋共同正犯论突破了来自学说的强烈批判并最终确定了下来。在日本,被认定为教唆犯的实际上几乎为零,这是日本式的规范意识刷新德国式的共犯理解后所出现的结果。在日本式的规范意识中,即便是唆使行为,倘若起到了核心作用,那么就是"(共同)正犯"。

如此一来,可以说在全部领域,都完成了"判例"中的刑法解释对"德国式学说"的替换。

当然,日本刑法学的上述发展不能直接套用于中国。因为两国在国家体制、历史、国民性等方面都存在不同。恐怕没有比日本更加容易提炼国民规范意识的国家了。对形成判例的法律工作人员的信赖程度,在中日两国之间也有差异。因此,在像中国这样拥有多民族的国家,生搬硬套"日本式的实质犯罪论"当然是无法发挥其作用的。

但是我认为,基于中国的文化、政治制度等前提条件来具体探求紧密联结国家安定的刑法运用,这一工作的必要性是与日本相同的。世间不存在违背人民意愿的正义。

前田雅英

2024 年 6 月 8 日于东京目黑寓所

序

《刑法总论讲义》初版发行于昭和时代的最后一年,而今则要告别平成时代了。其间围绕着刑法解释,情势发生了很大变化。若要举出最引人注目的一点,我想应该是"国民与专家之间的距离有所缩短"。这与本书初版以来一贯主张的"从形式犯罪论转向实质犯罪论"这一趋势最终整合在了一起。

尤其是,裁判员裁判制度施行后,审判与国民的规范意识不断接近这一点产生了很大影响,而且法律工作人员的增加与法科大学院制度带来了"将大学的理论向实务拉近"这一结果。立足于现实事实的实务,是一种比理念上的法理论更加接近国民常识性结论的存在。

不仅如此,网络与大众传媒中所呈现的有关犯罪与刑罚的信息显著增加,这无疑与大量有关犯罪与刑罚的电视剧等一道使得刑法对国民而言成了近身之物。

当然,研究者具有将"专业性较高的精确信息与理论研究"提供给国民的任务。但在一直以来的"精致性"之外,还有一点很重要,即意识到"要让国民接受"这一视角。换言之,需要注意到,从"专业性较高的精确知识"中所推导出的结论未必总是"令人接受的"。这也可以说是"有关法解释理论客观性的怀疑"。

如此这般的"平成时代的变化"也紧密地反映在了近代日本刑法学的巨大流变中。明治时代以来,日本刑法学的主流处于"刑法的进口方"即西欧学说的强烈影响之下。实务工作者也都是首先在大学等地学习"西欧型"的刑法学,而实践中却要以符合日本人规范意识的方式来处理逐年变化的"日本的现实课题"。另外,日本刑事系统的运作状况及治安状况远比"作为范本的西欧"表现得更为优越。

结果是,几乎一贯地不断要求依据"价值判断(国民的规范意识)"来对"理论"展开修正工作。平成时代也完全处于这样的演变之中。最具代表性的是确定了共谋共同正犯理论,但对于围绕着实行行为、因果关系、故意、过失、正当防卫等成为本书讨论对象的刑法总论的主要议题,西欧型的理论在寻求实质妥当结论的过程中也不断发生着变化。

此外,刑法解释最终要解决"对怎样的行为科处刑罚"这一问题,最主要的坐标轴在于"限定处罚范围"还是"扩大处罚范围"。第二次世界大战后的昭和时代立足于对战前的反省,"刑罚是'对人权的侵害',应当限制其适用"这一刑罚谦抑主义占据了压倒性的优势地位。"学说要通过理论来控制实务中过于宽广的处罚范围",这种任务分担被暗暗地置于众人的脑海之中。但是,这一点在平成时代发生了变化。

法律积极介入虐待儿童、跟踪骚扰、家庭暴力等案件中,这一变化令人强烈地意识到"国家权力保护国民免受人权侵害"的作用。如果贯彻"法的支配""刑法保护国民免受刑罚这一国家权力行使所带来的人权侵害"等19世纪的法思想,那么就不能契合平成时代国民的"真实感受"。刑事系统本来也是"为了保护国民免受犯罪之害的"。

最终,一方面需要寻求刑事系统自身侵害性的极小化,另一方面则需要让治安状况变得最佳。二者之间的平衡归根到底得由国民来决定。为此,本书尽可能以容易理解的方式来解说"当今日本鲜活的刑法"。

本次改版与以往一样,对应于重要的刑法修正,立足于新的判例与学说动向,修改了讲述内容中的相关表述,但跳出国家考试、大学讲课的局限,还有意识地加入了"供社会一般人阅读"这一视角。由于完全没有降低水准,所以读起来到底能容易到何种地步,只能交由读者来评判,但本人当下已倾尽全力。

本书得以出版,承蒙东京大学出版会编辑部的齐藤美潮等多方人士的深切关照,在此顺表本人深深谢意。

前田雅英

2019年3月

略缩语表

【主要参考的教科书】

浅田和茂《刑法总论补正版》2007年
阿部纯二《刑法总论》1997年
板仓宏《刑法总论》(补订版)2007年
井田良《讲义刑法学·总论2版》2018年
伊东研祐《刑法讲义总论》2010年
植松正《再订刑法概论Ⅰ总论》1974年
内田文昭《改定刑法补正版》1997年
大塚仁《刑法概说总论4版》2008年
大野平吉《概说犯罪总论补正版》1989年
大谷实《刑法讲义总论5版》2018年
冈野光雄《刑法要论总论2版》2009年
小野清一郎《新订刑法讲义总论》1950年
香川达夫《刑法讲义总论3版》1995年
柏木千秋《刑法总论》1982年
川端博《刑法总论讲义3版》2013年
吉川经夫《刑法总论》(改订版)1972年
木村龟二《刑法总论》1959年
木村光江《刑法4版》2017年
江家义男《刑法讲义总则编改订版》1947年
齐藤信治《刑法总论6版》2008年
齐藤信宰《刑法讲义总论》新版2007年
佐伯千仞《四订刑法讲义总论》1981年
佐久间修《刑法总论》2009年
佐藤司《刑法总论讲义2版》2000年
泽登俊雄《刑法概论》1976年
庄子邦雄《刑法总论》(新版)1981年

正田满三郎《刑法体系总论》1979年
铃木茂嗣《刑法总论〔犯罪论〕》2001年
曾根威彦《刑法总论4版》2008年
高桥则夫《刑法总论4版》2018年
团藤重光《刑法纲要总论3版》1991年
内藤谦《刑法讲义总论上·中·下Ⅰ·Ⅱ》1983，1986，1991，2002年
中义胜《讲述犯罪总论》1980年
中野次雄《刑法总论概要3版》1992年
中山研一《刑法总论》1982年
奈良俊夫《概说刑法总论》1984年
西田典之《刑法总论2版》2010年
西原春夫《刑法总论》1977年
野村稔《刑法总论补订版》1998年
林幹人《刑法总论2版》2008年
日高义博《刑法总论》2015年
平野龙一《刑法总论Ⅰ·Ⅱ》，1972，1975年
平场安治《刑法总论讲义》1952年
福田平《全订刑法总论5版》2011年
藤木英雄《刑法讲义总论》1975年
牧野英一《刑法总论上·下卷》1958，1959年
町野朔《刑法总论讲义案Ⅰ(2版)》1995年
松宫孝明《刑法总论讲义第5(补订)版》2018年
宫本英修《刑法大纲》1935年
森下忠《刑法总论》1993年
山口厚《刑法总论3版》2016年
山中敬一《刑法总论3版》2015年

注释（1）（2）（3） 团藤编《注释刑法》
（1—3 卷）1964—1969 年

大コメ（1）~（3） 大塚、河上、佐藤编
《大コンメンタール刑法 1~3 卷》第
3 版 2015—2016 年

条解　前田等编《条解刑法 3 版》
2013 年

各论　前田《刑法各论讲义 7 版》
2020 年

可罚　前田《可罰的違法性論の研究》
1982 年

实质　前田《現代社会と実質的犯罪
論》1991 年

基础　前田《刑法の基礎総論》1993 年

【法令】

假案　改正刑法假案

准备草案　刑法改正准备草案

草案　刑法改正草案

罚临　罚金等临时措施法

公害罪法　关于处罚关乎人的健康的
公害犯罪的法律

公劳法　公共事业对等劳动关系法

国公法　国家公务员法

地公法　地方公务员法

地公劳法　地方公营企业劳动关系法

盗犯等防止法　关于防止及处分盗犯
等的法律

破防法　破坏活动防止法

暴处法　关于处罚暴力行为等的法律

劳组法　劳动组合法

【判例及判例集等】

大判（决）　大审院判决（决定）

大连判　大审院连合部判决

最判（决）　最高裁判所判决（决定）

高判（决）　高等裁判所判决（决定）

地判（决）　地方裁判所判决（决定）

简判　简易裁判所判决

刑录　大审院刑事判决录

刑集　大审院（最高裁判所）刑事判
例集

裁判集刑　最高裁判所裁判集刑事

高刑集　高等裁判所刑事判例集

下刑集　下级裁判所刑事判例集

刑月　刑事裁判月报

一审刑集　第一审刑事判例集

劳刑集　劳动关系刑事事件判决集（刑
事裁判资料）

高裁刑裁特　高等裁判所刑事裁判
特报

高裁刑判特　高等裁判所刑事判决
特报

东高刑时报　东京高等裁判所刑事判
决特报

WJ　ウェストロージャパン

【杂志等】

警研　警察研究

刑杂　刑法杂志

警论　警察学论集

法时　法律时报

判时　判例时报

判タ　判例タイムズ

判评　判例评论

ジュリ　ジュリスト

法セ　法学セミナー

目录

中译本序 ………………………………………………………… i
致中国读者 ……………………………………………………… v
序 ………………………………………………………………… vii
略缩语表 ………………………………………………………… ix

序 章 ■ 刑罚与犯罪的基本思考方法 ……………… 001

1 犯罪与刑法 ……………………………………… 002
(1) 犯罪、刑罚与刑法　　(2) 刑法(刑罚)的作用
(3) 刑罚论的基础——目的刑与报应刑

2 刑法学——刑罚理论与犯罪理论 ……………… 006
(1) 刑法理论与刑法学
(2) 日本近代刑法学的成立——西欧刑法学的引入
(3) 第二次世界大战后刑法学的演变
(4) 现代的刑罚理论
(5) 现代的犯罪理论——从形式犯罪论到实质犯罪论

第一章 ■ 犯罪论的基本构造 ……………………… 021

1 犯罪论体系 ……………………………………… 022
(1) 该当构成要件、违法且有责的行为　　(2) 犯罪论的机能

2 对构成要件的理解 ……………………………… 026
(1) 形式的构成要件概念与实质的构成要件概念
(2) 构成要件的作用

3 违法性的思考方法 ……………………………… 027
(1) 违法性的客观性
(2) 刑法上的(可罚的)违法性与实质违法论
(3) 违法性的具体判断

4　责任要素与构成要件 ················· 034
　　　　（1）责任主义　　（2）主观的构成要件要素
　　5　构成要件与阻却事由 ················· 036

第二章　客观的构成要件 ················· 039

第一节　客观构成要件的构造 ················· 040

　　1　构成要件与违法性 ················· 040
　　2　客观构成要件的要素 ················· 041
　　　　（1）结果与实行行为　　（2）主体　　（3）客体

第二节　构成要件解释与罪刑法定主义 ················· 047

　　1　罪刑法定主义 ················· 047
　　　　（1）两个原理　　（2）法律主义　　（3）明确性理论
　　2　罪刑法定主义与适正程序 ················· 051
　　　　（1）处罚规定的违宪性　　（2）合宪性限制解释
　　　　（3）实质的构成要件解释与禁止类推解释
　　　　（4）日本刑法解释的特色
　　3　禁止事后法——刑法的时间效力 ················· 058
　　　　（1）刑罚的变更　　（2）刑罚的废止
　　4　刑法的效力 ················· 062
　　　　（1）刑法的空间效力　　（2）刑法的对人效力

第三节　结果 ················· 067

　　1　构成要件结果 ················· 067
　　　　（1）结果与危险性　　（2）结果与实行行为
　　2　值得处罚的结果与轻微性 ················· 068
　　　　（1）轻微的结果与危险性
　　　　（2）被害人的同意、承诺与构成要件该当性

第四节　实行行为 ················· 072

　　1　刑法上的行为概念 ················· 072
　　　　（1）裸的行为论　　（2）实行行为概念的重要性
　　2　实行行为性的具体判断 ················· 073

　　　　　（1）实行行为与故意　　（2）实行行为的始点与终点

　　3　间接正犯 ··· 078

　　　　　（1）工具性　　（2）间接正犯的各种类型

第五节 ■ 不作为犯 ·· 084

　　1　概说 ··· 084

　　2　不作为的实行行为 ·· 085

　　　　　（1）不作为的实行行为与作为义务　　（2）作为义务的具体内容

　　　　　（3）结果回避可能性

第六节 ■ 未遂 ··· 092

　　1　未遂处罚 ·· 092

　　　　　（1）未遂犯　　（2）预备与阴谋

　　2　实行的着手 ·· 095

　　　　　（1）主观说与客观说　　（2）着手时期的实质理解

　　　　　（3）间接正犯的着手时期

　　3　不能犯 ··· 100

　　　　　（1）不能犯的含义　　（2）不能犯的学说　　（3）具体判断

　　4　中止犯 ··· 106

　　　　　（1）中止犯的含义　　（2）"基于自己的意思"——自动性

　　　　　（3）犯罪的中止与防止结果发生的努力　　（4）预备与中止犯

第七节 ■ 因果关系 ··· 115

　　1　客观上的归责——因果关系 ··· 115

　　　　　（1）刑法中因果关系的含义　　（2）条件关系

　　2　因果关系论的发展 ·· 117

　　　　　（1）条件说　　（2）相当因果关系说

　　3　新的因果关系论 ··· 120

　　　　　（1）从行为时的相当性到事后的综合判断

　　　　　（2）并发或介入事项与危险实现的判断构造

　　　　　（3）因果关系有争议的具体类型

　　　　　（4）行为的介入与实行行为的一体性

第三章 主观的构成要件 ………………………………… 133

第一节 责任主义 ………………………………… 134

（1）责任主义与道义责任论
（2）国民的规范意识与非难可能性的内涵

第二节 故意 ………………………………… 139

1 概说 ………………………………… 139

（1）处罚故意的原则　（2）故意的种类

2 故意与违法性意识 ………………………………… 144

（1）故意与错误　（2）判例中的故意概念与违法性意识
（3）有关法律认识错误的学说

3 成立故意时必要的事实认识 ………………………………… 154

（1）构成要件的认识　（2）意义的认识与违法性的意识
（3）违法阻却事由的认识

4 具体的事实认识错误 ………………………………… 166

（1）犯罪事实的认识与事实认识错误
（2）具体符合说与法定符合说　（3）因果关系的错误

5 抽象的事实认识错误 ………………………………… 172

（1）抽象的事实认识错误的含义　（2）法定符合说
（3）故意犯的成立范围

第三节 过失 ………………………………… 178

1 对过失犯的理解变迁 ………………………………… 178

（1）传统的过失论　（2）过失论的发展

2 过失犯的客观构成要件 ………………………………… 184

（1）过失犯的构成要件　（2）过失犯的实行行为
（3）信赖原则　（4）监督过失　（5）过失犯的因果关系

3 作为责任要素的过失 ………………………………… 192

（1）预见可能性　（2）预见可能性的对象
（3）预见可能性的程度

第四章 违法阻却事由 ········· *199*

第一节 正当化的基本原理 ········· *200*
（1）构成要件该当性与违法阻却事由
（2）实质违法阻却判断的构造
（3）可罚的违法性与实质的违法性

第二节 正当业务行为 ········· *205*
1 法令行为 ········· *205*
2 业务行为 ········· *209*
（1）治疗（医疗）行为　（2）运动行为
（3）刺探、泄露秘密与业务行为
3 其他正当行为 ········· *214*
（1）被害人同意　（2）推定的同意　（3）安乐死

第三节 正当防卫 ········· *219*
1 概说 ········· *219*
2 急迫性 ········· *221*
（1）含义　（2）预见侵害与急迫性
（3）积极的加害意思与急迫性　（4）自招侵害
3 不正的侵害 ········· *230*
（1）"不正"的含义　（2）对物防卫
4 为了防卫的行为 ········· *232*
（1）防卫行为的意思　（2）防卫行为及其个数
（3）防卫意思的内容
5 不得已而实施的行为 ········· *238*
（1）相当性　（2）防卫过当
6 《盗犯等防止法》与正当防卫 ········· *245*

第四节 紧急避险 ········· *247*
1 紧急避险的含义 ········· *247*
2 紧急避险的要件 ········· *248*
（1）现实危难与法益权衡　（2）补充性

第五节 过失犯的违法阻却事由 ········· *254*

第五章 ■ 责任阻却事由 ·················· 257

第一节 ■ 责任的阻却 ·················· 258
　　期待可能性 ·················· 258

第二节 ■ 责任能力 ·················· 261
　　1 无责任能力、限制责任能力 ·················· 261
　　　　(1) 责任能力的含义　　(2) 责任能力与精神医学
　　　　(3) 心神丧失、心神耗弱　　(4) 未达刑事责任年龄
　　2 责任能力的存在时期——原因自由行为理论 ·················· 268
　　　　(1) 实行行为与责任能力的同时存在
　　　　(2) "同时存在原则"的修正　　(3) 限制责任能力的情形

第三节 ■ 正当化事由的错误 ·················· 274
　　1 假想防卫(避险) ·················· 274
　　2 假想防卫(避险)过当 ·················· 276
　　　　(1) 假想与过当——故意犯的成立与否
　　　　(2) 第36条第2款的适用

第六章 ■ 共犯 ·················· 281

第一节 ■ 共犯与正犯 ·················· 282
　　1 共犯处罚的含义 ·················· 282
　　　　(1) 正犯与共犯　　(2) 正犯与共犯的区分
　　　　(3) 共犯与共同正犯的处罚根据
　　2 共犯的原理与共同正犯的原理 ·················· 286
　　　　(1) 从属性说与独立性说　　(2) 犯罪共同说与行为共同说
　　　　(3) 要素从属性与共同的射程
　　3 共犯与身份 ·················· 292
　　　　(1) 身份的含义　　(2) 第65条第1款与第2款的关系
　　　　(3) 第65条第1款的解释　　(4) 第65条第2款的解释

第二节 ■ 共同正犯 ·················· 299
　　1 共同正犯的基本构造 ·················· 299
　　　　(1) 部分行为全部责任　　(2) 共同实行与意思联络

　　　　　(3) 共谋共同正犯
　　　2 共同正犯的本质与射程 ·· *305*
　　　　　(1) 行为共同与犯罪共同　　(2) 共同正犯的过剩与共同的射程
　　　　　(3) 共同正犯与正当化事由
　　　3 承继的共同正犯 ·· *310*
　　　　　(1) 承继的共犯的含义　　(2) 承继的共同正犯的具体成立范围
　　　4 共同正犯的脱离 ·· *317*
　　　　　(1) 共同关系的脱离或共犯关系的消解　　(2) 共犯与中止
　　　5 不作为与共同正犯 ··· *321*
　　　　　(1) 不作为与共犯　　(2) 不作为的共同正犯
　　　6 过失的共同正犯 ·· *322*
　　　　　(1) 学说对立　　(2) 共同过失

第三节 ■ 狭义的共犯 ·· *326*
　　　1 教唆犯 ·· *326*
　　　　　(1) 教唆的含义　　(2) 教唆的故意与未遂的教唆
　　　　　(3) 教唆与错误
　　　2 帮助犯 ·· *331*
　　　　　(1) 帮助犯的类型性　　(2) 帮助的因果性
　　　　　(3) 不作为与帮助　　(4) 共同正犯与帮助犯的区别

第七章 ■ 罪数论 ·· *339*

　　1 罪数论的含义 ·· *340*
　　2 一罪——单纯一罪与评价上一罪 ································ *340*
　　　　　(1) 单纯一罪　　(2) 法条竞合　　(3) 包括一罪
　　3 科刑上一罪 ··· *346*
　　　　　(1) 科刑上一罪的处断　　(2) 想象竞合(一行为数法)
　　　　　(3) 牵连犯
　　4 并合罪 ·· *350*

第八章 ■ 刑罚的具体运用 ·················· *353*

1 当今的刑罚 ·················· *354*

2 刑罚的适用 ·················· *355*

　（1）处断刑的量定　（2）刑罚的量定　（3）缓刑

3 刑罚的执行 ·················· *363*

　（1）死刑　（2）自由刑　（3）财产刑
　（4）刑罚权的消灭

译者后记 ························· *371*

序 章

刑罚与犯罪的基本思考方法

1 ■ 犯罪与刑法

(1) 犯罪、刑罚与刑法

犯罪与刑罚　　可以说，**犯罪**是指现在的日本国民认为"应当动用刑罚来禁止"的行为。[1] 犯罪的内容及其成立范围随着时代的价值观、国民的意识的变化而变化。但是，从国民的角度来看，"做了什么事情就会被处罚"必须是明确的。所以，"**行为时法律明确科处刑罚的行为**"才是犯罪（罪刑法定主义→第 54 页*）。规定科处刑罚的法律是刑法，其核心是明治四十一年（1908）施行的**《刑法》**（刑法典）。

当今的**刑罚**规定在《刑法》第 9 条以下。共有九种，即死刑[2]，无期惩役[3]，禁锢，有期[4]惩役、禁锢，罚金[5]，拘留[6]，科料[7]以及作为附加刑的没收。刑罚剥夺人的生命（死刑）、自由（惩役、禁锢、拘留）或金钱（罚金、科料）。**

西欧刑法典的"引入"　　刑法是指"规定刑罚的法律"，其核心是《刑法》（刑法典）。现行《刑法》早在明治四十一年（1908）就施行了。当时处于明治政府急速实现日本近代化的进程中，于明治十五年（1882）施行仿效《法国刑法典》的旧《刑法》，此后又效法《德国刑法典》进行修正，形成了现行

---

[1]　像杀人、放火、性犯罪这样，行为的反道义性、反社会性能够被一般国民所认识到的，称为**自然犯**（**刑事犯**）。但是，也存在因违反法律规定而产生犯罪性的**法定犯**（**行政犯**）。此外，国民的规范意识、道德意识是变化着的，自然犯与法定犯的界限本来就很微妙。但是，与道义性、伦理性的见解无关，"现代社会中不得不动用刑罚来禁止、镇压的行为"，就是犯罪。

*　本书所参考指向的为日语原书页码，即本书边码，全书同。——译者注

[2]　死刑是在刑事设施内，以绞首的方式执行（第 11 条第 1 款）。

[3]　惩役是将服刑人员拘禁在刑事设施内，使其从事规定的劳动（第 12 条第 1 款）。

[4]　有期是指 1 个月以上 20 年以下。加重刑罚时可以提高到 30 年，减轻刑罚时可以降低至不满 1 个月（第 14 条第 2 款）。

[5]　罚金是指 1 万日元以上（第 15 条）。

[6]　拘留是指将服刑人员拘禁在刑事设施内 1 日以上不满 30 日（第 16 条）。

[7]　科料是指 1000 日元以上不满 1 万日元（第 17 条）。

**　2022 年的日本刑法修正中，将以往的惩役刑与禁锢刑统合规定为拘禁刑，实现了自由刑的一体化。本书中的"惩役""禁锢"可以统一替换为拘禁来理解。——译者注

《刑法》。[8] 现行《刑法》以当时西欧近代的刑法思想以及作为其基础的法学思想为前提(→第7、9页)。

直到110多年后(自旧《刑法》施行起算超过135年)的现在,现行《刑法》仍然是妥当的,但为将固定的**刑法条文**适用于日本现实而形成的**刑法解释**(**刑法理论**)却发生着微妙的变化。[9] 刑法解释以与欧洲不同的"日本的现实"为对象,日本人的法律意识与欧洲人也不相同,作出的"处罚判断(包括无罪判断)"要使作为日本人的被告人(被害人)以及一般国民能够接受。[10]

简洁的刑法　　除具体的刑罚的种类外,《刑法》中还规定了杀人罪、放火罪、抢劫罪等典型的犯罪(当初是 264 个条文)。与外国相比,这些犯罪的特征表现得更加具有概括性,法定刑的幅度也很广。例如,杀人中不区分一级杀人、二级杀人、故意杀人、谋杀等,法定刑的幅度从 5 年以上直至死刑。盗窃也只有一种,处以 10 年以下的刑罚。犯罪的类型具有概括性、规定的条文较少、法定刑的幅度很广,这意味着法官(裁判员)进行解释的幅度很广。结果是,尽管 110 年间社会发生了巨大变动,但没有根本性地修改《刑法》,[11] 而是通过判例的"实质解释"来应对。

---

[8]　日本自古就存在着刑法(刑罚制度)。虽然在江户时代适用"御定書百箇条"、各藩的藩法,但明治政府尝试将新的刑法典立法化。首先,依据江户时代之前的法与明朝、清朝的律制定了假律,其作为新律纲领形成了"法律"的形态,对其进行修改后公布了**改定律例**。但在此之后,出现了引入西欧法制度的时机。明治七年(1874)11 月聘用了法国的法学家**波阿索那德**,开始编纂西欧型的刑法。由他起草的《日本刑法草案》成为明治十三年(1880)公布的旧《刑法》[明治十五年(1882)施行]。但是,比起当时政体是共和制的法国,采用立宪君主制的德国更加适合日本的"范式",基于这种考虑,日本开始着手刑法的修改工作。经过明治二十四年(1891)草案以来的数次修改案,以《德国刑法典》为蓝本的现行《刑法》得以完成,于明治四十年(1907)公布,翌年开始施行。其结果是,德国刑法学对日本刑法学产生了巨大影响。日本的刑法学没有发展"日本传统的刑法思考方法",而是从引入欧洲近代刑法学后启程的。

[9]　将现行妥当的刑法(规定了刑罚的法律)适用于具体的案件,在必要的范围内予以合适的处罚,展示其中道理的学问,被称为狭义的**刑法学(理论)**。这是对现行刑法进行解释的**解释论**。明确与此区分开来的是**立法论**,即"通过法律来规定怎样的犯罪",创设出成为解释前提的法律本身。但是,解释论与立法论在"什么是犯罪"这一实质判断上,具有连续性。

[10]　在刑罚制度上,自 20 世纪后半期开始废除死刑的欧美国家十分引人注目,也有许多学说认为应当遵循这一趋势,但国民对死刑保留论的支持并没有发生动摇。

[11]　自明治四十一年(1908)以来,《刑法》从未进行过全面的**修改**。从大正时期就已有人呼吁修改的必要性,《改正刑法假案(总则)》《改正刑法假案(分则)》分别完成于昭和六年(1931)、昭和十五年(1940)。但是,除贿赂罪、失火罪等被纳入现行刑法之外,其他修改内容并没有面世(第二次世界大战后的刑法修改→第 12—13 页)。

一般刑法与特别刑法 《刑法》在第一编从第1条到第72条规定了**总则**，即关于具体各犯罪类型共通的事项以及刑罚的内容。而且第8条规定，"本编的规定也适用于其他法令中的罪"。由此可以看出，该编是广泛适用于一般刑罚法规的总则性规定。因此，《刑法》被称为**一般刑法**或普通刑法，其他的刑罚法规被称为**特别刑法**。[12] 毒品犯罪、机动车事故犯罪等重要的犯罪没有规定在《刑法》中，特别刑法的解释对刑事法理论的变化、发展产生了巨大影响（→参见故意论、责任能力论）。

(2) 刑法（刑罚）的作用

防止犯罪与社会的安定 刑罚剥夺国民的生命、自由、财产，其之所以作为国家制度被允许，是因为国民接受以下观念，即"为了防止犯罪、稳定治安、镇定由犯罪引起的社会动摇、创造出能安全安心生活的社会，刑罚是必要的"。[13]

但是，刑罚制度以外的各种统御社会的制度（例如家庭、教育、伦理道德、社会政策）也对防止犯罪起到重要作用。必须结合刑罚的特性，以最合理的方式来使用刑罚。必须衡量动用刑罚（包含准备阶段的程序）对国民利益造成的侵害。只有在国民看来实质上值得处罚、有处罚必要时才必须科处刑罚。

(3) 刑罚论的基础——目的刑与报应刑

目的刑论 "如何理解、说明刑罚（制度），使其存在正当化的理论"，被称为刑罚论。**目的刑论**作出的说明是，"刑罚是出于广义上的防止犯罪的目的而科处的"。[14]

目的刑论大体上可以分为一般预防与特殊预防。本来，**一般预防**的思考方法是通过刑罚的威吓力来防止一般人陷入犯罪。其典型表现是公开执行残虐的刑罚等。[15] 但近年来，也有学者超越"通过威吓实现的预防"，主张积极的一般预防论。

---

〔12〕 **狭义的特别刑法** 实际上起作用的刑罚法规中，与毒品相关的、与以所谓的挥发性溶剂为核心的毒物相关的，以及与风俗相关的刑罚法规占了很大比重。另外，有时也会将特别刑法中刊载于六法全书"刑法编"内的《轻犯罪法》《破防法》《关于处罚暴力行为等的法律》《爆炸物取缔罚则》《关于处罚关乎人的健康的公害犯罪的法律》等，称作"特别刑法"。

〔13〕 包含刑法在内的法律，是影响国民行动的社会**规范**之一。规范不是"现在这样"，即不是"存在"，规范展示的是"应然（应有的样子）"。人类社会中存在着法律、道德、宗教、技术等各种各样的规范。尤其是实定法，它是最为重要的规范，通过以国家权力为后盾的"强制"来保障其实现。

〔14〕 目的刑论虽然在"不科处没有防止犯罪效果的刑罚"这一点上，限定了处罚范围，但是其也具有追求效果从而认可强度的威吓这一面，存在着"教育"之名下肯定长期拘禁、国家权力介入人格的危险（特殊预防）。因此，在第二次世界大战后的日本刑法学说中，目的刑论处于劣势。

〔15〕 后述的心理强制说（→第8页）也属于一般预防论。

积极的一般预防论 一般预防的效果不仅仅通过"刑罚是恐怖的"这一想法而实现,而且通过国民共同拥有"正义感""不能去犯罪的规范意识"而实现。像这样,将刑罚制度的意义求之于维持、强化正义感、规范意识的思考方法,被称为**积极的一般预防论**。还有几乎同样的说明是,通过处罚来**官方确证**行为人的行为是犯罪,从而使国民的规范意识、正义感得以觉醒。[16] 虽然不能仅凭"规范意识的强化"来说明刑罚制度,但考虑刑罚、犯罪时,无疑要考虑"国民的规范意识"。[17]

抑止刑论 抑止刑论认为,刑罚制度因具有抑止犯罪的效果而得以正当化。抑止刑论也主张通过给予苦痛(以及预告苦痛)来使国民不犯罪,在此意义上基本属于一般预防论。但需要注意的是,抑止刑论也在"一般性犯罪抑止"的意义上使用,此时会把后面的特殊预防论也包括在内。

与此相对,**特殊预防**的思考方法是,通过刑罚防止犯罪人本人再次陷入犯罪。**改善刑、教育刑**即属于此。可以说,试图**治疗**犯罪人、使其**再社会化**的**康复**(rehabilitation)思想与此相同。一般预防论(还有后述的报应刑论)都把刑罚理解为"对服刑人而言的恶害",与此相对,特殊预防论的特色则在于,原则上把刑罚理解为"改善""利益"。但是,也可能存在"惩戒"形态的特殊预防。

报应刑论　现在的日本,许多国民都认为**报应刑论**是容易理解的,即刑罚是"作了犯罪这种恶的'果报'",科处刑罚之际不应该考虑防止犯罪等目的(→第14页)。报应刑论的思考方法是,"只是因为其干了那些事情,所以不得不科处如此程度的刑罚",可以说这是"从个人(犯人)一方来看的刑罚的正当化"。

由于报应刑论认为是否具有防止犯罪的效果并不重要,而是从**正义**的视角来考虑科处刑罚的正当性,所以也有人用"以眼还眼,以牙还牙"来表达报应刑论。另外,虽然采用这样的表达方式有可能科处极其严厉的刑罚,但因为只是在**同态报复**的范围内科处刑罚,所以也具有划定刑罚上限的一面。

刑罚制度只有得到了国民规范意识的支撑才能发挥作用。但国民的刑罚意识是变动着的。此外,同一个人的意识中也混合着"报应感情""合理的犯罪抑止"等各种各样的价值(在刑事司法的不同阶段强调的价值也不相同→第16页)。可以说,在重视国民的规范意识这一点上,前述的积极的一般预防论与报应刑论具有亲和性。"目的刑与报应刑哪一个是正确的",这一

---

[16] 根据这样的思考方法,科处违反国民正义观念的残酷刑罚会减弱国民对规范的信赖,从而降低刑罚的一般预防效果,所以这样的刑罚不能得以正当化。

[17] 还有观点主张,在日本社会,个人的道德、规范以及家庭、地域、社会的力量对抑止犯罪而言也很重要,有必要修复因犯罪而产生的"规范、人际关系、社会的伤痕"(**修复性司法**)。

问题设定是没有意义的,硬要说的话,"两者都应当予以考虑"。

保安处分 保安处分是为了保护国民的利益对于将来有犯罪危险的人强制采取治疗、改善措施以去除其危险的制度(不是刑罚)。[18] 但是,从重视特殊预防的立场出发,无论刑罚还是保安处分都是出于社会安全的考虑而被允许采取的措施(**社会防卫处分**)(一元主义)。而报应刑论则明确区分二者,认为刑罚是以责任非难为前提科处的,责任非难对应的是已经发生的犯罪;而保安处分则是针对行为人将来危险性的预防措施(二元主义)。

2 ■ 刑法学——刑罚理论与犯罪理论

(1) 刑法理论与刑法学

刑法理论的含义 把什么样的行为认定为犯罪?对该行为科处怎样的刑罚(执行何种刑罚)?为了让对这些问题的回答"妥当且稳定"而展开的理论性考察,就是**刑法学(刑法理论)**。刑法学由犯罪论与刑罚论构成。**犯罪论**以确定具体的犯罪行为这一工作为核心,**刑罚论**则讨论作为犯罪"效果"的刑罚(→第5页)。两者存在表里关系。

绝对不允许恣意地将人认定为犯罪人、恣意地决定对其科处何种刑罚。但是,无论条文规定得如何明确,都会存在着解释的余地。此外,在解释条文时,明确出现"理论上唯一正确的结论"的情形很少见,刑法适用的核心工作是作出选择,即"可能的答案中哪个更加妥当"。

近代刑法思想 明治时代以来日本所继承的**近代市民革命后**的西欧法律学中,最受重视的莫过于从"封建时代解释者(国王、法执行者)的恣意解释"中守护市民。通过"只要没有触犯刑法就不能科处刑罚"这一形式,刑法最重要的任务在于保护市民不受国家的侵害(罪刑法定主义→第54页)。[19]

在明治时期"引入"欧洲刑法典的日本,西欧近代的刑法理论被认为是

---

[18] 另外,从平成十七年(2005)7月起施行的《医疗观察法》(→第307页)对于处于心神丧失等状态下实施了重大他害行为的人,为了改善其精神障碍,促进其复归社会,在有必要令其住院接受医疗时,允许强行令其住院。但这是作为与保安处分不同的制度而立法的。

[19] 克服了中世纪刑法的特色,即**干涉性、恣意性、身份性与残酷性**。在中世纪,由于法与宗教、道德尚未分离,法律过于深入地干涉个人的内心生活,刑罚权被恣意地运用(**罪刑专断主义**)。在适用刑罚时,依身份不同存在不平等对待的情形,而且刑罚非常残虐。1789年的《人权宣言》采用了罪刑法定主义,1810年完成的《拿破仑刑法典》成为近代刑法原型,通过波阿索那德对日本的旧《刑法》产生了巨大影响。

正确的,刑法理论的历史梳理也多从**康德**[20](1724—1804)与**费尔巴哈**[21]
(1775—1833)等人开始。他们以 19 世纪初期的"自由个人"这种人的形象
为前提,主张近代合理主义的刑罚观。

旧派与新派
但是,19 世纪欧洲进行了工业革命,其负面效应也日益显现。都市人口急剧增加,犯罪的质与量都发生了变化。例如,基于贫困的财产犯罪增加,酗酒者、少年犯罪增加,还有犯罪的常习化。在这种现实面前,**新派(近代学派)**刑法学勃兴,将康德以来的刑法学说作为**旧派刑法学**予以批判。其主张,基于旧派报应刑论(同态报复)而"对轻微财产犯施加短期自由刑"这一做法,对于为了生活而反复盗窃的人并没有效果,毋宁说有必要探寻犯罪的原因,找到根绝该犯罪的对策(包括社会政策)。新派刑法学不再采用"犯罪是基于个人的自由意志而出现的"这种说明,而是认为"犯罪起因于犯人的危险性以及社会状况等"。[22]

旧派的**报应刑论**认为刑事责任的根基在于对基于自由意志所实施行为的非难(**道义责任论**)。但新派刑法学则认为,对社会而言具有危险性格的人必须甘愿接受刑事处分(**性格责任论**)。[23] 这样的理论具有针对"行为人"的危险性科处刑罚的一面[24],在判断犯罪成立与否时也易于将行为人的性格、内心作为问题来对待(**主观主义犯罪论**)。

---

[20] 作为启蒙主义哲学家,康德重视**个人**,认为人是基于理性,依自由意志而犯罪的。而且认为,国家只起到保护个人权利的作用,法律不能干涉个人的道德(**法与伦理的严格区别**),严格排除刑法的干涉性。康德的"重视个人"是与**绝对的报应刑论**(即"以眼还眼,以牙还牙"这样的**同态报复**)相联结的。刑罚不具有"通过对个人科处刑罚来防止犯罪"这样的目的性,只能是对犯罪施加的纯粹的报应。这种报应刑论经由黑格尔(1770—1831)的发展、展开,在德国具有强大的影响力(另外需注意到,与康德、费尔巴哈重视个人利益不同,黑格尔强调的是国家利益,其理论席卷了 19 世纪中叶的德国)。

[21] 费尔巴哈继受了康德"法与伦理的严格区别"这一思想,认为只有客观的权利侵害才是犯罪,排除干涉性(**权利侵害说**)。但是,费尔巴哈主张**心理强制说**这一目的刑论,认为"如果预先明示将科处使行为人感到不快乐的刑罚,而此种不快乐比其通过犯罪所获得的快乐更大,那么就能防止犯罪"。而且认为,为了防止犯罪,预先明示刑罚十分重要,由此推导出了**罪刑法定主义**。

[22] 存在着意大利学派与法兰西学派。**意大利学派**认为犯罪人自身存在着生物学因素,例如,**龙勃罗梭**(1835—1909)通过细致地调查服刑人员的头盖骨等特征,主张犯罪人具有一定的身体特征(**天生犯罪人说**)。而**法兰西学派**则主要将犯罪的原因求之于社会关系。法兰西学派以社会学家为核心,确立近代社会学的涂尔干、塔尔德等人认为"犯罪是从社会构造中产生的",极力主张社会政策的必要性。

[23] 刑法被认为是面向"出于某种原因而产生的犯罪"来保卫社会的手段(**社会防卫论**),刑罚则被认为是面向对社会而言具有危险性格的犯罪人所施加的社会防卫处分(菲利,1856—1929)。

[24] 德国的**李斯特**(1851—1919)采用以特殊预防为核心的目的刑论,认为对于依犯罪时的状况偶然犯罪的"机会犯人"应当适用威吓刑,对于**能够改善的状态犯人**应当科处**改善刑(教育刑)**,并认可**不定期刑**。在犯罪论中,李斯特主张,在犯罪得以实行之前不可能判断行为人的危险性,只有当犯罪人的危险性透过"犯罪行为"这一法律明确规定的征表得以显现时,才应当科处刑罚(**犯罪征表说**)。由此,李斯特主张"刑法是犯罪人的大宪章"。

但是,"理论上错误的报应刑"并没有被科学的、合理的目的刑论所取代。目的刑论蕴含着追求犯罪防止效果导致重罚化从而侵害服刑者人权的危险。旧派重视"罪刑法定主义",采取的是形式的、客观主义的犯罪理论,主张"不得处罚不能追究道义责任的人"。[25]

(2) 日本近代刑法学的成立——西欧刑法学的引入

新派刑法学 日本刑法学引入了西欧(尤其是德国)刑法学,当初是以新派理论与旧派理论的对立为轴发展起来的。新派刑法理论由**牧野英一**(1878—1970)等人介绍到日本。[26] 牧野刑法学的特征表现为:① 教育刑论[27]、② 性格责任论与③ 主观犯罪论[28]。

旧派刑法学 引入德国旧派刑法学的代表人物是**小野清一郎**(1891—1986)。小野批判牧野的目的刑论、社会防卫论,基本采用报应刑论,在犯罪论上展开了以构成要件论为核心的客观的犯罪论。[29] 小野刑法理论的最大特色在于,将法的本质理解为"道义"本身,认为违法性的本质在于违反国家法秩序的精神,在责任领域强调道义上的非难(**道义责任论**)。但是,虽然存在着新派与旧派、主观主义与客观主义,可在"国家权力与个人的关系""多大范围内处罚犯罪"等刑法解释最基本的价值判断中,日本的刑法理论与作为"典范"的近代西欧自由主义刑法理论之间存在着相当不同的一面。必须注意的是,战前日本社会的规范状况与现在的也并不相同*。

---

[25] 这一时期旧派的代表性学者是贝林格(1866—1932),其完成了现在犯罪论的基本部分。贝林格主张,刑罚法规所展示的"犯罪类型""定型"对于犯罪论而言具有决定性意义,这被称为构成要件。对于犯罪的成立而言,首先必须该当刑罚法规,亦即构成要件。

[26] 日本的新派刑法学由正木亮(1892—1971)、木村龟二(1897—1972)继承。

[27] 牧野在李斯特的影响下,以进化论思想为基础,认为如果考虑到调和社会与个人为终极目标的社会进化的脉络,刑罚理论应当从报应刑论进化到自觉的、有意识的目的刑论;进而,目的刑论将朝着特殊预防论(特别是**教育刑论**,即为了犯罪人的再社会化而实施教育)的方向发展下去;由此方面面对社会中生存竞争的弊病即犯罪,保卫国家与社会。

[28] 牧野提出了朝着主观犯罪论发展的必然性。从主观犯罪论出发导出来的广泛的未遂处罚(→第108页)、共犯独立性说(→第329页)成为日本新派刑法学的特色。其中,共犯独立性说认为,只要有唆使行为,即便被唆使的人什么也没做,也可以将唆使者作为共犯人来处罚。

[29] 泷川幸辰(1891—1962)同样采用旧派理论,展开了报应刑论、客观犯罪论。但泷川并不强调报应的道义性,而是在罪刑均衡的意义上重视报应。此外,为了限制国家的刑罚权而强调罪刑法定主义,严厉批判牧野刑法学。虽然在不同时期有着微妙的变化,但从总体上来看,可以说其学说是自由主义犯罪论的典范,如贯彻形式的、不包含主观要素的构成要件(→第31页)、客观违法论(→第33页)等。

* 本书中的"战前"指第二次世界大战之前,"战后"则指第二次世界大战之后——译者注

行为主义 旧派刑法学认为,"人是基于自由的意志行动的","是对犯罪人现实做出的行为(也包括结果)科处刑罚"(**行为主义**)。行为主义预想的人的形象是平等的、无个体差别的,刑罚的差异不是源于行为人,而是源于行为。与此相对,新派刑法学的改善刑论、教育刑论则认为"应受处罚的是行为人",从社会防卫论出发推导出**行为人主义**,即"对于危险的犯罪人科处刑罚",并认为应当具体地把握"行为人"。

	刑罚论	犯罪的原因	责任的思考方法	犯罪理论
旧派	报应刑	依自由的意志而犯罪	道义责任论	客观主义
新派	教育刑	犯罪是有原因的	性格责任论	主观主义

(3) 第二次世界大战后刑法学的演变

刑罚谦抑主义 起因于**宪法修正**等自由主义思潮高涨,以及对战前的刑罚权行使样态的反省。受此影响[30],战后的刑法学重视"**保障机能**,即面对国家,限制刑罚权的行使,从恣意的刑罚中守卫国民,以此来保障国民的自由"。**刑罚谦抑主义**成为象征战后前半期犯罪论的词汇,具体而言,在科处刑罚对国民施加"恶害"时应当尽可能严格且限定地进行刑事法的解释。[31] 这样的规范意识也受到了直至 20 世纪 80 年代末犯罪发生数量持续减少这一状况的影响。

形式犯罪论 "刑事法是国家权力的行使本身,其越少介入国民生活越好。"这样的思考方法在犯罪论中强调**罪刑法定主义**,认为应当摒除国家权力(裁判所、侦查机关)的解释(价值判断),重视形式解释、文义解释(**形式犯罪论**),而且认为应当从不受解释者价值判断影响的"客观理论"之中推导出结论。这种刑法理论的代表人物有团藤重光(1913—2012)、大塚仁(1923—2020)、福田平(1923—2019)等。

---

[30] 根据《宪法》而重视基本人权、民主主义等的价值观转换反映到刑法学说中需要一定的时间。同时,受战前学说连续性的影响,理论的转换是从 20 世纪 60 年代开始的。

战后,随着《宪法》的变化,加之《治安维持法》《出版法》的废止,以废除不敬罪等条文为核心,虽然进行了《刑法》的部分修正工作,但《刑法》的基本部分还是维持了原样(当时不敬罪、通奸罪被删除)。另需注意的是,20 世纪 50 年代后虽然也进行了一些细微的修正,如新增凶器准备集合罪、业务上过失致死伤罪的重罚化、创设电磁记录相关犯罪等,但明治四十年(1907 年)的《刑法》仍然维持到了现在。

[31] **补充性原理**得到强调。即刑罚本身是重大的恶害,通过刑罚之外的社会政策等能获得效果时就不应该科处刑罚;即便科处刑罚,也应该科处恶害较少的刑罚,这才是理想的。虽说刑罚制度的目的是"抑止犯罪",但其只是用来守护每个国民的利益,过度侵害国民人权的刑罚违反了其目的。

新派刑法学的衰退 这种形式犯罪论的兴盛导致报应刑论、客观犯罪论获得优势地位,新派、主观犯罪论逐渐失去支持。主观犯罪论容许广泛的处罚范围,这不仅与直至昭和五十年代*犯罪持续减少的日本社会难以整合,而且与直至1980年左右、试图尽可能限制规制的社会思潮不相容。

特殊预防论的兴亡 在西欧和日本,20世纪前半个世纪是教育刑、康复思想兴盛的时期。支撑这一思想的是对科学的信赖,以及对于人的可塑性、人的进步的信仰。可是在日本战后的刑法学中,对教育刑论的支持很少,报应刑论维持着压倒性的优势地位。其最大的理由在于,通过对战前运用刑罚制度的强烈反省,教育刑论、不定期刑等被人们敬而远之。但是,在矫正领域仍然存续着"教育刑"的理念。

相对的报应刑论 虽然战后的刑法理论中旧派理论占据了压倒性的优势,但是对完全不考虑防止犯罪目的的纯粹的报应刑论(**绝对的报应刑论**)的支持很少。以报应刑论为基础,积极承认会产生预防效果(特别是一般预防效果)的**相对的报应刑论**成了多数说(团藤第39页,大塚第493页)。像康德、黑格尔所主张的抽象的、观念上的绝对的报应刑论,欠缺说服力。日本的刑罚论一致认为,"刑罚之所以能被正当化,是因为其是对犯罪结果的报应,且能够期待犯罪预防的效果"。

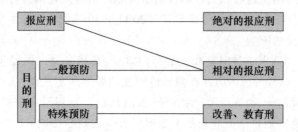

刑法修正与结果无价值论 20世纪60年代,新宪法的价值观在刑法学界也确立下来,此时取代新派与旧派的对立,从**行为无价值与结果无价值**(→第39页)的视角出发形成的新对立轴受到重视。是应当将处罚限定于侵害了国民具体利益(结果无价值)的场合,还是应当同时考虑行为的反伦理性(行为无价值),这一争论以刑法修正[32]为契机显现了出来。法务省以小野清一郎为中心,旨在实施以保持与战前刑法理论的连续性为前提的"修正"。

---

* 明治元年即1868年,大正元年即1912年,昭和元年即1926年,平成元年即1989年,令和元年即2019年。所以,昭和五十年代指昭和五十年至六十年,即1975年至1985年。——译者注

[32] 1956年以小野清一郎为核心组建了"刑法改正准备会",于1974年制定了《改正刑法草案》,《刑法》全面修改的动向高涨。尽管如此,刑法最终没有实现全面修改(另外,1995年《刑法》修正的核心内容是修改令人难以理解的用语并提高重要犯罪的法定刑)。

与此相对,平野龙一(1920—2004)、内藤谦(1923—2016)、中山研一(1927—2011)等人则一边发展客观犯罪论,一边立足于新宪法的民主主义、自由主义价值观,同时考虑到欧美刑法理论的发展,以结果无价值论为基础,主张进一步强调刑罚谦抑主义的刑法理论,并支配了学界。[33]

> **结果无价值论与相对的报应刑论**　20 世纪 80 年代的刑罚论几乎是相对的报应刑论一统天下,但重视行为无价值的学说(a)采用**报应型相对的**报应刑论,基本上完全只考虑"作为正义的报应";而重视结果无价值的学说则(b)采用**抑止型相对的**报应刑论,将刑罚定位为以防止犯罪为核心的治理社会的一种手段[34](平野第 22 页、中山第 87 页)。前者重视伦理道德上的**规范的维持**,后者则多被理解为与维持伦理秩序没有直接关联的**法的报应**,即在"刑罚是对犯罪这种恶的报应"这一形式意义上对其进行理解。

(4) 现代的刑罚理论

现代的实质刑罚论　进入 21 世纪,"目的刑论与报应刑论哪个是正确的"这一形式化的提问已经失去了意义。刑事司法的作用在于去除、预防犯罪,维持、安定社会秩序,确保国民过上更好的生活,对此很少有争议。设计、运用刑罚制度必须朝着能够合理实现抑止、防止犯罪,使犯罪人再社会化这一目标。此外,虽然刑罚论中能够看到相对的报应刑论是具有压倒性优势的有力见解,但如后所述,在考虑整体刑事系统时,特殊预防也很重要(→第 6 页)。再者,对安定社会秩序而言,通过科处刑罚所起到的**镇定被害人报复情绪的作用**也不容轻视。

> Ⅰ　刑罚制度必须有助于犯罪的预防与犯罪人的再社会化,必须能够给国民带来安心、安全的生活。
> Ⅱ　刑罚与犯罪不得失衡,只能对国民看来可以非难的行为科处刑罚。

国民的报应意识　现代国民印象中"报应"的理念重视伦理、道德。[35] 而且日本人的道德、秩序意识起到了抑止犯罪的重要作用。可以说,"抑止犯罪的家庭、地域、社会之力"等也处于道德、秩序意识的延长线上。谈到抑止犯罪,容易想到通过刑罚威吓来抑止犯罪的发生,但至少在日

---

[33]　在此中间,不仅仅强调社会伦理的维持(行为无价值),也重视防止犯罪的目的以及与此相关联的法益保护(结果无价值)的立场,在实务上得到了广泛支持(参见大塚第 465 页以下、福田第 294 页)。这种观点认为,只应处罚在法益保护的范围内不具有社会相当性的行为。

[34]　既重视刑罚的犯罪抑止效果(一般预防效果),又要求罪刑均衡以划定刑罚的上限。

[35]　如前所述,刑法学说中的"报应刑理论"多被理解为与伦理秩序没有直接关联的**法的报应**(→第 13 页)。存在于一般国民中的"报应"则与道德、伦理具有亲和性。

本社会,国民的伦理、道德观念以及正义感等**规范意识**所起到的犯罪预防作用,也占据了很大比重。

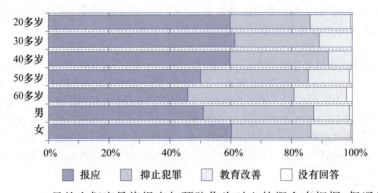

报应与预防目的的关系　虽然人们容易将报应与预防作为对立的概念来把握,但通过将"国民的规范"置于刑法理论的根基中,则有可能将二者有机结合起来予以统一的理解。既然犯罪预防的思考方法是期待"人"实施或不实施一定的行为(即便是通过"威吓"的手段),那么就有必要考虑国民的主体性心理(规范意识)(**积极的一般预防论**[36])。只将国民作为"单方面操作的对象"来对待,这样的目的刑论是错误的。刑罚制度完全是为了作为主权者的国民而存在的,并不是从观念上的"理论"中演绎出来的,必须遵照国民的视角来构筑。[37]

> **罪刑均衡与一般预防**　报应刑论主张对应于犯罪行为的刑罚(**罪刑均衡**),这种刑罚的本质在于**均衡性**(国民的接受、接纳),即"对于此种程度的犯罪,只能是这种程度的刑罚"。[38] 但是,由于是从国民的规范意识、正义"观"看来能够接受的官方科刑,所以国民对法制度(规范)的期待、信赖会增强,一般预防的效果也会增大(**积极的一般预防论**→第5页)。科处国民不能容许的残酷刑罚,会弱化国民对法制度(规范)的信赖,减弱其守法意识。这也无助于维持、强化具有犯罪抑止效果的国民的伦理、道德(山中第23页,日高第66页)。与此相对,刑法理论中重视结果无价值的立场(→第13页)只能使具有犯罪抑止效果的刑罚、与法益侵害相均衡的刑罚正当化,责任非难的视角被排除在外。

[36]　积极的一般预防论中也存在着将积极的一般预防概念纳入责任概念中的想法,即"责任论旨在处罚对于使国民觉醒规范意识而言不正确的东西"(伊东第243页)。

[37]　从这样的视角来看,对**裁判员裁判制度**(→第30页)的引入,应给予积极评价。

[38]　**罪刑均衡**或非难可能性、他行为可能性(→第10、40页)的概念,被理解为是与报应刑联结在一起的。这些概念的具体内容,并不能从同态报复等朴素的报应概念中通过演绎的方法得以明确。没有人认为所有杀人者都应被科处死刑,财产犯也并非都通过罚金等财产刑来处理。但是可以看到,诸如杀人与伤害致死相比前者更重,敲诈勒索与抢劫相比后者更重,这样的排序在一般国民的意识中相当一致。这种实际存在于社会之中的"大体上的一致",正是"报应"中最为重要的一点。

责任主义与一般预防　但是,现在得到多数支持的"报应"的思考方法中包括了**责任主义**,即仅在国民看来能够非难的场合才应当处罚。由于伴随着得到一般人肯定的道义上的非难,所以国民能够接受这样的处罚。一般国民看来不适当的处罚,不具有维持社会秩序的机能。

此外,从一般国民的立场来看,只要不实施值得非难的行为就不会被处罚,这样的安心感对行动自由而言具有非常重要的意义。明明不值得非难却科处刑罚,终究不能期待这会带来一般预防的效果。另外,如果不考虑非难的观点而处罚,那么不值得非难却受到处罚的行为人会想这不过是"因为不走运所以被处罚了",从特殊预防的角度来看效果上也存在问题。再者,处罚动机不受规范影响的人并没有什么意义(→第297页)。例如,即便处罚精神上有障碍的人,防止犯罪的效果也很微弱,不如实施必要的治疗。

刑罚论的动态构造　对照着① 刑罚预告阶段(立法)、② 裁判阶段(量刑)、③ 刑罚执行阶段(行刑)各阶段的目的,刑罚论中强调的点发生着微妙的变化(参见川端第41页,日高第65页)。

① **刑罚预告阶段**,一般预防的视角受到重视。但是,预告重的刑罚并非总能起到抑止犯罪的效果(积极的一般预防论→第5页)。

② **裁判阶段**,特别是**量刑**时,必须以行为时的行为责任为基础,然后再谋求与既定刑罚预告不矛盾,且尽可能适合于行刑要求的刑罚量(与目的刑的融合)。虽说"不能超过行为时的行为责任",但前科、成长经历等超出行为责任的情节也在量刑时发挥重要作用,行为后是否反省、被害人的意向等也不能轻视(→第413页)。

③ **刑罚执行阶段**,特殊预防的视角占据首位。最多被考虑的是犯罪人的再社会化。但是,强调特殊预防的效果,以至于长期拘束犯罪人的自由、实施改变其人格的"教育",这在现代日本是绝对不允许的。

(5) 现代的犯罪理论——从形式犯罪论到实质犯罪论

形式犯罪论的变化　战后的犯罪论立足于日本《宪法》的制定,从对战前的反省开始出发。形式犯罪论在团藤重光的主要著作《刑法纲要》(1957年)的开头被明确表达出来。其指出,"为了让刑罚权这一国家权力不胡乱发动,必须封堵一切恣意的可能",主张封堵"权力恣意判断"的必要性,提倡"实现连微小变动都没有的正确的理论构成",在此之上展示出形式的、明确的犯罪论体系。

此外,平野龙一认为,"刑罚是施加拘束自由等重大苦痛的事物",将其

17　定位为"虽不理想但也不得不采用的社会治理手段",发展了上述形式犯罪论[《刑法总论Ⅰ》(1972)第44页]。"刑罚谦抑主义"支配着战后的日本社会,认为刑罚是最严厉的制裁,应当限制其适用。

价值相对主义　团藤重光主张,"需要通过法来强制推行对社会生活而言必要最小限度的道德规范"。但平野龙一对此予以了严厉批判,认为"在现代社会,伦理上的正确常常具有相对性","法只要能够保障持不同价值观的人共存就足够了"。**价值相对主义**成为形式犯罪论的重要支柱,只在保护法益的场合才动用刑罚,通过这种方式加速了刑罚谦抑主义。[39]

　　价值相对主义兴盛的背景　"刑法并不是用来教人举止动作的",平野龙一的这一主张之所以具有很强的影响力,存在以下背景:20世纪60年代的学说以英美与德国等为研究的主要对象,而在这些国家,批判传统价值观的自由主义价值观变得有力起来,尊重多元价值观从而废除对同性恋行为的处罚、把自己服用毒品的行为也非犯罪化,这些动向产生了很大影响。"无被害人的行为的非犯罪化""重视自己决定权"等标语得到重视。

　　在此基础上,日本社会存在着共同的历史认识,即战前的"天皇制、家族制度、各种道德的灌输"招致了战争惨祸;学校教育自不待言,家庭中也出现了丧失"正确价值"的状况;"正确是因人而异"这一价值相对主义扎根下来。但是,"尊重他人的想法"不能取代对刑法解释来说必要的规范性价值基准(→第21页)。不考虑国民共有的价值观,就无法判断在多大程度上保护什么样的法益,也无法认定责任非难的本质。

18　**刑罚谦抑主义的界限**　从20世纪80年代后半期起,日本社会犯罪开始增加,对刑罚谦抑主义的重新检讨逐渐展开。这是由于,"对战前的反省"逐渐风化、淡薄化,且伴随着社会逐渐安定,"对国民来说应予保护的事项(利益)"增加,期待刑事系统介入的问题增加。

再者,洛克希德案件中处于权力顶点的首相受到处罚[最大判平成七年(1995)2月22日(刑集第49卷第2号第1页)][40],① 这使人感到,"限制刑罚权的滥用从而避免将国民作为犯罪人予以镇压"这种近代西欧型(自由保障型)的犯罪论是"脑子里的事物"。不是刑罚权的滥用,而是侵害国民利

---

〔39〕　作为一种**理论框架**,团藤的形式犯罪论与重视刑法的自由保障机能联结在一起。与此相对,平野龙一虽然重视法益保护,也考虑具体的妥当性,但通过将法益保护限定于必要最小限度维持了刑罚谦抑主义。

〔40〕　重要的是,① 从以往贿赂罪(职务权限)的解释出发,扩大了成立范围(→各论第八章第八节1);② 此外,国民自不待言,刑法学说也最终支持了该结论。

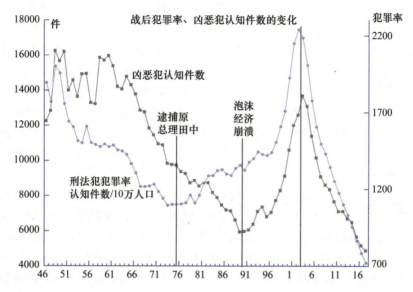

益的才是犯罪。此外,② 对"处罚范围越窄越好"这种想法也产生了疑问。[41] 人们确切地感受到,在条文的解释上,虽然有无罪的余地,但为了保护国民的利益,不得不实施必要的处罚。

刑事司法中也强烈意识到了"被害人的视角"。[42] 20 世纪 80 年代之后,"刑事司法中也存在着为了国民的安心与安全而应当积极介入的情形",存在这种倾向的见解逐渐强大起来。具体而言,关于虐待儿童、跟踪骚扰、家庭暴力的法律规制的变动,几乎是同时进行的。[43]

> 面对国家权力保障国民自由的犯罪论→更好地保护国民利益的犯罪论
> 处罚(权力介入)的极小化　　　　→必要、合适的刑事介入
> 排除解释中的价值判断　　　　　　→重视国民的规范意识

---

[41] 根据重视处罚范围明确性的学说,洛克希德案件等也会得出无罪的结论。但有罪的判例确定下来,对此予以批判的讨论逐渐消失了(各论第八章第八节1)。
[42] 日本被害人学会于 1990 年 11 月成立。
[43] 在法制度的层面,首先是针对儿童虐待朝着"想要保护儿童"的方向兴起了讨论,开始进行法律修正。几乎同时,立足于先行的条例变动,以桶川跟踪骚扰杀人案件为契机,制定了"跟踪骚扰规制法"。然后通过了家庭暴力防止法(2001 年 4 月《关于防止来自配偶的暴力以及保护被害人等的法律》)。即便是现在,防止跟踪骚扰的对策也还是朝着应扩大刑事司法介入的方向发展着。

实质犯罪论　刑法是旨在防止犯罪、保护国民利益(法益)的制度(**法益保护机能**)。但是,刑罚权的行使伴随着滥用的危险,即便是为了保护国民利益也不能无限制地正当化。这也是战后犯罪论中重视**自由保障机能**的原因。在此意义上,犯罪论的核心在于法益保护(具体的妥当性)与自由保障(法的安定性)之间的实质衡量与调整。可以说,**实质犯罪论**是指这样一种刑法解释,即修正对自由保障机能的过度强调,实现现代社会中国民所追求的"法益保护"。具体而言,意味着以契合现代日本的方式来构筑"罪刑法定主义"(→第 62 页),**对构成要件解释予以实质化**(→第 64 页)。

判例定位的变化　明治时代以来,刑法学说的主流是重视西欧型自由保障机能的犯罪论,与此相对,**判例**则以日本现实问题的处理为课题,本来就不得不变成实质犯罪论(→第 21 页)。结果是,"判例考虑具体的妥当性而扩大处罚,学说则从理论上批判、限制判例",这样的状况基本持续了 100 年以上(**偷电判例**→第 65 页)。但是,面对重视以德国为中心的**外国法理论**的学说,重视日本判例(国民的规范意识)的倾向自 20 世纪 80 年代之后强大起来。

20　　虽然在形式犯罪论中会看到"刑罚的本质在于自由保障机能"之类的见解,但是在法解释论中追问"何种机能是正确的",几乎没有意义。两种机能都是必要的,在相互矛盾的要求之间谋求具体的调和点,这项工作正是作为法解释论的犯罪论。

从价值相对主义到国民的规范意识　进入平成时代,犯罪论中"规范"这一概念变得引人注目。本来,"衡量具体的妥当性与法的安定性"这一位于犯罪论终极位置的工作,正是要进行"价值判断"从而得出结论。普遍的、客观的正确均衡点并非固定不变的。[44] 尤其是在裁判员裁判已经确定下来的网络社会[45],汲取作为主权者的国民的规范意

---

[44]　既然处罚范围是"价值(的衡量)问题",那么就不可能存在像自然科学世界中那样的"客观理论"。
　　虽然以往将外国法的制度、理论作为客观理论来援用,但这些完全是外国的,其本身是具有一定价值属性的存在。

[45]　在日本《宪法》确定下来、网络社会不断发展的过程中,"如何设定犯罪的实质成立范围,取决于是否'妥当',即是否符合作为主权者的国民的意识(常识)",这一视角更加得到重视。应该处罚到什么范围,对此作出决定的终极主体是国民,裁判员裁判制度也确定下来了。"能够由专家通过理论推导出来的结论",较之以往,其范围变得更狭窄。

识,这一工作具有重要意义。[46]

形式犯罪论认为,"价值判断会变得恣意,所以理论化很有必要",应当形式地(排除解释者的价值判断)适用客观确定的基准。但是,"刑法解释应当形式地进行"这一乍看上去价值中立的主张,当然也联结着和一定的处罚范围相关的结论、价值决定。[47] 此外,"客观确定的基准(法)"也不过是以设定基准时能够预料的情况为基础而抽象化、类型化出来的,根据事态的变化有修正的必要。再者,与国民规范意识相分离的"形式解释"不能获得刑事司法中所追求的妥当结论。不能说,"只要不是恣意的,那么即便是不当的结论也是正确的"。"妥当性"本来就是由国民来判断的。可以说,所谓法律学,是指探求国民规范意识的学问。[48]

> 重要之处在于,国民的规范意识在微妙地变动着。与刑罚制度相关,在"9·11"事件之后的美国能够很明显地看到这种变化。在犯罪多发的英国,未遂论、共犯论发生了很大变动(→第 108、330—331 页)。毋宁说对于所有的问题,其正确答案都正在微妙地变动着。"普遍正确的刑法理论"等是不可能存在的。

> **国民的规范意识与判例** 判例直接面对着要如何裁决现实中发生的具体案件这一问题,日复一日地探求着确实能够为国民所接纳的结论。虽然要立足理论、学说来解释现行的条文,但也要当着被告人与被害人的面,顾及具体妥当性的视角以及作为该视角前提的国民规范意识。

> 价值相对主义(排除价值判断)→进行价值判断,国民意识
> 犯罪论的非伦理化、非道德化 →犯罪论中对规范的重视

---

[46] 通过人工智能来分析法令、判例等以及有关法律评价的数据,可以让价值判断"变得容易",但并不存在客观结论,仍然是价值判断;而且,既然其结论会随着状况的改变而发生变动,那么就不可能推导出正确的结论[参见最大判平成二十九年(2017)11 月 29 日(→第 34 页)]。

[47] 本来就存在的问题是,是理解为"形式上可能该当犯罪要件的,全都包括进去",还是理解为"既然存在着形式上可能不该当犯罪要件的可能性,就不包括进去"。形式犯罪论多采用后者的理解,但此时首先预设了狭窄的处罚范围。形式犯罪论认为不该追问价值判断上应当还是不应当,主张从形式上推导出答案,但是作为确立狭窄处罚范围的正当化根据,形式犯罪论又大多衡量了以下利益,即"排除因处罚基准模糊不清而产生的不当处罚"。

[48] 在综合评价时,可能会因为解释者不同而产生差异(现实中,针对同一事实,法官也会作出不同的解释)。但是,不能为了消灭差异而排除一切价值判断。

此外,这与"存疑有利于被告"原则是完全不同的问题。并不是说"意见有分歧时,无罪的结论就是正确的"。"存疑有利于被告"原则是指,在刑事审判中,依靠调查获取的证据不能判断待证事实是否存在时,由于试图行使刑罚权的国家应当证明犯罪事实的存在,所以不能认定被告人有罪。

实质犯罪论与复合的、综合的判断 由于存在着罪刑法定主义,所以会把有关犯罪成立与否的判断与"是否能够嵌入设定的框架中"这种"是与非的思考"联结在一起。但是,存在着多个影响能否处罚的事实,而且包含着有关处罚的积极因子与消极因子,某种意义上还可能存在着矛盾的情形。有必要对这些事实进行综合判断(后述→参见实行行为、因果关系、正当防卫等)。通过法理论,从多个因子中挑选出与"问题本质"相连的唯一因素,以此来推导出答案,这种想法(法逻辑至上主义)是错误的(有一段时期,马克思主义的影响很强大,几乎一贯存在着因尊重科学主义而导致"轻视规范评价"的现象)。虽然在重要性上存在差异,但必须综合评价影响因子。在法律评价中,重要的不是"只把本质的东西提纯、抽选出来",而是"如何能够考虑诸多的具体事实及其细微差别"。此外,更重要的是,为了确保价值判断的客观性(排除恣意性),要明确展现出判断的过程,使**批判性检讨**成为可能。

```
分析性的体系        →加入综合的评价
从单一原理出发的演绎 →综合多个因子
形式地嵌入框架      →在框架的判断中也衡量法益
```

规范意识与实质违法论 构成要件与违法性、有责性是犯罪论的骨架。但构成要件是将违法且有责的行为类型化之后的产物,犯罪的实质内容由违法性与有责性构成(向实质犯罪论的转换,对理解构成要件带来的影响最大,这一点之后详述→第62页)。

对刑罚谦抑主义的修正,引起了对"若无法益侵害则无刑罚(违法性)"这一违法观的重新检视。主张"将处罚限定为伴随法益侵害或法益危险性的行为",从而**形式地**限定犯罪的成立范围,这是不可能的。[49] 这是因为,虽然"什么是应当不惜动用刑罚来予以保护的利益(结果无价值)",是由国民代表所制定的"法"来明示的,但"保护法益的具体内容"要求通过法解释(裁判)来予以明确。而法解释必然伴随着实质的价值判断。"法益"会随着社会、国民意识的变化而变化。[50][51] 终究是现代的日本国民来决定什么是正

---

[49] "自己服用兴奋剂罪不伴随结果无价值(法益侵害性),不应当处罚",这样的主张现在失去了支持。

[50] 即便是现在,"不应该明明没有法益侵害,却仅仅因为伦理上的恶而认定为违法",这一主张仍然包含着正确的部分。但是,该主张本身完全是规范的、带有价值属性的。命题的妥当性唯有得到国民规范意识的支持,才能得以成立。至少,认为"结果无价值的(处罚范围窄的)选项才是妥当的",这是错误的。相反,也不能说"因为是行为无价值的,所以正确"(→第12—13页)。此外,即便认可"不应当推行特定的价值观",也不意味着就能在与伦理、道德无关的情况下决定违法性。

[51] 再者,将"多大程度"的法益侵害作为处罚的对象,这完全是规范的评价。

当的(违法的)。必须通过分析判例——法官、裁判员对具体案件作出的判断——的整体情况,来明晰透过法律滤网的"国民的规范意识"。

实质违法性与主观事项 应当以容易判断的客观事项为对象来考虑违法性,对此没有争议;可是,尽管要考虑是否存在客观的法益侵害,但主观事项、与伦理相关的事项等也有必要全部纳入视野,进而判断是否属于"值得处罚的行为"。此外,在判断是否该当虽侵害法益却仍然被允许(被正当化)的情形时,也有必要综合衡量尽可能多的事项。

报应、非难概念与实质责任论 虽然人的行为是复杂的,但仍然遵循一定的法则。为了实现防止犯罪与犯罪人再社会化这一刑罚目的,尽量明晰这种行为法则,扩大有助于防止犯罪的科学见识,这正是刑事法学的重要课题。但是,"刑罚是为了去除犯罪原因从而防止犯罪(**社会责任论**)""因为具有对社会而言危险的性格,所以不得不承受刑罚(**性格责任论**)",这样的见解作为现代对犯罪的说明欠缺说服力。"非难"这一概念必不可少,其表现出国民对处罚的接纳(→第14页)。只能在可以非难时科处刑罚(**责任主义原则**)。但这不同于以前道义责任论者提出的形而上学式的说明,即"正是因为人是基于自由意志而行动的,所以可以**非难**"。"非难"是为了达成刑罚目的而必备的,有必要对其进行具体分析。**必须通过现在日本国民中存在的规范意识来把握**。如果试图科学地、实证地设定"对抑止犯罪而言必要最小限度"这一基准,那么该基准在现实中就不可能发挥作用。寻求"客观的、科学的正确刑罚"很困难。罪刑的具体均衡点只能一边参考实证研究,一边从国民的规范意识中推导出来。[52]

实质的责任主义 责任主义认为,仅在可以非难的场合才能科处刑罚。责任主义也必须从国民规范意识的视角出发予以实质理解。一般认为,如果具有故意或过失、具备责任能力,那么只要不存在欠缺期待可能性这样的例外情况,就可以进行责任非难。但是,此处成为前提的"是否存在故意""是否存在过失""是否具备责任能力",这些评价不可能从形式上作判断,必须伴随规范评价的解释,即"如果有这样的认识,那么一般人能否意识到故意犯的违法性(→第161页)""如果存在这样的情况,那么对一般人来说是否有可能预见结果的发生(→第223页)""能否评价为因精神障碍而实施了完全偏离本来人格倾向的行为(→第305页)"。所以,现代的"责任非难概念"是在这些判断的积累之上构筑而成的。

---

[52] 积极的一般预防论认为刑罚的意义在于维持、强化规范意识,这与此处理解责任的立场具有亲和性(→第5页)。

第一章

犯罪论的基本构造

1 ■ 犯罪论体系

(1) 该当构成要件、违法且有责的行为

犯罪论的含义　　犯罪论，是将用以确定犯罪——现在日本社会中值得科处刑罚的行为——的规范(判断基准)井然有序地整理起来，而不是在理论上解明"犯罪的本质"。[1] 犯罪论的目的是更容易地确定妥当的犯罪成立范围，且用以防止刑事司法相关人员恣意地运用刑罚权。

是否属于"必须应予处罚的犯罪行为"，最终交由国民来判断(→第21页)。"法是经国民代表之手来决定的"，不仅如此，法解释也必须遵循现代日本国民的规范意识。[2]

构成要件　　可以说，现在犯罪论的基础是以"① 对嵌入**构成要件**这一框架中的行为，② 认定其**违法性**，③ 追究行为人的**责任**"这种形式构成的。但重要的是各个要件的实质性内容，以及在各个要件中有必要汲取国民的规范意识。

必须在一般国民看来具有预测可能性的范围内进行处罚。因此，犯罪必须嵌入明确的"框架"，即**构成要件**[3]当中。结果是，处罚限定于国民期望对其科刑的部分具有犯罪性的行为之中(**刑法的不完整性**)。

违法性与责任　　从"国民认为怎样的行为是犯罪"这一视角进行实质的考察，在现在的日本，必须是满足以下两个要件的行为才能进行处罚。

> ① 客观上的确是值得处罚的坏的行为
> ② 关于其行为，可对行为人进行非难

其一，必须是出于维持社会秩序的考虑、不得不科处刑罚的违法行为，即

---

[1] 一直以来，为了防止恣意、不安定的处罚，存在过于强调"客观上正确的犯罪论"的问题。可是犯罪并非像自然物质那样存在着。"水是H_2O"和"犯罪是该当构成要件、违法且有责的行为"，这两种说明方式的含义完全不同。

[2] 此外，对法解释而言，一方面充分理解法的旨趣，另一方面立足于至今为止直面并解决具体问题而推导出来的结论积累，也很重要。比起抽象的理论模拟，学习过去的经验对刑法解释而言更加重要。

[3] 构成要件这个词语，旧时意味着"造成刑罚这一法律效果的一般性要件"(**一般构成要件**)。但进入20世纪后，贝林格对构成要件进行了分析(→第9页)，认为其是有别于违法性、有责性，承担了特殊机能的要件(**特殊构成要件**)。

必须是**坏的行为**。所谓违法,是指"对国民而言,重要的利益受到侵害"。但是,"什么是重要的""重要到什么程度",回答可能因人而异。此外,对于"恶的程度"的评价也因**侵害的样态**而有所不同。

其二,施加刑罚时,在违法性之外,对行为人的**非难可能性**也是必需的要件。国民看来能够非难时,表达为"那个人有责任"(→第 15、40 页)。在非难可能性的判断中,重视行为人的主观面。主要讨论故意(→第 160 页)、过失(→第 206 页)、责任能力(→第 301 页)。

> 实质地来看,法律将值得处罚的违法行为中能够予以责任非难的行为类型性地列出,就形成了**构成要件(作为违法、有责类型的构成要件)**。因此,如果判断为该当(符合)构成要件,那么原则上该行为就是违法的,而且是有责的。但这完全只是个原则,例如以正当防卫的方式杀人,也例外地存在着法所允许的该当构成要件的行为。像这样例外地否定犯罪性的情形,称作**违法(责任)阻却事由**。但需注意的是,构成要件与违法性、责任以及阻却事由要如何组合在一起,对此存在着各种各样的看法(→第 31 页)。

违法是客观的,责任是主观的　　是否成立犯罪,需要综合现实产生的客观结果、实际实施的行为、犯人主观上的情况来进行判断。虽说犯罪的客观面与主观面是**连续的**,但是将客观上是否产生了"值得处罚的侵害(结果)",与"是在怎样的认识下实施行为的"这两个问题大体上区分开来讨论,是合理的。先讨论从外部能观察到的客观的行为与结果,可以使犯罪成立与否的判断更为安定。

在此之后,责任非难须以行为人的**主观面**为核心进行判断。即便客观上是以完全相同的样态杀人,"如果是想要杀害对方",要处 5 年以上的惩役或死刑(《刑法》第 199 条);而"如果是过失将对方杀害",则只处以罚金刑(《刑法》第 210 条)。虽然也可把杀意纳入违法性的问题中讨论(→第 34 页),但责任要素还是起到了决定性作用。另外,在日本,决定是否成立犯罪与决定刑罚轻重的工作(**量刑**)是同时进行的,明确包括**犯罪动机**在内的行为人的主观面,是很重要的工作。[4] 根据有无故意等主观情况,刑罚的轻重有很大的差异。

主观犯罪论与客观犯罪论对立的意义　　犯罪论最基本的对立是"主观主义"与"客观主义"的对立,即"犯罪构成与否,是以主观方面为核心进行判断,还是要重视客

---

[4]　与欧美相比,日本的刑事系统更加重视以自白为代表的犯罪嫌疑人、被告人的供述。这也是没有采用英美法国家能见到的程序二分论(区分犯罪成立与否的判断与量刑的制度)所致。

观方面"(→第 9—10 页)。前者由于是在客观的结果尚未发生的阶段就处罚,所以较之后者有扩大处罚范围的倾向。此外,主观主义重视责任论,在违法论中也重视主观面;客观主义则重视违法论,在违法论中重视客观情况,而且在责任要件中也朝着客观判断的方向发展。

  犯罪本来是主观面与客观面混合在一起、浑然一体的存在。在讨论"主观情况与客观情况在犯罪论体系上如何分配"时,有必要着眼于不同的分配会导致犯罪的成立范围这一"结论"有何不同。必须对应于国民规范意识的变化,从"得到最为妥当的结论"这一视角出发,在犯罪论的各个层面具体展开讨论。

  即便是现在也可以说原则上违法性是客观的、责任是主观的,但将这种对应关系贯彻到底就不对了。必须立足于判例中展现的传统理解、日语的语感等探求最合理的答案。

29 **(2) 犯罪论的机能**

法的安定性、形式的逻辑性 从国民的视角来看,合理地确定"应该科处刑罚的行为"这项工作必须**公正、公平**,对犯罪论而言**法的安定性**是必要的。为了防止犯罪而科处刑罚时,具体案件的解决必须从整体来看与其他案件的解决保持平衡。如果只是着眼于个案的处理,那么不仅会让接受刑罚的人抱有不满,而且也会令一般国民对刑罚制度产生不安。对刑事司法制度的信赖性而言,与其他案件相比的公平性最为重要。

  法的安定性的要求反映在犯罪论中,就是要求"有逻辑的、形式上的讨论"。为了使无论主体是谁,也无论客体是谁,结论都不产生振幅,形式的、有逻辑的判断框架是令人满意的。在此意义上,刑法总论重视体系性。

  分析性体系的必要性 在确保法的安定性的同时,为了使认定变得容易并排除恣意性,有必要进行分析性的思考。"依靠直觉来判断犯罪是否成立(=全体性的考察法)"很危险。但是,考虑到裁判员的使用,太细致化、过于技术性的犯罪论实际上也起不到作用。在此意义上,尽管要区分阶段进行思考,**二分法**是最安定、最合理的。可以说,一直以来以① 客观面与主观面、② 原则(构成要件)与例外(阻却事由)这种形式整理出的犯罪论,基本上是妥当的。

	客观面	主观面
原则	客观的构成要件	主观的构成要件
例外	违法阻却事由	责任阻却事由

具体的妥当性　但是另一方面,"犯罪"必须符合现实生活在日本社会中的国民的规范意识。犯罪理论必须与条文概念在日常用语中的含义、现行法规整体不矛盾,具有整合性,但重要的是在各个问题的解决中会推导出怎样的结论。结论的合理性、妥当性优先于逻辑上的整合性。〔5〕

> **实质犯罪论**(→第16、19页)　战后30年间日本社会的犯罪持续减少,国民对于治安的不安感也变弱,由此,"刑法解释中重视法的安定性"被加以强调(罪刑法定主义→第54页)。本来,对于刑事体系,不仅仅是单纯地要求不能因过分侦查、不当处罚给国民带来不利益;还要求通过迅速地处理应受处罚的行为、防止犯罪,从而守护国民的各种利益(→第4页)。在刑法没有进行根本性修改时,刑事司法实务通过进行实质解释来谋求两者的平衡。而今有必要立足于这"70年的实践",展开新的理论。

裁判员与犯罪论　一直以来,犯罪论是由作为法律专业人员的法官来使用的,无论是多么细致复杂的理论,只要能够严格地推导出处罚的范围即可。对于作为刑事司法承担者的检察官、警察、律师而言,犯罪论是重要的基准,由于这些人也是专业人员,所以也多认为理论应该精细化。

可是,于平成二十一年(2009)5月引入的**裁判员裁判制度**如今已经完全确立,对于犯罪论的看法发生了变化。由于是一般国民来判断是否要处罚以及刑罚的轻重,所以犯罪论必须变得"容易理解"。因此,犯罪论本身正在变得**更加重视具体的妥当性**。在裁判员的判断中,虽说并不轻视法的安定性,但引入裁判员制度最大的意义即在于,"依据国民的常识来微调迄今为止的专业人员的判断"。〔6〕必须重新审视部分"在法律的专业世界中被认为是理所当然的事情",以及"积累细致的法理论后,让普通人产生违和感的结论"。

---

〔5〕　对于犯罪嫌疑人、被告人而言,犯罪论是获知何种行为将被处罚的线索。但很难想象,一般国民会直接学习细致的犯罪理论并以此为前提来决定自己的行动。国民是通过诸如判决中所展示的法官的"判断"来得知刑法的内容。所以裁判员制度所预想的是,由一般国民的判断形成"判例",再使其反馈到犯罪论中。

〔6〕　最大判平成二十三年(2011)11月16日(刑集第65卷第8号第1285页)作出了如下判断:"在引入裁判员制度之前,日本的刑事裁判只是由以法官为首的法律人士来承担,进行着以详细的事实认定等为特征的高度专业化运作。……仅依靠法律人士所实现的高度的专业化具有这样的一面,即时常会使得国民感到难以理解,从而易于偏离国民的感觉。……可以说,裁判员制度以强化司法的国民基础为目的,其目标在于实现这样一种刑事裁判,即通过国民的视角、感觉与法律人士的专业性之间的经常性交流,加深相互理解,发挥各自所长。"

2 ■ 对构成要件的理解

(1) 形式的构成要件概念与实质的构成要件概念

形式犯罪论 由构成要件、违法性、责任三者构成的德国的基本犯罪论体系，自明治时期以来引入日本，以刑罚法规展现的**犯罪类型**(构成要件)作为犯罪论的根基，认为**违法性**是关于外部现象的**客观判断**(客观的违法论→第33页)，区别于与**主观情况相关的责任**。

从罪刑法定主义的视角出发，期待构成要件具有"明示哪种行为将被处罚的机能(罪刑法定主义机能)"，将其构筑为**客观的、形式的、记述的而且是价值中立**的"**类型**(**框架**)"。构成要件被认为与伴随评价的违法性判断相分离，也不包含主观上的情况。即便判断为该当构成要件，但这仅仅表明嵌入了形式的框架之中，判断犯罪成立与否的重要部分在违法性、责任的阶段进行(三分说)。

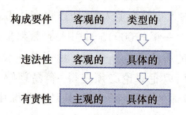

构成要件的实质化 但是，"作为违法类型的构成要件"，这种思考方法变得很有影响力。其主张，抛开"是否值得处罚"这一规范性的评价，构成要件也不能成立；换个角度来说，是对"该当构成要件的行为与违法性没有关系"这一观点提出疑问。进而认为，如果行为该当了构成要件，那么原则上就是违法的，只需要讨论有无否定违法性的例外情况(违法阻却事由)即可。

(2) 构成要件的作用

发挥实际作用的构成要件 是否该当构成要件的考虑，对于"犯罪行为"的认定必须起到一定的判别机能(**犯罪个别化机能**)。在实际的刑事司法中，"该当构成要件的行为"原则上被作为构成犯罪的行为来处理。对于该当构成要件的行为，再从头讨论其是否违法，这种做法作为一种理念暂且不论，在实务中是不现实的。

> 没有必要说"即便是1日元也是贿赂,所以该当受贿罪的构成要件",然后再认为"1日元程度的受贿罪因为欠缺违法性所以不处罚"。在刑事司法实务中,在进行构成要件判断时讨论的问题是,"把达到何种程度的利益解释为'贿赂'"。说"构成要件是违法类型",意味着构成要件该当性的判断是**关于有无值得处罚的违法性的判断**(实质的构成要件解释→第62页)。

裁判员与构成要件的判断　向国民展示犯罪清单的"条文"必须尽可能地易于理解。但是,这有别于在解释现存条文时"采用国民最容易理解的构成要件判断"。作为裁判时法官、裁判员进行的法解释,构成要件的判断中,不可避免地需要衡量实质的当罚性判断,即"应在多大范围内处罚"。作为犯罪论要素之一的构成要件,对于国民而言是行动的规范,但更是裁判时的判断基准。

确实,既然有罪刑法定主义的要求,那么条文必须是明确的,法官、裁判员也必须在国民可预测的范围内解释该条文,所以不能脱离条文进行解释(→第55页)。但是,在解释条文时,也不可避免地要进行以是否值得处罚为核心的实质判断。

3 ■ 违法性的思考方法

(1) 违法性的客观性

客观的违法论　现在一般认为应当区分违法性与责任来进行思考。违法性与客观的行为与结果相关,责任则与主观的(内心的)情况相关。可是,实际存在的"犯罪行为"是主客观浑然一体的,违法性与责任当然也具有连续性。区分二者不过是为了方便讨论而已。

但是,"违法性按照客观的基准来判断",对此很少有异议。客观性可以大体分为① 判断基准与② 判断对象,违法性至少不是以行为人本人为基准的主观判断,而是以一般人为基准。

	客观的	主观的
判断基准	一般人基准	本人基准
判断对象	外部情况	内心情况

违法论的历史　在强烈影响日本学说的德国刑法学中,不明确区分违法性与责

任的**主观违法论**有段时期曾颇有影响力〔7〕。但是**客观违法论**确立下来,认为在评价行为的违法性时不能考虑行为人的主观能力,将客观上违反法律的行为认定为违法〔8〕,从而认为无责任能力者也存在违法行为,对实施这种违法行为的人可以正当防卫。如果将这种立场贯彻到底,动物、自然力所造成的侵害也是可以是违法的(对物防卫→第 266 页)。

但是,"主观上的情况不是也会影响违法性吗"这一往回摇摆的讨论日渐增强(例如认为应当将**主观的超过要素**认定为违法要素→第 35 页),进入 20 世纪 30 年代,在纳粹势力强大的时期,违法性与责任更进一步地联结在一起(违法性的主观化)。以至于,认为故意等主观情况一般都是违法要素;认为依靠法益侵害不能说明违法性,在违法性的判断中行为人个人方面的情况即行为无价值(→第 39 页)才是重要的(**人的违法论**);认为"即便在杀人的情形中,有意图的杀人与过失杀人的违法性完全不同"。诸如此类,各式各样的违法论被介绍到日本,形成了战后日本违法论的根基。

违法性的判断对象 违法性判断的对象原则上仅限于客观事项。但是,主张"不包括一切主观事项"也不合理。关于强制猥亵罪*,**最大判平成二十九年(2017)11 月 29 日**(刑集第 71 卷第 9 号第 467 页→第 35 页)一方面指出,"**是否应视为值得处罚的行为,应当考虑该时代社会对性被害相关犯罪的普遍接受方式并进行客观的判断**";另一方面,在不考虑具体的状况等就难以评价行为是否具有性方面的意味时,认为"**行为人的目的等主观事项是个别具体的事项之一,难以否定存在着应将其作为判断要素来考虑的情形**"(→各论第二章第四节 1)。此外,判例将正当防卫中的"为了防卫"理解为"**防卫的意思**"(→第 268 页)。

可是,并不是说包括故意在内的**主观要素**一般都是违法要素。本着杀意杀害他人的,与过失杀害他人的,违法性没有什么不同(刑罚轻重的差异源于责任大小的不同)。

---

〔7〕 主观违法论认为违法行为是违反义务的意思活动,只有当行为人具有进行违法行为的能力与意思时,才能认定违法性。例如,对于像精神病人这样的无责任能力者,不能认定违法行为。这种观点在理论上作出如下说明,即违反了**法规范**这一国家的"命令"时才是违法,命令的**接收方**不能理解该命令时就不存在违法性的问题(**命令说**)。

〔8〕 客观违法论将规范分解为**评价规范**与**决定规范**,认为在发出"你不得杀人"这一决定(命令)之前,必然要先作出"杀人是坏的行为"这一评价。对于决定规范而言,必须存在该决定所指向的接收人;但评价规范是"没有接收人的规范",是共通于所有人的客观的存在。此外,违法性由评价规范来决定,责任由决定规范来决定,违法性是对评价规范的违反,是客观的。在这里需要注意的是,客观违法论以如下价值判断为前提,即"刑法的目的在于保护客观存在的生活利益,刑法不应该介入到伦理性的事物当中去"(可见第 276 页)。

* 2023 年日本刑法修正时,将强制猥亵罪修改为不同意猥亵罪。本书中的强制猥亵可以替换为现在的不同意猥亵来理解。——译者注

> 判例在责任判断中也是以一般人为基准进行客观的判断的(→第 300 页),将故意、责任能力等以主观事项为对象的判断作为责任的问题予以考虑。归根到底,既然区分违法与责任,那么将有关主观的、个别的事项的判断作为责任,将有关客观对象的评价作为违法性,维持这样一种整理违法性与责任的原则是合理的。将责任作为依照"本人基准"的判断,并不妥当(→第 300 页)。

主观的超过要素　作为影响违法性的例外的主观情况,常常举出**目的犯**[9]、**倾向犯**[10]、**表现犯**[11]等**主观的超过要素**,这些犯罪中不存在着对应于主观面的客观事实。未遂犯中的故意也被认为是主观的超过要素。[12] 这种观点认为,在发生了结果的既遂犯中,客观情况决定了行为的违法性,但在诸如欠缺客观情况的未遂犯这样的情形中,不得不依靠主观情况(故意)来决定违法性,在这种主观情况里存在着固有的违法性(参见平野第 125 页,内藤第 216 页,山中第 298 页)。

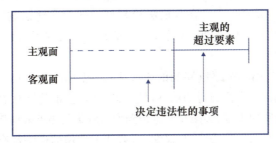

但需要注意,最判昭和四十五年(1970)1 月 29 日(刑集第 24 卷第 1 号第 1 页)认为,"完全出于报复该妇女或者侮辱、虐待该妇女的目的时,……不成立强制猥亵罪",而前述最大判平成二十九年(2017)11 月 29 日推翻了该判例,并指出,"在故意之外,一律要求行为人的性意图作为强制猥亵罪的成

---

[9]　伪造货币罪(《刑法》第 148 条第 1 款)中,仅有制造假币的认识还不够,只有以"使用的目的"伪造时才予以处罚。像这样,只在行为人具有超出对客观构成要件的认识之外的一定的目的时才予以处罚的犯罪类型中,还有内乱罪中的"破坏宪法确立的基本统治秩序的目的"(第 77 条)、营利诱拐罪中的"营利的目的"(第 225 条)等。

[10]　倾向犯中,表露了行为人主观倾向的行为才构成犯罪,只要没有这样的倾向就不被处罚。例如,强制猥亵罪(第 176 条)中,只有在行为表露出刺激行为人的性冲动或者使其性冲动得以满足的倾向时,才予以处罚。医师在治疗时实施外形上与猥亵相同的行为时,不该当强制猥亵罪。公然猥亵罪(第 174 条)也被认为是倾向犯。

[11]　表现犯是指,行为人内部的、心理的过程或状态作为行为表现出来,从而作为犯罪处理的情形。例如,伪证罪(第 169 条)中认为"虚伪的陈述"不是指违反客观事实的陈述,而是指违反自己记忆的陈述,这种学说很有影响力。根据该学说,只有当陈述是作为"违反自己的记忆这种心理状态"的表现而作出时,犯罪才成立。

[12]　但是,故意在未遂时是影响违法性的主观的超过要素,一旦既遂,就急转为责任要素,这太不自然了(福田平:《違法性の錯誤》,第 160 页)。

立条件,是不合适的,应当变更昭和四十五年(1970)判例的解释",从而限定了主观的超过要素的范围。

> **影响违法性的例外的主观事项**　的确,在违法评价中国民的规范性评价是重要的,不可能完全排除道德的要素。此外,在评价行为的一体(一连)性(→第393页)、行为的"恶的程度"时,也不得不考虑主观事项。但是,应当首先客观地认定是否存在值得处罚的情况,然后在界限模糊的场合再加入主观面作为个别具体的情况予以考虑。以主观面为核心来认定"行为的违法性",有悖于分析性地思考犯罪成立与否这一做法。

(2) 刑法上的(可罚的)违法性与实质违法论

法秩序与违法性　　如果以"对法规范、法秩序的违反"来定义违法(→第38页),那么"是否违法"在全体法秩序、法领域中就是一元的(严格的违法一元论)。[13] 在其他法律领域被认为是违法的行为,在刑法上也不能得以正当化(例如,在劳动法上被禁止的抗议行为该当刑法犯时,不能得以正当化)。

但是,刑法上的违法性(**可罚的违法性**)是犯罪论的要件之一,而犯罪论是用以甄别应科处刑罚的行为的,既然如此,刑法上的违法性就必须在质上适合于值得处罚的程度,必须充分意识到刑事政策的要求来构建刑法上的违法性。在此意义上的违法性,与民法、行政法上使用的违法性有所不同。[14] 认为因法领域不同所以违法性有所差异的观点,被称为**违法多元论**或**违法相对性论**。这种理解不是形式地,而是实质地理解刑法上的违法性(**实质违法论**)。[15]

自昭和四十年(1965)以来,判例采用的是**违法多元论**[最判昭和四十一年(1966)10月26日(刑集第20卷第8号第901页)]。在各法领域中,其目的、法律效果各不相同,作为推导出效果的要件,违法性理所当然也存

---

〔13〕　这是因为,"破坏了法秩序这个'气球'的民法部分也好,破坏了其刑法部分也罢,气球'破裂了'这一点是相同的"。

〔14〕　例如,民法中认为是违法的部分紧急避险行为,在刑法上被认为是正当的(→第286页)。

〔15〕　此外,学说中"实质的违法性"本来也意味着"值得处罚的违法性"(参见小野清一郎:《犯罪构成要件的理论》,第30页)。对刑法解释论上的违法性判断而言,只有是否存在值得处罚的违法性这个问题才具有实质意义(另参见第262页)。

在差异。[16] 在此意义上,仅把刑法上的违法性称为违法性就足够了。

昭和三四十年代,刑法解释中最大的一个争论点在于,公务员等"被禁止的抗议行为"及其伴随行为,能否依据《劳组法》第1条第2款(对于正当的抗议行为,该规定肯定了《刑法》第35条的适用)予以正当化。此外,最判昭和三十八年(1963)3月15日(刑集第17卷第2号第23页)运用违法一元论,认为对被禁止的行为没有讨论正当化的余地,从而处罚了这种行为。与此相对,全递东京中邮判决[最判昭和四十一年(1966)10月26日(刑集第20卷第8号第901页)]则认为,即便是《公劳法》(现在的《独行劳》)上违法的抗议行为,也未必是刑罚法规所预定的违法行为,从而肯定了《劳组法》第1条第2款的适用,采用了违法相对性论[17][18]。

可罚的违法性论 可罚的违法性除了运用在① 违法的多元性、相对性的问题中外,还②作为否定犯罪成立的理论用于以下情形,即在形式上该当了构成要件,也不存在违法阻却事由时,以欠缺具有值得处罚的量或质的违法性为由,否定犯罪成立。②可以称为**狭义的可罚的违法性论**。

② 针对的是形式上该当了刑法上的构成要件,也不存在正当化事由,但因违法性轻微所以不可罚的情形。其可分为绝对的轻微与相对的轻微两种不同类型。**绝对的轻微**(→第234页)是指,仅以结果或行为样态的轻微性为由就可以否定可罚性(构成要件该当性)的情形;**相对的轻微**(→第234页)则是指,虽然仅以上述轻微性为由尚不能否定违法性,但考虑到目的、手段等,违法性减小到不值得处罚程度的情形。

---

[16] 各法领域完成了独自的发展,分别产生了新的法律手段与效果,而新的法律领域也逐渐生成。当然,区分"在全体法领域中完全不是违法的行为"与"并非完全不是违法的行为",是有可能的。但是,刑法解释论考虑的是应否处罚的问题,刑法解释论中在违法性之外还总是另考虑"全体法秩序中的一般违法性",这并没有什么实际益处。再者,在以完全没有违法性为由的"正当化"之外,还承认阻却可罚的违法性的情形,这会使犯罪论过度复杂化,招致无用的混乱。的确,在刑法上的违法性判断中,完全不反映在其他法领域中被认定为违法的情况很不合理,也应该考虑其他法律领域中的处理情况。但是,刑法上的违法性必须完全以达到值得处罚程度的法益侵害性为核心,独自进行判断。

[17] 另外,昭和四十八年(1973)最高裁通过全农林警职法案件判决(→第79页)等,再次大幅度地修改了有关公务员劳动基本权的评价,并同时对其刑事法上的评价表现出严格态度。但是,判例仍然坚持着违法相对性论。

[18] 佐伯千仭博士所运用的**可罚的违法性论**,一方面承认全体法秩序中违法性的一元性,另一方面又实质地推导出妥当的正当化余地。这种观点认为,违法性在全体法秩序中是统一的,如果在劳动法上是违法的,那么在刑法上也必定是违法的,但是欠缺达到可罚程度的违法性(宫本第278页,佐伯第224页)。此外,还说明到,"违法性虽然是统一的,但在发现形式上存在不同程度"。这样的观点被称为**缓和的违法一元论**。其在结论上与全递东京中邮判决中的违法相对性论相同。但是在理论上,其与以违法相对性为前提,在"刑法独自的违法性"的意义上可罚的违法性概念(团藤第193页,平野第217页)并不相同。

（3）违法性的具体判断

国民的规范意识 违法性与防止犯罪以保护国民利益这一刑法的**法益保护机能**（→第27页）紧密连接在一起。刑法揭示了侵害受保护利益的行为清单。刑法解释论中，"有无达到值得处罚程度的违法性"，主要是在解释"作为违法行为类型的构成要件"时，从现代日本国民的视角出发进行实质判断。即判断是否说得上是"产生了值得处罚的法益侵害及其危险（=一定程度以上的可能性）的行为"。[19]

也有许多学者以**违反法规范（法秩序）**来说明违法性（**法规范违反说**，团藤第186页）。但是，仅仅说"违反法的是违法"，实质上没有作出任何说明。现实中所主张的法规范违反说的实质特色在于，以违反道义秩序、欠缺社会相当性等来说明违反法规范的内容。可是，站在以法益侵害来说明违法性的立场，也必须考虑"国民看来是值得处罚的"这一视角。如果将这一"国民的视角"称作"道义秩序""社会相当性"，那么两种学说实质上并没有差异。不以规范意识为媒介，就不能达成通过刑罚来防止犯罪的目的。通过存在于社会之内的伦理规范发挥犯罪防止机能，这很重要。

正当化事由的判断 即便是该当构成要件的行为，也不能说其总是"坏的行为"。为了保护自己的性命而杀害歹徒的行为是"正确的行为"（正当防卫），警察依据令状拘留犯罪嫌疑人、剥夺其自由的行为也是"正确的行为"。这是因为，虽然有法益侵害，但国民认为应当容许。如果进行侵害的目的（理由）是正当的，且出于该目的而使用的手段在国民看来也是相当的，则该行为被容许（→第231页）。违法论的第二个任务即在于，衡量被侵害的利益与因此所保护的利益。衡量时的指针仍然是"国民的规范性评价"。

> 违法论中实质的对立在于，"现在的国民认为，应当在多大的范围内处罚相关行为"。亦即国民作出的诸如"此种程度的侵害值得处罚""达到了这种违背道德程度的就应该处罚"等具体判断。这样的判断并非采用特定的学说就能演绎地推导出来的。而且，国民的判断并不是固定的，而是在变动着。

结果无价值与行为无价值 自昭和四十年代（1965—1975）起，违法论中结果无价值与行为无价值的对立，作为重要的坐标轴也被用来梳理日本的刑法学说。以"发生了坏的结果"作为违法性根据的观点，被称作**结果**

---

[19] 刑法解释中最大的课题在于，具体阐明各犯罪类型的保护法益。还需注意的是，有些犯罪类型的法益是复合的。"对何种利益侵害到何种程度时才应予以保护"，依国家之不同、时代之不同，必然会存在差异。此外，虽然规定犯罪的法律也会发生变化，但在日本这样刑法百年以上固定不变的情形下，不得不通过解释来应对保护法益的变化。

无价值论。由于"结果"是客观的,所以结果无价值论与客观地考虑违法性的立场几乎相同。**行为无价值论**认为,"坏的行为、坏的内心是违法性的主要根据"。虽说是"行为"或"行为样态",但实际上故意等主观面(心情无价值)具有重要意义。[20]

裁判规范与行为规范 结果无价值论与行为无价值论在思考方法上的对立也与以下对立相关联,即强调刑法是裁判时的规则基准(裁判规范),还是国民行动的规则基准(行为规范)。如果认为刑法是裁决现实中已经发生的犯罪的基准,那么就要从结果出发回溯地进行考察。如果认为刑法是指示行动的规范,告诫国民不要去犯罪,那么为了控制行为就不得不作用于国民的内心,从而具有行为无价值的属性。[21]

实质的对立点 行为无价值与结果无价值这一对概念,不过是用来梳理争论的"模式论"。二者之间的对立纷繁复杂(参见下表)。在此最为重要的是,不可以"选取行为无价值论或结果无价值论中的某一个,认为其是正确的并将其贯彻到底"。如果贯彻结果无价值论,那么"无'结果'的未遂"就不能处罚了(→第118页)。如果贯彻行为无价值论,那么就不得不将既遂与未遂同等处罚(→第107页)。虽然也存在学说主张与此相近的结论,但现实中的解释论所做的工作是,在各坐标轴中,在彻底化的两极之间寻找妥当的点。这个"妥当的点"是随时代变动着的。违法论正是要在当下这个时点,为了能够以最佳方式说明具体案件中符合国民意识的结论,而寻求下表所示各种对立的调和点。

	行为无价值论	结果无价值论
保护的对象	道德、伦理	生活利益
违法评价的基准	客观的	客观的
违法评价的静态对象	包含主观面	限于客观面
违法评价的动态对象	以"行为"为核心	以"结果"为核心
违法评价的时点	行为时	结果发生时
刑罚法规的机能	行为规范	裁判规范

---

[20] 结果无价值论与如无明确的法益侵害就不应该处罚这样的主张相联结,变得很有影响力。与此相对,行为无价值论是与法规范违反说相对应的,与刑法上的违法性判断中重视伦理、道德的立场联系在一起。

此外,两者的对立与违法评价的对象是否限定于客观事项这一争论也有关联。但是,"对象的客观性"这一视角无视犯罪行为所经历的时间流程,是一种所谓的"静态的"考察;与此相对,行为无价值论、结果无价值论是以动态的观点来分析犯罪行为的。即行为无价值论站在行为的时点来判断违法性,结果无价值论则从结果发生的时点回溯地进行判断。

[21] 有时也会超出违法论的范围,用行为无价值论来指称行为无价值的犯罪论,亦即"主观主义的犯罪论",而用结果无价值论来指称"客观主义的犯罪论"。有时也会说,前者是在犯罪成立与否的判断中以责任为核心进行思考的**责任本位刑法**,后者则是以违法性为核心来构筑全体犯罪论的**违法本位刑法**。

4 ■ 责任要素与构成要件

（1）责任主义

非难可能性与国民的接受

即便该当了构成要件且违法，但如果不是可归咎于行为人责任的**非难可能**的行为，则不能予以处罚（责任主义）。一般说来，当"行为人尽管能够实施其他的行为，却还是实施了犯罪行为（存在**他行为可能性**）时"，具有非难的可能。

一直以来，责任主义被认为在本质上与报应刑论、道义责任论（→第8—9页）相联结。但是，从"刑罚的效果"这一视角出发也应当推导出责任主义。为了取得防止犯罪的效果，该处罚必须是由一般人看来能够接受的。因此，处罚的只能是由一般人看来具有非难可能性的行为（→第23页）。

责任的判断基准

责任判断的对象，是以故意、过失为核心的主观上的情况。责任是以各个行为人个别的、主观上的情况为基础进行判断的。现在的日本，正是因为主观上有所"认识"，所以才能追究故意责任。但是，责任判断也是法律评价，在其判断基准方面必须以一般人为基准（**客观说**）。按照以犯人本人为基准的**主观说**，主张"对我而言只能这样做"的行为人容易全都变得无罪，不能实现防止犯罪与维持社会秩序的目的。[22]

	判断对象	判断基准
违法性	外部情况	一般人基准
责任	内心情况	一般人基准

（2）主观的构成要件要素

违法有责类型

有无责任，首先要以"是否该当构成要件"的形式进行考虑。犯下该当杀人罪罪行的人，原则上可以说实施了值得非难的行为。所以，在犯罪的基本类型即故意犯（→第160页）中，一旦认定客观的犯罪事实，接下来就要追问"行为人是否有认识"，判断主观的构成要件该当性。

---

[22] 对于客观说，有批评指出其是违法本位刑法，在实质上不能进行责任非难的情形中也予以处罚，与社会防卫论（→第7页）相同。但是，主观说只能是伦理、道德世界的基准。刑法上的责任论必须将以一般国民为基准的"非难可能性"作为探讨对象。事实上，即便是采用主观说的学说，在确信犯（→第174页）等问题上也不得不作出修改。

主观的违法(超过)要素 （→第 34—35 页）也是主观的构成要件要素。伪造罪中的"使用的目的"是条文中明确规定的主观事项，欠缺这一事项就不能认定构成要件该当性。此外，朝牵着狗的人开枪，子弹从两者之间穿过，在此情形中，如果不讨论故意，就不能判断该当何种犯罪。如果目标是人，就构成杀人未遂；如果目标是狗，则属于损坏器物的未遂（不可罚）。贯彻客观视角的学说认为也应当客观地判断"目的"、未遂时的"故意"（中山第240、242页，内藤第217、221页），但是即便大量制造了精巧的假币，只要欠缺使用的目的，就不能该当伪造货币罪；即便子弹是靠着狗的那一侧飞过，只要有杀人的故意，终究还是应该认定为杀人未遂。

构成要件的故意　为了使犯罪类型个别化、特定化，既遂犯中的"故意"也具有构成要件要素的性质。如果不追问行为人的主观状态，就不能判断该当何种构成要件。虽然都是将人杀死，但本来就打算要杀死对方的杀人罪（第199条），本来打算伤害对方的伤害致死罪（第205条），以及没有伤害的故意但由于疏忽大意而造成对方死亡的过失致死罪（第210条），三者的"构成要件"各不相同。

类型性的责任要素　虽然在构成要件的阶段不得不考虑主观事项，但这些主观事项未必就是违法要素。将其作为责任要素类型化到构成要件之中，也是十分有可能的。诸如目的犯中的目的、未遂犯的故意，这样的主观的构成要件要素是责任要素。

但是，如果拘泥于过去三分说（→第31页）的图式，就很难接受"不经由主观的违法要素，责任要素能成为主观的构成要件要素"这一结论，所以会将其认定为主观的违法要素。可是，故意、过失等责任要素完全有可能直接成为构成要件要素。[23]

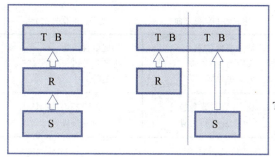

TB：构成要件
R：违法性
S：责任

---

[23]　虽然犯罪论体系是在德国的强力影响下发展起来的，但作为日本特有的犯罪论体系，应当注意小野清一郎的"作为违法有责类型的构成要件"概念，佐伯千仞的"作为可罚的违法、责任类型的构成要件"的思考方法。在德国，构成要件的实质化是通过"故意是违法要素"与"构成要件是违法类型"这两个命题的组合而完成。这种思考方法的一个变体是"主观的构成要件要素（超过要素）"的思考方法，即将"唯有主观的超过要素才影响违法性"这一命题与作为违法类型的构成要件概念组合到了一起。

43　　虽然故意也是主观的构成要件要素,但并不是只要有了对客观构成要件的认识,故意责任的判断就完成了。如果存在对违法阻却事由的认识,则会否定故意责任(→第189页)。例如,如果对杀人有认识,那么就能认定杀人罪的故意;但例外地,如果行为人认识到"是以正当防卫的方式杀人",那么就不得对其予以故意非难。[24] 此时,虽然认定了构成要件的故意,但最终欠缺为责任非难奠定基础的故意(→第191页)。

5 ■ 构成要件与阻却事由

原则　从违法性的侧面来看构成要件,它是客观上"实施了伴随着恶害,达到了值得处罚程度的行为"的类型化(客观的构成要件);从责任的侧面来看,则是现在日本国民认为可以非难的主观事项,如故意、过失、特定的目的等主观事项的类型化(主观的构成要件)。"该当构成要件"这一表述,意味着"原则上存在值得处罚的违法性,且能够进行责任非难",通过判断构成要件该当性,"甄别犯罪行为的工作"也就完成了一大半。

例外　但是,即便该当了构成要件这一原则性的类型,也还是例外地存在着应当否定处罚的情形。即便是杀人,在因遭受袭击而不得已防卫时,不应处罚。在这样的例外情况中,分别存在① 否定违法性与 ② 否定责任的情形。对应于①的是客观面的违法阻却事由(正当化事由),对应于②的是主观面的对违法阻却事由的认识、期待可能性以及责任能力。实际的刑事裁判中也是按照这样的顺序进行判断的。

44

	违法性(客观方面)	责任(主观方面)
原则	构成要件结果 实行行为 因果关系等	构成要件故意 构成要件过失 目的等
例外	正当防卫、紧急避险 法令、业务行为等	对违法阻却事由的认识 期待可能性等

责任故意　即便客观上不存在正当化事由,但主观上认识到是"作为正当的行为而实施"时,不能进行责任非难。亦即不能进行故意非难

---

[24]　所以,没有必要认为"以为是正当防卫而实施行为时欠缺构成要件该当性"。但是,对作为原则的客观构成要件的认识也好,对作为例外的违法阻却事由的认识也罢,都是关于能否进行"故意非难"的同一个问题,其实质的判断基准是共通的(→第190页)。

(→第 190 页)。可以认为,此种情形下,在构成要件阶段原则上得到认定的故意非难被例外地阻却了。但是,既然行为人认为自己"正在实施一个正确的行为",那么直接表述为没有"故意"更加容易理解。此时也可以解释为欠缺**责任故意**(→第 190—191 页)。

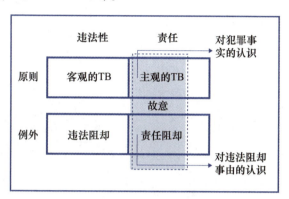

今后的刑法解释论　从对立着的宏大价值(例如刑罚谦抑主义与刑罚必罚主义、个人主义与全体主义,结果无价值与行为无价值)中选取一个,再由此通过演绎的方法来构筑刑法理论,这种过去能看到的解释方法并不能应对现代社会。在日本,宪法的价值基准也正在不断地扩张其"幅度",仅仅是设定"公理"再由此演绎下去的法理论,不能有效地发挥作用。

在裁判员裁判制度下,必须一边以现实出现的具体问题为线索,时常将其中选取的微妙价值判断反馈到刑法学中,另一边则摸索现代日本国民能够接纳的价值序列,立足于此构筑刑法学的全貌。

第二章

客观的构成要件

第一节 ■ 客观构成要件的构造

1 ■ 构成要件与违法性

构成要件的含义 **构成要件**是指,值得处罚的违法且有责的行为的类型。该当构成要件的行为,只要不存在正当化事由,就是违法的。所以,具体的行为是否该当构成要件,这一判断必须包含价值的、规范的评价。虽然在进行这样的判断之前通过**形式的、价值中立的判断**可以更加充实地保障国民的人权,但并不能使处罚范围明确化。[1]

另外,与违法性相关的**客观的构成要件**和由责任类型化而来的**主观的构成要件**,应当区分开来进行说明。本章对客观的构成要件进行说明,主观的构成要件将在第三章中予以讨论。

修正的构成要件 由刑罚法规中展示的犯罪类型直接推导出来的构成要件被称为**基本的构成要件**;该基本的构成要件经由总则的未遂、共犯规定的修改而产生的"构成要件",则被称作**修正的构成要件**[2](小野第100页)。[3]

---

〔1〕 构成要件不是面向一般国民用以明确"什么是犯罪"的。作为国民直接获知"何为犯罪"的线索,**刑罚法规(条文)本身不是构成要件**。通过解释来补充条文,为了能够推导出具体案件中的结论而加工处理条文后所得到的,"值得处罚的违法且有责的行为的类型"才是构成要件(→第32页以下)。

〔2〕 杀人未遂时,由于没有将人杀死,所以不能该当《刑法》第199条的"杀人的"这一构成要件。关于杀人罪,由于存在旨在规定处罚其未遂犯的第203条,所以经由规定了处罚未遂内容的第43条对第199条进行修改,从而产生可适用的构成要件(修正的构成要件),并将杀人未遂解释为该当这个构成要件(教唆杀人时,则是经由规定了处罚教唆犯的第61条对第199条进行修改,从而产生构成要件,教唆杀人该当的就是这个构成要件)。

但是,根据这样的称呼,试图通过部分地修改有关一般的构成要件的讨论来处理未遂或共犯的做法,是错误的。

〔3〕 没有明示全部的构成要件要素,必须依据法官的评价来予以补充的构成要件,被称为**开放的构成要件**。具有代表性的例子如使用了诸如第130条的"尽管没有正当的理由"、第220条的"不法地"等评价性概念的构成要件。此外,过失犯中注意义务的内容也被认为必须由法官来补充,所以是开放的构成要件。与此相对,全部的构成要件要素都被记述下来的一般的构成要件,被称为**封闭的构成要件**。但是,在构成要件该当性的判断中,不可能完全排除经由法官的评价所作的补充。

2 ■ 客观构成要件的要素

(1) 结果与实行行为

构成要件的要素　构成要件的主要部分由客观上产生的**行为**与**结果**以及其间的因果关系和主观上的故意、过失构成。该当何种犯罪的类型,必须综观主客观两方面。本章首先讨论客观的构成要件。

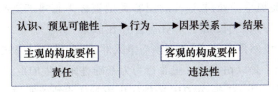

结果犯与举动犯　客观的构成要件中最为重要的构成要素是**结果**(→第76页)与行为(→第82页)。即便是像危险犯(→第77页)、未遂犯(→第111页)这样实际上没有产生法益侵害结果的情形,客观上也要求具有危险性这一"结果"。关于行为,并不是说只要存在"某种意义上的行为"就足够了,而是意味着各构成要件的实行行为(→第83页)。另外需要注意,"行为"这个词有时会在包含结果在内的广义上使用。

许多构成要件是明确要求行为与结果的**结果犯**,但例外地也存在只要具备行为就能成立的构成要件。这被称作**举动犯**或**单纯行为犯**。具有代表性的例子是伪证罪。但是必须注意到,即便在举动犯的情形中,其行为也伴随着法益侵害或者危险化。

实质犯与形式犯　作为与结果犯类似的概念,实质犯这一概念意味着发生法益侵害或者使其产生危险的犯罪。**实质犯**由侵害犯与危险犯(→第77页)构成,前者需要法益现实地遭受侵害,后者则只要发生法益侵害的危险就足够了。与实质犯相对立的是**形式犯**,这是连法益侵害的危险都不需要,只要形式上违反法规就能成立的犯罪。

```
        ┌ 侵害犯 …… 法益侵害
  实质犯 ┤
        └ 危险犯 …… 危险性
  形式犯        …… 只有行为无价值
```

结果与犯罪的样态　根据结果发生的样态,犯罪类型分为三种。以杀人罪为例,一定的法益侵害及危险一旦发生,犯罪即告完成,法益侵害状态也终了,这样的犯罪被称为**即成犯**。与此相对，一定的法益侵害发生后，虽然犯罪终了，但此后不构成犯罪事实的法益侵害状态仍然在继续着的犯罪，是**状态犯**。代表性例子是盗窃罪。此时，犯罪终了后的侵害状态已经在此前的犯罪中被完全评价，不再对其另行处罚。例如，损坏所盗之物的不再作为损坏器物罪来处罚。这被称为不可罚的事后行为（→第398页）。而像监禁罪这样，在一定的法益侵害状态仍在持续的期间内，犯罪本身也尚在继续的，被称为**继续犯**。直至犯罪行为终了才起算追诉时效（《刑事诉讼法》第6版第250页）。

结果加重犯 对于超过故意的内容产生加重结果的行为，予以比本来的故意犯更重的处罚，这样的犯罪类型被称为**结果加重犯**。想要使对方受伤却将对方杀死时，由于只对伤害存在故意，所以成立伤害罪（第204条）；对于死亡既然没有故意，就不该当杀人罪，至多成立过失致死罪（第210条）。但是，由于是以伤害这一犯罪行为为基础进而产生加重的死亡结果，所以刑法设置了比第204条、第210条处罚更重的伤害致死罪（第205条）这一犯罪类型。

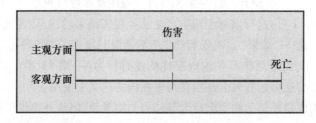

49　**加重结果的预见可能性** 对于结果加重犯中的加重结果，通常是不考虑故意的。〔4〕那么，对于加重结果也不需要有过失（或者预见可能性）吗？**判例一贯认为不需要预见可能性**。与此相对，有批判指出，在完全没有责任时加重处罚，这违反了责任主义。但是，既然是故意地实施了包含发生加重结果的危险性在内的犯罪行为，那么此时是可以进行责任非难的。

　　客观处罚条件与处罚阻却事由 如事前受贿罪中的"成为公务员时"（第197条第2款）、破产犯罪中"开始破产程序的决定"（《破产法》第265条），倘若没有出现这些事项就不能予以处罚，但这些事项与犯罪的成立与否没有关联。这样的事项被称为**客观处罚条件**。也有学者把刑罚的空间适用（《刑法》第1条至第4条）作为一种客观处罚条件来对待。一般来说，由于这些要件具有政策性，既然与犯罪的成立与否没有关系，那么当然就不必对这些要件具有故意，甚至连过失也不需要（大塚第451

---

〔4〕 但是，伤害罪作为暴行罪的结果加重犯的同时，也包含对作为加重结果的伤害具有故意的情形。另需注意，抢劫致死伤罪（第240条）也包含具有杀意的情形（→各论第一章第二节1，第四章第三节4）。

页,大谷第 284 页）。同样,像亲属相盗特例中的亲属关系（第 244 条第 1 款前段）那样,虽然不影响犯罪的成立与否,但否定处罚的事项,被称为**处罚阻却事由**。对于这些事项也不需要有故意或过失。因为这些事项与违法性、有责性没有关系。

（2）主体

身份犯　　通常,犯罪的主体是一般的"人"。但是,在构成要件中也存在对其主体加以一定限制的情形。这被称为身份犯。身份犯分为**真正身份犯**与**不真正身份犯**。前者是指唯有具备一定的身份时才处罚的犯罪（例如贿赂罪、泄露秘密罪）,后者是指具有一定的身份时加重处罚的犯罪（例如业务上过失致死伤罪）。在身份犯尤其是真正身份犯中,只有具备身份的人才能实施实行行为,无身份者参与到身份犯中去的情形,在"共犯与身份""间接正犯"中会成为讨论的问题（→第 337、341 页）。

常习性　　常习赌博罪的主体,容易被认为是具有特殊人格的"常习犯人"（团藤第 138 页）,但普通人具有常习性地实施赌博行为时也应该认为构成该罪（参见大谷第 290 页）。

处罚事业主　　在行政罚则中,对于从业者实施的违反有关业务的行为,设置了大量处罚事业主[5]的规定。[6] 过去也存在着仅仅处罚事业主的转嫁罚规定,但现在变成了除行为人之外,还处罚事业主的**两罚规定**。[7] 在两罚规定中,虽然也设有旨在当事业主在防止违反行为过程中无过失时免除其责的规定,但现在大多数情形中都不设置这样的规定。

---

〔5〕　事业主是指,依照自己的计算经营其事业者[大判大正十四年（1925）9 月 18 日（刑集第 4 卷第 533 页）]。从业者是指,直接或间接地接受事业主的统一管理、监督从事事业者。即便不是依据合同被雇佣的人,只要是在事业主的指挥下从事其事业,就是从业者[参见大判昭和九年（1934）4 月 26 日（刑集第 13 卷第 527 页）；最判平成二十三年（2011）1 月 26 日（刑集第 65 卷第 1 号第 1 页）]。

〔6〕　只有当从业者的违反行为与业务相关时,事业主才被处罚。"包括虽然没有规定在章程中,但基于法人交易上的地位,在其作为业务的客观性能到认定的程度内,实行一定交易或事业的情形"[最判昭和二十五年（1950）10 月 6 日（刑集第 4 卷第 10 号第 1936 页）]。即便从业者在内心中是为了追求私利也无妨,但在外形上必须是与事业主的业务相关联而实施的[最决平成二十三年（2011）1 月 26 日（刑集第 65 卷第 1 号第 1 页）]。

〔7〕　行政罚则中,当只对受到一定许可者或经营某项事业者科以义务时,违反行为被认为是由事业主作出的,不是各个从业者而是事业主成为违反行为的主体。等到出现两罚规定后,行为人才直接成为处罚的对象[最判昭和三十四年（1959）6 月 4 日（刑集第 13 卷第 6 号第 851 页）；最判昭和四十年（1965）5 月 27 日（刑集第 19 卷第 4 号第 379 页）；最决昭和四十三年（1968）4 月 30 日（刑集第 22 卷第 4 号第 363 页）]。对于法人的代表人的处罚也是一样,当采用了对法人科以义务的形式时,依据两罚规定可以处罚法人的代表人[最决昭和五十五年（1980）10 月 31 日（刑集第 34 卷第 5 号第 367 页）；最决昭和五十五年（1980）11 月 7 日（刑集第 34 卷第 6 号第 381 页）；最决平成七年（1995）7 月 19 日（刑集第 49 卷第 7 号第 813 页）]。

选任监督上的过失 针对从业者实施的有关法人业务的犯罪行为,自然人及法人的事业主基于两罚规定承担刑事责任时,从责任主义的观点来看,事业主必须具有选任监督上的过失〔8〕[事业主是自然人的情形,最大判昭和三十二年(1957)11月27日(刑集第11卷第12号第3113页);事业主是法人的情形,最判昭和四十年(1965)3月26日(刑集第19卷第2号第83页)]。处罚法人事业主时,只要证明其代表人或从业者关于该法人的业务实施了该条规定的违反行为就足够了,不以行为人受处罚为要件[最决昭和三十一年(1956)12月22日(刑集第10卷第12号第1683页)]。此外,法人事业主受到处罚时,其代表人也未必受处罚。

法人处罚 刑法中规定的行为的客体包括法人在内,但刑法分则规定的行为的主体之中不包括法人。

但是,现在处罚事业主的规定几乎无例外地都包含对法人的处罚。事业主为法人时,如果法人的代表人实施了违反行为,由于法律上代表人的行为直接对法人产生效果,所以法人对代表人的违反行为承担直接责任(与此相对,其他的从业者实施违反行为时,如前所述,若法人的机构怠于履行选任、监督从业者行为的义务,则法人要承担责任)。

法人的犯罪能力 关于**法人的犯罪能力**,判例过去采取的是消极态度[大判明治三十六年(1903)7月3日(刑录第9辑第1202页);大判昭和十年(1935)11月25日(刑集第14卷第1217页)]。学说的主流曾经从刑法的伦理性质、现行《刑法》的刑罚体系出发,也认为行为主体限定为自然人〔9〕(小野第96页,团藤第126页)。

根据传统的旧派刑法学,①既然法人没有基于意思的身体动静,就不能认为其有"行为"(→第82页);②法人也没有主体性的、伦理性的自我决定,不能对其进行责任非难;③现行刑法以生命刑、自由刑为核心,这对法人不能适用;④法人欠缺刑罚感受能力。

---

〔8〕 关于处罚事业主的根据,过去存在无过失责任说,认为是出于管理目的,在政策上将责任**转嫁**给事业主。现在则理解为,事业主不是与行为人就同一个犯罪行为承担罪责,而是就事业主固有的犯罪行为承担过失责任。另外,考虑到举证上的困难,**推定事业主具有选任、监督上的过失,只要不能证明没有过失就不能免除责任(过失推定说)**。最判昭和四十年(1965)3月26日(刑集第19卷第2号第83页)认为,所争议的条文是推定存在过失的规定,即关于从业者的违反行为,推定法人没有尽到选任、监督上述行为人等防止违反行为的必要注意,事业主只要没有证明自己已尽上述注意就不能免除刑事责任。被告一方有必要举证证明法人存在无法承担选任监督上的义务等特殊情况,检察官不需要积极地举证证明被告违反了选任、监督义务[参见东京高判平成十一年(1999)11月18日(东高刑时报第50卷第1—12号第130页)]。

〔9〕 在责任主义不如现在这么受重视的战前,有学者认为处罚事业主是转嫁处罚,从行政目的这一政策角度来说明法人也能处罚;也有学者认为,对于行政犯可以承认法人的犯罪能力(团藤第127页);还有学者说明,既然可以将作为机构的自然人的行为所产生的法律效果归属于法人,那么将作为机构的自然人的违反行为所产生的效果也归属于法人,对法人科处刑罚,也是允许的。

对于法人的新理解 制定现行《刑法》时，主要是以作为自然人的个人为前提的。但是，自昭和四十年代（1965—1975）起，追究企业（法人）自身刑事责任的理念在国民当中开始固定下来。在私法、行政法领域，存在法人等企业组织体的行为被看作是理所当然的。就算是两罚规定，既然是"处罚"法人，那么就得以法人的犯罪（行为）能力为前提。① 虽然法人不可能与自然人完全一样，具有基于意思的身体动静，但仍然可以构成犯罪的主体。② 对于刑罚而言，伦理性的非难不是本质性的，只要处罚能为国民所接受就足够了。③ 虽然现行《刑法》是以自由刑为核心，但也存在罚金刑。因此，从正面肯定法人犯罪能力的立场变得很有影响力。[10]

虽然刑法理论原本是以自然人为前提构建起来的，但是，① 当组织体活动侵害国民生活，而以区别于自然人行为的方式来对待会更合适时，② 如果较之处罚作为法人成员的自然人，能够料想到处罚作为组织体的法人会起到更好的抑止"侵害"效果，③ 那么在可与对自然人的刑罚适用"等同视之"的范围内，应当实施法人处罚。④ 法人的"实行行为性"以义务违反为核心来构筑，故意、过失也与自然人有不同的内容，但这些要件必须使法人犯罪的可罚性达到能够与以往自然人犯罪的可罚性同等评价的程度。

> **判例的变化** 判例过去也认为，原则上处罚的不是法人而是作为其机构的自然人，法人处罚是"对他人行为的无过失责任"［大判昭和十年（1935）11月25日（刑集第14卷第1218页）］。可是，最判昭和三十二年（1957）11月27日（刑集第11卷第12号第3113页）认为，"处罚事业主的规定是一种推定存在过失的规定，即推定没有尽到选任监督行为人等防止违反行为的注意"；从而认为事业主（本案中是自然人）如果没有过失就不能处罚。然后，最判昭和四十年（1965）3月26日（刑集第19卷第2号第83页）将昭和三十二年（1957）判例的旨趣适用于法人，将法人的过失作为问题来讨论。在此，法人的行为能力被作为了当然的前提。

企业组织体责任论 这种理论的思考方法是，独立于分担企业组织体活动的个人行为之外，整体地把握企业组织体活动，在讨论是否违反行动基准后，再检讨个人的过失责任。其目标在于，通过承认与个人分离的法人责任，将责任分配给个人，从而① 在诸如长期排放有害物质这样从业人员渐次更替的情形中，使处罚变得可行；

---

［10］平野第115页，藤木第108页。此外，立足于外国法研究，深化法人刑事责任理论的有川崎友巳的《企業の刑事責任》及樋口亮介的《法人処罰と刑法理論》。

另外，在英美刑法中，19世纪之后一直广泛地承认法人的犯罪能力（参见川崎友巳：《企业的刑事责任》，第121页以下、第157页以下）。

② 能够按照社长等上级人员在企业组织体内的地位,对其进行严厉处罚(藤木第249页)。[11] 但是,无论上级人员的处罚必要性有多大,既然是作为自然人来处罚,最终还是应该只处罚可对其进行非难的人。[12]

(3) 客体

客体与保护法益 　　在构成要件中大多表明了犯罪的客体。例如,杀人罪的客体是"人",盗窃罪的客体是"他人的财物"。此外,几乎在所有这些场合,客体与应予保护的法益是一致的。但是,也存在客体与保护法益不一致的情形。妨害公务执行罪是对公务员施加暴行、胁迫而成立的犯罪,客体是"公务员"。但是,妨害公务执行罪不是旨在保护公务员身体安全的规定,其保护法益是公务员执行的"公务(国家法益)"本身。

　　行为的客体与被害人也不相同。被害人是指因犯罪蒙受损害的人(参见《刑事诉讼法》第230条),比起直接的客体,被害人的范围更广。

---

　　[11]　由于要认定法人具有故意很困难,所以只限定于过失的情形。此外,这是以将过失行为理解为"违反结果回避义务(破坏了应予遵守的一定行为基准)"的新过失论(→第209页)为基础认定法人自身存在过失行为。

　　[12]　现行《刑法》上的法人处罚将作为自然人的从业者实施了犯罪行为作为明确的前提,而且在从业者实施了故意犯罪时也同样对待。在此意义上,仅将过失犯作为问题的"企业组织体责任论"在立法论上如何暂且不论,但难以将其作为解释论予以采用。

第二节 ■ 构成要件解释与罪刑法定主义

1 ■ 罪刑法定主义

(1) 两个原理

近代性的原则　罪刑法定主义一般被定义为**没有法律就没有犯罪，没有法律就没有刑罚**。作为控制易被滥用的刑罚权的原理，罪刑法定主义是近代之后西欧型刑法的大原则。[1] 但是，罪刑法定主义是个包含着各种各样派生原理的原则，随着时代、社会中国民价值观的变化而变化着。

法律主义与**禁止事后法**是罪刑法定主义的核心。从**民主主义的要求**——"何种行为是犯罪，需由国民通过其代表来决定"——出发，推导出了**法律主义**的原则。**禁止事后法**则与从**自由主义的要求**——"为了保障国民的权利、行动的自由，犯罪必须事先以成文法明示出来"——出发得出的原则联结在了一起(平野第64页)。

> **派生原理**　罪刑法定主义包含着① 否定习惯刑法，② 刑法的不溯及，③ 否定绝对**不定期刑**，④ **禁止类推解释**等派生原理。可以说，① 与法律主义，② 与禁止事后法分别具有表里关系。③ 绝对的不定期刑与罪"刑"法定主义明显是矛盾的。至少刑种、刑量必须是相对确定的(相对的不定期刑)。

罪刑法定主义与解释　即便事前以法律的形式明示了刑罚法规，也不意味着可以恣意地解释该法规。由此推导出了**禁止类推解释**这一要求。但是另一方面，如果仅仅依靠形式的文理解释，就不能具体地运用刑法(→第62页)。此外，脱离了裁判时国民规范意识的刑事司法制度，不能有效地发挥作用。仅仅通过议会(选举)来汲取国民的规范意识，这是不

---

[1]　虽然罪刑法定主义原则可以追溯到英国大宪章，但也存在有力的批判指出，"英国是普通法国家，与要求成文法的罪刑法定主义相矛盾"。的确，如果强调罪刑法定主义中成文法主义这一侧面，可以说将渊源追溯到费尔巴哈更符合逻辑。

合理且不可能的。[2] 为了让国民看来犯罪与刑罚的制度是妥当的,重要的是刑事司法的参与者们要承担起罪刑法定主义中的民主主义机能。[3] 法律家必须能够理解"现代社会中国民的想法"。裁判员裁判制度即被定位为强化这种理解的制度。

(2) 法律主义

《宪法》第31条　《刑法》中没有规定罪刑法定主义原则。但是,《宪法》第31条规定:"不经过法律所规定的程序,任何人都……不得被科处刑罚。"这里所说的"程序"包含实体刑法。问题在于,如何理解这里所说的"法律"。广义的法律由① **狭义的法律**(由国会制定)、② **政令**(内阁制定的命令)、③ **省令**(各省大臣发布的命令)与 ④ **条例**构成。此外,《宪法》第73条第6项规定,原则上政令中不能设置罚则,但特别地,当有具体法律的委任时承认其例外。

空白刑罚法规　法律将科处刑罚的行为的具体内容交由下级的法规、行政处分来规定时,称为**空白刑罚法规**。虽然将犯罪行为的内容完全交由行政厅来判断有违罪刑法定主义,但连犯罪行为的细节也由法律来规定,这也很困难。《国家公务员法》第102条第1款规定,"不准实施人事院规则中所规定的政治性行为",违反者要被科处刑罚(第110条第1款第19项),但政治性行为的内容交由人事院规则来确定。最判昭和四十九年(1974)11月6日(刑集第28卷第9号第393页;猿払案件判决)指出,"法律本身将受处罚行为的轮廓大体上确定下来了",所以这样的处罚规定也是合宪的(关于处罚政治行为的实质妥当性,第61—62页)。

条例与刑罚　虽然政令原则上不能设定刑罚,但允许依照比政令更下位的法规范即条例来进行处罚。《地方自治法》第14条第3款规定:"……对于违反条例者,可以设置旨在科处2年以下惩役或禁锢、100万日元以下罚金……的规定。"诸如《青少年保护育成条例》《公安条例》,存在数量众多的重要条例规定了处罚。

① 条例是经地方议会之手制定的,大体上满足罪刑法定主义中的民主主义的要求。② 《地方自治法》第2条第3款十分具体地限定了委任于条例的事项,且第14条也限定了罚则的范围。既然如此,就不能理解为违反《宪

---

[2]　近来,虽然刑事立法相当频繁,但日本的法律修改很少。至少自明治四十年(1907)以来,《刑法》没有进行过全面的修改。

[3]　有必要改变以往那种僵硬的想法,即"由于法官会作出恣意的裁判,所以为了束缚他们,无解释余地的立法是必要的"。

法》的"罚则的包括性委任"〔4〕[最判昭和三十七年(1962)5月30日(刑集第16卷第5号第577页);最判昭和六十年(1985)10月23日(刑集第39卷第6号第413页)]。

(3) 明确性理论

法律条文的明确性　"犯罪与刑罚由法律预先制定",仅此一点还不够,还必须是明确地予以规定[**明确性理论**:最判昭和五十年(1975)9月10日(刑集第29卷第8号第489页);《德岛市公安条例》案件判决〔5〕]。依据**明确的条文**,通过向国民预先明示犯罪行为,① 可以告知国民什么是犯罪行为,给予国民行动的预测可能性;② 同时,也可以防止法律的执行机关滥用刑罚权。因此,**在国民看来包含不明确用语的刑罚规定,违反《宪法》第31条从而无效**。

明确性的界限　但是,条文是由必然包含着含义具有各种细微差别的"语言"所构成的,在明确化方面存在着界限。"除了无论哪位国民都能容易得知其处罚界限的条文外,其他条文都违宪无效",这种想法行不通。虽然记述性的、明确的条文很理想,但包含评价分歧的规范性要素的条文并不总是违反罪刑法定主义。

明确性的界限需要比较衡量以下两方面的利益:① 通过明确的用语所获得的国民自由行动的利益与防止刑罚权滥用的利益;与此相对,② 现代社会中,通过处罚当罚性较高的行为所获得的国民的利益。但是,判断条文的

---

〔4〕　尽管可以依照条例来科处刑罚,但当然不是没有限制的。本来,条例制定权就限定在"法律的范围内"(《宪法》第94条)。因此会产生如下问题,即对于法律已经规定科处刑罚的行为,是否允许依照条例进行更加严厉的处罚,或者在更广的范围内进行处罚(**法律与条例的抵触**)。例如,《青少年保护育成条例》中对"淫行"的处罚,就存在着与强奸罪的关系问题。根据《刑法》第176、177条,对方是13周岁以上时,得其同意后实施的猥亵、奸淫行为不处罚。但是,在青少年保护育成条例中,得其同意后与未满16周岁的少女进行性接触的,仍然可以处罚。可是,最判昭和六十年(1985)10月23日(刑集第39卷第6号第413页)认为,刑法保护的是"性的自由",而条例所谋求的是青少年的保护育成,两者的旨趣、目的并不相同,所以依条例处罚淫行是合宪的。

〔5〕　本案中争议的是《德岛市公安条例》第3条第3款中的"维持交通秩序"是否明确。最高裁作出如下判断:① 的确,"维持交通秩序"这一表述很含糊,显著欠缺妥当性;② 但若要以违反《宪法》第31条为由认定为无效,则该款必须没有展现出识别被禁止行为与不被禁止行为的基准;③ "维持交通秩序"这一规定可以理解为,旨在避免伴随一般有序的游行示威而产生的交通阻塞之外的秩序混乱;所以最终该条款是明确的、合宪的。

不明确性是否达到了违反《宪法》第 31 条的程度,则需要考虑,**在具有通常判断能力的一般人的理解中,能否读取出一定的基准,使得在具体情形下能够就是否要将该条文适用于某行为作出判断**。

> **判例** ① 最决平成八年(1996)2 月 13 日(刑集第 50 卷第 2 号第 236 页)认为,《持有枪支弹药刀剑类等取缔法》第 3 条第 1 款中所说的"刀剑类"没有达到违反《宪法》第 31 条的含糊程度;菜刀仪式中使用的刃长约 33 厘米的刀具,是前端锋利的、由钢铁制成的刀具,在社会一般观念上具备与"刀"相符的形态与实质。
>
> ② 最决平成十年(1998)7 月 10 日(刑集第 52 卷第 5 号第 297 页)认为,鱼贩销售的肉中多蜡脂、会引起腹泻的油鱼,属于《贩卖食品卫生法》第 4 条第 2 项中的"有害物质"。虽然指出该条文用语较为抽象,适用范围也很笼统;但认为,"在具有通常判断能力的一般人的理解中,能够读取出一定的基准,使得在具体情形下能够就是否要对于油鱼适用该条文作出判断",从而维持了肯定其明确性的原审判断。
>
> ③ 根据世田谷区的条例,禁止收集区内垃圾堆放点放置的废纸。关于该收集行为,最决平成二十年(2008)年 7 月 17 日(判夕第 1302 号第 114 页)认为,"依一般废弃物处理计划所确定的指定场所","**显然是指用以作为区民等分类丢弃一般废弃物的场所而确定下来的一般废弃物堆放点**",不能说其不明确。[6]

通过限制解释实现明确化 对于声称法规自身不明确从而违宪的主张,许多判例都作出判断指出,"即便法规看上去不明确,但如果进行一定的解释就会变得明确"。即便是不明确的条文,但通过进行**合宪性限制解释**,可以被认为变得合宪。[7] 但是,该理论中包含着这样一种实质的考虑,即"如果形式化地适用法律条文,则会使处罚范围过宽,所以要进行限制解释"(→第 59 页)。

此外,行为后才作出的解释不能解决"不明确的刑罚法规剥夺了国民行为时的预测可能性,会带来**萎缩效果**"这一问题。可以说,判例的想法是,只要在合宪性限制解释的范围内,处罚就是妥当的,没有必要对刑罚法规"以不明确为由认定违宪"。

---

[6] 另外,虽然不是刑罚法规本身的明确性问题,在有关长银案件的最判平成二十年(2008)7 月 18 日(刑集第 62 卷第 7 号第 2101 页)中指出,"会计决算基准"是与有价证券报告书的提出、分红相关的决算处理时的基准,将该基准作为新的基准直接适用于对融资机构等的贷款所进行的资产审核,缺乏明确性。

[7] 田宫裕:《刑法解釈の方法と限界》,《平野古稀纪念(上)》,第 56 页。

> 最判昭和六十年（1985）10月23日（刑集第39卷第6号第413页）认为，如果将旨在保护青少年"淫行"的处罚条例相关条文中所说的"淫行"解释为"一般的性交行为"，从而广泛地进行处罚，那么是违宪的；但因为将处罚限定于"**仅能将其理解为把对方作为满足自己性欲望的对象来对待的性交行为或类似性交行为**"等，所以是合宪的。[8][9]

2 ■ 罪刑法定主义与适正程序

（1）处罚规定的违宪性

实体性正当程序论　　如果将罪刑法定主义的实定法基础求之于《宪法》第31条，那么罪刑法定主义的内容也就受到宪法上有关"法定程序（正当程序，due process）"的讨论的影响。所谓**实体性正当程序论**，可以说是实质的罪刑法定主义的思考方法，主要受到英美法的影响，在法律主义、自由主义外还将"法律内容的适正"作为问题来对待。[10] 实体性正当程序论认为，"不明确的刑罚法规中包含着宪法上不得规制的事项，由于残存着此种不安，所以这样的刑罚法规是违宪的"，这与**明确性理论**在很大程度上有所重合。但是在美国，尤其是对于规制言论自由的法规，**过度的宽泛性理论**主张，即便通过明确的法律条文给予了国民公正的告知，但由于不当规定宽泛处罚范围的刑罚法规会对国民的言论活动产生**萎缩效果**，所以存在这样的条文本身就是违宪的。这种把"包含实质上不合理处罚范围的法规"认定为无

---

[8]　既然标榜明确性，那么像这样的**合宪性限制解释必须是对一般人而言也能在某种程度上容易推导出来的明确解释**。但可以说，最判昭和六十年（1985）10月23日的限制解释比起"淫行"概念本身，更加不明确。尽管如此，如果为了寻求合理的（合宪的）处罚范围而作限制解释，那么由此推导出来的构成要件必然会在一定程度上有所含糊。与条文一样，没有必要认为与条文相关的法官的"解释"从国民看来必须是明确的。并非只允许法官作出一般人从条文中最容易推导出来的"明确的解释"。在脱离形式的用语从而限制处罚范围等情形中，允许作出国民从条文中不能当然地推导出来的"解释"。

[9]　但需注意的是，最大判昭和四十八年（1973）4月25日（刑集第27卷第4号第547页）认为，对于国家公务员、地方公务员抗议行为的煽动罪所作出的合宪性限制解释，即"二重限定论"是"含糊的解释"，是违宪的，其扩大了处罚范围（→第79页）。

[10]　以不适切的法律是违宪的这一英美法的讨论为基础；在德国、法国等大陆法系国家，刑法、刑事诉讼法以对法官的不信任为出发点，试图通过法律排除刑罚权的乱用；与此相对，英美法则倾向于由裁判所来核查制定法创设出来的犯罪。特别是在美国，以宪法上的人权规定为根据将立法认定为违宪的"违宪立法审查权"的理念十分发达。最开始是以言论自由等为核心，但其后进一步以违反宪法上的适正程序条款的方式使违宪判断一般化地扩展开来。

效的理论,可称为**狭义的实体性正当程序论**。

> ① 不明确的刑罚法规包含着宪法上不得规制的事项,由于存在着此种不安,所以违宪。
> ② 不明确的刑罚法规伴随着萎缩效果,所以违宪。
> ③ 法规包含着实质上不合理的处罚范围,所以违宪。

60
不合理的处罚规定的违宪性

最大判昭和三十五年(1960)1月27日(刑集第14卷第1号第33页)在处罚范围不明确这一点之外还指出,包含**不当宽泛的处罚范围**的刑罚法规,其存在本身侵害了国民利益,所以这种刑罚法规违宪无效。在没有执照的情形下,行为人使用了本需要执照才能使用的高频仪器来进行治疗,该行为被追究违反《按摩师、针灸师及柔道正骨师法》的刑事责任。关于该案,上述判例认为,该法**是因为有危害他人健康之虞所以处罚无执照行为的**,而本案中的行为完全没有存在上述危险的可能性,从而将案件发回原审(最终在发回原审的裁判中被认定有罪)。这一判决实际上是认为,**对他人的健康完全没有危害的行为,即便形式上该当了构成要件,也不得处罚**。[11]

法定刑过重的违宪性

此外,最大判昭和四十八年(1973)4月4日(刑集第27卷第3号第265页)认为,规定了与犯罪相比显著**失衡的严重刑罚**时,也是违宪的。杀害直系尊亲属的,处死刑或者无期惩役,这一**杀害尊亲属的规定**[《刑法》原第200条,平成七年(1995)刑法修正时被删除]比起规定普通杀人的《刑法》第199条的法定刑(当时是死刑、无期惩役刑、3年以上有期惩役刑),存在着显著不合理的差别对待,被认为违反《宪法》第14条第1款从而无效。[12]

(2) 合宪性限制解释

若进行限制解释则合宪

但是,如果判定**法规本身违宪无效**,那么会影响过大,所以日本的判例在尽可能承认现行法规合宪性的基础上,通过实质解释不断努力去除不当的处罚范围(**合宪性限制解释**→第

---

[11] 但也可以看到,其后最高裁的立场发生了微妙变化,变得不太重视法益侵害的危险性[最决昭和五十四年(1979)3月22日(刑集第33卷第2号第77页)]。

[12] 将被害人是尊亲属这一事项类型化,将其规定为刑罚的加重要件,这样的设置虽然不违反《宪法》第14条第1款,但必须注意到,对于死刑或无期刑来说,即便予以现行《刑法》允许的两次减轻,处断刑也不可能低于3年6个月的惩役,无论有何种应予酌情考虑的情节都不可能在法律上适用缓刑,这与普通杀人的情形形成了鲜明对照。

58页）。[13][14]

处罚跟踪骚扰行为　关于规制跟踪骚扰行为等的法律规定了对跟踪骚扰行为的处罚。关于该处罚的合宪性，最判平成十五年（2003）12月11日（刑集第57卷第11号第1147页）认为："防止发生针对个人身体、自由及名誉的危害，同时有助于国民生活的安全与平稳"这一**目的是正当的**；该条的规制对象是"表明恋爱情感等好感的行为中，……属于社会性失范的纠缠等行为"；只限于有必要依靠刑罚来抑制相关行为时，才基于对方的处罚意思来科处刑罚；而且，法定刑也不是特别的严苛；所以，规制的内容是合理的、**相当的**。[15]

暴走族驱逐条例　最决平成十九年（2007）9月18日（刑集第61卷第6号第601页）认为：虽然《广岛市暴走族驱逐条例》除处罚本来的暴走族外，还将在公共场所令公众感到不安或恐惧，或者身着标binding着集团名称的服装、实施群集、集会或示威行为的准暴走族也包含在内进行处罚；但是，如果进行**限制解释**，将"暴走族"限定为"在社会一般观念上可与本来意义上的暴走族等同视之的集团"，那么从规制目的的正当性，作为防止弊害的手段的合理性，以及依该规制所获得利益与所丧失利益之间的均衡性的观点来看，尚不能说本条例的规制达到了违宪的程度。

政治性行为的禁止及其处罚　《国家公务员法》第102条第1款禁止国家公务员的政治性行为，并处罚违反该禁止的行为。但作为言论的自由，公务员政治活动的自由也受到保障，应该在**必要不得已的限度内**划定处罚的范围。成为处罚对象的"政治性行为"是指，"**具有损害公务员履职时政治中立性的危险的行为，该危险不只是观念上的，而是作为现实发生的危险在实质上能够得以认定**"（合宪性限制解释）；对于这种行为，要"**综合考虑该公务员的地位，其职务的内容、权限等，该公务员所实施行为的性质、样态、内容等诸多情节**"来进行判断［最判平成二十四年（2012）12月7日

---

〔13〕　宪法学上认为，只有在① 从法律条文及其他资料出发，在逻辑上可以作出多种解释，且② 依照法律目的，未必能够唯一地确定哪种解释是合理的情形下，才可以作出合宪性限制解释。超出这一范围进行限制解释，属于"改写法令"，是不被允许的；若对某法规不能作出满足这一基准的合宪性限制解释，则该法规是违宪的、无效的。比起刑法学，宪法学对于"将法令本身认定为违宪无效"的抵触感更小。在此强调的是"法官应该慎重地进行实质的立法活动"这种权力分立的原则性论调。与此相比，在刑法解释学中，是以"为了设定合宪、合理的处罚范围，应如何实质地进行解释"这种方式展开讨论，很少将作为解释对象的法律条文本身的违宪性作为问题来考虑。因此，对待十分宽缓地认可合宪性限制解释的判例也比较宽容。

〔14〕　在刑法解释中，要进行以下五项工作：① 对于给定的条文，确定其用语的**可能的语义**范围；② 确定该刑罚法规的**保护法益**，考虑由刑法对其予以保护的必要性；③ 在该当构成要件的行为本身也担负着一定价值的情形中，**比较衡量**该价值与被害法益的价值；④ 计算对具体案件的处罚会给其他案件带来的**波及效果**；⑤ 核查与其他法规范的**整合性**。宪法上的价值判断只是应当融入②③⑤项工作中的一个要素而已。

〔15〕　另参见最决平成十七年（2005）11月25日（刑集第59卷第9号第1819页）。此外，受2012年逗子跟踪骚扰杀人案件、2016年小金井跟踪骚扰杀人未遂案件的影响，进行了强化罚则、非亲告罪化等方面的修改。

（刑集第 66 卷第 12 号第 1337 页）；最判平成二十四年（2012 年）12 月 7 日（刑集第 66 卷第 12 号第 1722 页）]。[16]

(3) 实质的构成要件解释与禁止类推解释

刑法解释的特征　根据罪刑法定主义，对于超出法规的事实，不允许从其他法规出发进行类推从而肯定犯罪的成立（**禁止类推解释**）。虽然事前通过法律明确作出了规定，但如果解释超出了该规定的框架，就会丧失罪刑法定主义的实质。

但是，既然刑罚法规也是以"言词"书写而成的，那么在具体适用时，为了确定言词的含义，将言词对应于事实之中，"解释"是有必要的。[17] 此外，尽管社会发生着变化，会出现当罚性很高的行为，但刑法的修改却很少。基本上与民法等部门法一样，"目的（论）解释"在刑法中也是必不可少的。

扩张解释　过去认为，"虽然禁止类推解释，但容许扩张解释"，从而在具体的妥当性（当罚性）要求与法的安定性要求之间谋求均衡（中山第 69 页，内藤第 36 页，西原第 34 页，町野第 73 页）。然后，对于被容许的扩张解释的界限，是将言词所具有的"可能的含义"的范围（内藤第 32 页）、国民预测可能性的范围（西原第 34 页，町野第 70 页）作为问题来讨论。可以说，是以与法律条文的语义之间的距离为基准，"对于看到该条文的国民而言，只要处罚该行为并非意外之事，那么该处罚就是被容许的"。

---

〔16〕　具体而言，需要考虑到① 是否处于管理岗的地位、② 在职务的内容、权限上有无裁量、③ 行为是否发生在工作时间内、④ 是否利用了国家或工作场所的设施、⑤ 是否利用了公务员的地位、⑥ 是否具备有组织的团体性活动的性质、⑦ 从外部看来是否具有能被视为是公务员行为的样态、⑧ 是否具有与行政的中立性运作直接相反的目的、内容等。

所以，对于厚生劳动省的课长助理派发政党机关报的行为，最判平成二十四年（2012）12 月 7 日（刑集第 66 卷第 12 号第 1722 页）认为，虽然该行为发生在工作时间之外，但实质上产生了损害政治中立性的危险。对于社会保险厅年金审查官（非管理岗）在总选举之际派发政党机关报等的行为，最判平成二十四年（2012）12 月 7 日（刑集第 66 卷第 12 号第 1337 页）认为，该行为与职务完全没有关系，也不具备由公务员所组织的团体性活动的性质，所以在实质上不能认定存在损害政治中立性的危险。

〔17〕　立法者并不能预想到全部具体事态后再设定处罚范围。所以，肯定会存在着不明确的条文，或者包含着过宽处罚范围的条文（→第 59 页）。立法工作是抽象的、类型化的判断，常常预设由司法机关的判断来补充。另外，将条文对应于立法后出现的具体案件从而确定处罚范围时，必须由法官来作出解释。而且，在进行此项工作时，必须以国民的规范意识为根据。

但是,除上面谈到的那一点外,在判断解释的容许范围时,还有必要将其与保护法益或处罚的必要性进行衡量。不能仅凭国民预测可能性[18]的大小决定构成要件的解释。解释的实质容许范围与实质的正当性(处罚的必要性)成正比,与和法律条文的通常语义之间的距离成反比。[19][20]

实质的构成要件解释的指南 为了让对构成要件的实质解释变得容易,需要对以下三部分内容进行区分:① 无论是谁都能从其概念中预想到的内容(核心部分),② 一般人难以预想到可将其内容融入该概念之中的周边部分,③ 介于上述两部分之间的中间部分。对于②,要否定构成要件该当性;对于①原则上要承认构成要件该当性,在此基础上再例外地考虑应该限制处罚的情况(包括限制性合宪解释等);对于③,应当从正面来讨论保护法益,判断处罚的必要性。在与罪刑法定主义的关系上,对于③的判断尤为重要。

另外不可忽视的是,以处罚必要性大为由,通过解释来扩大可罚的范围时,虽然看上去只是解决特定的问题,但实际上会对其他问题也产生影响。处罚范围像所谓的"同心圆"那样(参见下图),虽然是想把①纳入处罚范围,且只打算把处罚范围扩张到该部分,但实际上是在所有方向上都扩张了。因此,必须慎重地考虑处罚图中②③时的妥当性。

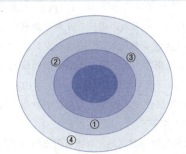

$$解释的容许范围 = \frac{处罚的必要性}{与核心含义的距离}$$

---

[18] "预测可能性"需在裁判时通过考虑诸般情形实质地进行判断。不可能从条文文本的语义中唯一地、客观地推导出来。另外,"言词的可能的含义"也是从其本来的用法到例外的用法,存在着含义上的渐变。在这样一些"可能的含义"的范围内,在可采用的多种解释中哪种是合理的,则需要通过综合衡量来决定。

[19] 为了使实质的正当性得以客观化,围绕着以下问题展开了讨论:(A)犯罪论的体系化、(B)保护法益的分析,(C)社会必要性的检讨等。

[20] 另外,法律条文的"文本"具有多种含义而并不明确时,也未必就会使用判例中的实质解释。许多情形中也会讨论比较明确的用语的解释问题。无论法律的文本多么明确,在既有可能作出有罪的解释,又有可能作出无罪的解释时,有必要进行实质判断。

判例 ① 最决平成八年(1996)3月19日(刑集第50卷第4号第307页)认为,获得"沙丁鱼、竹荚鱼、鲭鱼的捕鱼业"执照后,捕捞"石鲈"的行为违反依《渔业法》第65条第1款制定的大分县渔业调整规则,应予以处罚。虽然从形式上理解条文,认为凡是捕捞"沙丁鱼、竹荚鱼、鲭鱼"之外的鱼类的行为都可罚,这是不妥当的;但是,立足于立法过程、该地区渔业现状等,可以将沙丁鱼等洄游性的鱼类与石鲈这样当地产的高价鱼类区分开来,从目前为止的纠纷中可以看到,被告人等是在意识到了违法性的情况下从事相关作业的,所以是可罚的。

② 《鸟兽保护法》处罚使用弓箭捕获野鸭等的行为。[21] 在使用十字弓(crossbow)朝着野鸭、黑鸭射出了四支箭,但一支也没有射中的案件中,最判平成八年(1996)2月8日(刑集第50卷第2号第221页)认为该行为是可罚的。虽然捕获一词中通常不包括想要捕获但猎物逃脱的情形(所谓的未遂形态),但《鸟兽保护法》第11条所处罚的"在公共道路上使用猎枪的捕获行为",必须解释为包含发射行为本身[最决昭和五十四年(1979)7月31日(刑集第33卷第5号第494页)][22]。另外,从规制的旨趣、目的——一般性地禁止特定的狩猎方法,这些狩猎方法对保护狩猎鸟兽而言存在着产生恶劣影响的高度危险性——出发,应当认为禁止使用例示方法实施的"捕获行为本身"。箭没有命中时,尚不能说这属于"一般人从捕获一词中难以预想到的情形"。

③ 最决平成十二年(2000)2月24日(刑集第54卷第2号第106页)认为,瞄准走下水田(该水田位于通向农家的私家道路旁)的野鸡,用射程距离约250米的散弹枪发射子弹,属于《鸟兽保护法》第16条所禁止的在"人家稠密的场所"使用枪支狩猎的行为。虽然所谓"稠密"通常意味着"多数的人或物聚集在一起",但由于发射散弹枪的地点位于人家与田地混杂在一起的地方,在发射地点周围半径约200米以内有约10户人家,所以属于禁止的对象。如果此处属于开枪时居民在一定程度之上有误中枪弹的可能性的地点,那么就可以解释为该当本条所说的"稠密"。

④ 眼科医师委任没有医师资格的人对要求装配隐形眼镜的患者进行眼部检查等行为。最决平成九年(1997)9月30日(刑集第51卷第8号第671页)肯定了本案原审的判断(医师等是无照行医之罪的共同正犯)。原审认为眼部检查等是医疗行为,属于《医师法》第17条中所说的"医疗工作"的内容。原审对医疗行为进行了实质解释,

---

[21] 《有关鸟兽保护及狩猎的法律》(以下简称《鸟兽保护法》)第1条之四第3款规定,"**为了狩猎鸟兽的保护繁殖,认为有必要时**",可以规定狩猎鸟兽的种类、区域、期间或狩猎的方法,禁止或限制对狩猎鸟兽的捕获"。对于违反该款的行为,该法第22条规定,处6个月以下惩役或者30万日元以下罚金。此外,禁止"通过使用弓箭的方法来捕获"。

[22] 但是,也存在着捕获中明显不包括捕获失败这种情形的规定。如《鸟兽保护法》第20条中的"捕获"等。因此,在肯定"捕获"的概念里有可能包括"捕获行为本身"的基础上,必须考虑各个条文的保护法益等,个别地确定捕获的概念。在容许的语义范围内,要衡量保护法益或处罚的必要性。

认为医疗行为是指"如果不是由医师来实施的话,就会存在产生保健卫生上危害之虞的行为"[东京高判平成六年(1994)11月15日(高刑集第47卷第3号第299页)]。

⑤ 最决平成二十一年(2009)3月9日(刑集第63卷第3号第27页)认为,有害图书类的贩卖机即便具有以下功能,即把监视摄像头拍摄的客人影像传输给监视中心,监视员通过显示器来监视贩卖的情况等,该贩卖机仍然属于"这样一种机器,即不通过从事贩卖业务的人与客人直接面对面的方式就可以进行贩卖的设备";从而该当福岛县《青少年保护育成条例》第16条第1款中所说的"自动贩卖机"。[23]

⑥ 另一方面,最判平成二十二年(2010)12月20日(刑集第64卷第8号第1291页)认为,作为供委托人观赏或纪念之用的物品,由非行政书士者制成的家谱图,不属于《行政书士法》第1条之二第1款中所说的"有关证明事实的文件"。

(4) 日本刑法解释的特色

有关偷电的判例

有关偷电的判例[大判明治三十六年(1903)5月21日(刑录第9辑第14号第874页)]象征着日本刑法解释的特色。盗窃是窃取财物的犯罪,虽然财物是指有体物(《民法》第85条),但大审院对于擅自用电的行为认定成立盗窃罪,从而认为,"物不是指有体物,而是指能够管理的物体"。几乎同一时期,德国的判例认为电不是有体物,否定盗窃罪的成立。关于日德的哪种解释是正确的,过去曾有争论;但由于国家不同,"刑法解释"中存有差异也是当然之事。

复印件的文书属性与信用卡诈骗 此后,可以看到相当多在德国被认定为不该当构成要件转而通过立法来谋求解决的案件,在日本却通过判例的实质解释予以了处罚。例如,最判昭和五十一年(1976)4月30日(刑集第30卷第3号第453页)认为,由于复印件与原件具有同样的意思内容,作为证明文书,复印件具有与原件相同的社会机

---

[23] 此外,对于产业废弃物的处理,最高裁也进行了实质的构成要件解释。行为人打算将工厂排出的产业废弃物投入该工厂用地内挖掘的洞中填埋,于是将这些产业废弃物堆放在洞穴旁边的外部。最决平成十八年(2006)2月20日(刑集第60卷第2号第182页)认为,这样的行为该当不法投弃废弃物罪。获得收集搬运一般废弃物执照的从业者,将包含排泄物、属于一般废弃物的污泥与属于产业废弃物的污泥的废弃物混在一起,并将混合后的废弃物伪装成一般废弃物投入市内排泄物处理设施接收口。关于该行为,最决平成十八年(2006)2月28日(刑集第60卷第2号第269页)认为对全部混合物成立不法投弃罪。此外,最决平成十八年(2006)1月16日(刑集第60卷第1号第1页)认为,《有关废弃物的处理及清扫的法律》第25条第4项中所说的"违反第12条第3款的规定,将产业废弃物的处理委托给他人"的行为,不仅包括委托由该他人自行处分的情形,还包括再委托该他人之外的其他人进行处分的情形。

能与信用性,所以复印件也包含在文书之中,从而修改了一直以来不将"复印件"作为文书对待的见解。与此相对,德国的判例完全坚持"复印件不是文书"这一立场,通过立法来处罚"复印件的伪造行为"。同样的情况在信用卡诈骗中也能见到[→各论第六章第四节 1(3),第四章第四节 3(3)]。

日本型的刑法解释与裁判员裁判

判例中运用的是考虑到具体妥当性的柔软的解释。[24] 之所以会产生这样的特色,虽然也出于日本的立法机关欠缺机动性这一原因,但可以说这更是日本的规范意识所导致的。到昭和五十年代(1975—1985)为止,在日本的学说中"德国型"的形式解释论占据了压倒性的优势地位。此外,运用这种形式解释来批判判例,被认为是以谦抑主义为宗旨的刑法解释学的应然姿态。在此之中,还存在着这样一个背景,即出于对战前的反省,不想认可实质解释。但仅从战后来看,已经过了 70 多年,在已经积累了庞大判例的当下,有必要有意识地将日本解释论的特色发挥出来。刑法理论是在给予具体问题妥当解决的工作当中,吸收日本固有的问题状况、国民规范意识从而结晶并显现出来的。[25]裁判员裁判制度中所确定下来的,正是这样一种解释论的方向性。

3 ■ 禁止事后法——刑法的时间效力

(1) 刑罚的变更

《刑法》第 6 条
《宪法》第 39 条

不能以比**实行行为时**所规定的刑罚更重的刑罚来进行处罚。从罪刑法定主义(自由主义的侧面)当然可以推导出这一点。《宪法》第 39 条规定,"对于任何人,不得就其实行时是合法的行为或已经被认定为无罪的行为,追究刑事上的责任"。与此相对,《刑法》第 6 条规定,**"犯罪后的法律使刑罚有所变更时,适用处罚较轻的法律"**。该内容不是从禁止事后法的原则中直接推导出来的。虽然依照实行行为时的刑罚来处断并不违反罪刑法定主义,但刑法依政策将刑罚变轻时,承认事后法。

---

[24] 最高裁认为,刃长 15 厘米的刀不属于枪支弹药刀剑类等持有取缔令[昭和三十年(1955)修改前]中的"刀、匕首、剑……"[最判昭和三十一年(1956)4 月 10 日(刑集第 10 卷第 4 号第 520 页)];一方面又认为火焰瓶不属于爆发物[最判昭和三十一年(1956)6 月 27 日(刑集第 10 卷第 6 号第 921 页)]。但考虑到当时的具体状况、法定刑的轻重等,这些都属于合理的判断。

[25] 但是,在此抽象地、一般性地讨论"日本型的解释"不仅没有意义,甚至非常危险。"日本型的解释"也是在发展、变化着的,不能将过去的判例原原本本地尊崇为"日本固有的解释"。

刑罚的变更　如果法律的实行（而不是公布）是在**实行行为终了后**，则属于"**犯罪后的法律**"。[26]"刑罚的变更"中所说的刑罚既包括主刑也包括附加刑（大塚第 66 页），还包括没收范围的变更，从裁量性没收变更为必要性没收，以及有关追征、劳役场留置的变更。但是，新增**关于部分缓刑的规定**（《刑法》第 27 条之二至第 27 条之七），旨在给裁判所一个暂缓执行部分宣告刑的新选项以期防止被告人再次犯罪并使其改过自新，并不是针对特定犯罪变更科处的刑种或刑量，不属于"刑罚的变更"[最决平成二十八年（2016）7 月 27 日（刑集第 70 卷第 6 号第 571 页）]。[27]

在犯罪后直至裁判的期间内，刑罚发生了数次变更时，适用其中最轻的刑罚。刑罚的轻重依照《刑法》第 10 条来判断（→第 409 页）。[28]

　　对盗窃罪增加罚金刑与"刑罚的变更"　盗窃罪的法定刑原来是"10 年以下惩役"，在平成十八年（2006）5 月 28 日变为也可以科处"50 万日元以下的罚金"。在可以选择罚金刑这一点上，新法的刑罚更轻，所以对于改正法施行前的行为也要适用轻的新法。可是，**最决平成十八年（2006）10 月 10 日（刑集第 60 卷第 8 号第 523 页）**认为，修改的旨趣在于使选择罚金刑成为可能，从而对于比较轻微的案件实现适正的科刑；不能将修改的旨趣理解为试图广泛地影响迄今为止被处以惩役刑的案件；从这样的观点出发，当对一审判决中的量刑显然没有再次讨论的余地时，就不属于《刑事诉讼法》第 397 条第 1 款中所说的、会带来应撤销判决这一效果的刑罚变更。[29] 像这样，对于"刑罚的变更"也必须作出实质解释。

---

[26]　像监禁罪这样的**继续犯**（→第 48 页）中，会出现实行行为横跨新旧两法的情形。此时适用新法。营业犯，包括一罪也一样。关于**科刑上一罪**（→第 400 页），对于牵连犯，判例认为就全部犯罪适用新法[大判明治四十四年（1911）6 月 23 日（刑录第 17 辑第 1311 页）]。但是，既然可以区分开来处理，那么就应该针对各个犯罪考虑应予适用的法令[参见最判昭和三十一年（1956）12 月 26 日（刑集第 10 卷第 12 号第 1746 页）]。

另外，对于**共犯**，判例认为应该适用存在于行为时的"旧法"[东京高判昭和二十八年（1953）6 月 26 日（高刑集第 6 卷第 10 号第 1274 页）是关于教唆犯的；大阪高判昭和四十三年（1968）3 月 12 日（高刑集第 21 卷第 2 号第 126 页）是关于帮助犯的]。在狭义的共犯中，虽然正犯引起的结果具有重要的意义，但应予适用的是**实行共犯行为时的法令**。共同正犯的情形中，则以正犯们最后的实行行为终了时点为标准。

[27]　本来，有关缓刑规定的变更是关于刑罚执行方法规定的变更，不是刑罚自身内容的变更，所以不适用新法[最判昭和二十三年（1948）6 月 22 日（刑集第 2 卷第 7 号第 694 页）]。但是，根据缓刑条件变更的样态，也存在着不理解为属于"刑罚的变更"就不合理的情形。

[28]　① 法定刑期相同时，如果规定了轻的选择刑，那么该罚则属于较轻的罚则；② **如果规定了并处罚金刑，那么该罚则就是较重的罚则**。因此，③ 对于规定了惩役刑与罚金刑作为选择刑的犯罪，又新规定禁锢刑作为其选择刑时，新法是较轻的罚则。刑罚轻重的判断首先以主刑作为标准。根据主刑的轻重确定应予适用的法律后，再依据该法律来适用附加刑。当主刑没有轻重之别时，则依照附加刑来判断轻重。

[29]　《刑事诉讼法》第 383 条第 2 项认可"刑罚的变更"是控诉理由。该法第 397 条第 1 款规定，具备该法第 383 条第 2 项所规定的事由时，应该撤销一审判决。

判例变更与禁止事后法 如今，判例具有作为实质法源的机能。所以，依照判例认为"是被允许的"从而实施行为的人，当其因判例变更而遭受处罚时，可以视为依"事后法"而受处罚。但是，**判例在"法律上"不拘束法官**（最高裁事务总局：《裁判所法逐条解说（上卷）》，第 340 页；《注释日本国宪法（下卷）》，第 1148 页）。最判平成八年（1996）11 月 18 日（刑集第 50 卷第 10 号 745 页）在以下案件中也确认了这一点。县教组委员长对罢工实施**煽动行为**（→第 79 页），而行为时存在判例认为这是无罪的。关于该行为，最高裁认为，对行为时根据最高裁判例的解释应该无罪的行为予以处罚不违反宪法。[30]

判例的不溯及变更 虽然有理论主张说，面向处罚化（重罚化）的判例变更只是对将来具有宣示意义，不适用于具体案件（西原春夫：《中野还历祝贺》，第 311 页），但是认为不利于被告人的判例变更一般性地都不适用于具体案件，并不妥当。可以说，在相当一部分判例中都存在着对被告人而言更加有利的先例。的确，会例外地存在一些处罚不合理的情形，但应该以先例的确定程度以及一般人、被告人对先例的认识等为基础，在具体的**故意论**等的判断或**量刑**的判断中，去应对判例变更给被告人带来的不利益（→第 299 页，第 413 页以下）。

（2）刑罚的废止

刑罚的废止　　刑罚被废止时，意味着刑罚被变更为"零"，也就是所谓的《刑法》第 6 条的极限情形。此时似乎也可以说是通过该条的解释来解决相关问题，但《刑事诉讼法》第 337 条第 2 项规定，"依照犯罪后的法令刑罚被废止时"必须宣告免诉，从而解决案件。

可是，部分的构成要件被废止时，或者由于下位的政令、省令的变更造成刑罚全部或部分废止时，会产生难题。例如，禁止停车区域发生变更，行为时还是可被处罚的行为到裁判时就变得不可罚了，此时不能作为刑罚废止的情形予以免诉。可以说，"禁止停车区域"不是反映犯罪行为类型的部分，关于该内容的废止、变更不属于刑罚的废止。过去则是在**限时法**的名目下从其他

---

[30] 但必须注意的是，认定为无罪的最大判昭和四十四年（1969）4 月 2 日（刑集第 23 卷第 5 号 305 页）中的思考方法，在行为时已经被最大判昭和四十八年（1973）4 月 25 日（刑集第 27 卷第 4 号 547 页）变更了。的确，最大判昭和四十八年（1973）4 月 25 日是关于国家公务员的；关于地方公务员同种样态煽动行为的处罚，则是由最大判昭和五十一年（1976）5 月 21 日（刑集第 30 卷第 5 号 1178 页）变更的。但可以说，被告人是在认识到了最高裁大法庭有可能处罚公务员煽动抗议行为的情况下实施行为的。

的视角出发来处理该问题的。[31]

刑罚的变更与废止的区别 即便刑罚被废止了,但该当其他条文,需按该条文规定的法定刑来处罚时,可以看作是刑罚的变更。行为时存在的伤害尊亲属致死罪(第 205 条第 2 款)依照控诉审判决宣告后平成七年(1995)的刑法修改被废止,最判平成八年(1996)11 月 28 日(刑集第 50 卷第 10 号第 827 页)认为这种情形属于"刑罚的变更"(参见《刑事诉讼法》第 411 条第 5 项)。将这种情形解释为刑罚的废止从而宣告免诉是不合理的,应该依照普通的伤害致死罪来处罚。刑罚的变更中也包含以下情形,即"特定的罪(第 205 条第 2 款)虽然被废止了,但需要适用其他的刑罚法规(第 205 条第 1 款),结果是该行为应予适用的法定刑发生了变更"。

刑罚改废之有无 在法规中,为了应对变动着的社会,很多时候会预先在犯罪行为的轮廓上留下部分空白,交由下位的法规范去补充,以便于根据情况进行变更。因此,"只要法规范在形式上有所变更,所有情形都将变得不可处罚"的观点并不妥当。必须实质地考虑"刑罚被废止了吗?"

要能说得上是**刑罚的废止**,必须随着法律的变更,法律上的见解也发生如下形态的变化,即"由于法律的修改,不再值得将相关行为认定为犯罪"。在变更禁止停车区域的例子中,可以说构成要件的核心在于"不得在被禁止的地点停车",而具体的地点并不那么重要。因此,即便被禁止的各个地点发生了变更,仍然能够处罚相关行为。[32]

---

[31] 限时法是指,"明确规定了存续期间的、有时间限制的立法,或者其他出于一些特别的暂时情况而临时设置的、预想着早晚要废止的刑罚法规"。实行行为时还有效的限时法若在裁判时到期,就不能处罚相关行为,所以会产生一段法律不被遵守的时期。因此,会设置诸如"对于本法施行前实施的行为,适用的罚则仍然依照从前之例"或"旧法的规定仍然有效"这样的经过规定来应对。此外,当不存在这样的规定时,**限时法的理论**则试图通过解释来承认与该规定同样的效果(限时法效果)。

具体来说,考虑法律改废的动机、社会大众的规范意识,① 由于法律的变更造成**法律上的见解**发生变更时,就不适用限时法理论;② 虽然可以看作是法律上的见解发生了变化,但只不过是单纯的**事实关系**的变化时,应当承认限时法效果,处罚相关行为(**动机说**)。例如,禁止停车区域的变更被认为只不过是单纯事实关系的变化而已。但是,现在多主张① 不应该在没有明文根据的情况下违反《刑法》第 6 条进行处罚,② 应该设置上述经过规定等,限时法的理论不再被主张。

[32] 最判昭和二十七年(1952)12 月 25 日(刑集第 6 卷第 12 号第 1442 页)指出,虽然犯下杀害尊亲属的犯行后民事法规被修正,被害人失去了直系尊亲属的身份,但不能说这属于刑罚依法律而发生变更的情形。另外,最大判昭和三十二年(1957)10 月 9 日(刑集第 11 卷第 10 号第 2497 页)认为,向根据大藏省令被视作外国的奄美大岛走私出口货物后,经省令的修改该地不再被视作外国时,属于刑罚被废止的情形。这是因为,在走私出口行为中,"是否属于外国"是很重要的因素。

可是,最判昭和三十七年(1962)4 月 4 日(刑集第 16 卷第 4 号第 345 页)认为,县公安委员会规则禁止在第二类机动自行车上搭乘两人的行为,在该规则被废除时,由于道路交通安全对策在实施上的细则性具体内容应结合当地各时期的实际情况来制定,即便行为后相关规则偶然地发生了变更,行为时的违反行为仍然具有可罚性。

4 ■ 刑法的效力

(1) 刑法的空间效力

属地主义　《刑法》第1条第1款规定,只要犯罪是在日本国内实施的(**国内犯**),那么无论对于谁都适用日本的刑法。这规定的是**属地主义**,是有关刑法空间适用范围的最基本原则。即除特殊情形外,对于日本领域外的行为都不适用日本的刑法。所谓日本国内,是指日本的领土、领海、领空。领海是从基线起算至外侧12海里的海域(或者是直至与外国基线的中间线为止的海域)(《领海法》第1条);关于领空,虽然现在没有限制,但可以预想到今后国际上会有相关限制。

第1条第2款　在日本的船舶及日本的航空器内实施的犯罪,不论主体是谁都属于国内犯,适用日本的刑法。这规定的是旗国主义,即船舶、航空器所属的国家对于在其中发生的犯罪行使管辖权。

日本的船舶,是指属于日本国民所有的船舶。不限于已经登记、具有日本船籍的船舶[最决昭和五十八年(1983)10月26日(刑集第37卷第8号第1228页)]。可是,虽然实质上属于日本的企业所有,但在税收政策上具有外国船籍的船舶不属于日本的船舶。在公海上使日本船舶沉没的行为,也属于"在处于日本国外的日本船舶中"实施的行为[最决昭和五十八年(1983)10月26日(刑集第37卷第8号第1228页)]。此外,**日本的航空器**只限于依据航空法具有日本籍的航空器。船舶、航空器处于日本领域内时,适用第1条第1款。

犯罪地的认定　一般而言,为了说得上"犯罪地在国内",只要该当构成要件的行为与结果的一部发生在日本国内就足够了(香川第28页)。例如,在国内要求贿赂而在国外交付贿赂时,是将全体行为总括起来认定为属于国内犯。[33] 此外,关于在国外将国内制作的淫秽数据上传至国外服务器,然后让国内的客户下载的,虽然是以客户的下载操作作为契机,但与此相应,数据会自动地记录、保存在客户的存储介质上,这一行为可以说是在国内实施的传播淫秽电磁记录的行为[最决平成二十六年(2014)11月25日(刑集第68卷第9号第1053页)]。

---

[33]　此外,也有观点认为,虽然实行行为与结果都发生在国外,但因果流程是在日本进行的也要适用日本的刑法(参见山中第99页)。但是,实际上应该限定于实行行为或结果中的某一个在日本发生的情形。例如,行为人将毒药从A国寄出后经由日本邮寄至B国实施毒杀行为时,没有必要适用日本的刑法。另需注意的是,作为该问题本来的前提,有力见解认为在毒药送达B国之后才开始认定实行行为的着手时期。

行为人只在日本实施了犯罪的预备行为,实行的着手、结果的发生都在国外时,对于该犯罪也不应该适用日本的刑法。当结果发生在国外却要适用日本刑法时,必须有部分的实行行为是在日本实施的。[34]

共犯的犯罪地 结果发生在日本时,以及正犯行为是在日本实施时,对于所有共犯都要适用日本的刑法。虽然实施共犯行为的地点也属于共犯的犯罪地,但实施共犯行为的地点不是正犯的犯罪地。外国人 X 等与日本人 A 等从外国向日本国内走私兴奋剂时,由 X 等在外国将准备好的兴奋剂交付给 A。关于该行为,最判平成六年(1994)12月9日(刑集第 48 卷第 8 号第 576 页)认为,**虽然是在日本国外实施的帮助行为,但当正犯是在日本国内实施实行行为时,该当《刑法》第 1 条第 1 款**。[35] 教唆犯、帮助犯之外,共同正犯也一样。共谋共同正犯的情形中,在日本实施了共谋时也可以适用日本刑法。由于"共谋"通过主观的因果性与实行行为紧密地结合在了一起,占据着犯罪事实的重要部分,所以与在日本国内单纯实施预备行为的情形并不相同[另参见东京地判昭和六十二年(1987)8月7日(判夕第 669 号第 257 页)]。

保护主义 《刑法》第 2 条规定,对于内乱罪、外患罪、伪造货币罪等重大犯罪,无论是谁在国外实施了这些犯罪,都要适用日本的刑法[36]**(国外犯的处罚)**。如此一来,对于侵害本国或本国国民法益的犯罪,不论犯人与犯罪地如何,对所有犯人都适用日本的刑法,这样的原则被称为**保护主义**。虽然保护主义与后述的世界主义一样,是不论主体与行为地一概承认本国刑法适用的原则;但其宗旨在于保护本国的重要利益,在这一点上与世界主义不同。

第 3 条之二 平成十五年(2003)7 月新设第 3 条之二,作为处罚**国外犯**的规定,该条自次月起施行。该条立足于在国外遭受犯罪侵害的可能性增加这一背景,规定日本国民在日本国外遭受杀人、伤害、抢劫、盗窃、绑架、逮捕或监禁等重大犯罪[37]的侵害

---

[34] 当然,在日本国内实施的预备行为该当杀人预备罪、抢劫预备罪的构成要件时,要适用这些预备罪。

[35] 另外,在日本国内受到教唆的正犯在国外实施实行行为时,教唆的人要作为国内犯受处罚;与此相对,除去存在处罚国外犯的规定的情形,正犯在日本是不可罚的。在此,不处罚正犯却只处罚共犯的做法被认为有违从属性的原则(→第 329 页)。但是,也可以这样来说明,即"对于正犯只是单纯地不适用刑法,其犯罪还是成立的"。

[36] 第 2 条规定国外犯时,采用的是个别列举各种既遂犯、未遂犯的构成要件的方式。这些国外犯的教唆、帮助没有被列举出来,所以需要讨论其可罚性的问题。如果形式地贯彻罪刑法定主义,那么不能认可对这些教唆、帮助行为的处罚。但是,认为在国外教唆、帮助在国外实施的伪造货币行为时通常都不可罚,这样的观点并不妥当。尤其是对于与正犯法定刑相同的教唆犯,不能认为立法者表明了一律不处罚的态度。此外,从条文的文义解释来看,认为在"第某某条之罪"中包含对该罪教唆的情形,也并非不可能。

[37] 包括这些罪的未遂、致死伤罪。另外,强要人质罪等也包括在内。

时,对**日本国民以外的行为人**也适用日本的刑法。所谓被害人,是指各罪保护法益的主体,或者是作为构成要件内容的手段或行为的直接客体(参见《刑事诉讼法》第 230 条)。

不论在犯罪地国是否作为犯罪,都适用日本的刑法等。这主要是考虑到,从保护国民的观点来看,不应该受在犯罪地国是否作为犯罪的约束,而且这些犯罪在其他国家一般也都被作为犯罪来对待等。基于这些理由,没有必要再设定在犯罪地国也构成犯罪这一要件。此外,不管犯罪地国**法定刑**的轻重,都适用日本刑法等规定的法定刑。

属人主义　《刑法》第 3 条规定,对于放火罪、强奸罪、杀人罪*、抢劫罪、盗窃罪等比较严重的犯罪,日本国民在国外犯下这些罪行时,适用日本的刑法(**日本人的国外犯**)。只要犯人是本国国民,就不管犯罪地是国内还是国外都承认本国刑法的适用,这叫作**属人主义**。

消极的属人主义　本国国民在国外犯罪时适用本国的刑法,这是**积极的属人主义**。除此之外,还存在**消极的属人主义**这一概念,是指本国国民成为犯罪的被害人时,对于该犯罪的犯人适用本国的刑法。过去日本采用的是消极的属人主义(旧刑法第 3 条),但经过昭和二十二年(1947)的修改,立足于《宪法》所采用的国际协调主义规定,对于日本人成为被害人的、在外国发生的犯罪,应交由行为地国来处理,从而修改了第 3 条。

在采用本国国民不引渡原则时,根据该原则不可能实现行为地法中应当作出的处罚,所以积极的属人主义具有代替行为地国进行处罚的意义(**代理主义**)。在依据代理主义进行处罚时,该行为按照行为地的刑法必须是能够处罚的,而且科处的刑罚也必须限定在该行为地刑法的范围内。

《刑法》第 4 条是就滥用职权罪、贿赂罪等公务员犯罪规定了对国外犯的刑法适用(**公务员的国外犯**)。虽然这也是属人主义,但在保护日本的公务这一意义上,同时也是保护主义。

世界主义　伴随着犯罪的国际化,对于国际社会共通的且不得不共同应对的行为,必须使其在任何国家都有可能受到处罚。无论是谁,不论是在哪一地域实施犯罪,且不管是否伴随着对本国利益的侵害,都适用本国的刑法,这就是**世界主义**。依据世界主义对国外犯进行处罚的特点在于,不问该行为依据行为地的刑法是否可罚。即便偶然地在行为地欠缺处罚规定,也被认为这本来就是在全世界都应受到处罚的行为。[38]

---

*　2017 年日本刑法修正时,将强奸罪修改为强制性交等罪。2023 年日本刑法修正时,又将强制性交等罪修改为不同意性交等罪。本书中的强奸、强制性交等可以替换为不同意性交等来理解。——译者注

[38]　过去海盗行为等被认为是世界主义的典型例子,但近来多讨论的是劫机行为,对停留外国的国家元首、外交官等实施的恐怖活动等行为。

一直以来都认为《刑法》中不存在表明严格意义上的世界主义的规定,但昭和六十二年(1987)《刑法》部分修改,追加了第 4 条之二规定,"即便是在日本国外犯罪时,依照条约对于所有犯下应受处罚的罪行者也适用"日本的刑法。为了应对频繁发生的杀害外交官、占领驻外使领馆、在驻外使领馆中绑架人质的案件,日本也缔结了《关于防止和惩处侵害应受国际保护人员包括外交代表的罪行的公约》与《反对劫持人质国际公约》,并为此配备了必要的罚则[39];与此同时,还通过第 4 条之二扩大了对外国犯的处罚[40]。

外国判决的效力　《刑法》第 5 条规定,即便是在外国接受过确定裁判的人,也不影响针对其同一行为再次进行处罚。但是,如果外国已经全部或部分地执行了犯人被宣告的刑罚,那么必须减轻或者免除其在日本的刑罚执行。

国际协助　刑事案件中的协助分为① 犯罪人的引渡、② 证据的提供与③ 文书的送达三类。在日本,以昭和五十一年(1976)的洛克希德案件为契机,认识到了刑事案件中协助的重要性。在美国实施的嘱托询问等对于该案处理起到了非常重要的作用,由此促进了其后关于国际司法协助的法律配备。最终于昭和五十五年(1980)制定了《国际侦查协助法》。

作为国际协助的一般性原则,可以列举出以下四点:① 对于政治犯不实施协助;② 对于军事犯罪、税收犯罪等应由且能由各国独自处理的犯罪,应该限制协助;③ 实施协助的,只限于当事国双方都处罚的行为;④ 在本国不能予以协助的内容,也不得请求对方国予以协助。但这些要求也并非绝对。

(2) 刑法的对人效力

例外　只要是时间与地域的效力所及范围内,原则上对于任何人的犯罪都可以适用日本的刑法。但是,对于以下四类情形不予适用,即① 天皇,② 国会议员在议院内的活动(《宪法》第 51 条),③ 外国的元首、外交官、使节及其家属,④ 得到承认、驻扎在日本领土内的外国军队、军舰。可是严格来说,①与②应该被理解为承认刑法的适用但出于犯罪人个人的特殊原因而阻却刑罚的情形。

外交官的范围　对于外国大使馆的日本人事务职员所实施的业务上过失伤害案件,东京高判平成十七年(2005)3 月 23 日(判夕第 1189 号第 152 页)认为,在对日

---

[39]　参见《关于处罚劫持人质的强要行为等的法律》。
[40]　该条款规定针对依照第 2 条至第 4 条不能处罚的范围,试图在条约要求的范围内,补充处罚侵害包括外交官等在内的应受国际保护人员的生命、身体或官方设施的国外犯。其范围涉及杀人、伤害、暴行、遗弃、绑架、逮捕、监禁、强要、胁迫、妨害业务、抢劫、敲诈勒索、侵入住宅等多种犯罪。

本的刑事裁判权是否及于相应案件存有争议的案件中,不享有《维也纳外交关系公约》第 38 条第 2 款规定的对刑事裁判权的豁免。该公约第 38 条第 2 款规定如下内容,即"其他使馆馆员及私人仆役为接受国国民或在该国永久居留者仅得在接受国许可之范围内享有特权与豁免"。东京高裁等裁判所认为,"接受国许可之范围"是应该依照宪法的精神,通过法律等的规定来予以明确的事项;当日本不存在这样的规定时,应当将国家采取的政策理解为在国内法上对于一切豁免等皆不承认;这样的理解从刑事裁判权所涉范围的明确性以及刑事程序的公正性的角度来看,也是合适的。

第三节 ■ 结果

1 ■ 构成要件结果

（1）结果与危险性

结果的重要性 通常在一审被认定有罪的案件中97%是既遂（2016年），即发生了结果。对于是否值得处罚的判断而言，有没有发生结果很重要。此外，在量刑判断中，结果也是决定性因素（→第413页）。客观的构成要件以在外形上显现出来的结果和行为作为对象。但如后所述，实行行为是"具有发生结果可能性的行为"，不能脱离结果来认定实行行为。

作为结果的危险性 在未遂犯中可以看到，结果没有发生时也要处罚，归根结底是因为存在发生结果的危险这一"结果"，所以可以认为未遂犯也是违法的（参见下图）。即便是在举动犯中，实质上也要求存在法益侵害的危险性（→第47页）。如此一来，在广义的结果中不仅包括法益侵害这一现实的结果，还包括侵害法益（发生结果）的危险。

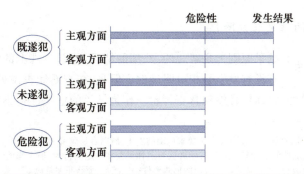

危险犯 在结果发生的盖然性这一意义上，要求产生危险的犯罪被称为**危险犯**（危殆犯）。处罚未遂犯时，除了要求存在故意，还要求客观上具有一定的发生结果的盖然性（→第111页），所以未遂犯也是一种危险犯。危险犯大体上可以分为条文上以危险的发生作为条件的**具体危险犯**，与条文上不要求该要件的**抽象危险犯**。但是，与这种形式上的区别相对,实质上应该认为,具体危险犯需要发生法益侵害的现实的、具体的危险,而抽象危险犯只需发生法益侵害的抽象的危险就足够了。[1] 前者的典型例子是非现住建筑物等放火罪(《刑法》第 109 条第 2 款),后者的代表性例子是现住建筑物等放火罪(第 108 条)。

形式犯 不应处罚"完全"不存在结果发生可能性的形式犯[最大判昭和三十五年(1960)1 月 27 日→第 60 页]。仅仅因为不顺从于国家的权威所以科处刑罚,不应当承认这种意义上的**形式犯**。但必须注意的是,尤其在行政刑罚法规的情形中,为了实现立法目的也会在政策上对"稀薄可见的法益侵害可能性"提出处罚要求。[2]

(2) 结果与实行行为

实行行为与危险性 与结果相对而置的**实行行为**实际上并非与结果毫无关系。这是因为,构成犯罪类型的实行行为必须指向发生该犯罪的结果(→第 83 页)。即实行行为不是意味着形式上该当相应构成要件的所有行为,而必须是具有发生结果的一般性的、抽象的可能性的行为(大塚第 138 页)。倘若行为完全不存在某法规所预设的法益侵害的危险性,则应当否定构成要件该当性。[3] 此外,对实行行为而言必备的"结果发生的危险性"与未遂犯、危险犯中作为"结果"的危险性,二者虽不相同但是十分近似(→第 112 页)。

2 ■ 值得处罚的结果与轻微性

(1) 轻微的结果与危险性

"结果"的认定 结果原则上是客观的、外部的情况,比起主观上的情况,结果有没有发生是相对明确的。但是,在判断能否说得上是构成要件所预设的结果时,必然包含着评价。作为结果的危险性自不待言,即便

---

[1] 由于抽象危险犯在条文上不要求危险的发生,所以容易解释为只要存在该当构成要件的行为就能成立抽象危险犯。例如有学者认为,"如果存在一定的行为,那么当然地就可以视作存在对法益的威胁""如果法律所规定的形式要件得以满足,那么犯罪就成立"(藤木第 88 页)。如果贯彻这样的解释,那么抽象危险犯就变成了形式犯(→第 48 页)。

[2] 作为承认形式犯的例子,虽然可以举出《食品卫生法》上的储藏、陈列不卫生食品罪(第 30 条、第 4 条),但这也是由于储藏、陈列不卫生的食品对公众的健康饮食生活而言伴随着一般性的、抽象的危险,所以才处罚该罪。

[3] 最决昭和五十四年(1979)3 月 22 日(刑集第 33 卷第 2 号第 77 页)。另参见最决昭和五十五年(1980)12 月 9 日(刑集第 34 卷第 7 号第 513 页)团藤补充意见。

是具体的侵害结果,也必须结合各构成要件进行实质的、具体的讨论。

在能否说得上该当构成要件的结果这一问题上,尤其应注意**轻微**案件的情形。过去作为教学设例,对于盗窃"一滴墨水"或盗窃"墙角的一朵花"的行为,学说上毫无争议地认为不必特意以盗窃罪来处罚。判例自**一厘案件判决**〔大判明治四十三年(1910)10月11日(刑录第16辑第1620页)〕以来,也认为不值得处罚的法益侵害不该当构成要件(可罚第51页以下)。但是,由于这种轻微犯在刑事司法系统中会通过微罪处分或起诉犹豫被排除出去,所以关于轻微犯的无罪判例实际上非常少见。〔4〕

> **结果的实质解释** 不仅是盗窃罪中的财物的解释,与可罚的违法性中**绝对的轻微性**(→第234页)相关的问题都在各构成要件的实质解释中得到了解决。如果重新分析与可罚的违法性问题相关的判例,在张贴传单是否构成损坏建筑物罪的问题上,可以说"这种程度不该当损坏";而关于伤害罪,则可以说相应的结果"不是伤害"(可罚第481页)。
>
> 但是,以上做法只有在通过构成要件要素的解释能够推导的范围内才可以被认定为无罪。在构成要件阶段不允许作出诸如"虽然收受了100万日元,但考虑诸般情况,实质上看没有可罚性"这样的判断。仅在说得上"不是贿赂"的范围内,才可以否定《刑法》第197条的构成要件该当性。

值得处罚的危险性 危险犯中也会讨论"值得处罚的程度"这一实质解释。例如,20世纪70年代游行示威等违反**公安条例**的案件中,出现了以欠缺对处罚而言必要的"对公共安宁直接且明确的危险"或欠缺"超过抽象程度的危险"为由,认定无罪的下级审判决。这些判例考虑的不是形式上是否该当条文,而是实质地考虑是否存在达到值得处罚程度的(可罚的)危险性。

煽动罪的解释与可罚的违法性 《国家公务员法》第98条第2款禁止国家公务员的抗议行为以及对抗议行为的谋划、教唆、煽动行为;该法第110条第1款第17项处罚上述教唆、煽动行为(关于地方公务员,参见《地方公务员法》第37条第1款、第61条第4项)。关于该煽动罪的处罚,也存在着是否具有可罚的违法性的问题。但问

---

〔4〕 关于窃取轻微财物,最判昭和二十六年(1951)3月15日(刑集第5卷第4号第512页)引人注目。在与警察犯处罚令比较的基础上,该判决指出应将作为盗窃罪客体的财物限定于一定程度以上的物。此外,战后的下级审判例中,也存在几件无罪判决,如对于窃取的13张草纸、未中奖的赛马券等物,认为"价值极小,不值得作为盗窃罪客体的财物来保护"〔东京高判昭和四十五年(1970)4月6日(判夕第255号第235页);札幌简判昭和五十一年(1976)12月6日(刑月第8卷第11—12号第525页)〕。但是,这些判例都是以价值轻微为由认为不该当于"财物",而不是认为虽属于财物却没有可罚的违法性。

题的本质在于对煽动等构成要件概念的实质解释。[5]

(2) 被害人的同意、承诺与构成要件该当性

承诺与违法性阻却　　被害人放弃自己的利益、承诺或同意侵害的，称为被害人的承诺(同意)。

许多学者在违法阻却事由(正当化事由)部分说明被害人的同意(曾根第130页，川端第178页)。通常将**利益欠缺原理**与优越利益原则并列，作为阻却违法性的根本原理(→第246页)。但是，主张同意对所有犯罪类型而言都是妥当的、一般性的违法阻却事由，这种说法不无疑问。首先，如果把刑法犯大体上分为针对国家法益的犯罪、针对社会法益的犯罪与针对个人法益的犯罪这三类(各论序论)，那么能够通过同意得以正当化的仅限于针对个人法益的犯罪。对于国家法益、社会法益，原则上不考虑"同意"的问题。[6]

同意与构成要件该当性　　即便是关于个人法益，在涉及生命时存在同意杀人罪(《刑法》第202条)。即使存在被害人的同意，杀人行为也不能得以正当化。[7] 此外，对于有关自由、名誉、财产等的犯罪类型，许多学说都主张只要被害人对侵害作出了承诺，就欠缺构成要件该当性。[8] 也可

---

[5] 关于这个问题，最高裁的见解发生了很大动摇。在有关《地方公务员法》的都教组案件判决[最判昭和四十四年(1969)4月2日(刑集第23卷第5号第305页)]、有关《国家公务员法》的全司法仙台案件判决[最判四十四年(1969)4月2日(刑集，第23卷第5号第685页)]中，最高裁发展出了**二重限定论**，即关于煽动行为的处罚，认为①成为煽动行为对象的"抗议"仅限于违法性很强的抗议行为；②煽动行为本身如果是通常伴随着抗议行为而实施的，那么要从处罚对象中排除出去(参见实质第119页以下)。但是，其后最大判昭和四十八年(1973)4月25日(刑集第27卷第4号第547页，**全农林警职法案件判决**)认为上述限制解释不明确，是有违反《宪法》第31条之嫌的解释，从而否定了该限制解释[另参见有关《地方公务员法》的最判昭和五十一年(1976)5月21日(刑集第30卷第5号第1178页)，岩手教组案件判决]。

[6] 在涉及被害人自己可处分的个人法益时，才讨论同意的问题。但是，在有关社会法益的犯罪中，被害人的同意有时也会对解释产生影响。例如，在得到所有权人的同意后对库房小屋放火的行为，不是成立对他人的建筑物以外之物的放火罪(第110条第1款)，而是成立对自己的建筑物以外之物的放火罪(第110条第2款)。但是这种情形中之所以会产生相关的问题，也是由于构成要件因个人财产权是否受到侵害而有所不同。

[7] 关于杀人行为、堕胎行为，在没有被害人的承诺时成立杀人罪、不同意堕胎罪；与此相对，当存在被害人的承诺时，则成立同意杀人罪(第202条)、同意堕胎罪(第213条)。可以说，由于被害人的承诺具有类型化地减轻违法性的效果，所以设置了另外的犯罪类型。

[8] 如侵入住宅罪(第130条前段)、盗窃罪(第235条)、强制性交罪(第177条前段)等，有时会明示或默示地将没有被害人的承诺作为构成要件要素(但是，《刑法》在构成要件上明确规定，不满13周岁的女子即便事实上存在承诺，在法律上也不影响犯罪的成立)。在得到完全的同意后监禁被害人的，不成立监禁罪；得到了真挚的承诺后毁损被害人名誉，也不该当第230条。

以说,"有关本人所放弃的利益是否应该处罚"的判断正是相关构成要件的解释问题。[9]

被害人同意作为单独的正当化事由来讨论的情形,只限于针对"身体"这一剩下来的个人法益的犯罪。此外需注意的是,在同意伤害的正当化中,要求同时考虑目的正当性或社会相当性,并非仅靠同意就能正当化(→第246页)。通过综合衡量因被害人同意而"减少的法益侵害"与伤害行为目的正当性的程度、手段的相当性等,来判断有无违法性(→第231页)。

> **被害人的同意与自己决定** 可以说,存在同意时是否要否定违法性(构成要件该当性),其结论依赖于国民如何考虑"个人可处分的利益范围"。在重视刑罚谦抑主义的战后前半期的日本,认为应当重视个人主义、尊重**自己决定权**。但是进入平成时代后,学说在这一点上微妙地发生着变化。未将自己决定权绝对视之的判例产生了强烈影响,这是最重要的;但本来《刑法》就限制着自己决定权,如处罚得到同意后杀人的行为,经同意后与不满13周岁的幼女发生性关系的也构成强制性交罪等。也可以说这是一个要在多大程度上严格要求存在"基于真意的同意"的问题。但即便是针对个人法益的犯罪,也必须立足于国民的规范意识慎重考虑,对于刑法所欲保护的广义上的利益能否认定存在侵害。

※关于承诺,尤其是同意伤害的具体内容→参见第四章第二节3。

---

[9] 最判昭和二十五年(1950)11月24日(刑集第4卷第11号第2393页)中,是否存在"承诺"成为争论点。关于这一点,最高裁认为争论的是侵入住宅罪的构成要件事实,即"无故侵入"这一事实,而不是作为法律上阻却犯罪成立的缘由的事实。

第四节 ■ 实行行为

1 ■ 刑法上的行为概念

(1) 裸的行为论

行为论 客观的构成要件要素由**结果**与引起结果的**实行行为**构成,但在实际的刑法解释中后者具有压倒性的重要地位。

截至20世纪70年代,作为整个犯罪论体系基础的"正确的行为论"一直都在探索中。虽然主流学说把行为定义为**基于意思的人的身体的动静**[1](**有意行为论**。参见小野第93页,平野第109页),但**目的行为论**[2]从德国被介绍到日本后,该理论将行为限定于**基于目的意思的作为**(不包括不作为)。围绕着目的行为论正确与否,出现了许多论证与考察。

但是,脱离构成要件该当性的判断来讨论行为本身(裸的行为论),几乎没有什么意义。穷究行为的本质,并不能推导出正确的犯罪论。虽然也存在这样的想法,认为"期盼着被害人因事故而丧生从而劝说其'乘坐新干线'的,由于不是行为所以不成立杀人罪",但应该认为此时不符合杀人罪的实行行为性。意思的具体内容则作为故意等问题,放在后面的阶段进行讨论就足够了(→第160页)。

(2) 实行行为概念的重要性

实行行为的含义 各构成要件所预定的行为,称为**实行行为**。在结果犯中,实行行为是**具有发生各犯罪类型所规定的结果的危险性**

---

〔1〕 "动"意味着作为,"静"则是指不作为。思想、人格本身不应该受到处罚,而且打喷嚏、咳嗽等反射性动作,睡觉时的动作等也都不是刑法上的行为。

〔2〕 目的行为论认为,如果从人的行为的本来形态来考察该行为的存在,则会看到人的行为的特色在于:首先设定一定的目的,然后为了达成该目的选择必要的手段,最后朝着目的实现的方向管理运用这些手段。客观地来看目的行为论的主张,其意义在于:在行为的阶段把意思内容作为问题来对待,认为非目的性的动作不是行为。也就是说,对有意行为论作了进一步限定,在整个犯罪论中重视主观上的情况。但是,目的行为论也存在难以很好地说明过失犯、不作为犯这一问题,自昭和五十年代(1975—1985)之后,有关该理论的讨论变少了。

的行为(→参见第 116 页)。作为杀人罪的实行行为,"把人杀死的行为"必须是类型性地导致人死亡的行为。大抵不具有使人死亡的危险性的行为,不能说是"杀害行为"。仅仅对结果有意欲或意图的,还不能说是实行了杀人罪。

实行行为并非必须由本人亲自直接实施,也可以利用他人来实行(间接正犯→第 89 页)。

实行行为概念的机能 实行行为是① 赋予某构成要件以特色的最主要的构成要件要素(**犯罪的类型化机能**)。刑法并不保护所有的利益,而且即便是诸如财产这样在刑法上应予保护的法益,也不是对侵害行为的所有样态进行保护(不完整性→第 26 页)。从明确处罚范围的必要性出发,同时也从以下观点出发,即将处罚范围限定于因预想到实际上常常发生故对其有强烈禁止要求的行为类型中,只将处罚限定于窃取(盗窃罪)、骗取(诈骗罪)、恐吓(敲诈勒索罪)等特定的侵害样态。该当何种构成要件,多数情形下都与是否存在相应构成要件所预设的实行行为有关(在有些情形下,并不将法益侵害的危险性高低作为问题来对待)。

② 作为未遂的成立要件,**实行的着手**意味着实行行为的开始(→第 106 页)。是否将结果归属于行为人的判断,即**因果关系**的判断,是实行行为与结果之间的问题(→第 133 页)。

③ **正犯**是指"实施了实行行为的人",从而与没有实施实行行为的共犯相区别。[3]

2 ■ 实行行为性的具体判断

(1) 实行行为与故意

故意与实行行为 在故意犯的情形中,如果实行行为时不伴随着故意,就不能认定构成要件该当性。只有针对认定了已经产生"杀意"的那一部分行为,讨论有没有杀人罪的实行行为性才有意义。此外,在很多情况下,如果不确定故意,就不能决定"要将哪个罪的实行行为作为问题来讨论"。行为人向牵着狗走在路上的某人开枪射击的行为,如果是想杀人,那就

---

〔3〕 实行行为的概念因各个应予解决的问题不同,其机能、意义有微妙的差异。对于实行行为的开始时间来说,是否作为未遂犯来处罚这一视角很重要。此外,同样是未遂,但对于是否成立中止未遂的问题,讨论的则是"实行行为是否已经终了"。另外,如果不考虑"从国民的常识来看,会认为谁是犯罪的核心人物"这一点,正犯性就构建不起来。

是杀人罪的实行行为;如果是想杀狗,那就是损坏器物(伤害动物)罪的实行行为(→第112页)。[4]

	实行行为
行为的危险性	▬▬▬▬▬▬▬▬▬▬▬▬▬▬▬▬▬▬
故意	▬▬▬▬▬▬▬▬▬▬▬▬▬▬▬▬▬▬
行为的危险性	▬▬▬▬▬▬▬▬▬▬▬▬▬▬▬▬▬▬
故意	▬▬▬▬▬▬▬▬▬▬▬▬▬▬▬▬▬▬

85　　**故意犯与过失犯实行行为的不同**　如果不能认定"杀意",那么考虑杀人罪的实行行为性就没有意义,但对于没有杀意的行为,还要考虑能否认定伤害致死罪或过失致死罪的实行行为性,这两个罪同样是将人杀害的犯罪。在此意义上也可以说,针对各个构成要件,值得作为各相应构成要件来处罚的实行行为性在"客观上"各不相同。这是因为,"故意的杀人"行为与"过失的杀人"行为,包括其最初开始的时点在内,在客观上也可能存在不同之处。虽然杀人罪与过失致死罪作为侵害人的生命的行为在外观上具有共通性,但在成立相应构成要件所预设的实行行为的危险性程度上可能存在差异。

主观事项与危险性　可是,为实行行为奠定基础的危险性或结果发生的危险性,其本身基本上是以一般人为基准的客观问题,不受行为人本人的认识、愿望的影响。但是,在"有无实行行为性很是微妙的情形"中,判例在这种客观危险性的内容之外,还将行为人的计划、动机等也加入了判断资料中。尽管如此,对**完全没有危险性的行为**不能认定具有实行行为性(→第82页)。

――――――――――

〔4〕　**行为客体的特定与主观事项**　以窃取特定之物的目的实施侵入行为的人,即便触碰了其他财物也不能说已经着手了盗窃罪的实行行为[最判昭和二十三(1948)年4月17日(刑集第2卷第4号第399页)];另参见最决昭和四十年(1965)3月9日(刑集第19卷第2号第69页)]。在此意义上,应当针对行为人意图窃取的客体来考虑着手。但是,仅仅是偶然接触到了财物,也不能评价为已经本着故意客观地、类型地开始了窃取行为,即侵害对方占有的行为。故意必须存在于实行行为时。而且,在财产犯的情形中,仅凭与财物之间的物理距离尚不能决定着手的时点,还要考虑窃取、诈取、强取等的类型性问题。的确,即便客观上已经开始了盗窃行为但实际上欠缺窃取该物的认识,这种情形并非完全不可能。在这种情形下,由于主观上欠缺盗窃故意,所以连作为盗窃未遂来处罚都不可以。但是,对于认定盗窃的故意来说,并不是必须具备具体的夺取特定财物的认识,只要行为人认识到将要夺取某些财物就足够了(→第193页)。

（2）实行行为的始点与终点

实行行为的始点　实行行为的具体把握，即如何把握一连的实行行为的始点[5]与终点，是一项艰难的工作。行为人想要在3个月之后杀害A，于是将下了毒的酒隐藏起来准备着，可当日A不小心错饮了该酒。这种情形下，行为人不过是进行了杀害的准备工作（→第109页），不能说已经开始了杀人的实行行为（**构成要件的提前实现**）。既然不能认定杀人罪的实行行为，那么就只能成立杀人预备罪，对于死亡结果也只能成立过失致死罪（平野第134页）。在这种引起了结果却尚处于准备杀人的阶段，只存在能够认定过失致死罪实行行为性的死亡危险性[另参见东京地判昭和三十四年（1959）5月6日（下刑集第1卷第5号第1173页）]。[6]

一连的实行行为　行为人的计划是使A吸入氯仿昏迷（第一行为），然后使其坐在车中坠落海里溺死（第二行为），但实行时A由于吸入氯仿而死。这种情形中，**最决平成十六年（2004）3月22日**（刑集第58卷第3号第187页）认定成立杀人既遂罪。[7] 考虑到①**第一行为对于确实且容易地实施第二行为来说是必要的、不可欠缺的（必要不可欠性）**，②第一行为成功后对于完成后续的杀害计划而言不存在成为障碍的特殊情况（**遂行容易性**），③第一行为与第二行为在**时间上、地点上的接近性**等，从而认为第一行为是与第二行为**密接的行为**，在第一行为的开始时点就已经可以明确认定达到杀人程度的客观危险性，所以在这一时点就已经着手实行杀人罪了。[8]

---

　　[5]　不限于"自然观察上的实行行为开始的时点"。应当理解为，既包括犯罪实行中最核心的行为，也包括与此邻接的行为（→第112页）。
　　[6]　行为人在道路上放置毒果汁想要杀害不特定的人，但在任何人都还没有注意到该果汁的时候就被警察发现并查获了。这种情形下，只能认定为杀人预备[参见广岛地判昭和三十九年（1964）11月13日（下刑集第6卷第11—12号第1284页）]。但出现被害人时，则成立杀人既遂罪。此时虽然也可以看作认定了"杀人预备"与结果之间的因果性，但与隐藏毒酒的案件不同，这里的"放置行为"可以认定为伴随着杀意的杀人罪的实行行为。所以，在被害人获得果汁的危险升高的时点，成立杀人未遂。
　　[7]　案情是，行为人以诈骗保险金为目的想要杀害A并伪装成A因事故而死亡；虽然按照预定的情形实施了该计划，但是不能确定A的死因是溺水而造成的窒息，还是吸入氯仿而造成的呼吸停止、心跳停止、窒息、休克或者肺功能不全。
　　[8]　X制定了用汽车将A女撞倒后当场用刀将其刺杀的计划后，以时速20千米驾驶汽车撞上了A。关于该案，名古屋高判平成十九年（2007）2月16日（判夕第1247号第342页）认为：①冲撞行为对于使A无法逃脱从而可以用刀刺杀A来说是必要的；②撞倒A后，对于完成后续计划来说不存在成为障碍的特殊情况，用汽车冲撞的行为与用刀刺杀的行为是接着实施的；③时间上、地点上的接近性可以说达到了同时、同地的程度，从而用车冲撞的行为与刺杀行为是**具有密接关联的一连的行为**，在冲撞A的时点认定已经着手实行杀人罪是合适的。

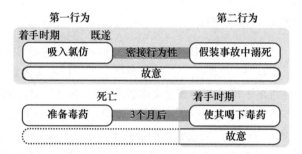

87
第一行为的
危险性程度

像最决平成十六年(2004)3 月 22 日那样,能否将多个行为理解为"一连的实行行为",除了多个行为的联结程度外,还要将第一行为"发生结果的危险性程度"也加入进去一起判断。

① 为了杀害某人于是准备毒酒的行为,与② 为了使被害人乘上车并使其溺死于是用氯仿令其昏迷的行为,这两者发生结果的危险性明显不同。对于①而言,为了认定杀人实行的着手,必须具备特别的密接关联性;但在②让被害人吸入具有导致人死亡危险的剧毒物质的情形中,具有一定程度的轻度关联性就足够了。〔9〕

③ 在为了把被害人装进后备箱然后连车一起烧毁于是用**安眠药**让被害人熟睡的情形,则介于①和②之间,虽然也会受药量等的影响,但被害人醒过来的可能性越高,就越难说得上是一连的实行行为。为了把被害人关在后备箱,除使其服用安眠药外还**绑住其手脚**时,危险性则会升高。④ 如果为了让被害人不发出声音还**用胶带堵住被害人的嘴**等,则存在窒息等的可能性,危险性就更加升高了。

能够认定第一行为时已经开始实行(着手)的条件
① 第一行为的危险性
　(A) 第一行为具有决定性的危险→不需要讨论到第二行为
　　(→重要的是能够认定故意)
　(B) 第一行为的危险性较稀薄时→必须具有较强的密接性
　(C) 中间类型　安眠药<吸入氯仿<以时速 20 千米冲撞
② 密接行为性
　(A) 第一行为对于确实且容易地实施第二行为来说是必要的、不可欠缺的
　(B) 第一行为成功后对于完成后续的杀害计划而言不存在成为障碍的特殊情况
　(C) 第一行为与第二行为在时间上、地点上的接近性
　(D) 实现结果意思的连续性
③ 第一行为时存在故意

---

〔9〕　为了刺杀而用车将被害人撞倒的行为(注 8)也具有直接对身体施加危害的一面,比起②在该时点更加容易认定实行行为性。

实行的开始时期与故意 在故意犯中,开始实行行为的时点必须存在故意。关于这一点需要注意的是,前述**最决平成十六年(2004)3月22日**(→第86页)认定,"没有认识到第一行为本身具有造成 A 死亡的可能性"。最高裁之所以指出"在开始第一行为的时点就已经着手实施了杀人罪",在该时点认定"故意",是由于把"实施一连的第一行为与第二行为的认识"作为了故意来对待。因此,"由于是着手实施一连的杀人行为从而达到其目的,所以即便……与认识有所不同,在第二行为前的时点 A 就已经因第一行为死亡了,也不欠缺杀人的故意",从而成立杀人既遂罪。"通过一连的第一行为与第二行为来杀害",这种认识就是故意。即便客观上与行为人心中所想的因果流程不一致,但只要行为人意图实现死亡结果,而且认识到了带有杀害被害人危险性的行为并在此情况下实施这样的行为,就可以认定存在故意(→第180页)。

实行行为的终了时期 能否认为一个实行行为已经**终了**,这一判断依然伴随着规范性的评价。例如,行为人想用一把大刀将被害人砍死,虽然使其负重伤但被害人尚未死亡,过了一会儿看到被害人的样子后行为人放弃了最后一击,此时需要讨论的是这属于中途中断了实行行为还是实行行为已经终了(中止犯→第123页)。另外,行为人想杀害被害人,虽然用菜刀将其刺成重伤但被害人尚未死亡;过了一会儿,行为人想用其他方法杀害被害人,但由于被害人试图从阳台逃跑,于是行为人追上去想将其拽回来,可就在这时被害人跌落阳台死亡。此时需要讨论的是能否将整体行为看作一个杀人的实行行为。在这样的情形中,判例通过考虑**客观上行为的一体性**与**杀意的继续性**来判断实行行为的一个性。

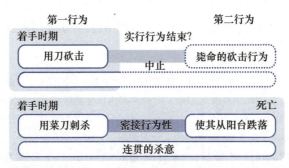

故意的继续与一连一体的实行行为 X 将 A 仰面推倒并骑在 A 身上,怀着杀意用菜刀在 A 的胸部等处刺扎了数次(第一行为);然后追上身负重伤想要从玄关逃跑的 A 并将其拽回了起居室;正当 X 去厨房放置菜刀时,A 趁此间隙试图通过阳台逃进邻居家;于是 X 打算将 A 拽回来与自己一起瓦斯中毒而死;由于 X 想悄无声息地抓住 A,A 失去平衡从高约 24.1 米的阳台摔落下来重重地撞击地面,因外伤性休克死亡(第二行

为)。关于该案,东京高判平成十三年(**2001**)2月20日(判时第1756号第162页)认为,"从刺扎行为开始到想要抓住被害人的行为是**一连的行为**;对被告人而言,虽然具体内容有所差异,但其**杀意是继续着的**;而且,抓住被害人的行为对于使其瓦斯中毒而死来说是**必要的、不可欠缺的行为**;将这一行为**认定为杀害行为的一部分是合适的**,认为本案中在放回菜刀的时点杀害行为已经结束则是不合适的",从而认定成立杀人既遂罪。

考虑到① X 的杀意是连续的,② 第一行为与第二行为时间上的接近性,③ 抓住被害人的行为对于导致行为人所意图的中毒而死这一结果而言是必要的、不可欠缺的行为,④ A 是怀着绝望的心情想要逃脱从而失去平衡跌落到24米多以下等情况,而且发生在同一建筑物内,可以认定为一连的杀人行为。

3 ■ 间接正犯

(1)工具性

实行行为与正犯性

正犯基本上是指亲自实施实行行为的人。但是,**将第三人的行为作为实现自己犯罪的工具的**[最决平成九年(1997)10月30日(刑集第51卷第9号第816页)],既然可以评价为自己实施了实行行为,那么也是正犯(**间接正犯**)。[10] 为了说得上是作为工具而予以利用,**其行为就必须具有能与直接正犯等同视之的结果发生的危险性**;此外,既然是正犯,主观上就必须具有正犯意思。让不知情的店员端送毒咖啡以毒杀目标人物的行为等,是间接正犯的典型例子;但对于知情者**压制意志使之实行的**,也能认定正犯性。

X 对 A 暴行、胁迫交加,执拗地逼迫其自杀。在1月中旬凌晨2点多的渔场,X 命令 A 将乘坐的汽车驶入海中自杀。这时 A 虽然没有达到决意要自杀的程度,但考虑到除了遵从 X 的命令将车驶入海中后弃车逃脱,再也不出现在 X 面前这一方法外,没有其他可以获救的办法,于是将车驶入海中并从沉没的车中逃脱出来幸免于难。关于该案,**最决平成十六年(2014)1月20日**(刑集第58卷第1号第1页)指出,被害人陷入了这样一种精神状态,即认为除了遵从 X 的命令将车驶入海中之外不能选择其他行为;对

---

〔10〕 以往受到德国学说的影响,间接正犯被理解为是用来**填补**依据共犯不能处罚的**空隙**的。其成立范围是以"由于不成立教唆犯,所以成为间接正犯"这种形式,从不成立共犯的范围中逆推出来的(→第333页)。但是,**正犯作为亲自实施实行行为的人,必须对其积极地予以把握**。

> 于这样的被害人,"命令其驾车坠入海中,让被害人实施**具有使自己死亡的高度现实危险性的行为**[11]……所以该当杀人罪的实行行为"(关于行为人是想让被害人自杀这一点→第180页)。

工具性 一直以来认为间接正犯中的被利用者犹如手枪一样,不过是利用者的**工具**,所以能够认定利用者的正犯性(工具理论)。**工具性**作为用以考虑**对结果的支配是否达到正犯程度**的基准,以及判断**正犯意思**的基准,尤其对裁判员来说是很有用的概念。**行为支配说**给出的说明是利用者支配被利用者的行为。可以说,该学说实质上与上述工具理论采用的是同样的思考方法。

亲手犯 通常要求行为人本人直接实行的犯罪类型,称为亲手犯。也就是说,不能以间接正犯的形态来实施的犯罪。例如,《道路交通管理法》上的无证驾驶罪是典型的亲手犯。亲手犯比起通常所认为的要少,女性利用男性也可以成为强制性交罪的正犯[最决昭和四十年(1965)3月30日(刑集第19卷第2号第125页)]。

间接正犯与着手时期 教唆3周岁的孩子使其盗窃的行为属于间接正犯。如此一来,当孩子中途转念放弃实施相应行为时,由于存在正犯的教唆行为,所以能够认定实行的着手从而成立未遂(团藤第154、355页)。但是在现在的日本社会,并不认为上述这样的情形也应该按盗窃未遂来处罚利用者。因此,在教唆的时点不认为已经具备作为未遂要件的"实行的着手"(→第115页)。"实行行为"的内容根据其应发挥的作用、机能而有所不同,必须从"可以作为未遂来处罚的危险"这一视角出发判断实行的着手时期(→第111页)。既然使用了同一个"实行行为"概念,那么判断时就应该基本上是共通的。本来就需要讨论的是,在教唆3周岁孩子的阶段能否评价为实施了盗窃的实行行为。必须从具体的事实出发来认定是否具有一定程度以上的、使幼儿完成窃取行为的可能性。

---

[11] 本案中,从海岸的上端到海面约有1.9米,水深约3.7米,水温约11摄氏度。在这种状况下如果驾车驶入海中,即便行为人有想逃脱的意图,因驶入海中之际的冲击而负伤等因素也会导致从车中逃脱失败的危险性很高。此外,即便成功逃脱了,因冷水而造成死亡的危险性也极高。

(2) 间接正犯的各种类型

利用未达刑事责任年龄者　在利用"孩子"实施犯罪的情形中，过去是在讨论是否属于教唆后再讨论是否构成间接正犯（→第335页）。但是，必须斟酌是否该当罪质更重的间接正犯，即对于知情的孩子"是否没有将其作为工具来使用"。利用只是"知情的未达刑事责任年龄者"的，并非都构成间接正犯。"平日里只要看到(12周岁的养女 A)有违背被告人言行的举动，被告人就会对其施加暴行，如用烟头去烫或用螺丝刀去划 A 的脸等，使 A 服从于自己的意思。被告人命令 A 实施了本案当中的各盗窃行为"。关于该案，最决昭和五十八年(1983)9月21日(刑集第37卷第7号第1070页)指出，"由于可以认定行为人**利用惧怕**自己平日里的言行、**意志受到压制的该女孩**实施上述各盗窃行为，所以即便像所主张的那样，该女孩是**对是非善恶具有判断能力的人**，被告人仍然**成立本案各盗窃行为的间接正犯**"。

本案中驳回了辩护方的主张。辩护方主张，由于 A 十分清楚盗窃是不被允许的坏事，不能说平日里的压制行为达到了绝对强制的程度，此外 A 是主动实施盗窃行为的，所以被告人只是教唆。正犯性需通过"利用者是否成了犯罪的核心""被利用者在多大程度上受到利用者的控制"等实质地予以判断。[12][13]　并非"由于不能成立教唆，所以成立间接正犯"。

利用过失犯　即便被利用的 X 的行为是犯罪，也可以成立间接正犯。例如，医师 Y 利用不知情的护士 X 的疏忽，让其向患者 A 注射毒药导致 A 死亡的，可以看作是以护士的行为为中介实质支配结果的情形。有见解认为，"虽然护士是过失犯，但既然实施的是犯罪，就存在**规范障碍**"，所以 Y 不可能成为正犯。在此，规范障碍的实质是以"归责的分配"作为考虑的核心，

---

[12]　对于平日里惧怕被告人言行的10周岁少年 B，被告人令其拾取掉落在交通事故现场的手提包。关于该行为，大阪高判平成七年(1995)11月9日(判时1569号第145页)认为成立盗窃的间接正犯。尽管不存在亲子关系那样的强烈关系，而且未处于一种不遵从被告人的命令就会遭受很大危害的状态；但是，① 10周岁的儿童被对其抱有"恐怖"印象的成年人瞪眼盯着，② B 实施的仅仅是单纯机械性的移动财物的行为，③ 少年没有使自身获得利益的意思。既然如此，被告人的行为就不是教唆盗窃，而是可以评价为"自己实施了盗窃行为"。

[13]　与上述案件相对，母亲指示、命令12周岁10个月的儿子通过显示气枪来威胁等方法来实施夺取值钱财物的行为。关于该母亲，最决平成十三年(2001)10月25日(刑集第55卷第6号第519页)认为，母亲的命令没有达到足以压制儿子意志的程度，儿子是以其本人的意志决意实施抢劫，母亲不成立间接正犯。可以说，母亲作出指示的样态没有达到说得上"实质支配着"的程度(→第90页)。但是，考虑到母亲传授了犯罪方法、提供了犯罪工具等，而且把得到的值钱财物尽归自己所有，所以认定母亲成立共同正犯(→第334—335页)。

即以下两点：① 竟然需要以被利用者实施犯罪的方式来实现结果，所以发生结果的盖然性很低（支配结果的程度低）；② 将正犯的罪责归属于犯罪人 X 就足够了。但是，即便在直接正犯中也会考虑到这样的情形，即直接正犯所使用的工具导致结果发生的概率非常低（当然仍可认定实行行为性）。此外，与让不知情的店员（无过失）递送毒咖啡的案件相比较，未必能说二者在结果发生的盖然性上存在绝对的差异。

有故意的工具 如果 Y 命令 X 去毒杀 A，那么 X 是杀人的正犯，Y 不可能成立间接正犯，而是成立杀人的共同正犯（或者杀人的教唆犯→第374 页）。但是，即便被利用者 X 的行为构成故意犯，利用者也有可能成立间接正犯。Y 以杀害 A 女的意图对 X 说"让 A 女服下这副堕胎药"，并将致死性的毒药交给 X 的行为，不是不同意堕胎罪（→各论第一章第五节5）的教唆，而是杀人的间接正犯。虽然 X 也具有"堕胎罪的故意"，但从有无杀人的实行行为性的角度来看，比起 Y 命令 X 毒杀 A 女的情形，上述设例更加近似于谎称是消化药而让被害人服下毒药的情形（典型的间接正犯）（→第 90 页）。从结果发生的盖然性这一角度来看，被利用者是不知情者、过失犯还是故意犯，并不存在决定性的差异。[14] 在此需要讨论的是能否将 Y 与直接正犯等同视之。

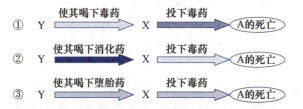

判例对于实行行为的实质理解 实质上实施了犯罪行为的人是正犯。Y（社长）违反《食料管理法》让 X（司机）运输大米，关于该行为，最判昭和二十五年（1950）7 月 6 日（刑集第 4 卷第 7 号第 1178 页）认为 Y 是"运输行为"的正犯。实质上实行了违反《食料管理法》之罪的是 Y，X 不过是作为 Y 的手脚来实施行为的"工具"而已。此外，Y 由于不想与贩卖兴奋剂的 A 直接见面，于是拜托第三人 X 从 A 处买来兴奋剂。关于这样的案件，判例认为 Y 是正犯[横滨地判昭和五十一年（1976）11 月 25 日（判

---

〔14〕 "认识到了规范竟然还实行"，这在全体"行为"当中可以说是例外的。但是，作为事实问题，即便利用的是知道自己在犯罪的人，仍然可以创造出一种与直接正犯相同的、高概率发生结果的状态。对于正犯性来说，重点在于是谁实质地支配着 A 的死亡这一最终结果。在设例的情形中，不得不说 Y 是杀人罪的正犯。

时第 842 号第 127 页）；大津地判昭和五十三年（1978）12 月 26 日（判时第 924 号第 145 页）。另参见第 345—346 页］。虽然形式上是由 X 实施"买卖行为"，但获得、使用毒品并支付价款的是 Y。如果可以实质地将 Y 评价为买卖的主体，那么 Y 就是正犯。另外，X 也认识到了兴奋剂并获得相应的利益时，应当认为二人是共谋共同正犯。

94　　**无目的但有故意的工具**　　Y 隐瞒使用的目的让 X 伪造纸币作为"教材"时，由于伪造货币罪（《刑法》第 148 条）中必须要有"使用的目的"，所以 X 不该当构成要件（**无目的但有故意的工具**）。Y 则成立伪造货币罪的间接正犯。[15]

　　公务员 Y 让妻子 X 收取贿赂时，由于 X 欠缺公务员这一身份，所以 X 不该当受贿罪（《刑法》第 197 条）的构成要件（**无身份但有故意的工具**），不能成为直接正犯。因此多数说认为 Y 成立受贿罪的间接正犯，X 则成为其帮助犯（团藤第 159 页）。但是，为了说得上是间接正犯，X 必须成为 Y 的工具。在 X 对受贿罪充分知情的情形下，有时也不能说 X 是 Y 的工具，而是可以认定 X 的共同正犯性（Y 也是共同正犯）。必须根据二者的具体关系来进行判断（→第 336 页注 22）。

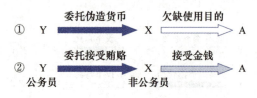

被利用者中途知情的情形　　Y 想要杀害 A 于是用安眠药令 A 昏睡后将其关入汽车的后备箱中，并让不知情的 X 把整辆车点燃，这种情形中 Y 成立杀人罪的间接正犯。[16] 在放火罪之外，X 即便会被追究过失致死罪的责任，却不会被追究杀人罪的责任。那么下面这种情形又要如何处理呢？在 X 将车驶向燃烧地点的途中，A 醒过来发出声响，从而 X 意识到了
95　关在后备箱中的 A；但 X 在该时点决意杀害 A，为了让 A 不再发出声响于是

---

〔15〕站在否定间接正犯的立场则认为 Y 是伪造货币罪的教唆犯，制造者 X 是该罪的帮助犯（**没有正犯的共犯**→第 331 页）。但是，这样的案件与让不知情的侍者递送毒咖啡从而成立杀人罪间接正犯的情形，实质上可以等同视之，所以对于 Y 要认定正犯性。

〔16〕如果 A 被杀害了那么 Y 成立杀人罪，这是没有疑问的。但有必要慎重地讨论，Y 的杀人罪的实行行为从何时开始。在使被害人服用安眠药的情形中，可以充分预料到直至死亡之前成为障碍的情况，如 A 中途醒来等。虽然还要考虑与其后杀害行为之间的密接关联性（→第 86 页），但如果被告人只是想在被害人服下安眠药的数小时后再将其杀害，那么也会出现被告人不是杀人的间接正犯，而仅就使用药物令被害人昏睡的行为成立伤害罪的情形。

用胶带堵住 A 的嘴巴,然后继续开车并将整辆车点燃把 A 杀死。既然用胶带堵住了 A 的嘴巴并开始朝着杀人地点行驶,那么即便认为被害人不会窒息,也明显可以认定 X 存在杀意(→第 88 页),已经开始了杀人罪的实行行为[17],成立杀人罪。与此相对,Y 既然与 X 没有意思联络,就不能成为杀人罪的共同正犯(→第 343 页)。如果在 Y 的杀人计划中,将 A 关入后备箱的时点就能认定实行行为性(→第 86 页),产生了值得作为未遂来处罚的危险性,那么关于该行为 Y 成立杀人未遂罪。如果从一般人的视角来看,X 故意实施的杀人行为在通常的范围内,那么 Y 成立杀人既遂罪(→第 145 页)。

> X 从菲律宾将藏匿了大麻的航空货物发送至 X 的店铺,但在成田机场海关被查出了藏匿大麻,于是实施了《麻药特例法》第 4 条规定的**控制下交付**(controlled delivery)措施[→各论第五章第五节 1(2)]。经过海关关长的进口许可,配送公司在与侦查当局商量后将该货物送达店铺,X 收取了该货物。关于该案,最决平成九年(1997)10 月 30 日(刑集第 51 卷第 9 号第 816 页)认为成立进口违禁品罪(《关税法》第 109 条第 1 款)的间接正犯。该决定指出,"虽然配送公司被要求协助侦查并处于侦查机关的监视之下,但并不能因此就说配送行为丧失了基于 X 等的委托而履行运输合同义务的性质;X 等是按照其意图,**将第三人的行为作为实现自己犯罪的工具**"。[18]

---

[17] 所以,在开始行驶后因路况不好行驶了约一个小时,其间 A 发生呕吐,但因胶带堵住了嘴巴,在到达目的地之前 A 就已经窒息而亡的情形中,也是杀人的实行行为造成被害人死亡的,成立杀人既遂罪。

[18] 本决定中,还附有意见认为只成立进口罪的未遂。该意见认为如果没有侦查当局的要求,应该就不会配送该货物,配送公司不是被告人的工具。但归根到底,X 实现了自己的犯罪(正犯性),而且因果性也没有被控制下的交付措施切断。不应该理解为中断了一连的进口、配送行为,而是作为侦查的手段又重新实施了"配送行为"。

第五节 ■ 不作为犯

1 ■ 概说

不真正不作为犯

不作为犯是指**以不作为的方式来构成犯罪的情形**。通常，犯罪是通过蕴含着结果发生危险的作为方式来实行的（→第 82 页）。但是，也例外地承认以下方法来保护国民的利益，即命令行为人采取针对法益侵害的**结果防止措施**，当行为人不遵从该命令即不作为时予以处罚。[1]

像《刑法》第 107 条的不解散罪、《刑法》第 130 条后段的不退去罪那样，构成要件自身采用不作为形式的犯罪，称为**真正不作为犯**。不遵守"解散！""退出去！"这样的命令从而成立犯罪，在此意义上，多以**违反命令规范**来说明真正不作为犯。与此相对，以不作为的方式实现以作为形式规定的通常的构成要件时，称为**不真正不作为犯**。在杀人罪的情形中，违反的是"不准杀人！"这一禁止性要求，以不作为的方式实现构成要件，所以是**违反禁止规范**。母亲不给婴儿喂奶从而杀害婴儿等情形是典型示例。

```
真正不作为犯    ——违反命令规范
不真正不作为犯——违反禁止规范
```

实践中与理论上成为问题的是不真正不作为犯（实际上只在杀人罪、遗弃罪、放火罪、诈骗罪等犯罪类型中才会讨论到）。作为与不作为是以同等程度的刑罚来处罚的，所以处罚不作为时要求**与作为的等(同)价性**（→第 98 页）。

---

[1] 但是，尽管可以比较明确地指出被禁止的法益侵害行为，但法益侵害的预防措施很广泛，所以不作为犯处罚范围的界限变得很模糊。此外，被命令"作为"的国民的负担也可能变得庞大。因此，不作为的处罚受到"限制"。蕴含着扩大为重大法益侵害的危险性，但在发展到一定阶段前存在可较为容易地防止结果发生的措施时，应该设定不作为犯。

不作为与作为的界限以及故意 在处理具体案件时,是构成作为犯还是构成不作为犯有时很微妙。**最决平成十七年(2005)7 月 4 日(刑集第 59 卷第 6 号第 403 页)**的案情如下:X 自称名为"夏克提帕特"(灵力传功,shaktipat)的独特疗法可以治病,并接受因脑内出血而晕倒的信徒 A 的儿子 B(X 的信徒)的委托为 A 进行夏克帕特治疗。X 明明没有对重病患者施加治疗,却无视主治医生的警告等让 A 从医院搬去宾馆。X 看到 A 的病态后认识到这么下去的话会有死亡的危险,但还是不让 A 接受必要的医疗措施,将 A 放置了约一天,A 因痰堵塞呼吸道窒息而亡。关于该案,一审把从医院移至宾馆的作为与宾馆内不采取必要医疗措施、放置一旁的不作为这"一连的行为"作为实行行为来对待。与此相对,原审与最高裁判认为能够认定杀意是在"认识到搬入宾馆的 A 的病态之后",所以把后段的不作为作为杀害行为来对待(→关于共犯关系参见第 352 页)。

不作为的行为性 过去有主张认为,从极其自然的视角来看,不作为是指"没有做~",作为是"有",不作为是"无",不可能存在一个行为概念作为统合二者的上位概念。此外,在德国积极主张"不作为不是行为"的学说也很有影响力。[2] 但是,正如"都是摧残一朵花,将花折断和不给花浇水并没有差别"这一批判所表达的,将不作为从刑法上的行为中排除出去并不妥当。

不作为的因果性、因果关系 曾有见解以"无中不能生有"为理由,认为不作为欠缺导向结果的因果性(不能成为结果发生的原因)。现在不将不作为理解为"绝对的无为",而是将其理解为**没有实施一定的被期待的作为**,从而在不作为与结果之间可以认定因果性(如果能够认定"若实施了该被期待的行为,则结果'十有八九'就不会发生"这一关系,就存在因果关系→第 134 页)。

2 ■ 不作为的实行行为

(1) 不作为的实行行为与作为义务

<u>实行行为性与等(同)价性</u>　当没有阻止已经出现的(正在产生的)危险产生结果时,能够认定不作为犯的实行行为性。不作为犯的核心在于判断"谁没有实施怎样的行为时,能够认定具有与作为犯等同视之的实行行为性(构成要件该当性)"。具体来说,是要综合**作为义务**与**作为(结**

---

[2] 在战后的德国,由于**目的行为论**(→第 82 页)很有影响力,不作为欠缺基于目的性实现意思而对行为的积极支配,所以不被认为是行为。但至少在现在的日本,目的行为论的支持者很少。

果回避)**可能性或容易性**来判断与作为的**等(同)价性**。

作为义务与实行行为性　即便是在法益面临一定程度以上危险性的状况下命令采取**结果阻止、防止措施**,这种命令也只能面向"应当回避结果者"作出,而并非处罚所有形式上能够回避结果的人。例如,对于会游泳且具有救助能力却对海中溺水者置之不管的人,并不是全都要以杀人罪来处罚。偶然经过溺水现场的人由于有急事所以就离开现场时,不能说实施了"杀人"的行为。即便在不作为犯中,也要求具有相应构成要件所预设的实行行为。一直以来,主要是通过**作为义务**来划定不作为犯的处罚范围(实行行为)(团藤第149页,大塚第139页)。

作为义务与实质的构成要件解释　作为义务中包含实质的、规范的判断,是个违法性的问题,与形式解释所要求的构成要件判断格格不入。因此,有人提出**保证人说**,认为"保证人负担着在具有结果发生危险的状态下必须防止结果发生的法律义务,只有保证人的不作为才该当构成要件"。但是,无论将保证人的地位如何类型化,都不得不在其中加入实质性的考虑。例如,并非只要具有民法上的父母这一身份,就属于应该救助溺水孩子的"保证人"。虽说是保证人,但终究是负有保证义务的人,不得不说**保证义务**与作为义务并不存在太大的差别。〔3〕

99　　**实行行为与故意**　在故意犯的情形中,只能对**故意得到认定的时点之后**的不作为认定实行行为性(→第97页)。但是,比起作为犯,不作为犯中实行行为的开始时点更加模糊。这个时点是在相应犯罪的故意得到认定之后,结果发生的危险性升高到一定程度以上之时。〔4〕母亲在怀有以不作为的方式来杀害婴儿的故意后,在该故意明确表现于外部的时点(例如,开始不定时哺乳的时点)未必能够作为杀人未遂来处罚。仍然要求对婴儿产生一定的生命危险。

---

〔3〕　另外,**二分说**也很有影响力,其主张区分保证人地位问题与由此产生的保证人义务问题,前者是构成要件要素,后者则要在违法论中予以处理(内藤第230页,曾根第209页)。该说认为,要区分以事实性要素构成的**保证人地位**问题,与由此产生的规范性的**保证义务**问题,后者应该在违法论中进行处理。可是,虽说是保证人,但最终仍是"实质上负有重要的保证义务的人",在具体认定时不可避免地要考虑保证义务[毋宁说二分说的意义存在于对作为义务发生认识错误的情形中(→第180—181页)]。如果对于构成要件要素发生认识错误,则欠缺故意而无罪。所以,例如在行为人以为"虽然是自己的孩子,但没有救助的义务"时,二分说认为不应该将其认定为有关构成要件事实认识错误。但是,并没有必要为了得出这样的结论而采用二分说。

〔4〕　关于**真正不作为犯**,可以看到这样的见解,即认为真正不作为犯是举动犯,在违反义务的不作为同时或紧接其后犯罪即告完成,所以没有未遂的余地[福田,注释(3)第248页]。在真正不作为犯的情形中,理论上也可以区分着手时期与既遂时期,但事实上处罚真正不作为犯未遂的必要性很小(→各论第二章第五节3)。

(2) 作为义务的具体内容

刑法上的义务　刑法上的**作为义务**不是道德上的义务。不救助溺水者的行为虽然可以在伦理上予以批判,但不能仅凭此认为违反了刑法上的作为义务。另外,在其他法领域被科以的**法律上的义务**并不当然地给刑法中的不作为犯奠定基础。例如交通事故中的肇事逃逸行为,虽然伴随着对《道路交通管理法》上义务的违反,但并非全都成立不作为的杀人罪。必须**达到能够与构成相关构成要件的作为等同视之的程度**。判断能否将不作为与实施的积极作为等同视之时,要考虑以下影响作为义务的事项①②③⑤⑥以及在后述(3)中讨论的④作为的容易程度。

> ① 对结果发生的危险给予原因的程度(先前行为)
> ② 是否处于能够控制危险现实化的地位(危险的承担)
> ③ 还存在多少其他可以防止结果的人
> ④ 为防止结果而实施必要作为的容易程度
> ⑤ 基于法令、合同等行为人与被害人的关系
> ⑥ 对于结果发生的认识程度,意欲等的存在与否及其强弱(主观面)

　　关于**作为义务**,前述最决平成十七年(2005)7月4日(→第97页)指出,① X 是因应当归责于自己的事由使患者的生命产生了具体危险,② X 处于**被全面地委托**在宾馆内实施救治**的地位**,⑥ X 认识到了患者的重病状态,且没有根据可以认为自己能够救治患者;所以,为了维持患者的生命,X 直接负有使其接受必要医疗措施的义务。此外,考虑到⑤ 从宗教上的关系等来看,不存在应当期待其防止结果发生的其他人,④ 完全有可能采取医疗措施,所以认定杀人罪的实行行为性是合理的。

　　义务的形式根据　过去,关于刑法上作为义务的发生根据,认为在以下四种情形中可以产生作为义务:① 基于法令的情形[父母对于子女的义务(《民法》第820条)、夫妻间的义务(《民法》第752条)等],② 合同、事务管理等(缔结护理合同,具体地开始看护病人的情形),③ 基于习惯的情形以及④ 基于条理(尤其是先前行为)的情形(大塚第143页)。

　　但是,并非只要违反了某项法令就会仅凭此产生作为义务。而且,没有救助孩子的父母也并非通常都会成立不作为的杀人。只有根据种种情况的组合,能够与"积极地杀害"等同视之时才可以认定作为义务。这一"能够与杀害等同视之"的规范性评价,因国家不同而不同,随着时代变化而变化。[5] 必须通过判例的类型化来明确其

---

　[5]　例如,比起日本,可以说德国认定作为义务的范围更广(BGHSt. 7—211, BGHSt. 30—391)。

基准。

先前行为 首先，① 行为人对结果发生的原因产生影响（实施先前行为的情形），属于为作为义务奠定基础的因素。对必须除去的危险的发生作出贡献的人，因**先前行为**产生作为义务（参见日高義博：《不真正不作为犯の理論》，第 107 页以下）。但是，并非有了先前行为就成立不作为犯。例如，伤害他人者其后本着杀意不予救助被害人，将其放置一旁致其死亡的，一般不认定为不作为的杀人罪，必须考虑因素②—⑥。

承担行为 ② 如果处于**能够具体地、现实地控制**已经发生的**危险的地位**，那么作为义务会增强（参见堀内捷三：《不作为犯论》，第 279 页以下：实施**承担危险行为**的情形〔6〕）。驾驶机动车撞上被害人使其负重伤时，比起撞上被害人后感到害怕于是将其置于人流量较大的路上而逃跑的情形，在想要救助被害人而一度将其搬入自己车内的情形中作为义务更强。但是，也大量存在着即便没有事实上的承担却仍然成立不作为犯的情形。

> **肇事逃逸与遗弃罪的作为义务** 行为人开车撞上行人使其负有需治疗 3 个月的重伤。由于被害人不能行走，于是行为人一度将被害人载上自己的汽车，然后欺骗被害人说要把医师喊来，把被害人放置在下着雪且天色昏暗的机动车道上。关于该放置行为，**最判昭和三十四年（1959）7 月 24 日**（刑集第 13 卷第 8 号 1163 页）认定成立保护责任者遗弃罪〔第 218 条〕。关于保护义务与作为义务的关系→参见各论第一章第六节 1(3)〕。可以说，最高裁是在《道路交通管理法》上的义务违反与过失伤害这一先前行为之外，还认定存在着"一度将被害人载上汽车"这一**承担行为**，从而认定保护责任者遗弃罪的。判例并不认为违反道路交通管理法的"肇事逃逸"全都该当第 218 条，此外，即便肇事逃逸时能够认定存在未必的杀意，有时也不以杀人罪论处而是仅仅适用第 218 条。〔7〕

防止结果的容易程度等 与能够控制危险的地位相关联，③**是否存在其他能够防止结果的人**这一情况也会对作为义务产生影响。进而，当存在其他相关人员时，必须考虑"应当归责于谁"。

此外，④为防止结果能否**容易地实施必要的作为**这一点也对不作为犯的成立影响很大。如果存在着承担行为那么避免发生结果大多相对容易，明明

---

〔6〕 也可以说，因承担危险而伴随着由他人实施保护的可能性减少等"危险的增加"。

〔7〕 既然一度在自己的车上搭载被害人，那么就将被害人置于了行为人的支配领域内，其他人无法插手。由于考虑到了这种意义上的"危险的增加"，所以对于此后的状态行为人会产生较重的法律责任。从民法上的无因管理能够为作为义务奠定基础的观点来看，上述判断也是理所当然的。

可以容易地避免结果发生却没有避免时,即便不存在重要的先前行为,也可以成立不真正不作为犯。相反,如果不可能避免结果的发生,那么本来就不会产生应予避免的义务(→第103页)。

法令、合同　　再者,还必须考虑⑤基于**法令、合同**等行为人与被害人的关系。救助溺水儿童的义务在父母与其他人之间存在不同(父母对孩子的义务:《民法》第820条[8])。也存在着夫妻间的义务(《民法》第752条)。此外,照护病患的义务也因有无照护合同而产生差异。

> 虽然前述最判昭和三十四年(1959)7月24日看重的是违反《道路交通管理法》第72条(当时第24条)的救护义务,但仅凭此还不能产生第218条的作为义务。**承担行为具有重要意义。**

主观上的情况　　此外,⑥行为人**在多大程度上确定地认识到结果会发生**,而且在认识之外是否存在着"意欲"等主观上的情况,也对不作为犯的成立犯罪产生重大影响。

在故意不作为犯的情形中,必须要对结果的发生具有认识、容忍,这自不待言;但**利用已经产生的危险的意思**这样的主观情况,强烈影响着判例中作为义务的认定。可是,这样的主观情况不是不作为犯的必备条件,而是通过与其他要件的综合衡量来判断构成要件该当性。

> 例如为了成立不作为的放火罪,仅仅单纯地存在相当于放火罪故意的认识尚不足够,判例还要求具有更加积极的"**利用已经出现的火势的意思**"等(藤木第135页)。的确,主观上的情况也会对构成要件该当性的判断产生影响,如果通过主观上的情况可以得出妥当的处罚范围,而且可以明确处罚的界限,那么这就是合理的解释论[大判大正七年(1918)12月18日(刑录第24辑第1558页);大判昭和十三年(1938)3月11日(刑集第17卷第237页);另参见最判昭和三十三年(1958)9月9日(刑集第12卷第13号第2882页)]。

遗弃罪与杀人罪的作为义务　　肇事逃匿造成被放置不管的被害人死亡时,成立遗弃致死罪(第219条,各论第一章第六节2)。可是,如果对于死亡结果有故意,则成立杀人罪。但是,开车撞人后一边想着"说不定就会死",一边没有施加救助就这样逃跑了,在这种情形下也不能说通常都成立不作为的杀人罪。归根结底,为了能够说得上该当杀人罪的构成要件,必须达到与积极的杀人行为可等同视之的程度。在此意义上可以说,不作为的杀人罪与遗弃罪的作为义务是有差别的。

---

[8]　父母对于子女的义务也不是形式地来源于民法上的抚养义务(《民法》第820条),而是综合考虑一直以来持续性地不断供给食物等情况来认定作为义务。

关于这一点，有这么一个判例。行为人因开车撞上被害人而使其负重伤，所以想把被害人送去医院；但考虑到案发的情形后感到害怕，于是在寻找丢弃被害人的地点时，被害人死在了车内。关于该案，东京地判昭和四十年(1965)9月30日(下刑集第7卷第9号第1828页)重视行为人存在杀意这一点，认定成立杀人罪。但是，这个判例也并没有作出判断说，"对于肇事逃逸致死的，一般而言只要存在故意就成立杀人罪"。本案的情况是，行为人把受重伤的被害人完全置于自己一个人的支配之下，而且没有直接前往医院才造成被害人死亡。[9]

※ **不作为的放火**→各论第五章第二节1(2)。

※ **不作为的诈骗**→各论第四章第四节1(3)。

(3) 结果回避可能性

<u>实行行为性与结果回避可能性</u>　　作为义务形成了不作为犯的实行行为性。作为科以**作为义务**的前提，相应的作为必须能够防止结果发生(**结果回避可能性**)。如果不能设想出"具体的能够防止结果的作为"，就不能设定**被期待的作为**。

作为犯的实行行为性是指一定程度上发生构成要件结果的可能性，如果能够认定实行行为性，就不会出现结果回避可能性的问题。与此相对，不作为犯的情形中本就以产生结果的危险性为前提[→2(1)]，结果防止可能性的问题于是走到了前台。不作为犯的实行行为性由结果防止(回避)可能性与作为义务构成。此外，结果回避可能性是有程度的，存在着结果回避可能性(程度)越高，作为义务违反性就越高的关系。如果回避可能性为"零"，就不用去讨论有无作为义务的问题了。

另外，不作为犯的故意中除了要认识、容认结果的发生外，还必须对实行行为性有认识，即认识到结果在某种程度上是有可能回避的，以及认识到作

---

[9] 认定成立不作为的杀人罪的还有东京地判八王子支判昭和五十七年(1982)12月22日(判夕第494号第142页)。案情是，经营餐饮店的夫妇让被害女性在店里卖淫且平日里对其施加暴力，施加暴行的程度逐渐变得严重，例如用泼开水的方法烫伤被害女性或者用铁棒将其多处打成骨折，使被害女性陷入不能进食的状态，最后持续发烧高达40度；夫妇二人尽管认识到如果不直接送医治疗可能会导致死亡，却仍然只是给被害女性服用化脓药、退烧药，没有让医生采取有效、合适的救助措施；被害女性因创伤诱发的心功能不全或者因创伤引起的感染而死亡。本案中，行为人一方面通过自己的行为使被害人陷入重伤状态，而且将被害人完全置于自己的支配状态之下，另一方面又不让被害人看医生从而导致其死亡，所以应当与积极的杀害行为等同视之。

为义务(→第 179—180 页)。[10]

> **相当程度的结果回避可能性**　由于不作为犯的因果关系是以"如果实施了被期待的行为,结果还会发生吗"这样的形式来判断的(→第 133 页),所以在不作为的情形中,可以看到实行行为性(结果回避可能性)与因果关系(条件关系)的判断重合在一起。这是因为,即便实施了被期待的行为结果还是会发生时,不仅可以说不存在因果关系,还可以看作欠缺结果回避可能性(实行行为性)。但是,在给少女注射了兴奋剂使其陷入精神错乱的状态后,由于没有采取救助措施而使被害人死亡的案件中,最决平成元年(1989)12 月 15 日(刑集第 43 卷第 13 号第 879 页→第 134 页)认为,如果立即寻求急救医疗那么"十有八九"能救回被害人一命,所以存在因果关系(保护责任者遗弃致死罪)。[11] 可是,把部分案情变一下,假设 X 是具有杀意的,倘若结果不可能回避就有可能欠缺不作为的实行行为性。但是,如果不是"十有八九"能救回被害人一命就不能成立包括未遂在内的杀人罪,这并不妥当。给不作为犯的实行行为性奠定基础的"结果回避可能性(获救可能性)"达到**相当程度**就足够了。[12]

〔10〕本着遗弃的目的,被告人用自己的车载着因交通事故而濒死重伤的被害人,但在运送的途中被害人死亡了。关于该案,盛冈地判昭和四十四年(1969)4 月 16 日(刑月第 1 卷第 4 号第 434 页)否定成立不作为的杀人罪。该判决认为,由于被害人短则几分钟长则几小时后就会丧命,所以即便事故发生后立即接受了救助措施,也难以认定可以回避死亡结果。此外还指出,"需要认识到有救助的可能却仍然放弃救助的意思,实施不将被害人运送至医院的不作为";如果对救助可能性不具有认识,就不构成杀人的不作为犯。

〔11〕最决平成元年(1989)12 月 15 日的一审判决,即札幌地判昭和六十一年(1986)4 月 11 日(高刑集第 42 卷第 1 号第 52 页)认为,被害人的获救可能性谈不上有 100%,从而否定了被告人的放置行为与死亡结果之间的因果关系;但是又指出,"不能否定的是,(被害人)在被告人离去的时点……如果接受了适当的急救医疗,仍然有脱离生命危险的可能性,……其具备作为'病人'在法律上受到保护的资格",从而以存在获救可能性为根据,认定成立保护责任者遗弃罪。不作为的实行行为性问题(本案中是否成立遗弃行为的问题)与致死的因果性问题,是可以区分开来的。

〔12〕对于因母亲 B 的暴行而处于重病状态的妻子 A,X 没有采取请求派出救护车等对 A 的存活来说必要的措施,而是将 A 放置一旁导致其因失血过多而死亡。关于该案,札幌地判平成十五年(2003)11 月 27 日(判夕第 1159 号第 292 页)认为 A"获救的可能性达到了相当程度",认定成立保护责任者遗弃罪;但否定不作为"与死亡之间的因果关系",否定成立遗弃致死罪。由于"即便 X 采取了挽救措施,还是不能否定 A 死亡的可能性",所以在认定被告人的不保护与 A 死亡的因果关系这一点上,札幌地裁认为存在合理的怀疑,从而否定遗弃致死罪的成立。的确,为了认定"致死的结果",必须证明被害人"十有八九"能够获救。

第六节 ■ 未遂

1 ■ 未遂处罚

> **第43条** 已经着手实行犯罪而未遂的,可以减轻刑罚。但基于自己的意思中止犯罪时,应当减轻或者免除刑罚。
> **第44条** 处罚未遂时,由各本条规定。

(1) 未遂犯

《刑法》第43条　　未遂犯是指,**着手实行了犯罪但没有成功的人**。虽然**实行的着手**这一积极的要素很重要,但"没有成功(没有完成)"这一消极的要素也必不可少。未遂犯的刑罚比照既遂犯的法定刑,但有减轻的可能(**任意的减轻**)。此外,第44条表现出处罚未遂是例外的。

既遂时期　结果犯中,结果发生的时点达至既遂。既遂时期区分了未遂还是既遂,对此有时也有解释的必要。最近争论得最为激烈的是向国内进口毒品罪的既遂时期。在把毒品运入日本领海内的阶段就被查获的人,应该作为既遂犯来处理吗?对此存在争论。但**最决平成十三年(2001)11月14日(刑集第55卷第6号第763页)**指出,在用船舶将兴奋剂从领海外运入的情形中,《兴奋剂取缔法》第41条规定的进口兴奋剂罪在从船舶卸货至领土的时点达至既遂。

着手未遂　　未遂中存在着实行行为本身没有结束的**着手(未终了)未遂**,与虽然实行行为结束了但结果没有发生的**实行(终了)未遂**(中止未遂→第123页)。前者是指想要射杀被害人,虽然把手指放到了扳机上,但没有射出子弹的情形;后者是指虽然射出了子弹,但没有命中的情形。

另外,对于依自己的意思停止实行的情形,《刑法》第43条但书承认特殊的效果(**必要的减免**→第123页)。这种情形被称为**中止未遂**(中止犯),此外通常的未遂犯则被称为**障碍(害)未遂**,以示区别。

客观的犯罪论、主观的犯罪论　　关于犯罪思考方法的对立,最鲜明地显现在未遂的处罚范围这一问题上。如果贯彻行为无价值论、主观的犯罪论(→第9页),那么未遂也应该与既遂一样处罚。这种观点认为,既然想要杀人而且已经开枪了,那么对于行为人的犯罪性来说,子弹有没有命中就不重要了。相反,如果贯彻客观的犯罪论(结果无价值论),那么可以得出结论说,即便不处罚客观上没有发生法益侵害结果的未遂也是可以的。

但是,由于现实中存在着处罚未遂的规定,所以不可能贯彻客观的犯罪论。而且,《刑法》把处罚未遂作为例外来对待,主观的犯罪论也不能贯彻到底。[1] 此外,虽然第43条中的"可以减轻刑罚"这一规定说明,即便不减轻刑罚也可以,从而可看作对主观的犯罪论有利;但在现实的运用中,相当多的案件都减轻了刑罚。总而言之,未遂犯虽然并非与既遂犯完全一样地处断,但也必须在一定的范围内处罚,必须在此前提之下展开未遂论。

> **刑事政策上处罚未遂犯的意义** 不等到结果发生就处罚,会存在一些弊端(处罚范围的模糊化、刑法介入内心等)。处罚未遂的范围应该限定在处罚后利大于弊的情形中。因此,只有针对重大的法益才承认未遂犯。但是,在必须严厉禁止、镇压相应犯罪的请求相当强烈的社会或时代,会产生预防性地、广泛处罚未遂的倾向。特别是在未遂的领域会映射出"国民的处罚要求"。例如,在治安恶化的过程中,为了回应国民扩大处罚的要求,英国《1981年未遂法》(Criminal Attempts Act 1981)朝着主观说化的方向变更了以往的判例法(另参见澁谷洋平:《イギリスにおける未遂犯論》,刑杂第51卷第2号第52页以下)。

(2) 预备与阴谋

预备 有时也会将达至未遂之前的行为作为刑法的对象。这就是预备罪。针对内乱罪、外患罪、放火罪、杀人罪、抢劫罪等极其重大的犯罪,极为例外地规定了预备罪。[2] **预备**是指尚未达到实行犯罪的着手阶段的**准备行为**。虽然预备行为也具有发生犯罪结果的、程度相对轻微的危险性,但应该认为预备行为与基本犯既遂、未遂中的实行行为在类型上是不同的。[3]

---

[1] 该问题以未遂的处罚根据要求之于何处这一形式展开争论(**处罚根据论**)。一方面,从主观犯罪论的立场出发,认为未遂犯处罚的是**危险的意思**。另一方面,从重视客观侧面的立场出发,则认为未遂犯尽管没有产生现实的法益侵害,但产生了法益侵害的危险性,所以要处罚。

[2] 参见《刑法》第78条、第88条、第93条、第113条、第153条、第201条、第228条之三、第237条。

[3] 由于没有开始"实行行为",所以也有学者认为不存在预备罪的教唆。因为教唆是指让行为人实行犯罪的行为。但是,完全可以认为是让行为人实行预备罪这样的犯罪(→第330页)。

> 属于某宗教团体的 X 本着杀害不特定多数人的目的,在与该宗教团体代表人 A 等共谋的基础上,企图制造沙林毒气。关于该案,东京高判平成十年(1998)6 月 4 日(判时第 1650 号第 155 页)认为,在作为沙林毒气制造工厂的**成套设备已经装配完成的时点**,可以说已经具备了量产沙林毒气的态势,而这对于行为人所企图的杀人的实行行为来说是不可欠缺的,所以该当杀人的准备行为。

目的 　　杀人预备罪的故意(→第 160 页)是指对于准备行为(预备罪的实行行为)本身有认识,而且存在这种认识就足够了。但是,还必须要有实现基本犯的**目的**(例如,杀人预备罪中需要具备实施杀人行为的目的)〔4〕(目的犯)。目的超出了对构成要件事实的认识,是主观的超过要素(→第 34—35 页)。此外,在预备阶段基于自己的意思中止时,不能准用中止未遂减免刑罚的规定(第 43 条但书)(→第 131 页)。

　　以自己实现基本犯的目的进行准备时,称为**自己预备**;以使他人实现犯罪的目的进行准备时,称作**他人预备**。在杀人预备等罪中,原则上只存在自己预备的问题(→各论第一章第二节 2);而在内乱预备罪(第 78 条)、外患预备罪(第 88 条)中,还包括他人预备的情形(另见大塚第 237 页)。

　　前述东京高判平成十年(1998)6 月 4 日(判时第 1650 号第 155 页)认为,对于成立杀人预备罪来说,认识到自己的行为是杀人的准备行为就足够了,该杀人行为不必是行为人自己计划的。为了他人所实施的杀人行为而作准备的,通常被认为是杀人罪的帮助;但在正犯的杀人行为着手前就被查获时,成立不了杀人帮助(的未遂)(→第 330 页)。可是,像制造沙林毒气这样,在严重的准备行为的情形中仍然适用预备罪。本来,共同正犯(A)就必须存在杀人目的[参见最决昭和三十七年(1962)11 月 8 日(刑集第 16 卷第 11 号第 1522 页)]。

阴谋 　　多数人之间的犯罪合意,称为阴谋。对于内乱罪、外患罪,关于私战的犯罪,处罚阴谋(第 78 条、第 88 条、第 93 条)。日本不存在英美法上
共谋罪(conspiracy)这样的犯罪类型,用以一般性地处罚有关违法行为的合意甚至是通过违法方法实现合法行为的合意。〔5〕

　　"恐怖活动等准备罪" 　根据《有组织犯罪处罚法》的修正[平成二十九年(2017)7 月 11 日施行],该法第 6 条之二创设了如下构成要件,即作为恐怖主义集团等有组织犯罪集团的团体的活动,二人以上计划通过旨在实行该行为的组织来

---

〔4〕　但是,也存在像私战预备罪这样,基本犯(私战)不受处罚的情形。
〔5〕　对于公务员等的抗议行为,既处罚煽动行为(→第 79 页),也处罚"企图"行为(《国家公务员法》第 110 条第 1 款第 17 项、第 111 条,《地方公务员法》第 61 条第 4 项、第 62 条等)。在这些受处罚的行为中,包含着先于预备、阴谋的犯罪准备行为。

实施特定行为的,在参与该计划的任何一人为实行所计划的犯罪而实施了准备行为时予以处罚。

2 ▪ 实行的着手

(1) 主观说与客观说

主观说 通过行为人的主观来判断着手时期的**主观说**认为,由于《刑法》第 43 条要求"着手",所以必须"让主观内容客观地表现于外部",从而主张实行的着手在于**犯意得以明确化**的时点。更加具体地来说,①"在能够通过行为人已经实施的行动确定地认定犯意成立时"(牧野英一:《日本刑法(上)》,第 254 页),或者②"存在犯意的飞跃的表动时"(宫本第 78—79 页),认定实行的着手。但是,这样的主观说在 20 世纪 60 年代之后失去了支持。

> 如果认为犯罪的意思明确地表现于外部就足够了,那么以抢劫的目的带着手枪侵入被害人家中时就能认定成立抢劫未遂;想要杀人,抽出刀侵入被害人家中时就成立杀人未遂。但是,在将凶器直接指向被害人之前就认定抢劫罪或杀人罪的着手,这一结论在日本的刑事实务中也得不到支持。一般都认为没有必要将处罚范围扩张得那么宽泛。[6]

形式的行为说 客观说从行为的客观方面来说明着手时期。如果形式性地构建客观说,那么会认为必须开始实施"偷盗行为"等构成要件行为[**形式(的行为)说**]。但是,只要没有直接触碰到财物,盗窃就没有着手,这种观点至少在现在的日本欠缺具体的妥当性。所以,形式的行为说进行了一定的修改,认为着手是指开始实施**构成要件行为以及与此邻接的行为**,或者在行为的犯罪计划中直接位于构成要件行为之前的行为。

实质的行为说 从而,**实质(的行为)说**变得很有影响力(大塚第 156 页,另外福田第 210 页)。该学说认为实行的着手在于**开始实施具有实现构成要件的现实危险性的行为**。但是,这种思考方法尽管是在实质的"产生了结果发生的危险性的行为"的开始时点寻求着手,却也认为终究必须

---

[6] 例如,在典型的盗窃罪即"入户盗窃"的情形中,判例对于仅仅侵入住宅的没有认定成立盗窃未遂。基本上认为必须开始实施物色值钱财物的行为[大判昭和九年(1934)10 月 19 日(刑集 13 卷第 1473 页)]。此外,虽然也存在在行为人朝着屋内似乎存在值钱财物的地方移动时就认定着手的判例[最决昭和四十年(1965)3 月 9 日(刑集第 19 卷第 2 号第 69 页)],但不存在仅仅侵入了被害人家里就认定盗窃着手的判例。在此意义上,判例没有采用主观说[另参见仙台高裁秋田支判昭和二十七年(1952)7 月 25 日(高裁刑判特第 22 卷第 238 页)]。

得是在开始"实行行为"的时点,脱离行为人控制的时点不可能是"着手"。

$$\left\{\begin{array}{l}\text{主观说}\\\text{客观说}\end{array}\left\{\begin{array}{l}\text{形式(的行为)说}\\\text{实质的客观说}\end{array}\left\{\begin{array}{l}\text{实质的行为说}\\\text{结果说}\end{array}\right.\right.\right.$$

111 **结果说** 　　与此相对,**结果说**在发生了"作为未遂犯结果的危险性"的时点,即"法益侵害的危险性达到了具体程度(一定程度)以上的时点",认定实行的着手。该学说也变得很有影响力(平野第331页。另参见曾根第214页)。由于结果说在把握着手时期时考虑的是危险性是否达到值得作为未遂犯来处罚的程度,所以结果说基本上是合理的。[7]

　　针对具体客体的危险　　作为未遂犯中的"结果"来考虑这样的危险性时,必须具体地设想危险发生于其上的客体。在这里,不是像"认定相应犯罪所预设的实行行为性的抽象危险性(→第85页)"那样,把"大体上是否存在结果发生的可能性"作为问题来对待,而是要考虑对于相应被害客体而言,结果发生的可能性是否达到了一定程度以上。在进行这种考虑时,不是以正犯事实上实施行为的时点,而是必须以未遂处罚的"危险发生时点"为基准来判断。

(2) 着手时期的实质理解

主观说:主观犯意明确表现于外部的时点
形式的行为说:开始实施实行行为的时点(+能够等同视之的时点)
实质的行为说:开始实施包含具体危险性的行为的时点
结果说:发生具体危险的时点
　　⇒能够理解为开始实施包含具体危险性的行为的时点

规范的行为说　　结果说中提出的**一定程度的(具体的)危险性**这一基准不过是抽象的理念化的理论说明,作为确定未遂犯处罚范围的具体基准欠缺实践上的有用性。从罪刑法定主义的要求来看,也必须以实行行为为基点考虑。但是,形式的行为说也不得不认可实质化,即将着手时期

---

〔7〕　**危险犯**的犯罪结果是"危险性的发生",其着手时期也需要讨论。另外,有些构成要件中会出现多个不同种类法益的问题。此时,是要针对哪一个法益来考虑"对于法益侵害的一定程度以上的危险"呢?如果认为要考虑多个危险性,那么其相互关系又是怎样的呢?此外,在判断实行行为性时还要考虑法益侵害性之外的政策性要素(→第108页)。如此一来,针对各构成要件将作为未遂犯来处罚的范围具体地予以类型化,这项工作就变得很重要。在此过程中,会反映出国民规范意识中要求法益保护的意愿的强弱程度。

扩张到"邻接的行为""直接位于构成要件行为之前的行为"(能够与实行行为等同视之的行为),此时考虑了"法益侵害的危险性要达到值得作为未遂犯处罚的程度"。此外,实质的行为说不承认在脱离行为人之手后的时点"开始实行",在这一点上"实质化"并不充分。实行的着手,是指**能够理解为开始**实施包含发生结果具体危险性的行为**的时点**[参见最判平成三十年(2018)3月22日(刑集第72卷第1号第62页)]。如果规范地、实质地理解"实行行为",那么在脱离行为人之手后也可以设定着手时期。[8]

具体案例 例如,不应以"侵害被害财物的现实危险"的发生时期作为诈骗罪的着手时期,而应判断是否实质地开始了作为构成要件行为的"欺骗行为"。最判平成三十年(2018)3月22日认为,作为让被害人交付现金的**计划中的一环**,"伪装成警察,指示被害人协助警察将存款取出为现金后置于自己家中的行为"即便不是直接要求被害人交付财物[9],但显著提高了被害人交付现金的危险性,该当欺骗行为,能够认定诈骗罪实行的着手。

主观方面的考虑 对于确定"成立什么罪的未遂"来说,必须考虑故意。即便是使人负伤的案件,如果具有杀意,则会存在杀人未遂的问题。[10] 所以,关于未遂的着手时期,要针对"故意犯成立框架内的客体"来判断具体的危险性。

行为客体的确定 此外,在盗窃罪的情形中,如果行为人明确具有盗窃商店销售货款的目的,那么即便行为人触及了摆放在店门口的商品,也不能说已经着手了盗窃罪的实行行为(→第84页)。盗窃犯触及了财物则能认定盗窃的着手,但如果欠缺窃取相应财物的故意则不成立盗窃罪的未遂。但是,在行为人本着"想要偷点儿什么"的意思进入商店的情形中,如果行为人为了确定是不是自己想要的财物而触及了该财物,那么即便对该财物并不感兴趣,最终也没有偷走该财物,仍然存在盗窃罪的着手[→各论第四章第二节1(2)]。

---

[8] 能够充分设想出应在完全脱离行为人自身之手后才认定着手的情形,例如安装1年后爆炸的炸弹的行为等。

[9] 将欺骗行为形式地理解为"使人陷入错误认识从而交付财物的行为",而不把"对使对方交付财物的准备行为有推进作用的行为"认定为产生了诈骗被害的现实且具体危险的行为,这样的理解是错误的。

[10] 另外,例如行为人朝着正牵着一只大狗在散步的人开枪,子弹从狗与人的中间穿过。在这种情形下,也有观点只是客观地进行考虑,倘若子弹从靠近人的地方穿过,是杀人未遂;倘若是靠近狗的一边,则是损坏器物未遂(中山第403页,内藤第221页)。但这样的观点并不合理。

的确,主观上的情况认定起来很困难,较为理想的是尽量基于客观的证据来进行认定。此外,审判中很多时候也是从客观上的情况出发来推定主观上的情况。但是,不能混淆认定的问题与要件的问题。无论客观上子弹是从多么靠近人的一方穿过,只要法官得出了"杀狗的意思"这一心证,就不应认定为杀人未遂。

此外，判例在判断实行行为性时考虑了计划内容等主观事项[最决平成十六年(2004)3月22日→第86页]。最判平成三十年(2018)3月22日中，"作为让被害人交付现金的**计划中的一环而实施**"这一点也很重要。[11]

> **判断实行行为开始时点的具体案例**　必须针对各犯罪类型，同时考虑行为人的主观方面来讨论未遂的具体成立范围(→参见各论杀人罪、强制性交等罪、盗窃罪、诈骗罪、放火罪等)。
>
> 　　行为人计划在外国将兴奋剂装入走私船，然后在日本内海将其投入海中，由负责回收的人驾驶搭载 GPS 的小型船舶进行回收并卸货，以此方法进口兴奋剂；但由于天气恶劣、海上保安厅的警戒等原因，最终没能回收兴奋剂。关于该案，**最决平成二十年(2008)3月4日**(刑集第62卷第3号第123页)认为，还谈不上进口兴奋剂罪(及《关税法》上的进口违禁品罪)的实行着手。也就是说，由于没能让回收船出航，所以将兴奋剂置于实力支配之下的可能性相当低，不能说已经出现了将兴奋剂卸货至日本的客观危险性。
>
> 　　行为人为了走私出口鳗鱼幼仔，将不法取得的、证明已接受保安检查的贴纸粘贴在了装有鳗鱼的行李箱上，在未接受 X 射线装置检查的情况下将该行李箱带入了国际航班登机柜台区域内。关于该案，**最判平成二十六年(2014)11月7日**(刑集第68卷第9号963页)认为，既然通常都会将这样的行李作为机内寄存行李直接装载至飞机内，那么即便当场被海关工作人员发现了，也成立走私出口罪的未遂。

114　　**不作为犯的着手时期**　关于**真正不作为犯**的实行着手时期，有意见认为，真正不作为犯是举动犯，犯罪在出现违反义务的不作为的同时或者在出现不作为之后立即就完成了，所以没有成立未遂的余地。但是，在不作为的情形中也可以考虑着手时期与既遂时期。在此也必须立足于具体犯罪类型中的实行行为概念，个别、具体地进行讨论(→第100页以下)。

(3) 间接正犯的着手时期

利用者与被利用者的行为　关于间接正犯的着手时期，存在利用者基准说与被利用者基准说的对立。例如，在利用幼儿实施窃取财物的行为时，
　　(a) **利用者基准说**在命令幼儿 A"去偷"的时点，即利用者 X

---

〔11〕　但是，不允许仅仅依靠主观上的情况来认定"作为未遂犯客观方面(违法性)的具体危险性"并进而认定着手。仅靠主观上的情况不能认定未遂处罚，仅凭作为责任要素的故意不能为未遂犯中作为违法要素的客观危险性奠定基础(→第118页)。

　　尽管如此，以实行行为开始了(或者能与开始实行行为等同视之)为由认定未遂处罚时，并不能完全抛弃主观方面而纯粹地仅依靠客观的危险性来判断。从国民的规范意识来看，根据主观上是出于杀人的意思还是威胁的意思，"扣动扳机的行为"在当罚性上存在差异。这一点也可以表述为，"仅将枪口对准对方的行为与本着杀意接下来要扣动扳机的行为，二者在发生死亡结果的危险性上存在差异"(参见平野第314页)。

的行为时认定实行的着手；(b) **被利用者基准说**则将实行的着手求之于被利用者 A 开始物色目标财物的时点[→各论第四章第二节 1(2)]。这一对立对应着有关实行着手的主观说与客观说之间的对立。主观说认为只要犯意表明于外部就足够了，所以对于 X 的行为认定着手。客观说则基本上将着手时期求之于 A 实施的具有窃取财物具体危险性的行为。利用者基准说将着手时期固定在利用者的行为时，所以客观说与利用者基准说不能融合。[12] 但是，如果将"具体的危险性"设定为相当低的程度，那么将着手求之于利用者的行为也不是不可能。

隔离犯的着手时期 行为的地点与结果发生的地点分离时，称为隔离犯。例如通过邮寄毒药来杀人的情形。隔离犯的着手时期问题类似于间接正犯的着手时期问题。此外，判例不是在寄出毒药的时点，而是在毒药达到的时点认定着手[大判大正七年(1918)11 月 16 日(刑录第 24 辑第 1352 页)]。这对应于有关间接正犯着手时期的学说中的被利用者基准说。

对于实行行为的形式理解 **实质的行为说**完全是将实行的着手求之于间接"正犯"X 的行为，立足于利用者基准说的立场(团藤第 330 页)。其背后潜藏着"形式犯罪论"，重视犯罪论体系在形式上的逻辑一致性。正犯是指实施了实行行为的人(→第 83 页)，既然间接正犯也是正犯，那么利用者 X 就是正犯。所以只能在 X 的行为中考虑实行的着手。[13] 但是，比起这样的形式三段论，应该更加重视结论的实质合理性。[14]

> 未遂 ="实行"的着手
> 正犯 =实施"实行"行为的人
> ∴ 未遂 =以正犯的行为为基准

---

[12] 在利用幼儿实施盗窃行为的情形中，虽然将着手时期求之于被利用者行为的时点，但必须注意的是，许多间接正犯的案例中在利用者的行为时就产生了作为结果的危险性。在此意义上，与(a)利用者基准说对立着的，应该说是**实质的危险发生时说**。

[13] 此外，还有学者是这样说明的，即从脱离正犯 X 之手时"实行行为"就开始了，这与"弓箭里的箭在飞行的途中仍然具有实行行为性"是一样的；或者主张，只有具备实行意思的人才能存在实行行为，所以利用者基准说是正确的(大塚第 158 页)。

[14] 另外，在利用者基准说中也能看到这样一种有影响力的见解，即从实质的考虑出发承认存在被利用者行为时认定着手的情形。即在利用行为中不能认定实现犯罪的现实危险性时，可以将利用者理解为**不作为犯**，从而认为在被利用者的犯罪性行为开始时存在着手(大塚第 159 页，西原第 316 页)。这种做法是将利用行为作为先前行为(→第 100 页)来把握，该先前行为产生了防止结果发生的作为义务，在结果发生的危险得以具体化的时点(被利用者的犯罪性行为开始之时)认为不作为犯的实行行为开始了。但是，与其进行这么复杂的理论构建，还不如一开始就在被利用者的犯罪性行为开始之时认定实行的着手。

> **妥当的结论**　仅仅对幼儿说句"去偷东西"就作为盗窃罪的未遂来处罚,这样的判断偏离了当今日本国民的规范意识。承认这样的处罚,实质上意味着对间接正犯贯彻了主观说,但判例没有采用这样的规范性评价(→第111页)。的确,从语义的角度来看,把实行的着手原则上理解为"开始实行行为的时点"也很自然,而且也不乏在正犯下令说"去偷"时就成立未遂的情形。但是,认为在正犯的行为时"通常"应当认定着手,这就太形式化了。必须考虑到实行行为的类型性,具体地认定结果发生的危险性。

3 ■ 不能犯

(1) 不能犯的含义

不能犯　虽然形式上存在着实行的着手,但相应行为的危险性本来就极低,不值得作为未遂来处罚的情形,称为**不能犯(不能未遂)**。在实际处理中会以欠缺各构成要件的实行行为性等为由认定为不可罚,判例中认定为不能犯的例子非常少。

> **三种不能**　试图用射不出子弹的模型枪来杀人或是用没有达到致死量的微量毒物来杀人,像这样有关手段的不能被称为**方法不能**。与此相对,有关犯罪目标、客体的不能,即想要射杀对方并将子弹射入后,却并不存在人这样的情形,被称作**客体不能**或**客体欠缺**。但是,这两种不能的区别只是相对的,其界限很微妙。除此之外,诸如不是公务员的人以为自己属于公务员从而收取贿赂这样的情形,被称为**主体不能**[15]或**主体欠缺**。

> **实行行为与作为结果的危险性**　在不能犯论中,通常并不会有意识地对实行行为性的判断(行为时)与是否存在作为结果的具体危险的判断(未遂结果时)进行区分来展开讨论。存在争议的案件属不属于不能犯,几乎直接与是否应当作为未遂犯来处罚这一判断相联结。如此一来,站在重视未遂"结果"的立场,在不能犯界限的判断中就不得不将作为结果的危险性作为问题来对待(→第111页)。虽然实际上作为结果的危险性的判断与实行行为性的判断几乎是重合的,但在"还算得上是杀人行

---

[15]　例如,并不是背任罪的主体即事务处理者(→各论第四章第七节1),却误以为自己是事务处理者从而实施违背任务行为时,不能作为背任罪的未遂来处罚。这是因为欠缺了主体这一构成要件的主要部分(参见团藤165页,大塚234页,福田225页等)。虽然根据具体危险说(→第118页),一般人都会误以为行为人是"事务处理者"时就必须认定为未遂犯,但很少有学说认定此时成立未遂犯。这是因为,有关主体、身份这样的构成要件要素必须以客观的事实作为基础。

为"的场合中也存在针对具体客体[16]的危险没有达到未遂处罚必要程度的情形。因此,在具体案件的处理中,首先应该将是否谈得上对涉案客体产生了危险性作为问题来对待(参见曾根第 238 页)。

(2) 不能犯的学说

主观说与客观说　关于区别可罚的未遂犯与不能犯的基准,学说以非常复杂的形态对立着(大塚第 230 页)。如果从以何种事项为基础来处罚未遂这一视角出发进行整理,大体上可以分为主观说与客观说。**主观说**认为应该以行为人本人主观上的情况为基础判断危险性,而**客观说**将行为客观上的危险性作为问题来考虑。

更进一步地分析,可以整理出以下三个层次的对立:① 成为判断基础的事项是只限于行为人本人认识到的情况,还是一般人能够认识到的情况,抑或是扩展到客观上存在的全部情况;② 以行为人本人还是以一般人作为判断主体(基准);③ 以行为时还是裁判时(事后的)作为判断的时点(基准时)。

然后,具体的学说可以归纳为(a)(纯粹)主观说及(b)抽象(主观)危险说,(c)具体危险说,(d)客观危险说,(e)纯粹客观说。此外,有时也将(b)说与(c)说合称为危险说。

	判断资料	基准时	基准
(a) 纯粹主观说	本人	行为时	本人
(b) 抽象危险说	本人	行为时	一般人
(c) 具体危险说	一般人+本人	行为时	一般人
(d) 客观危险说	客观上的情况	行为时	科学的一般人
(e) 纯粹客观说	客观上的情况	事后	科学

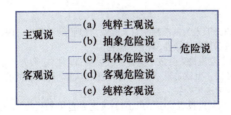

---

[16] 未必是行为人瞄准的客体(→第 193 页)。

118 **主观说** 如果贯彻主观说,则会① 以行为人本人认识到的情况为基础,② 以行为人本人为基准判断危险性(**纯粹主观说**)。根据这种见解,如果能够认定对犯罪性结果有意欲,则全都应该作为未遂犯来处罚。但该学说也主张不处罚**迷信犯**,如丑时去神社参拜并诅咒某人死亡等情形。现在见不到这种学说的支持者了。

抽象(主观)危险说与纯粹主观说一样,① 将作为判断危险性基础的事项求之于行为人的主观,但② 从**一般人的观点**来判断,倘若行为人的主观内容实现了,是否是危险的[17](牧野第 331 页,木村 356 页)。但是有批判指出,根据这种见解,如果犯人深信给对方喝下的是氰酸钾,但客观上是盐时,也要处罚,这并不妥当。相反,如果犯人深信是"盐",那么喝下氰酸钾的行为也变得没有危险性了,这也不合理。[18] 现在主观说的支持者很少。

客观危险说 另外,如果贯彻客观的犯罪论,那么除了行为时的全部情况,还要把行为后的情况也考虑进去,对危险性进行事后性的、纯科学性的判断(**纯粹客观说**)。但是,事后来看总是能够找到"实际上结果不发生的理由","注定要成为未遂,所以终止于未遂",所有的未遂都容易变成不能犯。[19] 因此,现在很有影响力的**客观危险说**采用的是这样一种思考方法,即虽然以行为时存在的全部情况为基础,但完全是站在行为时(或未遂结果发生时)以一般人为基准进行思考(参见野村第 343 页)。

具体危险说 具体危险说的立场是,**在行为时,以一般人能够认识到的情况与行为人特别认识到的情况为基础,以一般人为基准判断有无具体的危险性**。[20] 例如,本着杀意朝向一般人会认为是"人"的稻草人开枪
119 时,成立杀人未遂;但一般人都会知道那是稻草人时,则属于不能犯。具体危险说以"一般人看来结果是否仿佛会发生"为基准来划定未遂处罚的界限(团藤第 171 页,大塚第 232 页,佐伯第 319 页,平野第 326 页)。既然在刑法解释中要重视国民的规范意识,那么基本上具体危险说是妥当的。

---

[17] 抽象危险说以一般人为基准判断犯人所做"计划"的危险性。因此,迷信犯中行为人的计划内容在一般人看来不具有危险性,属于不能犯。

[18] 可以说,抽象危险说最终变成了这样一种见解,即对"一般人看来有危险的行为"具有认识时要作为未遂来处罚。也就是说,对实行为性有认识(即存在故意)时,即便不存在客观上的危险性也可以作为未遂来处罚。

[19] 必须处罚"虽然最终没有发生结果,但行为时是危险的行为"。在此意义上,刑法解释中无论站在多么重视结果无价值的立场,都必须进行"行为时的危险性的判断"。可以说这与下述情形类似,即在审判时判明被告人无罪时,之前对被告人的拘留也不是违法的[→参见各论第八章第二节 1(3)]。

[20] 对应于因果关系论中的折中的相当因果关系说(→第 136 页)。

> 具体危险说将**行为人特别认知的情况**作为问题来对待。例如,在用白糖杀害非常重度的糖尿病患者的案件中,具体的危险说认为,虽然由于一般人不能获知被害人患糖尿病这一情况所以应该认定为不能犯,但如果行为人本人特别地知道这一情况则应作为未遂犯来处罚。[21] 但是,现实中很少出现"行为人特别认知的情况"这一问题。

现在的对立点 实质对立着的是具体危险说与客观危险说。但是,二者都一致认为事后判断危险性并不妥当。是否存在值得处罚的危险性,应**以实行时为基准,由法官从一般人的视角出发进行科学的、合理的判断**(参见曾根第 225 页)。这是一种**以行为时看来合理的(科学的)结果发生概率为基础的判断**[22][三好幹夫,大コメ3 版(4)第 41 页以下]。

差别在于,是以**一般人能够认识到的情况**为判断基础,还是以**实行行为时存在的客观情况**为基础。[23] 也就是说,将子弹射入一般人看来像是警察的稻草人头部,对于该行为,是认为"稻草人不可能死亡,所以是不能犯"呢,还是认为"应当处罚将子弹射入看上去是人的稻草人这一危险的行为"呢?但是,包括这一点在内,都是以审判庭上查明的客观事实为基础,由法官从国民规范意识的视角出发予以判断的。在此意义上,不可能以**全部的客观情况**为判断基础。实际上的争议点在于,"在行为时的具体状况下,从一般人的视角出发是否会把稻草人看作是'人'";除此之外,还需要综合考虑杀害行为

---

[21] 尽管如此,也存在着这样的"具体危险说",认为完全是在相同的状况下实施的行为,"行为人知情就是危险的,如果不知情就不危险",这太不自然了,从而主张行为人特别认知的情况全都不纳入考虑之中(平野第 325 页)。可是,按照这种观点,既然是以一般人为基准,那么怀着杀人的意图让被害人乘坐被告人知道"装设了炸弹"的新干线时,该行为也就不能以杀人未遂来处罚了。

但是,支持上述结论的人很少。的确,纯粹客观的危险性判断可能会像上面主张的那样来进行,但至少站在具体危险说的立场,未遂成立与否的判断、实行行为性的判断是规范的判断,不能仅由科学的客观性来决定。必须将"行为人已知情"这一点也纳入考虑中,综合评价主客观情况从而判断未遂的当罚性。的确可以在贯彻客观危险说从而认定存在危险性的基础上,再以主观上仅有"实施没有杀人罪实行行为性的行为的认识"为由认定欠缺故意,但实行行为性因认识之有无而有所不同,这也是有可能的(→第 85 页)。

[22] 犹如前一日的天气预报与基于气象图对当日天气所作的说明会存在相当大的偏差一样,行为时客观、合理的判断与事后判断也会存在相当大的不同。如果基于客观上的全部情况对 A 这个人的状态进行科学、细致的考察,那么应该百分之百地断定 A 会因为手术死亡还是获救。但是,我们还是使用"通过该手术获救的概率是 50%"这样的表述。即便以客观上的全部情况为基础,还是不得不以概率的形式来表达相应行为导致的结果发生。绝对不能与相对不能(→第 120 页)的区别最终也是在进行像这样的抽象化工作的。

[23] 但是,由于具体危险说把行为人特别认识到的情况也考虑在内,所以在"一般人立即会认识到是盐,但行为人以为是毒药并让对方服用时",既然行为人特别地认识到了是毒药,那么就应该以毒药作为前提来思考,应该成立未遂犯(参见平野第 324 页)。可是,只不过让人服用了一般人看来仅仅是盐的东西,对此认定为杀人未遂的做法可以归类为主观说。

本身的危险性程度、主观上杀意的确定程度、计划性等来判断是否作为未遂犯予以处罚。[24]

需要达到何种程度的危险性才作为未遂犯来处罚,这因国家、时代的不同而有所差异,是变动着的。[25] 近来在犯罪激增的英国,不能犯的范围变窄了,很好地体现了这一点。但是,在当今日本,"以为是毒咖啡,其实是让他人喝下水"等情形没有处罚的必要。

(3) 具体判断

绝对不能与相对不能　判例是**以行为时的全部情况为基础的,从行为的客体或手段的性质来看,结果发生是绝对不可能时,也就是说无论什么情形下都不可能时**,认定为不能犯;结果发生是相对不可能时,认定为未遂犯(**绝对不能与相对不能说**)。对于想要杀人而让对方喝下硫黄的行为,大判大正六年(1917)9月10日(刑录第23辑第999页)认为,"**绝对不可能引起杀害的结果**",从而否定了未遂的成立。最判昭和三十七年(1962)3月23日(刑集第16卷第3号第305页)则认为以下判断是合适的,即虽然静脉内注射的空气量没有达到致死量,但根据被注射者的身体状况等情况,**不能说绝对不存在发生死亡结果的危险**,从而认定了未遂的成立。

判例是以行为时的全部情况为基础的,以行为时为基准,从法官(一般人)的视角来判断结果的发生是不是绝对不可能。

有批判指出,绝对不能与相对不能这一基准太模糊。但是,在客体大抵没有存在的可能性时(或方法不能时),认为不能成立未遂;而即便行为时客体偶然地不存在,只要客观上具有一定程度以上的能够存在的可能性(发生结果的可能性),就认为成立未遂。判例正是以这样的形式成了有关实行行为性的国民规范意识的结晶。

客体不能　从实行时客观的、类型性的情况出发由法官进行判断,判断**是否属于客体大抵没有存在可能性的情形**。即便行为时客体偶然不存在,只要客观上具有一定程度以上的能够存在的可能性,就成立未遂。通常,对认为其携带财物的人开始实施夺取行为(包括与之邻接的行为)的,构成未遂。

---

[24] 必须注意的是,具体危险说把需要论证的"一般人会看作是人"作为"前提"来对待,在此意义上存在结论先行之嫌。

[25] 如果用概率来表示行为时的危险性,那么也包含数值相当低的情形。例如,在六连发的枪中只装入一颗子弹,想要仅扣动一次扳机来射杀对方时,也能认定杀人罪的危险性。

具体来说，① 对行人施加暴行，想要强取其身上的财物，但对方什么也没有携带时，认定成立抢劫未遂罪[大判大正三年(1914)7月24日(刑录第20辑第1546页)]。对② 在电车内本着盗窃的目的将手伸入被害人上衣口袋内，但口袋内没有现金的案件[大判昭和七年(1932)3月25日(新闻第3402号第10页)]；③ 以盗窃肥皂为目的侵入库房物色并搜寻，但没能发现肥皂于是放弃的案件[大判昭和二十一年(1946)年11月27日(刑集第25卷第55页)]；④ 想要从米箱中偷米，把米箱的盖子打开后里面却没有米的案件[东京高判昭和二十四年(1949)10月14日(高裁刑判特第1卷第195页)]；⑤ 以夺取电车内乘客的值钱财物为目的，从乘客上衣的胸部口袋中取出了工资袋，但实际上是个空袋子的案件[东京高判昭和二十八年(1953)9月18日(高裁刑判特第39卷第108页)]；⑥ 想要从行人的外套口袋里扒窃金钱，虽然取出了一些纸片，但只是几张卫生纸的案件[福冈高判昭和二十九年(1954)5月14日(高裁刑判特第26卷第85页)]，都认定成立盗窃未遂罪。

另外，⑦ 在同伙已经使被害人的胸腹部、头部负枪伤，造成被害人死亡后，行为人想要给被害人致命的最后一击，于是用日本刀扎刺仰面倒在路上的被害人的腹部、胸部等处。该行为被认定为杀人未遂罪[广岛高判昭和三十六年(1961)7月10日(高刑集第14卷第5号第310页)]。不仅是被告人，一般人也会由于被告人的"加害行为而感到被害人会死亡的危险"，从而将本案这种情形认定为未遂。如果处于刚刚死亡的生死界限微妙的时间段，那么可以说正是该时点的"危险性"构成了杀人未遂罪。[26]

方法不能 危险性是由法官从一般人的视角出发，在审判庭上以查明的客观情况为基础进行判断(**客观性的事后预测判断**)的。

大判大正六年(1917)9月10日(→第120页)将想要杀人于是让对方喝下硫黄的行为认定为不能犯。虽然将硫黄混入大酱汤中让人喝下会给一般人带来不安感，但判例着眼于科学上硫黄并不存在致人死亡的危险这一点，从而认定为不能犯。与此相对，将士的宁混入食物当中的行为，虽然通常会苦得令人难以下咽，但还是成立杀人未遂[最判昭和二十六年(1951)7月17日(刑集第5卷第8号第1448页)]；向静脉注射没有达到致死量的空气的行为，也被认为该当杀人未遂罪[最判昭和三十七年(1962)年3月23日→第121页)]。另外，夺下警察的手枪用来实施杀害行为，但由于枪里没有装子弹从而没能达成目的时，也被认为不属于不能犯[福冈高判昭和二十八年(1953)11月10日(高裁刑判特第26卷第58页)]。执勤中的警察所携带的枪支里装有子弹的概率相当高，与行人一般都会携带财物在身上一样，即使被夺取的那支枪里偶然地没有装填子弹，只要将其抽象化为警察一般携带的枪支，

---

[26] 这是因为，即便科学地进行认定，生死的界限仍然具有一定的幅度，存在"灰色地带"。

就仍然可以说具有危险性。

①点燃手工制作的炸弹的导火索然后投出去的行为,尽管由于引爆装置存在缺陷而不能爆炸,仍然该当《爆炸物取缔罚则》第 1 条的"使用"之罪[最判昭和五十一年(1976)3 月 16 日(刑集第 30 卷第 2 号第 146 页)];②试图装设附有电子雷管的炸药的行为,尽管由于干电池的电流值较低而没有爆炸的可能性,仍然该当《爆炸物取缔罚则》第 2 条[东京高判昭和五十三年(1978)4 月 6 日(刑月第 10 卷第 4—5 号第 709 页)]。〔27〕另外,③试图制造兴奋剂但由于催化剂的量不够而没能制成时,考虑到如果增加催化剂的量就有可能制造成功,从而认定成立未遂罪[最决昭和三十五年(1960)10 月 18 日(刑集第 14 卷第 12 号第 1559 页)]。但是,由于兴奋剂的主原料是假的而制造兴奋剂失败时,也有判例认为"绝对不存在结果发生的危险"从而否定未遂罪的成立[东京高判昭和三十七年(1962)4 月 24 日(高刑集第 15 卷第 4 号第 210 页)]。

4 ■ 中止犯

(1) 中止犯的含义

中止犯的效果　　在未遂犯中,对于基于自己的意思而中止犯罪的**中止未遂(中止犯)**,承认刑罚的**必要性减免**。但是,判例中极少见到达到免除刑罚程度的中止犯[参见和歌山地判昭和三十五年(1960)8 月 8 日(下刑集第 2 卷第 7—8 号第 1109 页);和歌山地判昭和三十八年(1963)7 月 22 日(下刑集第 8 卷第 7—8 号第 756 页)]。

关于这一必要性减免处罚的根据,存在着政策说与法律说之间的对立。(a)**政策说**认为,要基于超出犯罪成立要件框架之外的刑事政策要求来予以说明,而法律说则认为是犯罪成立要件发生了变化。此外,法律说又大致分为(b)**违法减少说**与(c)**责任减少说**。但是,中止犯规定是一种"刑罚减轻事由",在此意义上,要超越行为时的违法性与责任这一决定犯罪成立与否的问题,斟酌通向量刑判断的"刑事政策考虑"(→第 413 页)。

---

〔27〕另外,使用手榴弹杀人,但该手榴弹由于长期置于地下,导火索沾湿气后发生质变,欠缺手榴弹的本来性能。也有判例认为,该行为既不成立违反《爆炸物取缔罚则》的犯罪,也不成立杀人未遂罪[东京高判昭和二十九年(1954)6 月 16 日(东高刑时报第 5 卷第 6 号第 236 页)]。

此外,对于将都市瓦斯(天然气)充满室内,试图强迫对方和自己一起自杀,但由于被人发现而没有达成目的的行为,岐阜地判昭和六十二年(1987)10 月 15 日(判夕第 654 号第 261 页)认为成立杀人未遂。虽然不存在天然气中毒而死的危险,但存在着以电子器具或静电为火源,发生瓦斯爆炸事故的可能性;而且,如果瓦斯的浓度很高也会造成人窒息而死;所以"存在着发生死亡结果的充分危险"[另参见大阪地判昭和四十三年(1968)4 月 26 日(判夕第 225 号第 237 页)]。

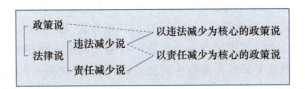

政策说 　　政策说主张，虽然犯罪完全成立，但承认具有刑事政策性的刑罚减免。例如，政策说认为，在着手实行的犯行现场，为了防止结果的发生，激励犯人中止犯罪是合理的，所以设置中止犯规定。但是有批判指出，日本并不像德国那样认为中止犯不可罚，中止犯规定作为一项政策的意义很小，从而法律说变得很有影响力。但是最近，由于也考虑到了着手"后"的情况，中止犯的效果是"减免刑罚"等，所以很多见解都重视刑事政策上的意义。

法律说 　　主张因自动中止而违法性减少的**违法减少说**是将未遂犯中的故意作为主观的违法要素，认为如果放弃了曾经产生的故意，违法性就减少了（平野第333页），中止减少了作为未遂处罚根据的危险性。

　　但是，既然是凭借自己的意思来打消犯罪的念头，那么认为责任变轻了的**责任减少说**是妥当的。可以说，从国民的规范意识来看，对凭借自己的意思打消犯罪念头的行为人所作的非难减弱了。判例也基本上采用责任减少说（→第126页）。

> **以责任减少为核心的政策说**　　但是，仅仅依靠责任减少还不能说明中止犯的刑罚减免。不可否认中止犯规定是一种政策性规定，意图通过"褒奖"打消犯罪念头的人来获得对实行着手者及一般人的一般预防效果。刑法将中止犯限定于未遂，无论责任减少了多少，只要发生了结果就不应该给予褒奖（山中第750页）。

（2）"基于自己的意思"——自动性

主观说与客观说 　　在什么情形下可以说是"基于自己的意思"即自动地中止，关于这一点可以看到主观说与客观说的对立。[28] 但是，这是个行为人主观上存在怎样的情况时能够成立中止犯的问题，探究的是行为人的内心情况，在此意义上只能是"主观说"。对立的主观说与客观说表现

---

[28] 需要注意的是，刑法理论中时常会出现主观说、客观说、折中说这样的词汇，但有关中止未遂自动性的主观说与客观说，依学说的不同，其内容存在相当大的差异。不能根据主观说、客观说这样的名称，而要依据针对实质对立点所采取的态度来分类、整理学说。

如下:**主观说**(本人基准说)追问的是"行为人本人对于妨碍犯罪完成的情况"是否具有认识;而**客观说**则采用这样的判断方式,即行为人的认识(以及基于此形成的动机)对于一般人来说是不是通常会成为妨碍犯罪完成的内容。〔29〕在主观说中又存在着弗兰克公式说与限定(规范的)主观说之间的对立。① **弗兰克公式说**认为,欲而不能时是障碍未遂,能而不欲时是中止未遂;② **限定(规范的)主观说**则认为必须存在广义上的悔悟(曾根第231页)。

责任减少与客观说 在此似乎可以看到这样一种对应关系,即根据违法减少说会达至客观说,如果以责任减少说为核心来思考则会达至主观说,但是责任减少说并非与主观说相联结。虽然强调道义责任(→第10页)的立场与主观说,特别是要求伦理上的非难有所减少的限定主观说相联结,但是从国民所接受的非难可能性的观点来看,责任判断应当以一般人为基准(→第159页),而且既然中止未遂内含着政策上的考虑,那么基本上应该以一般人为基准来进行思考。

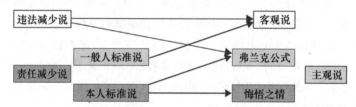

成为障碍的事项与悔悟 即便站在责任减少说的立场,将自动性作为责任的问题来对待,也不应该以行为人本人为基准来判断自动性。虽然主观说中弗兰克公式的支持者也很有影响力(平野第334页),但"能"而不欲的场合终究是规范评价,仅凭"本人认为能够实施"还不能认定自动性。欲而不"能"的场合也是一样。基本上应当对**通常是否构成障碍**予以类型化的判断。

此外,**后悔、悔悟之情**等主观事项虽有助于认可处罚的减轻,但并非中止未遂必须具备的要件。例如,基于恐惧、惊愕而停下来时,认为对方可怜而停下来时,都应该认定为中止犯(参见山中第826页)。即便不存在悔悟之情,责任非难也有可能减少。将中止犯限定于存在悔悟之情的情形中,从条文的表述来看也是过分的要求。

从政策说的见解出发,自动性要件必须符合给予打消犯罪念头的人以褒奖从而

---

〔29〕 一般认为,客观说与主观说的对立表现为,是通过有无外部的、物理上的障碍等客观情况来判断,还是以行为人的主观情况为对象来判断。但是,既然是关于是否基于"自己的意思"这一主观要件的判断,那么外部的障碍必须投射到主观层面上,无法称为"客观说"。

防止结果出现这一目的。如果一般人着手实行后通常都具有想要回避结果发生的认知、动机,那么此时就没有必要给予褒奖。无论中止了犯罪的行为人本人是如何认为自己"明明可以实施下去却停止了",在一般人都当然地不得不中止的状况下,即使承认刑罚的减免,也不太能够期望在将来起到防止结果发生的效果。

自动性的具体判断　　判例实质上以一般人为基准,重视**通常是否构成障碍**[最判昭和二十四年(1949)7月9日(刑集第3卷第8号第1174页)]。在判断是否应当予以必要的刑罚减免时,考虑的核心在于行为人的认识内容是否具有**通常会妨碍结果发生的性质**,此外还会考虑其他的减免处罚事由以及一般的量刑情节。所以,在悔改、深刻反省的基础上中止犯行的,在量刑上会被予以宽缓评价(→第413页),行为人是否具有悔悟之情在自动性的判断中也具有重要意义。

① 因为听到了通常会构成障碍的**响动**而中止的,是障碍未遂。② 由于**被害人的抵抗**行为而丧失实施奸淫行为的机会等,如果存在这样的情况,那么不能说是出于自己的意思而中止犯行[东京地判平成十四年(2002)1月16日(判时第1817号第166页)]。③ 此外,本着杀意扎刺被害人的胸部,但以被害人**乞求饶命的言行**为转机采取救助措施的,被认定为成立杀人的中止未遂[札幌高判平成十三年(2001)5月10日(判夕第1089号第298页)]。另外,在因被害人的**哀求**而终止奸淫的案件中承认自动性,这可以说也是与上述情形类似的判断[浦和地判平成四年(1992)2月27日(判夕第795卷第263页)]。[30]
④ 看到对方的表情顿生**爱意**的[名古屋高判平成二年(1990)1月25日(判夕第739号第243页)],听到对方的呻吟感到**可怜**的[名古屋高判平成二年(1990)7月17日(判夕第739号第245页)],想要强迫对方与自己一起自杀于是用菜刀扎刺大儿子,却因大儿子说的话而丧失犯意的[横滨地判平成十年(1998)3月30日(判时第1649号第176页)],在这些案件中都认定了自动性。此外,在虽然压制了对方反抗,但**觉得使被害人怀孕太可怜了**于是中止奸淫的案件中,由于不存在使被告人停止奸淫的其他客观情况,所以被认定为是自动地中止犯行[大阪地判平成九年(1997)6月18日(判时第1610号第155页)]。
⑤ 最微妙的是见到出血后由于**恐惧、惊愕**而中止的情形。被告人想要拉上母亲一起自杀于是用球棒猛烈地殴打母亲,由于母亲发出呻吟声,**以为她已经死了**;但在旁边的房间又听到母亲呼喊自己的名字,于是返回现场,**看到母亲鲜血从头部流下、痛苦不堪的样子后感到惊愕、恐惧**,没能实施最后的杀害行为。关于该案,最决昭和三十二年(1957)9月10日(刑集第11卷第9号第2202页)认为,不能认定有悔悟之情,"毋宁

---

[30]　该案中,被告人将被害人从公共电话亭里拖拽出来,将其按倒并脱去被害人的衣服等,此时被害人哀求着"请住手",于是被告人放弃了实施奸淫。

说通常情形下都不会继续实施进一步的杀害行为",所以成立障碍未遂。但是,⑥ 如果不存在这么特殊的情况,见到血后因恐惧、惊愕而中止时能认定中止未遂。被告人本着未必的杀意用小刀扎刺了被害人颈部一次,看到被害人口中流出大量血液后,感到惊骇的同时意识到自己干了件严重的事情,于是采取了止血等措施。关于该案,福冈高判昭和六十一年(1986)3 月 6 日(高刑集第 39 卷第 1 号第 1 页)认为,"普通人倘若看到如本案中这样的流血样态,未必会采取与被告人上述中止行为相同的措施",从而认定存在自动性[类似案件认定中止未遂的,参见东京高判昭和六十二年(1987)7 月 16 日(判时第 1247 号第 140 页);东京地判平成八年(1996)3 月 28 日(判时第 1596 号第 125 页)]。这些判例都是以"普通人即便看到了本案中的出血情况,也未必会同样地中止"为理由认定自动性,可以说采用的是客观说。但是,在这些判例中也有很多都认定了被告人存在广义的悔悟之情。由于在看到流血而中止的情形中自动性的判断很微妙,所以"广义的悔悟之情"发挥了作用。

(3) 犯罪的中止与防止结果发生的努力

防止结果发生的努力　　第 43 条但书以中止,亦即**结果的防止**为要件。在着手未遂的情形中,通过是否中止实行行为可以容易地判断是否防止结果发生;[31] 但在**实行未遂**的情形中,由于实行行为已经实施终了,所以不可能中止实行行为。因此,为了承认中止犯的效果,必须存在**防止结果发生的真挚努力**。[32]

有无真挚的努力　　通过① 正在发生的**危险**的程度,② 所作努力对**防止结果发生的贡献**程度,③ 能否看出**反省、悔悟**等来判断。

被告人本着杀意用菜刀扎刺被害人胸部,但遭到被害人的抵抗,被其将菜刀抢了过去;在此后超过 3 个小时的时间里,被告人没有对被害人采取救助,而是等着被害人死亡;但看到被害人突然激烈地诉说痛苦后,被告人改变主意,**拨打了 110 等从而挽救了被害人的生命**。该案被认定为成立中止未遂[大阪地判平成十四年(2002)11 月 27 日(判夕第 1113 号第 281 页)]。又如,被告人用小刀扎刺被害人的右胸部,但听到被害人的呻吟声后醒悟过来,同时觉得被害人很可怜,于是停止了后续的扎刺行为,然后**叫来了救护车并坦言是自己刺伤了被害人**。关于该案,名古屋高判平成二年(1990)7 月 17 日(判夕第 739 号第 245 页)认为,虽然属于实行未遂,但被告人为防止结果发生作出了积极、真挚的努力,从而认定成立中止未遂。

---

〔31〕　这是因为,虽然已经用手枪瞄准了目标但没有扣下扳机时,可以容易地认定为防止了结果发生。

〔32〕　实质上是考虑到,既然通过实行行为产生了发生结果的危险性,那么仅仅就这样放置不管时,不应该对行为人采取减免刑罚的政策性措施。

与此相对,被告人用制作生鱼片的菜刀刺入被害人的腹部后,被害人喊着"疼,疼……"并哀求被告人将其带去医院,于是被告人出于怜悯之情等将被害人送去医院,被害人因此没有死亡。关于该案,大阪高判昭和四十四年(1969)10月17日(判夕第244号第290页)考虑到以下情况,即被告人对周围的人说"不是我刺伤的",将凶器丢入河中且没有向医生说明使用的是什么凶器,其行动对于救助而言不能说是万全的,从而认为不属于真挚的努力。

在以获得生命保险金为目的的杀人未遂案件中,虽然客观上还没有产生直接的生命危险,但在已经产生了达至杀人既遂的**具体危险时,被告人没有实施消灭该危险的行为而是将被害人放置一旁**。东京地判平成十四年(2002)1月22日(判时第1821号第155页)否定对这样的被告人成立中止犯[另参见福冈高判平成十一年(1999)9月7日(判时第1691号第156页)]。

第三人防止结果发生 行为人点火后感到害怕,只是大叫着"起火了"并呼喊其他人,然后就这样逃跑了。即使第三人把火扑灭了,行为人也不成立中止犯。虽然没有必要把中止犯的成立限定在依靠行为人自己一个人的力量防止结果发生的情形中,但如果看不到行为人对防止结果发生作出的真挚努力,则不应该承认中止犯的成立。因为此时不能认定责任的减少,而且从政策上看,以作出一定的防止结果发生的努力为要件也是合理的。所以,虽然被告人自身为防止结果发生作出了努力,但最终还是由第三人把火扑灭时,仍然有成立中止犯的余地[大判大正十五年(1926)12月14日(新闻第2661号第159页)]。[33]

实行行为的终了时期 虽然在实行未遂的情形中要斟酌有无防止结果的努力,但未必只能形式化地判断"实行行为是否已经终了"。例如,共犯X用日本刀在被害人A的右肩附近砍了一刀,想要再接着砍上两刀使倒地的A彻底断气时,Y阻止了X的攻击并把A带去医院使其接受治疗。Y的行为是实行未遂还是着手未遂,判断起来很微妙[参见东京高判昭和五十一年(1976)7月14日(判时第834号第106页)]。在处理这样的案件时,不能独立地、形式地讨论"实行行为是否已经终了",而必须综合评价有关行为的各种情况,并加入是否应该承认中止的效果这一实质视角来讨论"是否说得上是停止了杀人行为"。

---

[33] 但是,对这种情形下真挚努力的要求相当严格。被告人用菜刀扎刺养女的胸部后在自己家中放火,但听到养女说"救命"后心生怜悯之情,于是将其带出屋外,可是被告人由于自己也身负重伤失去了意识;偶然经过的行人发现后拨打了110报警,这才保住了养女与被告人的性命。关于该案,东京地判平成七年(1995)10月24日(判时第1596号第125页)认为,"上述程度的行为很难说达到了足以与自己防止结果发生等同视之的积极行为的程度"。

> ① 是否存在划分实行行为的客观情况
> ② 终了时应防止其发生的结果的危险性程度
> ③ 客观上继续实施行为的必然性、必要性
> ④ 犯行计划与继续实行的意思强弱
> ⑤ 中断犯行的难易程度

区分实行未遂与着手未遂时，必须综合判断① 是否存在**划分实行行为的客观情况**，② **终了时应防止其发生的结果的危险性程度**，③ **客观上继续实施行为的必然性、必要性**与④ **犯行计划与继续实行的意思强弱**，⑤ **中断犯行的难易程度**等。"从实行行为概念的本质出发推导出其终了时期，然后决定是否需要作出回避结果发生的努力"，这种形式化的、演绎性的探讨是不合理的（另外，关于主观事项与实行行为，参见第 85 页）。

前述大阪高判昭和四十四年（1969）10 月 17 日（→第 128 页）中，在被告人用制作生鱼片的菜刀扎刺了被害人的左腹部一次，使其负有 12 厘米深达肝脏的刺伤时，认定实行行为已经终了。与此相对，东京高判昭和五十一年（1976）7 月 14 日（→第 129 页）则认为，杀害行为不能在实施了第一次的挥砍后就评价为已经终了，而应是着手未遂。被告人本着杀意朝着被害人的头部挥动宰牛刀砍下后，因被害人乞求饶命催生了怜悯之情于是中止了。关于该案，东京高判昭和六十二年（1987）7 月 16 日（判时第 1247 号第 140 页）重视以下这一点，即"以最初的一击没有达成杀害目的时，为完成其目的被告人明确具有**进一步追击的意图**"，从而认为杀人的实行行为没有终了，认定成立中止未遂。

此外，被告人勒住妻子 A 的颈部使其意识稀薄，并将逃出去的 A 拉回来后又勒住其颈部，A 休克后约 30 秒的时间内被害人仍继续勒住 A 的脖子；但其后被告人幡然悔悟，放弃了后续的勒脖子行为，并将 A 放置一旁。关于该案，福冈高判平成十一年（1999）9 月 7 日（判时第 1691 号第 156 页）在认定已经对 A 的生命产生了**现实危险性**的基础上，认为在 A 休克后 30 秒的时间内继续勒住 A 颈部的时点，实行行为已经终了；由于被告人没有实施防止结果发生的积极行为，所以不能承认中止犯的成立。

与此相对，被告人本着杀意用力勒住被害人颈部使其丧失意识，误以为被害人已经死亡于是松开手，虽然注意到被害人尚未死亡，却没有实施进一步的杀害行为而是将被害人摇醒等。关于该案，青森地裁弘前支判平成十八年（2006）11 月 16 日（判夕第 1279 号第 345 页）认为，"杀人的实行行为没有终了"。

被告人想要杀死对方于是让其喝下毒药,但看到对方痛苦不堪的样子后心生悔意并竭尽全力照料、救助。在此情形中,能够认定存在防止结果发生的努力,成立中止未遂。那么,由于毒药实际上没有达到致死量,即便不护理对方也不会死时[34],还成立中止未遂吗?由于中止行为与结果不发生之间欠缺因果性,所以在违法减少说看来,难言"中止了"(另参见平野第337页)。*

防止结果发生的努力与结果不发生的因果性

结果发生时与中止 如果贯彻责任减少说,结果发生时既然也能够认定责任的减少,那么就应该承认刑罚的减免。但是,由于条文将中止犯明确限定在"未遂"的情形中,所以达至既遂时仍承认中止犯的效果,是没有道理的(山中第819页)。中止犯不仅要考虑责任的减少,还要加入政策考虑。结果发生时不存在给予"褒奖"的政策意义。

(4) 预备与中止犯

抢劫预备罪

虽然进行了抢劫的准备工作,但感到抢劫不是件好事于是停止时,该当抢劫预备罪(第237条)。那么,在这种自己打消犯罪念头的情形中,是否准用中止犯规定中的刑罚"减免效果"呢?判例对于预备不承认中止犯规定的准用。X与Y等商量着企图去A家里抢劫,Y等各自携带着开刃菜刀与绳索,X看到Y敲打A家大门并叫醒家里人的情况后,感到自己罪孽深重,无意识地一溜烟跑回了自己家中。对于X,裁判所认为"预备罪中没有肯定中止未遂这一观念的余地"[最判昭和二十九年(1954)1月20日(刑集第8卷第1号第41页)]。

肯定说承认刑罚的必要减免,但否定说则认为就按照《刑法》规定的"2年以下的惩役"处理。从结论上来看,肯定说似乎是妥当的。举起手枪对准被害人时,由于已经着手了所以如果中止则一定要减免刑罚,存在免除刑罚的余地;而如果是在着手之前中止,在抢劫预备的情形中就不存在免除刑罚的余地了。[35] 所以逻辑上会出现比起未遂,预备的处罚更重的情形。

---

[34] 不考虑因毒药的剂量太小以至于成立不能犯的情形。

* 原书第7版省略了第6版中以下一段表达作者观点的内容,为防止误解,经与作者确认后增补如下:但是,如果此时不承认中止的效果则会有失均衡。即在给对方服下达到了致死量的大量毒药时成立中止未遂,而在给对方服下未达到致死量的少量毒药后又进行照料时反而成立障碍未遂。所以,此时应该承认中止的效果。从责任减少说出发可以容易地推导出这一结论。这是因为,既然被告人竭尽全力进行照料,那么可以评价为责任减少了。另外,从政策上来看,由于结果没有发生,也可以承认中止的效果。——译者注

[35] 在**杀人预备罪**(《刑法》第201条)中,可以依情节免除刑罚。

但是,从形式上看,准备行为一经实施预备罪就完成了,实际上难以想象"中止预备行为的情形"。从实质上看,在量刑判断中也可以容易地回避不合理的结论。

另外,在肯定说内部,多数见解是以既遂犯的法定刑为基准减免刑罚。但也存在很有影响力的反对说认为,应该承认预备罪固有的法定刑。[36]

---

[36] 大部分准用肯定说都认为,"预备罪的刑罚是对既遂犯法定刑予以法定减轻而来的",不允许再以中止为由进行重复的减轻(参见第 68 条),从而认为应该以既遂犯的法定刑为基准减轻刑罚(大塚第 228 页)或者只承认免除刑罚(西原第 272 页)。但是,以预备罪中单独规定的法定刑为基准减免刑罚,这种想法更为自然。将预备理解为未遂的前一阶段与承认预备罪固有的法定刑,二者未必矛盾。

第七节 ■ 因果关系

1 ■ 客观上的归责——因果关系

(1) 刑法中因果关系的含义

行为射程内的结果　为了认定构成要件该当性，必须在结果发生的时点进行评价，实行行为与现实发生的结果之间必须存在着客观上被称为"原因与结果"的关系。该结果必须是**行为射程范围内的事实**（藤木第100页）。**以审判时查明的事实为前提，如果相应行为的危险性在结果中得以现实化，则具有因果关系**〔最决平成二十二年（2010）10月26日（刑集第64卷第7号第1019页）〕。不能认定这样的因果关系时，则不能将结果归属于行为，只考虑是否成立未遂罪的问题（处罚未遂时），在结果加重犯的情形中则只负基本犯的罪责。

作为刑法概念的因果关系与自然科学中的"因果关系"并非完全一致。与民法中的因果关系（参见《民法》第416条、第709条）也不相同。其特色在于，包含着是否值得作为既遂来处罚这一价值判断。

(2) 条件关系

定义　**若不存在相应行为则不会发生相应结果**，这一关系（"非P则非Q"的关系）被称为**条件关系**（conditio sine qua non）。作为判定刑法中因果关系的基础，几乎通用的是条件关系。但是，这样的条件关系在逻辑上并非刑法中因果关系的必然前提，条件关系对于推导出妥当的因果关系判断而言，不过大体上具有一定的合理性而已。因此，形式化地套用条件关系会得出不合理的结论时，应该修改条件关系。[1][2]

---

[1] **择一的竞合**　X与Y同时（没有意思联络）想杀A并朝着A开枪，两颗子弹同时射中心脏，A死亡。在此情形中，由于没有X的行为A也会死，没有Y的行为A也会死，所以两个行为都与结果没有条件关系。像X、Y这样的关系称作**择一的竞合**（两发子弹都命中时应该比起一发子弹命中时死亡得更早一些，这一"更早死亡"的结果与X、Y的行为存在条件关系。择一的竞合的案件十分罕见）。为了避免不合理的结论，在"除去几个条件内的某个条件后结果会发生，但除掉全部条件后结果不会发生的情形"中，不得不对全部的条件认定因果关系。

[2] **假定的因果关系**　死刑执行人Y将要对杀人犯A按下死刑执行按钮的瞬间，X把Y撞开并代替Y按下按钮。该情形中，即使X没有按下按钮，A也会在同一时刻死亡。如果加上"若没有X的行为则会存在Y按下按钮的行为"这一假定的条件来考虑，那么会发生完全相同的结果，这种情形被称为**假定的因果关系**。但是，应该将现实中产生的结果归属于现实中引起结果的行为。不应该附加没有现实化的条件（死刑执行人造成的死亡）来思考。

> 条件关系在相当宽广的范围内得到肯定。例如，遭受殴打身负轻伤的被害人在被救护车送往医院的途中因交通事故而死亡时，殴打行为与"死亡"之间存在条件关系。这是因为，如果不殴打被害人，被害人就不会乘上救护车，不乘上救护车就不会死亡。〔3〕

实行行为与结果 　条件关系是**实行行为**与结果之间的关系。因此，即便预备行为产生了结果，也不存在因果关系的问题。本着杀人的目的，将毒酒放在橱柜里面准备着，目标外的人却喝下毒酒死亡时，只该当杀人预备罪与过失致死罪(→第 85 页)。

讨论条件关系时，**结果**只限于现实出现的结果。例如，X 开车撞上 A 使其受到导致 5 小时后死亡的伤害，但 2 小时后 A 因 Y 开车撞上立即死亡。此时需要讨论的结果是现实出现的"2 小时后的死亡"。

不作为的因果关系 　在不作为的情形中，不得不加入**如果实施了被期待的行为，结果是否还会发生**这一假定的判断(→第 97 页)。作出"如果不把子弹射入胸中就不会死亡"这一判断很容易，但能够证明"如果呼叫了救护车就100%不会死亡"的情形则并不多。暴力团成员 X 给少女注射兴奋剂后，少女陷入精神错乱状态，由于 X 在没有采取呼叫救护车等措施的情况下径自离开了，少女因急性心力衰竭而死亡。关于该案，最决平成元年(1989)12 月 15 日(刑集第 43 卷第 13 号第 879 页)指出，"如果被告人立即请求了急救医疗……少女'**十有八九**'可能获救。如此一来，**能够排除合理怀疑地认定该女确实可以获救**，所以……存在刑法上的因果关系"。若具有"十有八九"的可能性则可以对结果负责，这一判断是合理的，但并不是说必须通过鉴定来证明有 80%乃至 90%的概率。这表现的是当下时点的规范评价，即"从国民的视角来看可以将结果归属于该不作为"。**即便结果并非仅仅由于该不作为而发生，而是与其他原因相互结合才导致结果发生，此时也可以说该行为为结果的发生提供了原因**[最决平成二十四年(2012)2 月 8 日(刑集第 66 卷第 4 号第 200 页)→第 139 页、第 220 页]。

传染病学的证明 　其思考方法是，通过弄清楚成为疾病原因的物质、菌种，查明传播途径的方法，在声称有异常的人中发现其共通因子，再从中挑选出能够在科学上

---

〔3〕 如此宽广的条件关系本身被切断的情形，称为因果关系的**断绝**。必须与后述的**中断**区别开来(→第 135 页)。例如，X 砍向卧床不起、完全不能动弹的 A，使其负有两小时后死亡的重伤，但一小时后 A 因雷击而死亡。该情形中，即便没有 X 的行为 A 也会死亡，所以不能认定条件关系。

进行说明的、作用很大的因子,确定原因乃至传染途径。据此传染病学的方法,如果证明达到了"排除合理怀疑的程度",则能予以处罚。

2 ■ 因果关系论的发展

(1) 条件说

条件说 若存在条件关系则可以认定刑法上的因果关系,这样的立场被称为**条件说**。由于条件说同等地评价所有对结果产生影响的条件,对所有的条件都认定因果关系,所以也被称为**同等说、等价说**。[4] 对此有批判指出,如果形式化地适用条件关系,那么 X 使 A 负有需治疗 1 周的伤害,被害人却因救护车发生事故而死亡时,X 成立伤害致死罪,归责范围太宽泛了。与此相对,条件说反驳称,"可通过故意、过失来限定犯罪的成立范围,所以并不存在问题"。但是,对于这一反驳所进行的再次反驳也很有影响力[5],在条件说内部则形成了**因果关系中断论、原因说**等理论来予以应对。

中断论 **因果关系中断论**主张,因果流程中介入了自然性的事实或他人的故意行为时,因果关系中断。[6] 但是,仅仅排除介入的自然现象、故意行为的情形,尚不充分。在使被害人负伤后,被害人因救护车发生事故而死亡等情形中,认定因果关系并不合理。因此,中断论中也出现了主张要加入过失行为的观点。可是反过来,把所有的过失行为的介入都作为中断事由也不妥当。由于这些情形的界限很模糊,所以中断论没有得到太有力的支持。

原因说 原因说主张通过某种基准,从对结果产生影响的诸条件中选择出可以成为"原因"的条件,只对该条件承认刑法上的因果关系(也被称为**个别化说**)。关于

---

[4] 需注意的是,条件说还具有这么一面,即把对结果而言存在条件关系的人都同等地认定为正犯(→第 385 页)。

[5] ① 在**结果加重犯的情形**中,由于判例对加重结果不要求具有过失,所以不能通过故意、过失来限定。② 在**按照故意的内容出现结果,但针对该结果科刑并不合理的情形**(例如,想以发生事故的方式杀死对方于是劝说对方乘坐新干线,实际上对方也因事故而死亡的情形)中,也不能指望通过故意、过失来限定处罚。但是,这样的案件可以以欠缺杀人的实行行为性来处理(→第 116 页)。
③ 还有批判指出,在**按照故意的内容出现结果,但导致结果的流程很异常的情形**下,依靠条件说不能很好地应对。想要杀人而使被害人负伤,结果住院的被害人因地震而死亡时,根据条件说,对地震造成的死亡结果也要予以归责。的确,可以将该批判作为**因果关系的错误**(→第 197 页)来应对;但如果以因果关系的错误为由否定故意,那么就不能成立未遂而是变成了无罪,从而不能得出妥当的结论。因此,只要采用条件说就会残留不能应对的问题。

[6] 也有很多人认为中断论是条件说内部的修改说。

决定哪些条件是"原因"的基准,存在以下学说:(a) **最终条件说**主张最接近结果的条件是原因,(b) **最有力条件说**主张最有影响力的条件是原因,另外还有主张(c) **违背生活常规的条件是原因**的学说。但是,最终的条件并不一定总是重要的;此外,这里的课题正在于"决定哪个条件是最有影响力的",对此没有提供线索的最有力条件说也没能获得强有力的支持。于是,**相当因果关系说**纠正了这些缺点,进一步发展了原因说[(c)说成为相当因果关系说的先驱]。

136 **(2)相当因果关系说**

三种学说　　相当因果关系说认为,**按照一般人社会生活上的经验,如果能够认定某行为导致某结果的发生通常是相当的,那么承认具有刑法上的因果关系**。相当因果关系说在战后日本的学说中占据着压倒性地位。可以说,该理论以行为时为基准,从一般人的视角出发来判断相当性,由此在具有条件关系的行为中锁定妥当的范围。

相当因果关系说是**在行为时以一般认为基准判断相当性(判断基准)**的。但是,要以哪些事项为基准来判断相当性呢?对此学说出现分歧(**判断基础**)。(a) **客观说**以行为时发生的全部事项与可以预见的行为后事项为基础判断相当性。〔7〕 与此相对,(b) **主观说**以行为人在行为时认识到的或者可以认识到的事项为基础判断相当性。此外,(c) **折中说**则是以行为时一般人能够认识到的事实以及行为人已经特别认识到的(而不是"能够认识到的")事项为基础。〔8〕

	判断资料(基础)	判断时点	判断基准
(a) 客观说	客观上的情况	行为时	一般人
(b) 主观说	本人	行为时	本人
(c) 折中说	一般人+本人	行为时	一般人

折中说的有力化　　在日本的学说中(c)说最有影响力。首先有批判指出,(a) 客观说以一般人都不能得知的特殊事项为基础来承认因果关系,这对于行为人来说太严苛了。虽然只是造成很小的伤害,但被害

---

〔7〕 但是,如果把从行为后(审判时)来看查明的全部事项都加入进去,"立足行为时判断相当性"就失去意义了。判断时点无论如何都应当是行为时。

〔8〕 有关不能犯的具体危险说酷似相当因果关系论中的折中说。抽象危险说与相当因果关系论中的主观说,客观的危险说与相当因果关系论中的客观说,其判断构造也很类似。不能犯论中讨论的问题是,行为所具有的危险性是不是相应构成要件所预设的,这里面中包含着与相当性类似的问题。

人因血友病（从外观完全看不出来）出血不止而死亡时，根据客观说则是以"被害人是血友病患者"为基础来判断"死亡的结果是否相当"，从而会对死亡承认因果关系。相反，(b) 主观说则被批评为因果关系"失之过窄"。这是因为，把行为人不能认识到但从一般人来看当然能够认识到的情况排除在外，并不妥当。

根据(c)折中说，既然一般人不能获知被害人患有血友病，那么此时就要判断"因伤害普通人的手臂而发生死亡结果的相当性"，从而否定相当因果关系。但是，如果行为人已经知道被害人是血友病患者，则承认具有刑法上的因果关系。

相当因果关系说的界限　相当因果关系说，尤其是折中说在学说上获得支配性地位，这是由于其判断方法，即**按照一般人社会生活上的经验，某行为导致某结果的发生通常是相当的**这一点，与伴随规范评价的因果关系论具有整合性。但是，把判断基础仅锁定在"一般人能够认识到的事项"从而直接推导出有无因果关系的结论，对此不无疑问。"由于一般人不能认识到'被害人是血友病患者或者脑梅毒患者（→第147页），所以将这一点排除出去后判断相当性，从而否定因果关系"，这样的判断很明快，但仅仅这样来判断有无因果关系会存在疑问。除无法与判例的结论整合在一起外（→第147页），判断是否成立伤害致死罪时不考虑对血友病人施加的伤害程度如何，这也是有疑问的。根据被害人存在的特殊事项或异常介入事项的重大性，结论上应该会有所差异（在不能犯的讨论中，从一般人的视角出发决定"是人偶还是活人"从而推导出结论，这样的主张与此处存在着相同的问题）。这本来就不是依靠"选择本人认识的、一般人认识还是客观的全部事项作为判断基础"这一"形式犯罪论"能够得以处理的问题，而是立足于对具体个别事项的综合衡量之上的规范评价。相当因果关系论也必须予以实质化。

主观方面与相当性　此外，与实行行为的情形相同（→第85页），主观方面也会产生影响。由于因果关系被归入客观的构成要件要素，所以判断时基本上应当排除主观方面的事项。但是，折中说不得不加入"行为人已经特别认识到的事项"。折中说认为，"犯人偶然知道相关事实时具有因果关系，但如果不知道，那么即便在完全相同情况下实施了同样的行为，也不具有因果关系"。对此有批判指出，这宛如是在主张"如果闭上眼来实施，那么危险的行为也是安全的"。但是，让糖尿病患者摄入糖分从而将其杀害的情形中，如果行为人不知道糖尿病这一事实，那么完全有可能不得对死亡结果承担责任。[9] 问题出在了通过"是否已经认识到某事项"来决定有无因果关系这一形式化的解释上。应当把对特殊事项的认识程度、对结果发生有无容认等都包含在内，**斟酌一般人是否会认为某行为导致某结果的发生是相当的**。

客观归属理论的影响 关于实行行为与结果的联结，自昭和五十年代（1975—1985）起，以过失犯领域为核心，客观归属（归责）理论得到大力主张，影响着以相当因果关系说为核心的日本因果关系论。可以说，**客观归属理论**是违法（义务违反）关联的理论、保护范围（目的）论等的集合体（参见山中敬一：《刑法における客観的帰属の理論》，第 1 页以下）。① **违法（义务违反）关联理论**认为，即便行为人遵守了注意义务（→第 206 页），结果仍然还是会确实地发生时[10]，不对结果予以归责。② **保护范围（目的）论**认为，即便由于违反注意义务的行为产生了结果，但该结果处于行为所侵犯的规范保护范围之外时，不能予以归责。[11] 虽然客观归属理论的思考方法与相当因果关系说在很大程度上有所重合，但比起必须以行为时的相当性判断为核心的相当因果关系说，可以说客观归属理论与日本判例中因果关系的思考方法（→第 139—140 页）——从审判时的视角出发把行为后的情况也考虑进去，进而思考行为与结果的联结——更具有亲和性（山中第 271 页）。

3 ■ 新的因果关系论

（1）从行为时的相当性到事后的综合判断

<small>判例中因果关系的思考方法</small>　关于因果关系的有无，实际上产生争议的是"**实行行为**"与**行为时或行为后**的"**其他原因**"竞合产生结果的情形。判例几乎是一以贯之地认为，**某行为成为原因而产生了某结果时，不仅是在只因该行为产生结果的情形中，在该行为与其他原因相互结合**

---

[9] 客观说主张，因果关系也应当纯粹地予以客观判断，关于行为时的特殊事项，既然在一定程度上有可能存在认识到该事项然后实施行为的行为人，那么就必须以存在该特殊事项为前提来判断相应结果发生的危险性。客观说更加容易理解（曾根第 74 页），而且从故意的角度出发，根据对死亡结果有无认识（可能性）从而将处罚限定在妥当的范围内也是完全可能的。但是，比起形式上的逻辑性，判例、学说大多优先考虑"因果关系判断"的妥当性，重视结果预见可能性的程度，承认包括认识在内的主观事项的影响。

[10] 至少在出发点上考虑的是过失犯。

[11] 可以说，保护范围论所讨论的对象是，介入事项等导致有无因果关系判断起来很微妙的案件。也是受该理论的影响，通过考虑介入事项的异常性——介入事项的产生是否与实行行为没有关系，比起实行行为能否说结果是由介入事项所产生的——这种形式，从正面讨论实行行为所具有的危险是否在结果中得以实现的倾向增强了（→第 141—142 页）。

产生结果的情形中,该行为也为结果的发生提供了原因[12][最判昭和二十二年(1947)11月14日(刑集第1卷第1号第6页);最判昭和四十六年(1971)6月17日(刑集第25卷第4号第567页)。关于不作为的,最决平成二十四年(2012)2月8日(刑集第66卷第4号第200页)→第220页]。所谓"相互结合",意味着实行行为未必是"主要的原因",即便行为时存在并发事项或行为后存在介入事项,实行行为的危险性也可以评价为具体化于结果之中了。其实质基准在于,**考虑介入(并发)事项的异常性及其对结果的贡献度后,实行行为的危险性能否评价为在结果中实现了**。

一般认为,过去判例中除去部分例外的情形,采用的是条件说(团藤第163页)[13],但**最决昭和四十二年(1967)10月24日**(刑集第21卷第8号第1116页→第145—146页)以不属于"经验法则上当然能够被预想到的"为由否定了因果关系,转而采用了相当因果关系说。但是,判例中大多采用的"**是否与其他原因相互结合产生结果**"这一判断,明显与"立足于行为时的行为人的结果预见可能性判断"有所不同。在此意义上,可以说判例并没有采用"相当因果关系说"。

相互结合 如果行为导致**结果发生的危险性**十分低,那么结果是由于并发或介入事项而发生,不能说是"相互结合"产生的。如在造成被害人1厘米的伤口,但被害人患血友病,出血不止而死亡的情形中,可以说不成立伤致死罪。但是,本着伤害的故意用小刀砍伤被害人使其负有30厘米的创伤时,即便认为"因血友病的缘故死亡时期大幅提前了",仍然不能否定砍伤行为与提前的死亡之间存在因果关系。

能否谈得上是"相互结合",需要通过衡量(A) **实行行为本身的危险性大小**(行为时结果发生的盖然性程度),(B) **行为时并发事项或行为后介入事项的异常性**(预见可能性的高低),(C) **实行行为与并发或介入事项对最终结果的贡献程度**,来判断。这不是一种形式化的讨论,即不是说"将血友病放入判断基础中则能够认定因果关系,若不放入则欠缺相当性"(→第138页),而是囊括各要素的综合判断。

---

[12] 大判大正二年(1913)9月22日(刑录第19辑第884页)指出,不管产生结果的原因是直接的还是间接的,也不管是不是属于仅凭该原因不会发生结果、该原因与其他原因相结合才产生结果的情形。

大判昭和三年(1928)4月6日(刑集第7卷第291页)也认为,行为当时犯人或一般人不能认识到的情况即便只是**产生结果的一个条件**,也仍然具有因果关系。此外,战后的判例可以说是蓄积了立足于具体案件之上的因果性判断,镶嵌式地表明其立场[永井敏雄:《最高裁判所判决解释》,昭和六十三年(1988),第277页]。

[13] 许多学说将滨口首相案件判决[东京控判昭和八年(1933)2月28日(新闻第3545号第5页)]评价为采用了相当因果关系说。

> (A) 实行行为中存在着的危险性大小
> (B) 并发或介入事项的异常性大小或者说与实行行为的关联性大小
> (C) 并发或介入事项对结果的贡献程度

行为时与行为后　现实中因果关系存在问题的案件大体上分为以下两类：一是"**行为时**因存在行为人不能认识到的特殊并发事项而发生结果的案件"，二是"**行为后**介入了特殊事项的案件"（平野第143页）。此外，在讨论第一类案件时，通过要在多大程度上将行为时的特殊并发事项纳入**判断基础**中这一问题，与相当因果关系论中客观说、折中说以及主观说的对立联结起来。与此相对，关于行为后的介入事项，相当因果关系论中的各学说之间不存在差异。[14] 可是，实务中面临的大部分因果关系问题都集中于第二类案件，而这类案件中的问题并不对应于因果关系中的各个学说。再者，实务中要求将判断基准中**相当性**的判断构造予以精细化。[15] 所以，只考虑相当性的**程度**尚且不够，还要将(A)(B)(C)这些因子及其衡量方式作为问题来讨论。

两者的连续性　此外，行为时的事项与行为后的介入事项本来就难以截然区分。实际上，判断基础与判断基准也不能明确地区分开来。[16] 如此一来，通过考虑"作为哪种类型来处理"而导致结论上产生较大

---

[14] 这是因为，虽然只有客观说主张"能够预见到的行为后事项也要加入判断基础中"，但在主观说、折中说的相当性判断中也考虑了"能够预见到的行为后事项"（大塚第174页）。

[15] 一般认为，有无相当性可以容易地以一般人为基准来判断。但是，关于相当因果关系说中的相当性，从要求"高度的盖然性"（川端第168页）到认为不过是"排除极其偶然的情形"（平野第142页），理解上存在很大的差异。另外，虽然判例采用的并不是相当因果关系说，但从结论上看可以说作出的是接近于"排除极其偶然的情形"的判断（→第139页）。

[16] 例如，在多数人的过失竞合造成列车事故的案件中，许多情形下竞合的既可以说是"行为时"的事项，也可以说是"行为后"的事项。最决昭和三十五年(1960)4月15日（刑集第14卷第5号591页）认为，"即使其他的过失同时竞合，或按照时间的前后顺序累加重叠；又或者介入了其他某个条件，且该条件对结果的发生具有直接且优势的作用，而本案中有争议的过失则只起到了间接且劣势的作用，……上述过失与结果之间仍然存在着法律上的因果关系"[另参见最决昭和三十六年(1961)1月25日（刑集第15卷第1号第266页）、最判昭和四十九年(1974)7月5日（刑集第28卷第5号第194页）]。

创伤事后出现脓毒症而死亡的情形[大判大正三年(1914)9月1日（刑录第20辑第1579页）]，以及因伤害行为间接产生的其他疾病成为致死主要原因的情形[大判昭和六年(1931)8月6日（刑集第10卷第365页）]，多被归入行为时的并发事项这一类型中。但这些情形也可以划分到介入脓毒症或其他疾病等事后事项这一类型中。

此外，关于血友病的案件，岐阜地判昭和四十五年(1970)10月15日（判夕第255号229页）也同时考虑了行为后的介入事项（本案中，由于被害人患血友病且受伤后处理不当，受皮鞋踢打的下腹部及受拳头攻击的颈部的皮下肌肉内血管破裂导致出血死亡）。再者，受到暴行后逃走的被害人因患有先天性心脏疾病，加之急性循环功能不全而死亡的，也可以理解为是"介入了被害人行为"的案件，即介入了被害人过于害怕而急速奔跑这一行为[仙台地判平成二十年(2008)6月3日裁判所网站]。

差异,这是不合理的。因此,判例不区分"判断基础"与"判断基准",也不区别对待行为时的事项与行为后的事项,而是通过"基准"来判断有无因果关系,即究竟是实行行为与并发或介入事项"相互结合"产生结果的,还是"以并发(介入)事项为原因"产生结果的。

(2) 并发或介入事项与危险实现的判断构造

归责的具体基准 存在预料之外的并发事项或行为后介入异常事项从而发生结果时,仅仅从"现实出现的因果经过是否离奇古怪,是否超越了相当性"这一视角出发,不能判断结果的归责关系。如前所述,能否将结果归属于行为人的实行行为,要综合以下三点来综合判断,即(A) **实行行为对结果发生的贡献程度,**(B) **并发或介入事项的异常性大小或者说是否由实行行为所诱发,**(C) **并发或介入事项对结果的贡献程度。**

行为的危险性大小 (A) 有争议的实行行为使被害人负有濒死的重伤时,与不过是造成轻伤的情形相比,前者对于死亡结果的贡献程度更大。

① 实施危险性高的行为,该行为**形成死因**时,原则上不用讨论(B) 实行行为与介入事项的关联性强弱以及(C) 介入行为对结果的贡献程度,就能认定归责(**致命伤型**)。[17]

② 实行行为导致结果发生的危险性极小时,除去引起结果的介入事项是由实行行为必然引起的这种例外情形,都不能认定存在因果关系。虽然让被害人负有轻微的伤害,但被害人患有血友病而失血过多死亡时,可以否定因果关系。

③ 行为的危险性程度介于上述两者之间时,需要加上(B)与(C)来综合判断。判例的思考方法是,只要介入事项没有严重到具有压倒性的程度,原则上就要将结果归属于实行行为。

> ① 实行行为的危险性大→原则上具有因果关系(致命伤型)
> ② 实行行为的危险性小→原则上没有因果关系
> ③ 中间→考量介入事项的异常性与贡献程度(预料内型、诱发介入事项型)

---

[17] 使被害人负有半日后死亡的重伤的行为,只有在极其特殊的情形下才不与住院中的死亡结果具有因果联系,如被害人因地震在病房中被压死的情形,或者一直怀恨在心的第三人故意地将被害人射杀的情形。此外,即便并存着血友病这一因素,根据实行行为的危险性也能认定与死亡结果之间的因果关系(→参见第 147 页)。

实行行为危险性高的致命伤型 被告人对被害人施加激烈的暴行、胁迫,导致其脑出血(成为死因)进而陷入意识消失的状态后,将其放置在码头的材料堆放场并离开,但被害人被某人用四棱木材殴打头部,导致死亡时期稍稍提前。关于该案,最决平成二年(1990)11月20日(刑集第44卷第8号第837页)肯定了暴行与死亡之间的因果关系。此外,被告人用破裂的酒瓶捅刺被害人使其负有大量出血的刺伤,治疗后被害人的病情一度安定下来;可是被害人从身体上拔掉治疗用的导管等,病情急剧恶化,最终因上述刺伤导致的脑机能障碍而死亡。关于该案,**最决平成十六年(2004)2月17日**(刑集第58卷第2号169页)认为,被告人造成的**刺伤本身是能够导致死亡结果的身体损伤**,即便介入了被害人不遵照医师的指示,没有尽力静养这一情况,仍然具有因果关系。虽然是被害人自发地采取了不合理的行动,但由于(A)实行行为的危险性很高,(B)患者不遵从医嘱的事态并非完全不能想到,所以可以说危险就这样现实化了。[18]

异常的并发或介入事项与诱发　(B)并发或介入事项的异常性不只是单纯地将"介入事项本身是否离奇古怪"作为问题来对待。必须通过介入事项与实行行为的关系来考虑介入事项在多大程度上具有**通常性**。并发或介入事项的异常性通过以下三点来判断:① 并发或介入事项本身离奇古怪的程度;② 出现类型化的概率,即常常会附随着这样的行为出现,还是鲜有发生;③ **关联性**,即行为人的**实行行为成为诱因必然地引起介入事项,还是说介入事项是在与实行行为无关的情况下产生的**。

最容易认定因果性的,是实行行为与介入事项近乎不可分地联结在一起,后者**必然会被引起**的情形。但实际上有争议的案件,即介入事项能够"容易地"预想到的**预料内型案件中**[19],原则上也能认定因果关系。因果关系判

---

[18]　此外,被告人使被害人负有头盖骨骨折等伤害,但由于其他人将被害人面部朝下抛入水浅的河中,被害人因头部的伤害引起脑震荡丧失了反射机能,从而溺水身亡。关于该案,大判昭和五年(1930)10月25日(刑集第11卷第761号)认定了致死的因果关系。本案中,(A)被告人实施的是造成头盖骨骨折等重大的侵害行为;(B)介入行为并非与被告人完全没有关系;(C)将被害人抛入水浅的河中这一行为与引起头盖骨骨折等的实行行为相比,前者算不上是凌驾、压倒于后者之上的行为。

[19]　**预料内型的具体案例**　例如,贩卖对人体有害的酒精饮料时,一般可以预料到买入该饮料并饮用的人[最判昭和二十三年(1948)3月30日(刑集第2卷第3号第273页)]。被告人一边将拳头大的破瓦片投向被害人,怒吼着"杀了你",一边举起锄头追赶被害人,最终被害人不小心被铁棒绊倒身负跌打伤[最判昭和二十五年(1950)11月9日(刑集第4卷第11号第2239页)]的情形,以及为了逃避强奸,被害人在漆黑的夜里沿着乡间小道逃出几百米并受伤[最决昭和四十六年(1971)9月22日(刑集第25卷第6号第769页)]的情形中,都认定了因果关系。交通事故8个月后,被害人在住院治疗中复发肺结核而死亡的,也认定了因果关系[东京高判昭和五十四年(1979)2月8日(刑月第11卷第1—2号第28页)]。

断中最微妙的是,实行行为与并发或介入事项的关系虽然说不上在预料之内,但① 实行行为**诱发了介入事项**,② 被诱发的被害人等的不适当行为**并非显著不自然、不寻常**时,原则上能够认定因果关系(**诱发型**主要涉及的是行为后介入事项的问题)。

> **诱发型** 在视野很差的海中,教练没有注意夜间潜水训练中学员们的动向,不小心离开后看丢了学员们。关于该教练的行为,**最决平成四年(1992)12月17日**(刑集第46卷第9号第683页)指出,"不能否认,助理教练及被害人的行动也有欠妥当;但是,这些行为是由被告人的上述行为所**诱发**的",可以肯定"被告人的行为与被害人的死亡之间存在因果关系",从而认定成立业务上过失致死罪(第211条)。本案中,(B) 一般能够料想到被害人等不适当的应对行为,介入事项的异常性较小,且是由被告人的行为所诱发的,所以能够认定归责(**诱发型**)。[20]
>
> 数人在公园与公寓的房间内对被害人断断续续地施加了约3个小时的暴行;后来被害人穿着袜子就逃跑了,出于极度的恐惧感闯入了约800米远的高速公路,被快速驶来的汽车撞上、碾轧而死。关于该案,**最决平成十五年(2003)7月16日**(刑集第57卷第7号第950页)认为,作为逃避被告人等暴行的方法,闯入高速公路说不上显著不自然、不寻常,死亡可以评价为起因于被告人等的暴行。本案中,虽然(A) 暴行、胁迫本身还说不上具有产生死亡结果的高度可能性;但是,(B) 闯入高速公路这一行为受到了高强度暴行的强烈影响、支配,虽然被害人选择了闯入高速公路这一极其危险的逃跑方法,但与为了逃避暴行被害人自己跳入水中而死的案件一样(参见脚注19),被告人成立伤害致死罪(**诱发型**)。[21]

开车撞上被害人使其跌倒在路上时,容易预料到被害人会被其他车辆撞上[**最决昭和四十七年(1972)4月21日**(判时第666号第93卷);另参见大阪高判昭和五十二年(1977)11月22日(刑月第9卷第11—12号第806页)]。被害人在黎明前昏暗的高速公路第三通行区域内让其他人的汽车停下来(过失行为),即便介入了其他人持续将该汽车停在路旁等举动,上述过失行为仍然与后续车辆撞上该汽车所导致的死伤之间具有因果关系[**最决平成十六年(2004)10月19日**(刑集第58卷第7号第645页)]。另外,这也可以说是后述的"**诱发型**"。

此外,只要不存在特殊的情况,被害人为了避免暴行自己跳入水中而死亡的情形也属于预料内的事态,成立伤害致死罪[大判昭和二年(1927)9月9日(刑集第6卷第343页);最判昭和二十五年(1950)11月9日(刑集第4卷第11号第2239页);最决昭和四十六年(1971)9月22日(刑集第25卷第6号第769页);以及东京高判昭和五十五年(1980)10月7日(判夕第443号第149页)]。被害人不堪暴行想要逃跑却跌落池中,因头部撞击到露出的岩石而死亡时,暴行与死亡之间也存在着因果关系[最决昭和五十九年(1984)7月6日(刑集第38卷第8号第2793页)。大判大正八年(1919)7月31日(刑录第25辑第899页也表达了同样的旨趣)]。这样的类型也可以理解为实行行为**诱发**了介入事项。

[20] 另需注意,由于本案是过失犯,所以即便存在于行为中的结果发生概率比杀人罪的更低一些也足够了(→第85页)。

[21] 属于**致命伤型**的最决平成十六年(2004)2月17日(→第142页)无疑也考虑了诱发这一点。本案中,存在① 实行行为的危险性很大,以及② 被害人并非通常都会采取适当的应对措施这两点,但也可以说本案重视了被害人乃是被迫采取如此应对措施这一点,从而认为"因果关系没有中断"。

145　　被告人与他人共谋之后,于凌晨3点40分左右将被害人推入轿车后备箱内,途中将车停下,此时另一轿车以时速约60千米的速度撞上装有被害人的轿车,后备箱内的被害人死亡。关于该案,**最决平成十八年(2006)3月27日**(刑集第60卷第3号第382页)认定成立监禁致死罪。本案中,虽然以下这一点也很重要,即(A)在没有防护措施的情况下将被害人放置在后备箱内,一旦遭受来自外部的撞击,对生命、身体会产生非常大的危险;但还存在着这么一个因素,即(B)停车时的汽车追尾事故并不罕见,黎明时分在繁华地段便利店附近的单向一车道上停车会招致追尾事故(**诱发型**)。

并发或介入事项的贡献程度　　(C)介入事项对结果的贡献程度对于结果的归责判断而言也很重要。但是,在实行行为已经造成濒死状态,后实施的暴行行为不过是使死亡稍稍提前的致命伤类型的案件中,结果要归责于当初的实行行为(→第142页)。如果行为的危险性没有产生决定性影响,那么行为是否诱发了并发或介入事项就具有了重要意义;即便没有诱发这些事项,也要斟酌是否介入了**凌驾(压倒)于先行行为之上的事项**。

　　虽然施加了伤害,但被害人在医院因**火灾、地震**等而被烧死、压死时,不能认定因果性。此外,如果介入的是**故意行为**,那么通常会比介入过失行为时贡献程度更高;比起不作为,作为更容易切断因果性。[22]

> **故意行为的介入**　　被告人因来复枪的误射使被害人身负重伤,由于被害人过于痛苦,于是被告人用来复枪射杀被害人。关于该案,**最决昭和五十三年(1978)3月22日**(刑集第32卷第2号第381页)没有认定误射行为与死亡之间的因果关系。本案中,不仅(B)中途介入的蓄意射杀行为的异常性非常高,而且(C)该介入行为对结果发生的贡献程度也非常高,可以说否定误射行为与死亡之间的因果关系是理所当然的。[23]

146　　驻留军中的士兵在驾驶吉普车时将行人撞上汽车的顶棚,副驾驶座上的同乘者在汽车行驶中将被害人拉拽了下来,被害人死亡。关于这一介入**故意行为**的案件,**最决昭和四十二年(1967)10月24日**(刑集第21卷第8号第1116页)指出,同乘者从行驶中的汽车顶棚上将被害人拉拽下来的行为,"在经验上一般不能预想得到……终究不能说死亡结果的发生在我们的经验法则上是能够当然地预想得到的"。该判断被评价为采用的是相当因果关系说(→第139页)。的确,(B)同乘者有意地将被害人拉拽下来的行为很异常,与被告人的行为没有关系,而且(C)将被害人从行驶中的汽车顶棚故意拽落至柏油路上的行为,对死亡结果的贡献程度很高,所以否定因果性不能说不合理。但是需要注意,本案的实行行为不过是过失的。此外,关于(A)实行行为的危险性,如果能够认定实行行为使被害人负有**若放置不管就存在死亡危险的伤害**,那么会认定实行行为与死亡之间的因果性,成立业务上过失致死罪。

---

〔22〕　也存在着介入事项中包含故意性的要素却仍然认定因果关系的情形。最决平成二十二年(2010)10月26日(刑集第64卷第7号第1019页)认为,虽然介入了机长无视防止撞机装置发出的信号这一行为,但能够认定航空管制官的错误指示与飞机异常接近事故之间存在因果关系(过失→参见第221页)。

〔23〕　本就是以过失致伤罪起诉的。

(3) 因果关系有争议的具体类型

并发事项的诸类型　虽说都是行为时的特殊并发事项,但其异常程度各有不同。判例中争议的案件里面,既有像"年老骨脆的情形"这样因果性几乎没有争议的[最判昭和二十二年(1947)11月14日(刑集第1卷第1号第6页)],也有被害人患"血友病"这种概率仅十万分之四的罕见疾病的情形,还存在着介于二者之间,如被害人心脏异常或罹患脑梅毒从而脑组织脆弱化的情形。所以,是否将血友病等行为时的事项纳入判断基础中,这种二选一式的处理不能推导出妥当的结论(→第137页)。若以伤害"血友病患者"为前提来判断,则不得不说死亡结果是相当的。反过来,若把将心脏的异常从判断基础中排除出去,那么通常会否定因果关系。无论哪种方式,都不能应对临界案例。

> **心脏疾病(异常)**　经常讨论的问题是,施加暴行时被害人患有心脏疾病,被害人因心脏停止而死亡的,是否成立伤害致死罪[有关伤害致死罪(第205条)的案件很多]。在相当因果关系说中,根据是否要将心脏疾病纳入判断基础中,结论上产生了很大的分歧。但是,判例认为**行为与该特殊事项相互结合产生致死的结果**时可以认定因果关系,判例中几乎看不到否定因果性的案件。[24] 在心脏等器官患有疾病的人因暴行而心脏停止跳动的情形中,即便从外观看不出该疾患,但由于心脏疾患并不稀少,心脏疾患所发生的心脏停止是由实行行为诱发的,所以当然能够认定因果关系。

> **脑梅毒**　最判昭和二十五年(1950)3月31日(刑集第4卷第3号第469页)是这种类型案件的先例,对学说也产生了强烈影响。被告人用鞋底踢踹被害人的左眼使其负有痊愈需10日的伤害,但由于被害人罹患脑梅毒,脑组织异常虚弱,最终被害人死亡。关于该案,上述判例认为,虽然预测不到脑梅毒这一事项,但由于被告人的**行为与该特殊事项相互结合产生致死的结果**,所以认定成立伤害致死罪[相关联的判例还有大判昭和六年(1931)10月26日(刑集第10卷第494号)]。因此,也有批判认为"判例采用的是**条件说**"并指出,死亡起因于一般人都不能认识到的事项时,将该死亡结果归责于使被害人负有轻度伤害的被告人是不妥当的。

---

[24]　大判大正十四年(1925)12月23日(刑集第4卷第780页);最判昭和二十二年(1947)11月14日(刑集第1卷第1号第6页);最判昭和三十二年(1957)2月26日(刑集第11卷第2号第906页);最决昭和三十六年(1961)11月21日(刑集第15卷第10号第1731页)。对于施加暴行后,由于被害人患有心脏疾病而急性心脏死亡的案件,也认定成立伤害致死罪。前述最决昭和四十二年(1967)10月24日(→第145—146页)使用了相当因果关系说式的表述后,判例还是在**与被害人身体中的高度病变相互结合产生死亡结果**的情形中认定致死之罪的成立[最决昭和四十六年(1971)6月17日(刑集第25卷第4号第567页)]。

但是,判例采用的既不是条件说也不是相当因果关系说中的客观说,判例进行的是有关危险现实化的**事后综合判断**。从实行行为危险性的视角来看,猛烈踢踹被害人左眼达到使其产生10日瘀斑(内出血)的程度,最终脑部出现异常死亡时,认定伤害致死未必不妥当。〔25〕

血友病 应当认为,判例没有采用条件说或相当因果关系客观说。对于被害人患"血友病"这种概率仅十万分之四的罕见疾病因失血过多而死亡的案件,在下级裁判所的判例中否定了因果关系[岐阜地判昭和四十五年(1970)10月15日→第141页]。即便是现在,如果被害人具有非常特殊的体质,也存在否定因果关系的情形。但是,将这样的体质纳入判断基础,不与实行行为的危险性进行衡量就全都否定因果性,也是不合理的(→第147页)。如果(A)行为的危险性很轻微,那么(B)存在罕见的特殊事项,且(C)特殊事项对最终结果的发生贡献度很大时,不能将具有条件关系的结果归责于该行为。

介入事项的诸类型 根据介入事项的种类,可以将存在行为后介入事项的类型主要归纳为① 第三人行为的介入,② 被害人行为的介入与③ 行为人本人行为的介入这三种。〔26〕

介入医疗过错 介入了医师的过错,是介入第三人行为的典型情形。虽然让被害人负有伤害,但因医师的过错使被害人死亡时,虽然也会考虑(A)实行行为所产生的伤害程度;但(B)既然是实行行为导致治疗行为的,且在经验事实上手术等未必通常都会成功;(C)只要医师没有故意采取扩大危险的措施,或者没有介入医师醉酒实施手术等**重大的过失行为**,就难以将医疗行为看作是死亡的主要原因。结果是,看不到因介入医疗过错而不对死亡结果归责的案例(治疗创伤时因医师的错误而使患者死亡的,大审院认定了死亡与伤害行为之间的因果关系[大判大正十二年(1923)5月26日(刑集第2卷485页)];最高裁也几乎在反复作出同样的判断[最决昭和三十五年(1960)4月15日(刑集第14卷第5号第591页);最决昭和四十九年(1974)7月5日(刑集第28卷第5号194页)]。即便是介入了ABO血型不合的输血(异型输血)这样的重大过错,结果仍然被归责了[东京高判昭和五十六年(1981)7月27日(判夕第454号第158页)]。

---

〔25〕 虽然"用食指轻轻地戳刺被害人头部后,被害人因脑部异常而死亡"时,会得出"将致死结果归责于该行为太苛刻了"的结论,但并不意味着行为本身不具有高度的致死危险性(一般人看来仅因该行为本身而产生死亡结果是不相当的)就不能认定因果关系。

〔26〕 另外,在教科书等中常常看到的介入了地震等自然现象的案件,在现实中不会成为问题。

被害人的异常举动 最决平成十六年(2004)2月17日(→第142页)是典型的致命伤型案件,这是有关被害人不遵从医师指示的判例。类似的案件自古有之,如在大判昭和十四年(1939)9月11日(判决全集第6卷第28号第19页)的案件中,受跌打伤的被害人缺乏静养导致病情恶化时认定了因果关系。此类案件的核心不在于像最决平成十六年(2004)2月17日判例这样(A)实行行为危险性很大的情形中;而是在诸如以下这样的案件中讨论(B)介入行为的异常性:受伤的被害人没有去医院就诊而是在伤患处涂抹天理教的"神水",致患上丹毒症从而伤情恶化,本案中就加重的伤害结果认定了伤害罪[大判大正十二年(1923)7月14日(刑集第2卷第658页)]。[27] 在此,①是否由被告人的行为所**诱发**,进而②**状况上是否显著不自然、不相当**,成了判断因果性的线索。

没有医师资格的柔道正骨师接受了28周岁被害人有关伤风感冒的诊察治疗请求,认为要以热量来杀灭杂菌,于是作出了"提高热量,把汗流出来"等指示;遵从该指示的被害人出现了脱水症状,并发肺炎而死亡。关于该案,**最决昭和六十三年(1988)5月11日(刑集第42卷第5号第807页)**认为,"虽然患者方面存在没有接受医师的诊察治疗而是遵循上述指示这一过错,但上述指示与患者的死亡之间存在因果关系"。本案中,被告人基于被害人的信赖自己反复作出高频度的指示,指示行为与介入事项(被害人的过错)之间关联性很强,介入事项的异常性并没有那么大(**诱发型、预料内型**)。

与此相对,作为介入被害人行为的典型案例,"为了逃避暴行被害人自己跳入河中溺死"这样的类型正是**预料内型**。在这种类型中,(B)正是由于被告人的行为才产生了被害人的介入行为,当然能够认定因果关系(→参见第90页)。

介入事项的复合 X在高速公路上让Y的车停靠在光线昏暗的高速公路超车道上(第一行为);X下车后对Y施加暴行(第二行为),Y也针对该暴行进行了反击等,在此过程中,另外两辆汽车为了避开Y车发生碰撞事故也停了下来;此时X开车离去,但Y还在危险的事故现场继续停车七八分钟(过失行为),导致一高速驶来的被害车辆撞上了Y车,被害车辆的司机等4人死伤。关于该案(业务上过失致死伤罪),最决平成十六年(2004)10月19日(刑集第58卷第7号第645页→第144页注19)指出,第一个过失行为与死伤结果之间具有因果关系。

最高裁认为,(A)应该说在高速公路上使车停靠下来的过失行为本身就具有重大的危险性,该危险性与后续车辆追尾等所造成的人身事故联系在一起;(B)Y将自己的汽车继续停在危险的本案事故现场,这一介入行为是由当初的过失行为以及与此紧密联结在一起的一连串暴行等所诱发的;从而

---

[27] 需注意这不是致死的案件。

认定了因果关系(**诱发型**)。

(4) 行为的介入与实行行为的一体性

<u>介入行为人的行为</u>　实行行为(第一行为)与结果之间介入行为人自身的行为(第二行为)时[28],对于因果关系的问题,也要综合衡量(**A**) 第一行为导致结果发生的危险性程度,(**B**) 第二行为的异常性程度,以及(**C**) 第二行为对结果的贡献程度,从而判断是否将结果归属于第一行为。

> **具体案例**　① 被告人想要杀害被害人于是将其从山崖推落至河中,但被害人在跌落悬崖的过程中被树木挂住,不省人事;被告人为了日后辩解,装作要去救助被害人的样子,但自己仿佛也要跌落下去了,于是放开手导致被害人死亡。关于该案,大判大正十二年(1923)3月23日(刑集第2卷第254页)认定成立杀人既遂罪。
>
> ② 被告人想要杀害被害人,于是掐住被害人的脖子,由于被害人精疲力竭,被告人深信其已死亡;为了防止犯行被发现,被告人将被害人丢在海滨沙滩上;可是,实际上仍然活着的被害人是由于脖子被掐住且吸入了沙粒而死亡。关于该案,大判大正十二年(1923)4月30日(刑集第2卷第378页)指出,"按照社会生活上的普通观念,认定被告人怀着杀害目的而实施的行为与被害人的死亡之间存在原因与结果的关系,应该说是正当的。由于被告人的错误认识,出于遗弃尸体的目的而实施的行为丝毫不能遮断上述的因果关系。在案例②中,可以说(B)介入事项的异常性很小。此外,(C)介入事项对结果的贡献也达不到绝对的程度。因此,可以将死亡结果归责于第一行为。对于案件①,也可以作出与此近似的评价。

<u>介入行为的包括性评价</u>　如果实行行为与被害人或行为人等的介入行为的关联性很强,尤其是在介入了行为人自身行为的情形中,有时可以把第二行为也包含在内评价为一个实行行为[参见东京高判平成十三年(2001)2月20日→第89页]。被告人误以为被强奸而陷入休克状态的被害人已经死亡,于是将其放置在户外,致使被害人被冻死。关于该案,最决昭和三十六年(1961)1月25日(刑集第15卷第1号266页)认为,由于是在户外实施强奸引起了被害人的休克状态进而对其放置不管,所以"包括性地构成单一地强奸致死罪"。

介入被害人的行为时也是如此。被告人强迫被害人采取伪装成事故的方法自杀,使其决意并实施了驾车驶入海中的行为。由于这一连的行为具有

---

[28] 该类型中多存在是否成立杀人罪的问题。实施介入行为的也是被告人,问题在于将结果归责于当初的行为还是介入行为。实际有问题的是与结果的因果联结很强的介入行为该当轻罪的场合。此外,在实行行为开始的时点能否认定故意也很重要。

造成被害人自己**死亡的现实的高度危险性**,所以该当杀人罪的实行行为,而没有将"自杀的介入"作为因果关系的问题来讨论[最决平成十六年(2004)1月20日→第90页]。

> **需要讨论因果关系的情形** 被告人怀着杀意用刀在被害人的背部等处捅刺多次,以为已将被害人杀害于是**为毁灭罪证而在房屋内放火**;此时虽然被害人处于濒死状态,但仍然活着;在将房屋全部烧毁时,**被害人也被烧死了**。这种情形下,需要讨论捅刺行为与死亡之间的因果关系。[29] 要以行为引起结果的可能性、介入事项的异常性以及贡献程度为核心进行归责判断。本案中,由于存在使被害人陷入濒死状态的捅刺行为,而且也时常能见到在杀人现场为毁灭罪证而放火的行为,所以本案中的捅刺行为与被害人的死亡之间具有因果关系[参见水户地判平成十七年(2005)3月31日(裁判所网站)]。虽然经历的因果流程与被告人设想的情形有所不同,但没有必要去讨论有无故意(因果关系的错误)的问题。在此很明显能够认定杀意。[30]

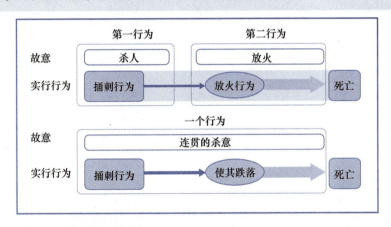

---

[29] 在这里必须区分两个问题来讨论,即① 第一行为与第二行为能评价为一个实行行为吗(为此还必须能够认定故意)? ② 如果评价为两个行为,第一行为与因第二行为产生的结果之间能够认定因果关系吗? 如果能够认定为一个实行行为,那么成立该罪既遂不存在问题[必须在实行的**着手时**能够认定故意。经历的因果流程与被告人所设想的不同不影响故意的成立与否(→第88页)]。

[30] 部分学说将这样的案件称为**韦伯的概括的故意**的问题,作为与因果关系不同的问题来对待。关于韦伯的概括的故意,存在着以下见解:(a) 有的见解是将第一行为与第二行为分开评价,认定第一行为成立故意犯的未遂,第二行为成立过失犯;(b) 有的见解认为第二行为不过是一连的犯罪行为的一部分,由于最初所预见的事实最终实现了,所以认定成立第一行为既遂(山中第340页);(c) 还有见解认为,虽然最初所预见的事实最终实现了,但经历的因果流程与当初所预见的不同,所以作为**因果关系错误的问题**(→第196页)来处理(如果构成因果关系的错误,那么要讨论这种不一致是否处于相当因果关系的范围内。如果在此范围内,那么该错误就不重要,会认定成立第一行为的既遂罪)。但是,这些学说并非同一层次的对立。(a)说与(b)(c)两说,是在是否要将行为人的第一行为与第二行为分别进行独立评价这一点上存在着对立;而(b)说与(c)说则是在把全体行为合在一起评价为一连行为这一前提之下,在是否要将行为人所认识到的因果关系与现实中发生的因果流程的不一致作为错误的问题来对待这一点上存在着对立。

第三章

主观的构成要件

第一节 ■ 责任主义

（1）责任主义与道义责任论

主观的构成要件　无论客观上是多么地该当构成要件的违法行为，主观上不能非难[1]行为人时就不得处罚（**责任主义**→第23页）。对于实施了违法行为的人，要进一步判断是否存在着**主观上的事项，使得施加**达到了值得处罚的程度的**非难成为可能**。这一判断是责任论的实质。更加具体地说，必须认定故意或者过失，即必须该当**主观的构成要件**。

　　另外，与违法性的情形相同，即便满足了原则（构成要件该当性），也还存在否定责任的例外情形（责任阻却事由）。**完全认为是正当防卫而实施行为的，不得予以责任非难；若处于不能期待行为人实施合法行为的状况下（→第155页），则不得处罚**。

	违法性（客观方面）	责任（主观方面）
原则	结果+实行行为+因果关系	故意+过失
例外	违法阻却事由	对违法阻却事由的认识 责任阻却事由

心理责任论与规范责任论　将责任理解为行为人的心理状态即故意、过失，这种立场曾很有影响力。像这样，将责任作为有无一定的"心理"来思考的见解被称为**心理责任论**。[2] 但是，这种心理责任论逐渐遭

---

〔1〕　在此讨论的不是道德上的非难，而是对能够使刑罚这一重大效果正当化的内容提出要求。责任概念与刑事政策也处于不可分割的关系之中（参见实质的第11页以下）。

〔2〕　重要的是，"没有故意或过失就不得处罚"，更加具体地来说，"连过失都不存在时不能处罚"。在这种意义上的责任主义确立之前，**结果责任主义**被认为是妥当的，即"既然结果发生了，那么不用考虑犯人的主观方面就能处罚"。从历史的角度来看，将主观的问题作为犯罪的要件来讨论，具有限定处罚的意义。

　　另外，在英美法中，以严格责任（strict liability）或绝对责任（absolute liability）的形式承认无过失时的处罚。这被限定用于有害食品的贩卖等被称为 public welfare offence 的犯罪中。针对有害性这一点，不用说证明故意了，就连不能证明有过失时也能予以处罚。但是即便在英美，这种无过失时的处罚也受到了来自责任主义观点的强烈批判，其具体运用的实例正在减少（参见木村光江：《主观的犯罪要素の研究》，第7页以下）。

到批判。首先,在过失中,需要讨论的不是"不注意这一心理状态本身",重要的是"明明应该认识到却没有认识到"这一义务违反。此外,在故意中,比起"认识到了",责任的核心转移到了"尽管认识到了却没有形成反对动机来打消犯罪的念头"这一点上。如此一来,以"明明应该……却没有做到"这一评价为核心来思考刑事责任的立场被称为**规范责任论**。现在,是通过**非难可能性**这一规范评价来说明刑事责任。其实质意义在于"国民不认为可以非难时则不处罚"这一点上。

规范责任与期待可能性 非难的根据求之于明明应该实施正确的行为却实施了违法的犯罪行为这一点上。作为其前提,必须存在实施其他正确行为的可能性(**他行为可能性**)。这是因为,不能够要求不可能之事。也多表述为必须存在正确行为的"**期待可能性**"。规范责任论是与**期待可能性论**紧密联结在一起发展起来的(→第298页)。

责任论的具体课题 但是,在责任概念中,故意、过失所占的位置并没有发生那么大的变化。责任论的核心完全在于故意、过失。实践中刑事责任论的大半部分工作,都是在认定有无故意。

故意的存在时期 由于故意、过失存在于实行行为时,所以可针对实行行为来非难行为人。在不能认定故意的时候就不可能讨论实行行为。在能够认定该犯罪的故意的时点之后,才讨论实行行为的问题(尤其是不作为犯→第99页)。但是,不能形式化地讨论故意(→第88页)。此外,主观上的事项与实行行为没有必要完全存在于同一时期。能够针对实行行为来"非难"行为人就可以了(→第313页)。

目的的存在时期 最决平成二十年(2008)3月4日(刑集第62卷第3号第85页)认为,在日本国内运营的网络竞拍会上展出儿童色情DVD,并自泰国向居住在日本的**特定中标者**邮寄DVD的行为,也"可以说是本着'向不特定人提供的目的'自国外出口儿童色情制品的行为"。出口儿童色情制品罪是目的犯,虽然在泰国交付邮政特快专递的时点收件人(中标者)已经特定了,但最高裁认为,"本案中的出口行为是募集、决定DVD买家并向买家寄送DVD这一**面向不特定人实施贩卖的一连行为的一部分**,所以不妨说X是本着向不特定人提供的目的自国外出口儿童色情制品"。本案中的行为可以理解为本着向不特定人提供的目的而实施的一连串出口儿童色情制品行为的一部分,既然这一连串的行为是出于该目的,那么对其中的一部分也能够认定作为目的犯的当罚性。

过失责任的界限 过去,是以"明明能够预见结果却没有预见,导致结果发生"为由来说明对过失的处罚(→第206页)。结果的预见可能性被认为是追究刑事责任的实质基准。可是昭和四十年代(1965—1975)之后,在有关食品、药品的**公害犯罪**频频发生等背景下,有学者主张**不安感说(危惧感说)**(→第211页)。该学说认为,虽然不能预见结果的发生,但如果对结果抱有不安感、危惧感,就应该采取足以消除这种感觉的结果回避措施,对怠于采取该措施者应认定过失责任。这种学说主张,在现代复杂化的危险社会中,不知道会发生什么,而且一旦发生就会损害相当大,所以"没能避免本来能够避免的结果时"应该予以非难,"没能预见本来能够预见的结果"不是非难的必备条件;在实施伴随不安感的行为时,通过消除不安感的行为能够回避结果,所以应当作为过失犯来处罚(藤木第240页以下)。

的确,处罚的范围与责任观念、非难可能性的内涵会随时代而变化。仅从日本战后的社会来看,其在高速成长期与公害频发之后的低成长期当然有着微妙的不同(→第211页以下)。此外,对交通事故的重罚化动向也是植根于一般国民的意识之中的。但是,尽管过失概念发生着变化,结果的预见可能性在当今日本仍然是必要的。可以说,问题在于预见可能性的具体判断(→第223页)。

※ **结果加重犯与责任主义**→第49页

※ **客观处罚条件、处罚阻却事由与责任主义**→第49页

(2)国民的规范意识与非难可能性的内涵

现代的责任论

迄今为止,存在着社会责任论与道义责任论的对立。**社会责任论**为了守护社会免遭危险犯人的侵害,从社会的立场出发对具有危险性格的行为人追究"责任";而**道义责任论**则是以行为人的意志自由为前提,认为对行为人道义上的非难才是刑法中责任的本质(→第9—10页)。另外还有这么一个方面,即一般认为只有后者才能推导出责任主义(非难可能性)。

但是,凭借着"对基于自由意志的行为予以非难"这一形而上学式的说明,不能给刑事责任奠定充分的基础。作为社会系统的刑罚制度,是因为带来了广义上的防止犯罪这一国民的利益,才被容许;对刑事责任论进行说明时,也必须联系着抑止犯罪等效果〔3〕(→参见第4页,第14—15页)。

---

〔3〕 基本上,社会责任论也有正确的一面,但这是一种片面地从国家、社会的立场出发使科处刑罚正当化的单调理论(→第6页)。为了使刑罚制度得到国民的支持从而发挥作用,"站在个人立场上的正当化"这一视角也是必要的。

规范意识与刑罚的机能　如果刑罚与国民的"规范意识""正义感"不相适应,那么刑罚制度就不能有效地发挥作用(**积极的一般预防论**→第 5 页)。此外,处罚一般国民看来"不能非难的行为",会给刑事制度带来重大的负面效果。首先,如果处罚不能予以"道义上"非难的行为,国民就不能接受,就会酿成国民对刑事司法体系甚至一般社会制度的不信任感,导致秩序的不安定化。在日本,对于"不可非难者",例如因精神障碍不能控制自己行动的人,如果科处欧美那样的"保安处分",那么在日本国民会对这种做法产生很强的抵抗感。〔4〕

　　在当今日本的刑法解释中以下两项思考方法成为基石:(A)**责任主义**,即"只在非难可能时科处刑罚";(B)**适应责任的刑罚**,即"科处值得非难的刑罚"。

> **非难可能性的具体化**　以往的道义责任论大多作出如下说明:存在着从意志自由论出发逻辑上演绎出来的正确的"非难可能性",具体而言存在着"他行为可能性",即行为人决意实施合法行为的可能性(参见山中第 624 页)。
>
> 　　但是,非难可能性的实体存在于某国、某时代的国民的规范意识当中。其与伦理道德也联结在一起。在此意义上,非难可能性随着地域、文化、时代而变化着,追求不变的、普遍正确的非难可能性的内涵,这本身就是错的。〔5〕 刑法中责任论的实质在于,从各个具体的问题出发,参考行刑理论等,最大限度地利用科学方法,明确这一可变动的非难可能性的内容。在刑法总论的讲授中,主要是以① 故意、② 过失、③ 责任能力、④ 期待可能性为素材,讨论"现代值得科处刑罚的非难可能性是什么"这一问题。

评价对象的主观性　即便是现在,责任评价对象的核心还是故意、过失,这些主观事项事实上是责任概念的重要部分。但是,战后日本的刑法理论试图修改这一点,有将责任客观化的动向。该动向的背景是:① 伴随着战后《刑事诉讼法》的修改,由于不能重视口供,变得不得不重视客观的物证;② 为了认定的明确化,故意等主观事项也应该基于客观事项来认定,这一主张变得很有影响力;另外,作为 20 世纪 70 年代开始的动向,③ 试图贯彻结果无价值型的刑法理论,尽可能地从全体犯罪论中将主观事项排除出去的

---

〔4〕 当然,根据国民意识的变化,引入保安处分也是可以考虑的,但从医疗观察法的立法过程等来看,即便是现在,实现这一做法仍然非常困难(→第 303 页)。

〔5〕 实际上,报应理论、道义责任论即便能够说明非难可能性的必要性,也不能具体地明确非难可能性的内容。因为道义责任论中的非难可能性是形而上学式的概念,是一种完全与科学验证无关的存在(→第 8 页)。因此,不得不采取如下办法,例如首先认可存在"他行为可能性"的必要性,然后由此通过演绎的方法展开责任论。但是,"他行为可能性"也不是绝对的存在(→第 294 页)。

趋势变强,等等(参见中山第 81 页,内藤第 117 页)。再者,最近④ 受到引入裁判员裁判制度的影响,以及强调侦查的可视化并主张应当重视物证来取代供述证据的影响,责任的客观化得以主张。

但是,责任判断对象的过度客观化事实上不得不与排除责任评价本身联系在一起。不认可将社会责任论贯彻到底,要求非难达到能够获得国民接受的程度,从这一立场出发则不得不说,在不考虑行为人主观认识的情况下讨论刑事责任是不合理的。

的确,主观事项的认定存在困难,且当然地应重视物证,这都自不待言。但是,不能混同认定的问题与实体的问题。责任判断的对象完全是以主观上的情况为核心的(→第 28 页)。

判断基准的客观性　但是,责任判断的基准必须是客观的。关于"能否非难该行为人"的判断,存在着主观说与客观说的对立。**主观说**讨论的是,对该行为人而言"是否不得不如此行为";而**客观说**则讨论,一般人看来"是否说得上是不得已的行为"(→第 41 页、第 300 页)。从传统的道义责任论出发会认为,"对于就本人而言不可能的事情,不能予以非难"(团藤第 329 页)。此外,批判客观说是违法本位刑法,等同于社会防卫论。

但是,如果贯彻主观说,那么自认为"我只能如此行为"的行为人就全都应该无罪。从现在日本的判例以及其背后的国民规范意识来看,杀人犯确信"因为宗教上的理由而杀死这个人是绝对正义的"时,仍然可以非难这样的杀人犯。这不能说是国家在强推特定的"伦理道德观"。

责任论的课题在于,针对各个问题,具体地阐明存在何种情况时当今一般国民会认为非难是可能的。而这项工作的核心部分要在判断是否存在故意或过失时进行。

第二节 ■ 故意

1 ■ 概说

> **第 38 条第 1 款** 没有犯罪的意思的行为,不处罚。但法律有特别规定时,不在此限。

(1) 处罚故意的原则

处罚故意　《刑法》第 38 条第 1 款规定,没有故意的行为不处罚(**处罚故意的原则**)*。过失犯则是在有特别规定时例外地予以处罚(第 38 条第 1 款但书)。**故意**是指犯罪的意思。换言之,是**对犯罪(构成要件)事实的认识、表象**(大塚第 179 页)。[1] 但是,并非没有完全地认识到所有的犯罪事实时,就不能认定故意非难。**在多大程度上认识到哪些部分的客观构成要件要素,就能够认定犯罪的意思**,这是故意论的实质。这是一个认定何种主观事项就能予以故意非难的问题。

构成要件的故意　如果不考虑故意就不能确定构成要件。即便是对照着实行行为与结果来看,也不可否认存在这样的情形,即不能以此来区分杀人罪、伤害致死罪与过失致死罪。再者,应当将刑事诉讼法上的**构成犯罪的事实**理解为对应于构成要件。至少在实务中故意是构成要件要素(→第 41 页)。[2]

误以为是在正当防卫,于是怀着杀意反击对方,但实际上并不存在急迫不正的侵害时(**假想防卫**),不成立作为故意犯的杀人罪;但如果是由于过失产生误认,则会成立过失致死罪(→第 320 页)。并非"认定了构成要件的故意就不能成立过失犯"(→第 160 页)。

---

* 日本《刑法》中表述为"不处罚"时,意指"不构成犯罪",而不是指"构成犯罪但免除处罚"。——译者注
[1] 《德国刑法典》将故意定义为"对属于构成要件的事实的认识",这对日本的故意论产生了很大影响。但日本《刑法》规定的故意是"犯罪的意思"。
[2] 无论未遂还是既遂,故意都是主观构成要件要素,但故意是主观的责任要素,有别于与违法性相关联的客观构成要件要素。故意不是主观的违法要素(→第 35 页)。

责任主义与故意　考虑故意的内容时，首先，责任主义要求"对达到非难可能程度的事实具有认识"。从国民的规范意识来看，必须存在这样的主观事项，即能够对其施加非难以适应对故意犯所科处的较重刑罚效果。所以，在当今日本"故意"一词所具有的语义之外，还要以日本刑事司法实务现状为基础进行判断，将**对一般人能从中获得该罪违法性意识的犯罪事实的认识**作为奠定故意非难基础的主观事项。实务中常常使用的**能够从中直面该罪规范要求的认识**这一说法，表达的也是同样的意思。

> 藤木博士认为，"对犯罪事实的认识在故意责任中之所以是必要的，其意义在于，具有该认识后**通常能够从中直接唤起违法性意识，形成反对动机**。对犯罪事实的认识中所说的'事实'，意味着这样一种事实，即通常可以期待从对其的认识中直接唤起违法性意识，形成反对动机，并打消行为的念头"（藤木第217页）。可以说，对故意的这种理解近似于判例中的故意概念。

对能够从中意识到违法性的事实的认识　实际上，如果认识到"正在犯罪"，那么就可以予以故意非难。但从当今国民的规范意识来看，对于虽然认识到了**一般人当然都会认为是犯罪的事实**却仍然实施行为的人，应该予以故意非难。的确，对行为人本人而言，既然自己相信做的是正确的，那么就不能理解为什么要被非难（严格故意说→第173页）。但是，所谓非难可能性，只要具备一般国民能够接受的内容就足够了。

此外，认识到是正当防卫而反击时，既然认为实施的是正确的行为，那么就不能予以故意非难。由于认识到了为正当防卫状况奠定基础的事实，认为实施的是合适的行为，所以一般人都不能意识到违法性，从而不成立故意犯（→第190页）。

对犯罪事实的认识　在行为人的主观事项中，"意欲""动机"等意志因素也在"非难的程度""责任的量"的判断上起着重要作用，在量刑判断中受到重视。但对于是否成立故意（有无构成要件该当性）而言，重要的是**认识的内容**。

虽然"主观方面无论在谁看来都认为应该予以非难"，但如果对于法所规定为犯罪的行为欠缺认识，就不得予以处罚。对于**犯罪的意思**来说，必须对某犯罪类型的主要部分具有认识。罪刑法定主义也要求"对法上的犯罪类型具有认识"。对故意而言，要求对能够从中获得**该罪违法性意识**的犯罪事实具有认识。

(2) 故意的种类

不确定的故意　包括意图、意欲结果发生的情形在内，故意大体上可分为确定的故意与不确定的故意。**确定的故意**是将结果的发生作为确实的事项形成表象，而**不确定的故意**则是将结果作为不确定的事项予以预见。此外，后者又分为① 概括的故意、② 择一的故意与③ 未必的故意（关于附条件的故意，参见第 166 页）。

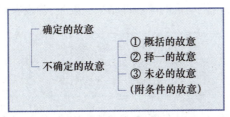

① **概括的故意**是指，对结果的发生具有确定的认识，但对结果的个数、具体的客体具有不确定的认识。想要杀害不特定多数人于是在载满乘客的地铁中引爆炸弹的行为即属于这种情形[3][与**韦伯的概括的故意**(→第 151 页)完全不同]。② **择一的故意**指的是这种情形，即会发生多个结果中的某一个是确定的，但其中哪一个结果会发生则不确定。③ **未必的故意**是指，虽然没有认识到结果确实会发生，但对结果发生的盖然性形成表象的情形（乃至容认结果的情形）。未必的故意与有认识的过失的区别，成为故意与过失的界限。[4]

认识与意志、意欲　行为人尽管认识到了一般人认为会发生结果的事实却仍然实施了行为，所以能够予以故意非难。通过这种形式，以"有无对事实的表象（认识）"为核心考虑故意成立与否的立场被称为(a) **表象说**（认识说）。与此相对，(b) **意志说**认为在对犯罪事实的形成表象（狭义的认识）之外，还必须存在实现犯罪事实的意志、意欲等"积极的内心事项"（参见山中第 328 页）。再者，(c) **动机说**认为故意是指"认识与行为人的意志相联结，即行为人将认识作为自己的行动动机"（平野第 188 页）。意志说将"恶的内心事项、人格态度等"纳入故意当中，并不妥当；而根

---

[3]　判例中，概括的故意的成立范围很广。例如，被告人想要杀害有宿怨的甲，于是将药物投入甲使用的铁壶中，此时不仅对于甲，而且对于因喝了热水而负伤的全部家人都认定了杀意[大判大正六年(1917)11 月 9 日（刑录第 23 辑第 1261 页）]。这一点与判例中有关具体事实认识错误的思考法方法（→第 193 页以下）紧密联结在一起。

[4]　此外，也会使用"事前的故意""事后的故意"等概念（大塚第 185 页）。

据表象说,即便意图发生结果但认识到没有结果发生的可能性时,要否定故意,这也不妥当(町野第 197 页)。

未必的故意与有认识的过失 (a)表象说采用**盖然性说**,认为不过是单纯地以为结果有可能出现时是有认识的过失,认识到结果发生的盖然性时则是未必的故意。与此相对,(b)意志说与**容认说**联系在一起,认为容认结果发生时(认为即便发生结果也没有关系,仍然实施行为的情形)存在未必的故意。此外,(c)动机说也认为必须具有消极的容认,也就是说,虽然认识到了能够产生动机的事项即结果的发生,却没有对其进行否定。〔5〕

认识与意志的关系 予以故意非难时,既要考虑认识因素,也要考虑意志因素。各学说间的实质对立在于,判断未必的故意时,如何平衡地考虑这两个要素(盖然性说并非认为应该排除故意中的意志因素,容认说也并不认为不需要对事实存在认识)。各学说会产生差异的情形例如,(A)"虽然**认识到结果确实会发生但希望结果不要发生**,从而实施行为的情形"(图中的 A)",与(B)"**虽然以为不存在结果发生的概率,但强烈希望结果发生的情形**(图中的 B)"。情形(A)应该认定故意的成立,过分强调意志因素是错误的。情形(B)虽然伦理上值得非难,但没有必要予以刑法上的故意非难。但是,以为结果不会发生却又希望结果发生的案件实际上不会成为问题。〔6〕

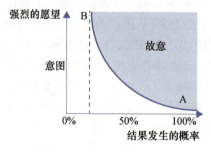

---

〔5〕 各个学说在具体的结论上没有很大的差别。这是因为,认识到结果发生的盖然性很高而实施行为时,会被认为容认了结果的发生。

〔6〕 希望对方死亡于是劝其乘坐新干线旅行,现实中因事故而死亡时,欠缺客观上的实行行为性(→第 84 页),也欠缺杀意。

作为实践基准的盖然性说

通常,如果能够认定容认或计划性,那么不用讨论到对结果发生的盖然性是否有认识,就能认定故意。能够认定有容认时之所以会认为成立故意犯,是由于从"却仍然"这一词语出发并设想了发生结果的盖然性事态。但是必须留意,如果贯彻容认说,只强调是否"希望杀死对方",这在裁判员裁判中尤其具有危险的一面。[7] 如果对结果发生的盖然性不具有认识,就欠缺故意犯中的违法性意识可能性(→第161页),至多不过是能够作为过失犯来非难。至少,在"激愤之余的杀人"这样没有计划性的案件中,**将能否认定行为人认识到该行为具有导致人死亡的高度危险并在此情况下实施该行为**作为直接的证明对象,以此判断是否存在杀害的意图会容易一些。

> **判例与容认说** 最判昭和三十三年(1958)9月9日(刑集第12卷第13号第2882页)被认为表现出最高裁采用了容认说。的确,该判例重视的是**被告人容认已经出现的火势应该会烧毁上述建筑物却仍然实施了行为这一点**,但需要注意,该判例的目的是认定不真正不作为犯的作为义务的。[8]
>
> 虽然在肯定存在故意的判例中常常使用"却仍然"这一表述,但并不是轻视故意中的认识因素。的确,"盖然性"是一种判断的结论,即"若能认定对结果发生的确定性具有此种程度的认识,则可予以故意非难",认定盖然性具有困难的一面。[9] 在这种情形下,如果能认定行为人"却仍然实施了行为",那么认定未必的故意具有合理性。[10] 意志因素当然会对故意的成立与否产生影响。但是,这要以行为人在一定程度以上认识到了结果发生的可能性为前提。[11]

---

[7] 在这一点上,动机说试图以"排除心情要素"来与容认说划清界限,但与结果会发生时不同,只要存在使其实现的"动机"就能够追究故意责任,因此动机说也会认为,"既然存在基于意图之上的确定的故意,那么即便以为没有结果发生的可能性,仍然应该认定故意"(但是,参见平野第187页)。

[8] 本案案情是,行为人发现文件因炭火燃烧并延烧至木桌上,明明处于很容易就可以灭火的状态下,行为人由于害怕被发觉是自己的失误造成的,所以虽然认识到如果就这样放置火势不管,火势应该会扩大并延烧至本案中营业所的建筑物以致将其烧毁,却仍然**容认**上述建筑物应该会被烧损这一事实而离开了。

最高裁指出:"**被告人具有容认的意思,即容认该已经出现的火势应该会烧毁上述建筑物这一事实,却仍然没有采取必要且容易的灭火措施以履行其义务**。可以说是通过这样的**不作为**对建筑物实施了放火行为从而将其烧损。"可以说,本案中是为了使模糊的不作为犯的界限得以明确化而重视意志因素的。

[9] 但是,"盖然性"这一用语也会被看作意味着具有相当高的概率,具有容易招致误解的一面。

[10] 这一点类似于中止犯的自动性判断中考虑悔悟之情等。虽然判例也采用客观说,判断**通常是否构成障碍**,但这种判断很微妙。在考虑"哪种情况都说不上"的情形时,会使用"悔悟之情"来判断(→第125页)。

[11] 的确,站在容认说的立场,以是否存在"容认即便结果发生也没有关系"这样的供述为基准来判断的话,会很明确。但是,即便是主观要素,也并非仅凭行为人的供述就能得以认定。

> **认定故意的具体案例——杀意** 有无未必的杀意，认定起来十分微妙[有关确定的杀意，参见东京地判平成七年（1995）12 月 19 日（判时第 1555 号第 150 页）]。一方面，如果认识到了将人从桥上抛入河中的行为[东京高判昭和六十年（1985）5 月 28 日（判时第 1174 号第 160 页）]，或者认识到了反复折线驾驶、急速停车等使得紧紧抓住汽车引擎盖的警察跌落在路面上的行为[大阪地判平成二年（1990）3 月 15 日（判夕第 768 号第 255 页）]，那么能够认定杀意。另一方面，即便认识到使用刃长十几厘米、前端尖锐的刀具插入人体关键部位，也没有认定未必的杀意[大阪高判昭和六十一年（1986）11 月 6 日（判夕第 633 号第 228 页）]；对于用万能菜刀使被害人心窝部、上胸部负有刺伤进而死亡的行为，从行为样态等来看也判断为被告人不具有杀意[东京地判平成元年（1989）10 月 25 日（判夕第 724 号第 268 页）]。此外，犯行当时 18 周岁的未成年人用双手将当时 4 周岁的侄子倒吊着并使其头部撞击地面进而造成其死亡。关于该行为，裁判所认为，对于认定行为人怀着哪怕是未必的杀意而实施本案行为这一点来说，仍然存有合理怀疑的余地，于是只认定成立伤害致死罪[大阪地判平成十七年（2005）2 月 4 日（判夕第 1176 号第 304 页）]。另外，被告人将同居女性的孩子（当时 6 周岁的男孩）装入塑料袋中并将袋口打上死结等，在这种密封状态下放置了几分钟的时间导致被害人窒息而死。对于该被告人，广岛地判平成十六年（2004）4 月 7 日（判夕第 1186 号第 332 页）否定了杀意，只认定了伤害致死。但该判决被广岛高判平成十七年（2005）3 月 17 日（判夕第 1200 号 297 页）撤销。必须在对具体事实关系进行分析后，以对该行为"引起死亡的盖然性"的认识为基础，慎重地掛酌与伤害致死罪的界限（大野市太郎，判夕第 702 号第 341 页）。

附条件的故意 行为人达成共谋，如果在现场出现了打架等事态，那么就把对方杀死，现实中是否应该着手实行则交由前往现场的人依情况判断。像这样，**虽然实施犯罪的意思是确定的，但实施犯罪附有一定的条件时**（附条件的故意）[12]，能够认定故意责任［最决昭和五十六年（1981）12 月 21 日（刑集第 35 卷第 9 号第 911 页）；最判昭和五十九年（1984）3 月 6 日（刑集第 38 卷第 5 号第 1961 页）]。由于想要实施杀人计划的意思本身是确定的，所以判例重视的是被告人**容认**了杀害被害人的结果这一点。但是，这一判断中也包含着对以下事实的认定，即行为人认识到了导致杀害结果的盖然性。

2 ■ 故意与违法性意识

（1）故意与错误

错误的种类 即便行为时存在一定的认识（容认），但客观上出现的事态常常与之有偏差，或者超出了其范围。像这样，主观上的认识、表象

---

[12] 与此相对，"形成实施犯罪的意思附有条件时"，即诸如行为人虽然举着手枪，但尚未决定是杀人的意思还是胁迫的意思这样的情形，称作"未决意"或"未确定的故意"（平野 189 页，町野第 198 页），不成立故意犯。

与客观上发生的事实不一致的情形,称作**错误**。错误通常大致分为:① 与犯罪事实相关的**事实认识错误**,② 与行为是否被法律所允许相关的**法律认识错误**(**违法性错误**)。[13] 前者又再分为主客观的不一致发生在同一构成要件内的(A)**具体的事实认识错误**,与主客观的偏差跨越不同构成要件的(B)**抽象的事实认识错误**(此外,也常使用涵摄错误这一概念→第183页)。[14]

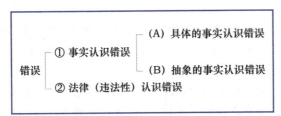

错误的效果 如果存在事实认识错误,那么由于欠缺对犯罪事实的认识,故意会被否定。而存在法律认识错误时,一方面既然对犯罪事实具有认识,那么大体上可以认定故意;另一方面,行为人误以为其行为是被法律所允许,欠缺"正在做坏的事情"这一意识(关于行为的违法性意识)。因此,法律认识错误的问题是被作为如何处理**违法性意识**的问题来对待的(→第172页)。但是,传统上承认"不知法不免责"这一法谚,虽然允许事实认识错误,但法律认识错误却不被允许。原则上,事实认识错误与法律认识错误的区别意味着是否要作为故意犯来处罚。

故意论与错误论　故意论讨论的是**行为时认识到了怎样的事实就能予以故意非难**的问题。与此相对,**狭义的错误论**讨论的是"能否将现实出现的客观事态归责于具有那种认识(故意)的行为人"这一问题(→后述3、4)。[15] 这也可称作**主观上的归责**。必须注意的是,当今错误论的核心在

---

[13]　例如,想要射杀A却误杀了B的情形,属于事实认识错误;而外国人相信赌博在日本也是被允许的于是实施了赌博行为的,属于法律认识错误。
　　过去有很多学说效仿德国,使用**构成要件的错误**(有关客观构成要件事实的认识错误)与**禁止的错误**(构成要件的错误之外有关行为的违法性的错误)这样的概念。在德国,由于法条上将故意定义为对构成要件事实的认识,所以出现构成要件事实的认识错误时欠缺故意,而除此之外的认识错误则对故意的存在没有影响。虽然构成要件的错误几乎与事实认识错误相对应,禁止的错误则与法律认识错误相对应;但需要注意的是,有关违法阻却事由的错误多被作为事实认识错误来对待,而该错误不是构成要件事实的认识错误,而是禁止的错误(→第190页)。

[14]　想要杀害某人于是开枪却将其旁边的人给杀害了的情形(错误发生在杀人罪的内部),属于具体的事实认识错误;而将其旁边的狗给杀死了的情形(错误跨越杀人与损坏器物罪),则属于抽象的事实认识错误。

[15]　也可能存在着否定这种故意与错误区分的"故意论"。首先确定具体的结果,然后考虑"就该具体的结果是否存在认识",从而将故意论与错误论一体化。这种见解认为,认识的对象不可能存在于现实出现的具体事态之外(具体符合说→第193页)。但是,没有认识到现实出现的具体结果时并非就不存在故意。

于,主观与客观发生偏差时"能否认定行为人具有可予以故意非难的事实认识这一'故意论'"。

事实认识错误与法律认识错误的区分

不可能通过"是对事实的认识有错误还是对事实的评价有错误"这一形式,来形式化地区分事实认识错误与法律认识错误。例如,关于淫秽物品,以为"这种程度的不属于淫秽,所以是被允许的"从而贩卖该物品时,是属于**事实认识错误**所以欠缺传播淫秽物品罪(第175条)的故意呢,抑或只不过是**法律认识错误**呢,判断起来很微妙(→第179—180页)。二者的区别一直以来都被认为是最难的刑法解释问题之一。

判例中的区分基准

判例关于事实认识错误与法律认识错误的区分也很混乱,这样的理解很有影响力。例如,虽然狩猎法禁止捕获"狸""鼯鼠"的行为,但在以为狸是"貉"从而捕获的案件中,大判大正十四年(1925)6月9日(刑集第4卷第378页)认定这是事实认识错误从而否定了故意;而对于以为鼯鼠是当地俗称的"MOMA"从而捕获的行为,大判大正十三年(1924)4月25日(刑集第3卷第364页)则认为这是法律认识错误。于是有观点指出上述两个判例是矛盾的(→第186页)。此外,关于违反禁止贩卖含有甲醇的饮料与食物的规定的案件,被告人贩卖的是流通于街头巷尾被称作"甲基"的酒精性饮料,最大判昭和二十三年(1948)7月14日(刑集第2卷第8号第889页)认为,既然认识到了"甲基",那么即便对甲醇没有认识也不属于事实认识错误。与此相对,最判昭和二十四年(1949)2月22日(刑集第3卷第2号第206页)虽然认为被告人认识到将甲醇供人饮用可能会**对身体有害**,却仍然作为事实认识错误来处理(→第186页)。但是,判例中不存在混乱或矛盾,而是一贯地将**应否定故意的重要错误**作为事实认识错误来对待(→第170页以下)。

关于事实认识错误与法律认识错误,条文上没有定义,本来也并不存在明确的定义。所以,如果不考虑是否要认定故意这一**效果**上的视角,就不能推导出区分事实认识错误与法律认识错误的实质基准。[16] 此时即便把故意形式化地理解为"对犯罪事实的认识",也不能推导出区分两类错误的基准。因此,应当理解为"对使故意非难成为可能的犯罪事实的认识",即**一般人能**

---

〔16〕 与判例一样来理解两类错误区别的学说也很有影响力。藤木博士认为:"事实认识错误指的是这样的情形,即通过该认识的内容,一般人本来大抵就不会具有违法性意识,也就是所谓的能够认定为不过是灾难引起被害的情形。与此相对,法律认识错误仅指以下这种情形,即虽然具备了对事实的认识,达到了本来能够期待唤醒违法性意识的程度,但行为人由于错误而以为并不违法。"(藤木第28页)西原博士持与之几乎相同的主张(西原第421页)。

够从中意识到某犯罪类型的**违法性的认识**(→第 161 页)。会导致欠缺这种认识的错误,就是事实认识错误。

> 即便是现在,判例仍然维持着该实质基准。被告人虽然认识到正式的执照尚未下发,但从县里负责人等的说明中认识到"已经有执照了",于是继续经营需要执照才可以营业的公众浴室。关于该案〔17〕,**最判平成元年(1989)7 月 18 日**(刑集第 43 卷第 7 号第 752 页)认为这属于无照营业罪的**事实认识错误**,否定存在故意。〔18〕 虽然也可以将其视作**法律认识错误**的问题,即既然认识到正式执照没有下发,那么就对无执照具有认识,只是误以为被禁止的无照营业"受到许可";但是,被有权者告知"可以营业"后,就对无执照的事实欠缺认识了。

(2) 判例中的故意概念与违法性意识

> **第 38 条第 3 款** 即使不知法律,也不能据此认为没有犯罪的意思。但是,可以根据情节减轻刑罚。

违法性意识 　《刑法》第 38 条第 3 款规定,因法律认识错误而误以为自己的行为在法律上是正确的,从而欠缺**违法性意识**时,不能认定为没有故意。第 38 条第 3 款中的"法律"应该理解为"违法性"(→第 174 页)。即该款规定的是,即便欠缺了违法性意识,仍然要认定故意的存在。但书的主旨在于,欠缺违法性意识时责任减少了,所以认可**刑罚的减轻**。

判例的立场 　判例认为,**如果认识到了该当构成要件的具体事实,就能够追究故意责任**,即便欠缺违法性意识也不影响故意的成立[最大判昭和二十三年(1948)7 月 14 日(刑集第 2 卷第 8 号第 889 页)→第 168 页;最判昭和二十六年(1951)11 月 15 日(刑集第 5 卷第 12 号第 2354 页),最决

---

〔17〕　本案的案情是,公司的代表人继续经营其父亲的公众浴室时,根据县工作人员的指示,向县知事提出了公众浴室营业执照申请事项变更登记,申请将当初的营业执照申请人由其父亲变更为该公司;由于通过县议会得到了登记已被受理的通知,故以为公司已经具备了营业许可于是继续开展经营。

〔18〕　在欠缺故意(不是法律认识错误而是事实认识错误)这一判断的前提中,存在一种判例中的故意概念,即"为了能够认定故意的成立,对于相关事实的认识必须能够成为以下认识的契机,即认识到相关行为是违法的、是不能实施的"(原田国男,ジュリ 第 958 号第 81 页)。本案中,虽然行为人从律师那里也听说不可能正式地获得执照,但考虑到行为人是按照县里负责人的指示提出申请,该申请也被受理了,而且在长时间内没有受到保健所等的质疑等,在社会一般观念上可以评价为"以为并非没有执照"。

昭和六十二年（1987）7月16日（刑集第41卷第5号第237页）→第171页］。[19][20] 判例的立场与**不知法是有害的**这一传统思考方法一致，也与第38条第3款的条文具有整合性。这是因为，把"不知法律"理解为"没有认识到违法性"是很自然的。

即便欠缺违法性意识仍然能够认定故意，就欠缺违法性意识存在不得已的情况时，例如不具有违法性意识的可能性时，虽然承认责任减少从而减轻刑罚，但并不否定故意。[21] 极其例外地，因欠缺违法性意识的可能性而不可罚时，应理解为第38条第3款之外的超法规的责任阻却事由（→第299页）。

> 行为人向警察咨询后制造餐饮店优惠券（仿造一百日元的纸币），该优惠券具有容易与一百日元的纸币相混淆的外观。该制造行为被追究违反《货币及证券仿造取缔法》的刑事责任。关于该案，最决昭和六十二年（1987）7月16日（刑集第41卷第5号第237页）在认定故意时进行了看似斟酌违法性意识可能性的判断，所以也有观点认为判例采用了限制故意说（→第174页）。但是，该决定不过是指出，"尚不待讨论是否采纳以下见解，即若对于欠缺行为违法性的认识具有相当的理由则犯罪不成立，认定本案各行为有罪的原判决的结论并没有错误"，可以说判例并没有变更立场。[22]

---

[19] 在下级审中也能见到判例采用限制故意说的思考方法[参见东京高判昭和四十四年（1969）9月17日（高刑集第22卷第4号第595页）；东京高判昭和五十一年（1976）6月1日（高刑集第29卷第2号第301页）；东京高判昭和五十五年（1980）9月26日（判夕第434号第89页等）]。最近出现以下这样一起案件。行为人就进口手枪零部件的行为请求了警察的指导，而且也没有被海关指出具有违法性，所以主张该进口行为合法。关于该案，大阪高判平成二十一年（2009）1月20日（判夕第1300号第302页）认为，"没有意识到进口本案各零部件的行为是该当进口手枪零部件罪构成要件的违法行为，而且可以说欠缺该意识具有相当的理由，所以不能认定具有进口手枪零部件罪的故意"。虽然没有认定故意这一点是妥当的，但如果以案情相似的最判平成元年（1989）7月18日（→第169页）为前提来思考，那么"对该当进口手枪零部件罪的构成要件欠缺认识"这种思考方法更容易理解一些。

[20] 最高裁也受到学说的影响发生过微妙的变动[参见最决昭和六十二年（1987）7月16日]。但是通过前述平成元年（1989）7月18日的判决，可以说最高裁又回到了一直以来的思考方法上。

[21] 最判昭和三十二年（1957）10月18日（刑集第11卷第10号第2663页）确认，虽然不知道自己的行为所适用的具体刑罚法规的规定等，但意识到了行为的违法性时不适用第38条第3款。

[22] 本案的案情是，被告人X事前去警察署进行了询问，得到的具体建议是不要将优惠券制造得具有容易与纸币相混淆的外观，但X没有重视这一点，怀着不会被处罚的乐观心态制作了优惠券甲；然后将该优惠券带到警察那里，却也没有得到特别的提醒，于是又制作了优惠券乙；由于X说"警察说没有问题"，于是被告人Y制作了优惠券丙。本案中最高裁并没有积极地去判断违法性意识，不过是在本案的事实关系之下认为可予以故意非难而已。如果警察一开始就说明到"这种程度的优惠券是被允许的"，那么一般人对"仿造的纸币"就欠缺认识，应作为没有故意来处理。

学说上的批判 学说上多指出，"不考虑违法性意识(的可能性)，只要存在对事实的认识就处罚，判例的这种态度是过于必罚主义的"(中山第370页)。例如，有批判称，为了制作木炭而随意砍伐树木时，即便没有认识到禁止砍伐也要受到处罚，这并不妥当。但是，关于违反《森林法》的处罚，判例认为必须是"认识到属于防护林却在未获得许可的情况下砍伐森林的树木"[最判昭和二十五年(1950)2月21日(裁判集刑第16号第561页)]。同样，处罚违反禁止超车之罪时，必须"认识到在禁止超车的路段超车"[东京高判昭和三十年(1955)4月18日(高刑集第8卷第3号第325页)]；处罚违反禁止用枪狩猎之罪时，必须"认识到禁止用枪狩猎的区域"[东京高判昭和三十五年(1960)5月24日(高刑集第13卷第4号第335页)]。

对故意而言必要的认识 但是，这些判例并不要求"认识到行为是被禁止的"。并不是因为欠缺违法性意识(或其可能性)而没有故意，而是由于欠缺对"在禁止超车的路段超车"这样的**事实的认识**而不能认定故意。问题在于，"对认定故意来说必须认识到何种程度的事实"。不是以"超车"这种形式上的"构成要件的认识"为基准，而是以"对一般人能够从中获得违法性意识的事实的认识"这一实质的基准来判断，所以必须"认识到在禁止超车的路段超车"(另外，由于现在设置了"违反禁止超车"的过失犯的构成要件，所以不再讨论是否成立故意)。因此，由于是按照这种实质的事实来认定认识，所以判例的结论原则上并非不合理。[23] 学说上的批判是将故意形式化地设定为"对构成要件的认识"，从而认为仅凭此予以处罚是不妥当的。

(3) 有关法律认识错误的学说

三个结论 如果不存在事实认识错误(如果对犯罪事实具有实质的认识)，那么即便存在法律认识错误，原则上也要认定故意的存在。但在学

---

[23] 事实上看不到在具体结论上明显欠缺妥当性的判例。在根据GHQ的备忘录以为寺院规则已经无效的情形中，最判昭和二十六年(1951)7月10日(刑集第5卷第8号第1411页)否定了公证证书等原本不实记载罪的故意。另参见最判昭和二十四年(1949)12月13日(裁判集刑第15号第317页)；最判昭和三十四年(1959)2月27日(→第187页注46)。

不能获知法令的颁布时，判例也认定了故意责任[大判大正十三年(1924)8月5日(刑录第3辑第611页)；最判昭和二十六年(1951)1月30日(刑集第5卷第2号第374页)]。但是，对于故意的成立与否而言，换言之，对于是否具有使一般人能够从中意识到违法性的认识来说，对法令的认识不是唯一绝对的基准。很多情形下，即便不知道某法律，也能够通过其他情况意识到某犯罪类型的违法性。东京高判昭和三十八年(1963)12月11日(高刑集第16卷第9号第787页)认为，即使不知道县公安委员会规则禁止穿着凉鞋驾车，也不阻却故意。这一判决绝非不妥当(→第187页注46)。即便由于地处偏僻，官报没有送达，从而不能获知鲱鱼批发价格的，也能够存在违反统制令的故意[札幌高判昭和二十五年(1945)9月8日(判夕第13号第53页)]。

说中也存在着认为有无违法性意识(的可能性)会影响故意的思考方法。学说中的严格故意说与限制故意说很有影响力,与判例所采用的思考方法相对立。(a) **严格故意说**认为,如果没有违法性意识就没有故意。(b) **限制故意说**认为,对故意而言不必具有违法性意识,但必须存在违法性意识的可能性(甚至可以说,若对不存在违法性意识具有过失则作为故意犯来处罚)。

173　(c) **判例**采用的思考方法则认为,即便没有违法性意识也能认定故意。另外还存在**责任说**,一方面认为即便没有违法性意识也能认定故意,另一方面又认为欠缺违法性意识的可能性时阻却责任。责任说实质上与(b)说采用的是同样的结论。

　　故意说与责任说　"违法性意识的欠缺会对有无故意产生怎样的影响",以此种形式展开讨论的见解为**故意说**。而将违法性意识的欠缺作为有别于故意的责任阻却问题来处理的见解为**责任说**。〔24〕具体来说,认为对责任非难而言必须存在着违法性意识的可能性。的确,责任说认为对犯罪事实具有认识时就能认定故意的成立,但实质上与在故意层面讨论违法性意识可能性的限制故意说较为接近。

故意犯处罚的主观要件	故意说	责任说
(a) 必须具有违法性意识	严格故意说	—
(b) 违法性意识的可能性	限制故意说	责任说
(c) 有事实的认识就足够了	判例的见解	—

严格故意说　道义责任论认为,"之所以要严厉地处罚故意行为,是因为行为人战胜了打消行为这一反对动机,仍然实施了行为",主张的是严格故意说(小野第 154 页,泷川第 127 页)。〔25〕没有违法性意识就不能直面法规范的要求,这样的说明也是基于同样的思考方法(中山第 372 页)。严格故意说认为,由于具有"违法性意识",所以能够严厉地处罚故意犯,违法性意识正是"故意与过失的分水岭"。

　　但是,只能对现实中意识到了违法性的行为人予以故意非难,这并不妥当。只要从一般国民的视角出发能够评价为"由于认识到了这样的事态并实施了行为,所以可予以非难",就可以了。只要认识到了一般人能够从中意识到该罪违法性的相关事项,就足够了(→第 161 页)。

---

〔24〕　虽然责任说多由目的行为论者所主张,但并不意味着不采用目的行为论就不能采用责任说。

〔25〕　另外,既有学说认为法定犯必须具有违法性意识(牧野第 325 页),与此相反,也有学说认为行政犯不需要有违法性意识(西原第 165 页)。

确信犯　此外,如果贯彻严格故意说,那么就难以解释为什么要加重处罚反复实施犯罪、违法性意识麻木的**常习犯**,为什么要处罚相信自己是正确的**确信犯**。

对第 38 条第 3 款的解释　严格故意说由于不能将第 38 条第 3 款中的"即使不知法律"解释为即使不知违法性,所以将其理解为"即使不知条文"。即将第 38 条第 3 款理解为明确规定的是"(对条文的)涵摄错误不否定故意"。但是,即便不知条文也应该处罚,这是理所当然之事。理解为刑法特意对此作出规定,很没有道理。另外,严格故意说也难以解释为什么第 38 条第 3 款但书要依情节承认刑罚的减轻。

限制故意说　限制故意说中有两种思考方法:(A) 认为虽然违法性意识是必要的,**但若对欠缺违法性意识具有过失则要追究故意责任**(宫本第 147 页,草野第 89 页);(B) 认为不需要具有违法性意识,但**违法性意识的可能性是必要的**(团藤第 317 页)。但这两种见解在实际的归结上没有差异。(A) 说意味着如果注意的话那么应该能够意识到违法性,这无异于说意识到违法性是可能的[(B)说]。

限制故意说之所以得到很多支持,是因为基于违法性意识可能性而确定的故意犯的成立范围被认为是妥当的。但是,为了避免事实认识错误与法律认识错误在界限上的混乱,可以说判例的见解作为实践中有用的理论更加优越。

理论上的整合性　对于(A)说有批判指出,对违法性明明只有"过失"为什么可以追究故意责任? 对于(B)说则有批判指出,"没有违法性意识的可能性就不能非难,这是可以理解的;但要说没有'可能性'就没有故意,这很没有道理"。限制故意说将第 38 条第 3 款本文理解为"旨在规定即便不知条文也存在故意",但对这种解释的妥当性也存在批判。

二重的故意判断　限制故意说是在 A(见下图)中考虑完事实认识错误(事实的认识)之后,再在 B(见下图)中判断违法性意识的可能性,以此决定故意的成立与否。但是,抛开违法性意识的视角,就不能够决定事实认识错误的界限(A)(→第 170 页)。此外,如果将违法性意识的可能性这一要件(B)作为故意的问题即事实认识的问题来重新构建,那么就会变成,"就成立故意而言必要的对一般人能够从中获得违法性意识的事实的认识"。所以,A 线也好 B 线也罢,本来都是为了判断"有无故意"这一相同目的而存在。如此一来,将 A、B 两线作为**实质的故意判断**予以统一理解是合理的。[26]

---

[26]　如果认为法律认识错误只是例外地影响故意犯的责任非难,那么法律认识错误就应该在与故意成立与否没有关系的责任判断中予以讨论。

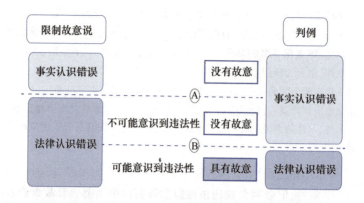

故意中的违法性意识提诉机能　部分错误论是以广泛存在着以下情形为前提的,即虽然存在着就成立故意而言必要的"对犯罪事实的认识",却欠缺违法性意识的可能性。但是,判例承认故意中具有违法性意识提诉机能(→第161页),所以如果对事实不发生认识错误,那么就几乎不会出现应不予处罚的法律认识错误的案例。[27] 此外,抛开"对为值得处罚的故意非难奠定基础的事实的认识"这一视角,形式化地区分事实认识错误与法律认识错误是不可能的。

责任说　责任说这一理论将违法性意识的可能性定位为独立于故意、过失之外的责任要素,认为欠缺违法性意识的可能性时不可罚(福田第192页,平野第262页,西原第413页,曾根第157页,野村第304页,山中第651页)。

责任说也是通过违法性意识的可能性来决定故意犯的范围的,在此意义上,与限制故意说相类似。但是责任说批判限制故意说,认为其主张的"没有违法性意识的'可能性'就没有故意"这一点是不讲逻辑的。此外,二者的不同表现在,根据限制故意说,没有违法性意识的可能性时不成立故意犯,但仍有成立过失犯的可能性;与此相对,责任说则认为违法性意识可能性的

---

[27] 对于这样的"实质的故意概念",有批判指出,"如果因对具有违法性意识提诉机能的事实有认识而肯定故意的成立,那么事实上就不可能存在因违法性错误而免责的余地了"(町野朔:《意味の認識について(上)》,《警察研究》第61卷第11号,第4页)。但是,即便对犯罪事实有认识,也会例外地存在阻却责任非难的情形(→第299页)。至少,用认定故意的方式即认定是否"对一定的事实存在认识"的方式来对待实践性的故意概念,比起从正面讨论易于模糊化、包含"程度"概念的违法性意识的可能性,更加合理。此外,也有批判指出"违法性意识的可能性"共通于故意与过失,所以按照判例的见解就不能区分故意与过失了。但这种批判在前提上就存在问题(→第178页)。

欠缺是共通于故意犯与过失犯的责任阻却事由,连成立过失犯的余地也没有。[28]

责任说的问题 限制故意说认为"由于具有违法性意识的'可能性',所以存在故意",责任说就该点对限制故意说进行的批判具有说服力。可责任说的问题在于,其前提是将故意理解为"对构成要件事实的认识",认为可以形式化地判断故意。责任说抛开违法性意识可能性的视角来判断有无故意,在这一点上,与限制故意说、严格故意说没有区别。但是,如果具有实质的故意,那么通常一般人就能够意识到该罪的违法性(→第175页)。

严格责任说与限制责任说 虽然在责任说中也能看到严格责任说与限制责任说的对立,但这两个学说是从与严格故意说、限制故意说完全不同的其他角度进行分类的。(a) **严格责任说**把构成要件的错误之外的错误全都作为法律认识(禁止)的错误来对待,认为违法阻却事由的错误不能影响故意,属于法律认识(禁止)的错误。例如,将假想防卫也作为违法性意识可能性的问题来对待。与此相对,(b) **限制责任说**则将违法阻却事由的错误作为构成要件(事实认识)的错误来对待,假想防卫时否定故意的成立。

作为责任阻却事由的违法性意识的可能性 并不是"既然存在故意,那么都能予以责任非难"。"违法性意识的可能性"也并非全都能融入"对犯罪事实的认识"之中。[29] 故意必须是"对能从中意识到'该罪'违法性的事实的认识"。所以,在"欠缺违法性意识可能性的情形"中,会残存不能完全包含在"有无故意的判断"中的部分。在这种情形下,应该例外地承认责任阻却,具体来说应该包含于期待可能性理论中予以考虑(→第299页)。[30] 例如,行为人虽然充分认识到该行为一般而言该当犯罪,但咨询检察官后得到的回答是"目前该行为是正当的行为",于是相信了。在这

---

[28] 对故意的成立而言,责任说并不要求具备违法性意识的可能性。因此,责任说认为第38条第3款中的"法律"意味着违法性,从而可以将该款的主旨理解为"即便欠缺违法性意识,也能认定故意"。但是,该款但书的主旨是"欠缺违法性意识时,可依情况减轻刑罚"。所以欠缺违法性意识的可能性时,也应该是减轻刑罚而不是不可罚。因此,违法性意识的可能性是超法规的责任阻却事由。

[29] 假想防卫属于"虽然对某犯罪类型的具体事实存在认识,但类型性地不能予以故意非难的情形"。将假想防卫解释为没有故意更容易理解(→第190页)。

[30] 其中一个原因是,近期有关期待可能性的判例中,相当大的一部分都是有关违法性意识可能性的[前田雅英:《期待可能性》,《判例刑法研究3》,第283页以下;另参见高知地判昭和四十三年(1968)4月3日(判时第517号第89页)]。

种课堂设例的案件中,可以否定责任。[31] 但是,这只是极其例外的情形(在此意义上,这正是应当作为超法规的阻却事由予以例外对待的情形),没有必要像责任说那样广泛地讨论有无"违法性意识的可能性"(→第174页)。

3 ■ 成立故意时必要的事实认识

(1) 构成要件的认识

实质的故意论　故意(犯罪的意思)是指对该当构成要件的事实的认识,但对现实出现的具体事实的详细情况不需要认识。例如,成立饮酒驾驶罪时,不需要对酒精含量的数值具有认识[最决昭和五十二年(1977)9月19日(刑集31卷第5号1003页)]。[32] 实行行为时如果对**现实出现的客观犯罪事实所该当的构成要件的重要部分**具有认识,那么即便出现的结果或因果关系偏离了行为时所想象的事态,也能认定故意。[33]

作为成立故意时必要的认识对象,重要的事实是指,① 从故意"非难"的角度来看,有必要"对一般人能够从中意识到该罪违法性(能够从中直面该罪的规范要求)的事实具有认识"(→第161页);此外,② 从确定具体的故意犯的成立范围这一要求来看,需要对各构成要件的主要事实具有认识。对正当化事由等构成要件以外的事实的认识,也影响故意的成立。

> **实质故意论的确立**　在本打算进口兴奋剂却进口了麻药的情形中,最决昭和五十四年(1979)3月27日(刑集33卷第2号140页)也认定成立进口麻药罪。进口麻药罪与进口兴奋剂罪由不同的法律所规定,在此意义上两罪具有完全不同的构成要件。尽管如此,最高裁还是认为,对认定进口麻药罪的故意而言不需要对麻药具有认识。以

---

[31] 即便遵循专家的意见,也不免除故意责任。听从律师的意见而实施侵入住宅行为的,当然也能认定故意[大判昭和九年(1934)9月28日(刑集第13卷第1230页)]。信赖公务机关的意见时也不免除故意责任[东京高判昭和五十五年(1980)9月26日(高刑集第33卷第5号359页)]。但是,在处罚对象是无许可行为的情形中,因行政负责人的建议而以为行为"被允许"时,大都在故意的层面上得到处理。
　　虽然遵循的是同类案件中的判例解释,但能够预料到判例变更时可认定故意责任[最判平成八年(1994)11月18日(刑集第50卷第10号第745页)]。另外,判例的不溯及变更→第68页。

[32] 也未必需要"对所发生事实的重要部分具有认识"。想要地铁中的乘客死亡于是在高峰时段引爆炸弹的情形中,即便没有认识到死亡的人是谁,行为人仍然具有杀意。本来想用刀砍杀被害人,但被害人因大量出血陷入休克状态而死时,未必需要对"因休克而死"具有认识。

[33] 在行为时本来就不可能将行为后的结果与因果关系"作为存在着的事物来认识"。但是在故意犯完成时,出现的结果必须要在客观上归责于故意犯的行为。

> 该判例为代表的"故意不是形式化地对构成要件的认识"这一思考方法也渗透到了学说之中。实质地理解故意，认为其不是对构成要件的认识，而是"对不法事实、责任事实的认识"或"对不法事实的认识"，这样的见解变得很有影响力（参见町野朔：《法定的符合について（下）》，《警察研究》第 54 卷第 5 号第 8 页；林幹人：《抽象的事实の錯誤》，《上智法学》第 30 卷第 2—3 号第 248 页等）。

故意非难与过失非难的差别　　在对非难而言必须能够从中意识到违法性的事项上，故意与过失存在差别。例如，司机在禁止超车的路段超车时，如果是由于不注意而没看到"一般人能够认识到的标识"，则不能予以故意非难[东京高判昭和三十年（1955）4 月 18 日→第 171 页]。的确，"一般人的话应该能在现场认识到该标识，所以应该能意识到该犯罪的违法性"，在此意义上可予以责任非难。但是，这不过是给过失奠定基础的责任非难而已（如今广泛适用过失超车罪）。若要施加对故意来说必要的责任非难，则需要对能够从中直接意识到该犯罪违法性的事实具有认识，即必须对"超车是被禁止的"有认识。[34]　但是，如果行为人认识到了"相关事实，而一般人倘若认识到该事实都会明白这是禁止超车的路段"（→第 161 页），却"以为这不是禁止超车的地段"，则仍然能够予以故意非难。

　　不需要认识的构成要件事实　　（A）故意、目的犯中的"目的"等主观事项不能成为认识的对象。（B）客观处罚条件也不成为认识的对象。客观处罚条件被认为是仅以其客观是否存在来影响犯罪成立与否的事由。（C）结果加重犯中的加重结果也不是故意的对象[最判昭和三十二年（1957）2 月 26 日（刑集第 11 卷第 2 号第 906 页）→第 49 页]。

结果的认识　　在结果犯中，若对结果的发生没有认识则不能认定故意。但是，并不需要认识到现实出现的"具体的时间点上针对各具体客体所造成的侵害结果"。从可予以故意非难的"行为时的认识"的对象这一视角来看，对抽象的构成要件结果具有认识就足够了。[35]　此外，即便没有认识到结果确定会发生，只是认识到结果具有发生的盖然性，也能够予以故意非

---

[34]　刑法犯中也是如此，"倘若予以注意的话就有可能认识到他人性"，却"以为不是他人之物"，此时至多只能追究过失的责任，不存在故意。同样，虽然见到了"一般人通常都会认为具有淫秽性的照片"，本人却不认为是淫秽的，此时不存在故意。但是，如果"认为这照片在一般人看来具有淫秽性"，则能够认定第 175 条的故意。

[35]　为使强力的炸弹落在东京某处而发射时，虽然不仅被害人数不确定，而且被害对象在哪儿也不确定，但对于这样的行为仍然能够认定杀意（→第 161、194 页）。只要存在着"将人杀死"这样的认识，就能够予以杀人罪的故意非难。此外，想要杀害特定的人却杀死了与此不同的人时，是作为事实认识错误的问题从其他的视角出发予以处理的（→第 192 页）。

难(→第 164 页)。

在危险犯中需要注意,虽然必须对危险发生具有认识[→各论第五章第二节 1(3)],但这种认识与对实行行为性的认识相重合。

轻微结果的认识 另外,故意与可罚性判断也不可分离,对不值得处罚的轻微结果的认识不是故意。讨论这一点在未遂的情形中具有意义。想要窃取极其轻微的财物却失败时,之所以不作为盗窃的未遂来处罚,是因为不存在盗窃的故意。[36]

实行行为性的认识 对成立故意而言,重要的是认识到该犯罪的主要部分即实行行为。在将犯罪类型个别化这一点上,也有必要对实行行为性具有认识。这是因为,根据法益,并非将所有的侵害都作为犯罪来处理,而是将犯罪限定于采用特定行为样态的情形之中。

> X 将 A 逼入不能选择其他行为的精神状态,并让 A 自己驾车坠入海中。对此,**最决平成十六年(2004)1 月 20 日**(刑集第 58 卷第 1 号第 1 页→第 90 页)认为,虽然 X 意图使 A 自杀,**但对于强迫 A 实施具有高度现实死亡危险性的行为本身并不欠缺什么认识**,所以能够认定杀人罪的故意。本案中,虽然 X 认识到了参与自杀,但同时也认识到,强迫实施的危险行为该当杀人的实行行为,且 A 陷入除自杀外不能选择其他行为的精神状态这一情况,所以 X 并不欠缺杀意。

> 本想让被害人吸入氯仿后(第一行为)再使其溺死(第二行为),但被害人在第一行为的阶段就已经死亡。关于该案,**最决平成十六年(2004)3 月 22 日**(→第 86 页)将两个行为作为一连的一个实行行为来对待,认定了杀人罪既遂(→第 80 页)。而关于故意,最高裁则认为,"被告人着手实施了让被害人吸入氯仿从而失去意识再使其驾车坠入海中这一连的杀人行为,并达成了其目的;所以即便与被告人所认识的不同,被害人是因第一行为死亡的,也不欠缺杀人的故意"。最高裁明确认定,"被告人对因第一行为本身导致 A 死亡的可能性没有认识",并在此基础上认定第一行为时具有杀意。在此所认定的杀意是"对经由第一行为以第二行为杀死被害人的认识"。这之所以被评价为一个杀意,是因为可以将第一行为与第二行为视作紧密联结在一起的"一个实行行为"(→第 88 页)。但是更加实质地来看,"认识到实施试图杀人的行为"这一点很重要,"经由第一行为以第二行为杀死被害人"这一具体的内容能够为存在"对具有将人杀死的危险性的行为的认识"奠定基础。如果存在这样的故意,那么即便出现了被害人因第一行为而死亡的"因果关系的错误",仍然能够成立故意既遂罪。因果流程上的不一致不影响故意非难(→第 196 页)。

---

[36] 如果属于"不值得处罚的轻微的占有侵害",那么财物的暂时使用行为也不该当盗窃罪。所以,对不可罚程度的占有侵害的认识,不能说是盗窃的故意。因此,"本着长时间利用的意图将手放在转向盘上却被抓获时,因为存在故意所以作为未遂罪是可罚的,但只具有极短时间的利用目的时则不可罚"[→各论第四章第一节 3(2)]。

作为义务的认识　　在不作为犯中，必须**对作为义务具有认识**。[37] 但是，对一般人会认为存在义务的事实具有认识就足够了。当"自己的孩子"这一事实对作为义务而言很重要时，如果误以为是他人的孩子则不能予以故意非难。但如果以为"是自己的孩子，却没有救助的义务"，则属于法律认识错误，能够认定对杀人罪的作为义务具有认识，即能够认定存在着对成立杀人的故意而言必要的认识（→第 161 页）。

作为可能性的错误也是不作为犯中的错误，即明明能够救助却误以为"特别难以救助"这样的情形。此时也由于欠缺实行行为性的认识而欠缺故意。

因果关系的认识　　判例认为基于不同于认识的流程而发生结果时也**不欠缺杀人的故意**，对故意的成立而言不需要认识到因果关系[大判大正十四年（1925）7 月 3 日（刑集第 4 卷第 470 页）；另参见最决平成十六年（2004）3 月 22 日（→第 88 页）]。但多数说认为，虽然没有必要正确地认识到因果关系的具体样态、流程，但必须**对因果关系的基本（重要）部分具有认识**（→第 197 页）。"如果对于因果的路径没有认识，则针对其结果不存在直面法规范要求的问题。"

但是，如果没有预见到现实出现的因果流程的重要部分，并非就不能予以故意非难。试图杀害被害人于是将其砍伤，被害人却在住院地因地震被压死的情形中，虽然没有预见到"因地震而死"这一因果关系的重要部分，但仍然能够认定砍杀行为时具有杀意。只要本着杀死对方的意图，认识到用刀砍向对方这一"适合于杀人的行为（实行行为性）"，那么即便没有认识到现实出现的飞跃性的因果流程，也存在直面法规范要求的问题（→第 197 页）。实行行为时并非通常都能认识到因果流程的大致情况。[38] 此外，一方面认识到了实行行为与结果，另一方面又在心里描绘超出相当因果关系的因果流程并付诸犯行时，并不会否定杀意。对故意来说，必须对结果以及实施实行行为具有认识，但不必对因果流程具有认识。

---

[37]　**二分说**（→第 99 页）区分保证人地位的问题与由此产生的保证人义务的问题，认为有关前者的错误是事实认识错误从而欠缺故意，而有关后者的错误则应当是法律认识错误。

[38]　根据多数说的思考方法，只要客观的因果流程在相当性的框架内，通常都能认定故意。但是如此一来，在进行客观的相当因果关系判断后应该就没有必要再反复讨论对因果关系的认识了。再者，对于以因果关系错误来对待的典型案例，判例中是将其作为"介入犯罪人自身行为的情形"下的"有无因果关系的问题"来处理的（→第 151 页）。学说中经常作为问题来讨论的**韦伯的概括的故意**的案件，也应该在讨论故意之前将其作为客观的因果关系问题来处理（→第 151 页）。

182 **（2）意义的认识与违法性的意识**

犯罪事实的认识 关于犯罪的"认识"，存在多个不同的阶段。杀人罪的情形中，存在① 对用手枪将子弹射入对方胸部的认识（裸的事实的认识），② 对这意味着"杀人"的认识（**社会意义或规范意义上的认识**），再者③ 对杀人是坏事的认识（违法性的认识），最后④ 对该当刑法第199条的认识（具体条文的认识）。记述的构成要件要素的情形中，如果对形式上的裸的事实具有认识（①），那么一般人就能获得违法性意识。

> ① 自然（裸的）事实的认识
> ② 构成要件重要部分的意义的认识
> 　（使违法性意识成为可能的认识）
> ③ 违法性的认识
> ④ 具体条文的认识

规范的构成要件要素 在日本刑罚法规所规定的犯罪类型中，不仅有记述性的要素（例如第199条的"人""杀"），还存在着必须通过法官的评价、价值判断来补充的规范的构成要件要素。[39] 这些要素中包括（A）**法律概念**，如作为盗窃罪等客体的财物的"他人性"、公务员职务的合法性（要保护性）等；[40]（B）**价值概念**，如淫秽等；（C）**难以在事实上予以评价的概念**，如危险犯中的"危险性"等。此外，行为人对于这些要素不需要具有如专家那样的认识，具有**外行人的认识**就足够了。

成立故意时必要的认识 对故意的成立来说，不必具有③**违法性的认识**（→第161页）。但是，如果不具有一般人能够从中获得③的认识，则不能予以故意非难。尤其是在规范的构成要件要素的情形中，外延很模糊，

183 ①与②相分离，所以在诸如传播淫秽物品罪的情形中，凭借① 对文章的认识尚不能认定故意。即便认识到了该文章，但是否会将其评价为淫秽则因人而异。从以一般人为基准的非难的观点来看，必须② 对社会意义或规范意义

---

[39] 另外，被认为是记述性的要素也需要通过评价来反映其作为法律条文上概念的某些意义，可以说所有的要素都是规范性的。记述的构成要件要素与规范的构成要件要素只存在程度差异。即便拿"人"这一概念来看，也存在很多困难的问题，如处于脑死状态的人是否包括在"人"的范围之中等[→参见各论第一章第一节1（1）]。

[40] 某物是否属于他人，由民法等来决定；公务员的职务是否合法，由行政法、刑事诉讼法等来决定。这些法律概念的判断很微妙，问题在于行为人具有怎样的认识时，可以说其对这些**概念具有认识（非刑罚法规的认识）**。本来，既然构成要件由刑罚法规所规定，那么构成要件要素全都是法律概念，但这里特别地把构成要件要素中与其他法规相关联、伴随着评价的要素作为规范的构成要件要素来对待。

即对淫秽性具有认识。[41]

涵摄的错误 对于故意的成立来说,不需要具有③违法性的意识以及④具体条文的认识。通常认为,"涵摄的错误"是指④有关**涵摄至条文**的错误,该错误不阻却故意。但是在涵摄的错误中,存在着(A) 社会意义的涵摄(如淫秽概念)与(B) 法律意义的涵摄(如"物的他人性""职务的合法性")。后者又分为(a)作为对象事实的非刑罚法规的涵摄问题,与(b)作为评价基准的刑罚法规的涵摄问题,即对行为法律评价的涵摄问题。(b)就是通常的法律认识错误。

(A) 社会意义的涵摄问题在诸如淫秽概念这样的情形中予以讨论。在此必须以"外行人的基准"来评价,出现这种涵摄错误时阻却故意。(B-a) 非刑罚法规的涵摄,如在对"物的他人性""职务的合法性"的涵摄中发生错误时,也要否定故意。与此相对,(B-b) 刑罚法规的涵摄,在如"以为借据不是刑法上的'文书'"这样的情形中,不阻却故意。但是,(B)中(a)与(b)的区别很微妙。例如,必须对《刑法》第 103 条(藏匿犯人)中的"该当罚金以上刑罚的犯人"具有认识才能成立故意。

	故意的对象	错误的类别	涵摄的错误
裸的事实	必 要	事实认识错误	
社会意义(如淫秽)	必 要	事实认识错误	○
法律意义(如他人性)	必 要	事实认识错误	○
行为的法律评价		法律认识错误	○
条文、刑罚法规		(法律)	◎

淫秽性的认识 一般人通常都会认为是淫秽的图画,行为人却不认为其淫秽时,似乎可以说对一般人能够从中意识到违法性的"事实"具有认识。但是,行为人本人认识到"谁都不会认为这幅画是淫秽的"时,不能追究故意责任。此时欠缺"一般人能够从中意识到猥亵罪违法性的认识",不具有猥亵罪的故意。[42]

判例的态度 关于《刑法》第 175 条的故意,最判昭和三十二年(1957)3 月 13 日(刑集第 11 卷第 3 号第 997 页)指出,"不需要对文书是否具备**该条所规定的淫秽性**

---

[41] 但是,是否具有"意义的认识",也受到能否从中意识到该罪违法性这一实质视角的影响。

[42] ① 没有注意到图画中的淫秽部分时,无论该部分能够多么容易地被注意到,都不能予以故意非难。此外,② 虽然看到了淫秽的图画,但以为画的是别的什么东西时,也不存在故意。但是,③ 无论从自己的美感出发多么地深信这并不淫秽,但只要认识到"这样的图画通常会被认为是淫秽的",就存在着陈列淫秽物品罪的故意。"该照片对于个人来说可能会觉得是淫秽的,但由于得到了电影伦理管理委员会的许可,故以为不是淫秽的",这一认识中多欠缺对淫秽性的认识。

具有认识","即便相信贩卖的文书不属于《刑法》第175条中的淫秽文书,但如果该文书客观上具有淫秽性,那么这属于法律认识错误,不阻却犯意"。最高裁虽然看上去是认为只要对①具有认识就足够了,但只是认为不需要对④具有认识,并没有说连对②的认识都不需要。该判决只是说不需认识到"该条所规定的淫秽性"这种程度。

与此相对,许多学说将淫秽性的认识问题作为法律认识错误的问题来对待。[43]但是,如果认为必须对②中的淫秽性的意义具有认识才成立故意,那么原则上就不必判断违法性意识的可能性了。这是因为,如果对②具有认识,那么一般人就能够从中意识到猥亵罪的违法性。法律认识错误说认为只要对①有认识就足以成立故意,事实认识错误与法律认识错误的区别就变得不明确,会出现"二重的故意判断(→第174页)"。

法律概念的认识　妨害执行公务罪处罚的是对合法职务的妨害行为,以为公务是违法的从而实施行为时不具有故意。但是,**合法性的认识**也必须进行实质判断。例如,出示了符合形式要求的拘留令,行为人认识到"这大体上是按照程序实施的拘留",却以为"既然自己都不记得做了什么坏事,那么这是违法的拘留",于是实施抵抗。此时,并不欠缺对职务合法性的认识[→参见各论第八章第二节1(3)]。

185　　　关于**财物的他人性**,由于并非谁都能正确地知晓民法,所以对意义的认识来说,认识到了一般人能够从中直面财产犯规范要求的事实就足够了。例如,关于不法占据者在自己所有的土地上栽种的草木,东京高判昭和三十四年(1959)10月1日(东高刑时报第10卷第10号第392页)认为,误以为该草木是自己的所有物从而损坏的,不具有损坏他人之物的故意。虽然对于"他人之物"必须要有认识(②),但即便不知道民法中有关所有权的细致讨论也没有关系。[44]

> 被告人向受国土交通省指定、从事车检业务的公司的董事长(准公务员)提供利益作为不法行为的对价。关于该案,东京地判平成十四年(2002)12月16日(判时第1841号第158页)认为,可以说被告人认识到民间车检所的检查与陆运局的具有相同法律效

---

〔43〕　关于黑雪案件的东京高判昭和四十四年(1969)9月17日(高刑集第22卷第4号第595页)也以欠缺违法性意识可能性为由认定不存在故意。但是应该这样来理解,即由于通过了电影伦理管理委员会的审查等情况,所以被告人对于②没有认识从而欠缺故意。

〔44〕　将他人饲养的狗误以为是没有饲主的狗从而杀死时,也欠缺对财物的他人性的认识[伤害(毁弃)器物罪]。被告人误解了旨在允许警察等猎杀无主狗的大分县令,以为"有法律规定,即便是他人的狗但没有许可证时视作无主狗",于是猎杀了他人饲养的狗。关于该案,最高裁认为,如果"对于狗归他人所有这一事实欠缺认识",则欠缺对"财物的他人性"的认识(②);但如果认识到这不是无主狗,以为即便猎杀了也没有关系,则不欠缺故意[最判昭和二十六年(1951)8月17日(刑集第5卷第9号第1789页)]。

果,车检所职员等与陆运局的职员处于相同的地位,被告人"即便不直接地知道该董事长被视作公务员,但应该说**对作为其实质根据的事实具有认识**",所以对为贿赂罪的违法实质奠定基础的事实并不欠缺认识。

行政刑罚法规的认识 行政刑罚法规有一个很大的特点是,经由法规的制定才决定其违法内容。相当多的情形中,仅凭对该当构成要件的"自然(裸的)事实的认识①",一般人尚不能知晓行为的违法性。所以,很多案件中需要讨论如何区分事实认识错误与法律认识错误。

以在禁止超车的路段超车为例来考虑的话,与规范的构成要件的情形一样,应认识的对象也可以归纳为四个阶段。而且,②与③几乎是重合的。

> ① 对超车的认识
> ② 对在禁止超车的路段超车的认识
> ③ 违法性的认识
> ④ 具体条文的认识

在此,存在两种学说的对立:(a) 一种学说认为,行政犯只在具有违法性意识时才处罚;(b) 另一种学说则考虑行政目的,认为仅对事实上的、自然意义上的事实具有认识时就能认定故意的成立[但是(b)说也通过违法性意识的可能性来限定处罚范围→第 172、175 页]。可是,即便是在行政刑罚法规的情形中,在追究故意责任时虽然不需要具有违法性意识,但必须针对具体的犯罪类型考虑②"一般人能够从中意识到该罪违法性的重要犯罪事实的认识"。

判例的思考方法 判例虽然不要求③违法性的认识,但要求②能够从中意识到违法性的认识。东京高判昭和三十年(1955)4月18日(高刑集第8卷第3号第325页)认为,必须**对禁止超车具有认识**。东京高判昭和三十五年(1960)5月24日(高刑集第13卷第4号第335页)认为,必须**对禁止用枪狩猎的区域具有认识**。另外,如果没有认识到禁止用枪狩猎的期间,就不能作为禁止期间内的用枪狩猎行为来处罚。[45] 此外,最

---

[45] 虽然狩猎法禁止捕获"狸""鼯鼠"的行为,但在以为狸是"貉"从而捕获的案件中,大判大正十四年(1925)6月9日(刑集第4卷第378页)认定为无罪;而对于以为鼯鼠是当地俗称的"MOMA"从而捕获的行为,大判大正十三年(1924)4月25日(刑集第3卷第364页)则认定为有罪。这两个判例都认为必须对②捕获禁猎动物这一事实有认识,并不矛盾。大审院认定,当时一般都相信在狸之外还存在着一种叫貉的动物,专家之外的人几乎都不知道两者其实是同一种动物;于是从一般人的视角出发认为,以为是"貉"时不能说对狸具有认识。另一方面大审院则认为,不过是当地将鼯鼠俗称为"MOMA",鼯鼠的形状广为人知,大家也不认为在"MOMA"之外还存在着鼯鼠;所以,被告人对捕获"鼯鼠"具有外行人的认识。

判平成元年(1989)7月18日(→第169页)认为,虽然还没有下发正式执照,但因相信县里负责人说的话等认识到有正式执照而继续营业的,不能认定无照营业罪的故意。[46]

能够从中意识到该罪违法性的认识 关于违反禁止贩卖含有甲醇的饮料与食物的法规的案件,最判昭和二十四年(1949)2月22日(刑集第3卷第2号第206页→第168页)指出,仅凭"若将其供人饮用则可能会**对身体有害**"这种程度的认识,尚不能认定故意。的确,不过是对抽象的、一般的违法性具有意识时,仅存在"有毒饮料的认识",将其作为对贩卖甲醇之罪的违法内容的认识,当然是不够的。既然存在着多种多样的有毒饮料,那么就有必要对特别禁止贩卖某种有毒饮料的违法内容具有认识。但是,没有必要明确地认识到"甲醇"。例如,必须认识到这与当时称作"甲基"而流通于街头巷尾,具有一定属性、特征的酒精性饮料有所关联。被告人认识到了这是有毒的甲基酒精,为供饮料所用而持有、让渡甲醇。被告人主张,"不知道甲基酒精与甲醇是同一种东西"。对此,最大判昭和二十三年(1948)7月14日(刑集第2卷第8号第889页→第168页)认为,即使不知道两者是同一种东西,也不欠缺对事实的认识。

药物的认识与概括的故意 在进口兴奋剂罪的情形中,如果能够认定"对作为严格的法律规制对象、具有依赖性药理作用、有害身心的药物("类")具有认识",那么只要不存在从认识内容中将兴奋剂("种")**排除出去的特殊的情况**,就能认定进口兴奋剂罪的故意[最决昭和五十四年(1979)3月27日(刑集第33卷第2号第140页)→第178页]。这是因为,如

---

[46] 被告人在自家门前将车停下后,忘记了停车这件事情,于是一直停放了8小时以上,该行为涉嫌违反《有关确保机动车保管场所等的法律》第11条第2款第2项。关于该案,最判平成十五年(2003)11月21日(刑集第57卷第10号第1043页)认为,处罚时必须存在对停车8小时以上这一事实的认识,由于被告人停车后忘记了停车这件事情,所以仅凭超过了规定时间尚不能予以故意非难,从而宣告无罪。
与此相对,被告人不知道要对玩具秋千等物品税课税物品进行申报,在没有申报的情况下制造了这些物品。关于该行为,**最判昭和三十四年(1959)2月27日(刑集第13卷第2号第250页)**认定成立物品税法上的无申报制造罪等。最高裁并非认为不需要具有有关(2)的认识,而是认为从与其他课税物品的比较来看,能够认识到玩具秋千属于物品税的对象。
最近,只有普通机动车驾照的被告人驾驶了小型巴士(15人的座席),该车在使用时取掉了本来设置的6人座席。该行为是否应当无照驾驶罪存在争议。关于该案,**最决平成十八年(2006)2月27日(刑集第60卷第2号第253页)**认为,被告人虽然知道普通机动车的驾照不能驾驶大型机动车,但听上司说只要不载人那么驾驶该车就没有问题,而且看到该车机动车检查证的机动车种类一栏中记载着"普通"等,由此深信持普通机动车的驾照可以驾驶该车,于是实施了驾驶行为;尽管如此,"X认识到了本案车辆的席位状况,仍然持普通机动车驾照驾驶了该车,能够认定其具有无照驾驶的故意"。仅仅认识到小型巴士被取掉了部分席,尚不欠缺对"大型机动车"的认识;上司的说明也与向陆运局等确认时不同,不能成为否定故意的事由[另参见东京高判昭和三十八年(1963)12月11日(高刑集第16卷第9号第787页)→第172页注23]。

果对类具有认识,那么原则上就能认定"对兴奋剂的意义具有认识"。[47]

关于因将兴奋剂走私进入日本而被起诉的案件,**最决平成二年(1990)2月9日(判时第1341号第157页)** 维持了原审东京高判平成元年(1989)7月31日(判夕第716号第248页)的判断。原审认为,"虽然认识、预见到了包含兴奋剂在内的多种药物,且这些药物属于作为法律规制对象的违法有害药物;但具体来说进口的是其中的哪一种并不确定,没有认识到特定的药物,对应予确定的对象物只具有概括性的认识、预见。可是,即便如此也足够了,成立所谓的**概括的故意**"。最高裁进而认为,"走私进口并持有本案中的物品时,认识到了该物品是**包含兴奋剂在内的对身体有害的违法药物**,所以可归结为**认识到该物品可能是兴奋剂或者可能是其他对身体有害的违法药物**",从而认定存在进口兴奋剂罪、持有兴奋剂罪的故意。这里所说的概括的故意是指,即便对兴奋剂这一"种"没有认识,但如果对包含兴奋剂在内的违法药物这一"类"具有认识的话就足够了。[48] 虽然对违法有害药物有认识但又认识到不是兴奋剂时,不能认定持有兴奋剂罪的故意。[49]

---

〔47〕 另外,虽然认识到了是挥发性溶剂但没有认识到含有甲苯时,东京地判平成三年(1991)12月19日(判夕第795号第269页)否定了持有"含甲苯等的挥发性溶剂"之罪的故意。即便不知道甲苯这一毒物的名称,也必须具有未必的认识,认识到这是含有对身体有害的违法药物的挥发性溶剂。由于本案中被告人明确认识到该挥发性溶剂中不含有甲苯,所以不具有故意。看上去,既然对"类(挥发性溶剂)"具有认识,那么对于作为犯罪对象的"种(含有甲苯的挥发性溶剂)"这一部分似乎也能予以故意非难。但是,既然法律将挥发性溶剂中危险性高的特定溶剂挑出来作为处罚的对象,那么就必须"认识到这是有害身体的、含有违法药物的挥发性溶剂""认识到含有甲苯的意义"(对种的意义的认识)。

如果对种都有认识了,那么通常能够认定对类具有认识,但也存在欠缺对类的认识从而不能予以故意非难的例外情形。在醋酸甲泼尼龙制剂被指定为麻药前,被告人就购买了该制剂,并持有了该制剂的剩余部分。该案中,虽然被告人对于该药物是醋酸甲泼尼龙制剂具有认识,但如果认定其不具有该药物属于"作为严格的法律规制对象的有害药物"这一认识,则欠缺故意[大阪地判平成二十一年(2009)3月3日(裁判所网站)]。

〔48〕 被告人受到男姘头(为暴力团成员)下属的委托保管纸箱,但该纸箱中藏有手枪及与之匹配的实弹。关于该案(《枪刀法》第31条之三),**东京高判平成二十年(2008)10月23日(判夕第1290号第309页)**认为,由于不能认定存在着"能够从中推测出纸箱内部藏有手枪等的情况",所以不能认定概括的故意。的确,仅仅认识到箱子中装的是不适合在帮会事务所等保管、不希望被警察等发现的物品,尚不能说对手枪及实弹具有概括的故意,对类具有认识。

〔49〕 ①虽然具有"这是法律严格规制的有害药物"这一为故意奠定基础的最低限度的认识,但积极且明确地认识到"这虽然类似于麻药但不是兴奋剂"时,不存在进口兴奋剂罪的故意。此外,②虽然具有最低限度的认识,但误以为这是会以较轻的法定刑来处断的药物时,不能认定现实中实施的、处罚较重的兴奋剂犯罪的故意。但是,③如果笼统地认识到,"这是法律严格规制的、有害性高的药物",那么能够评价为这种认识中包括了从法定刑重的重大毒品犯罪到法定刑轻的毒品犯罪;所以,即便没有认识到"这是兴奋剂",对于重大毒品犯罪来说也不妨碍达到认定该罪故意的必要"下限"。④虽然对兴奋剂的(通俗)意义、其社会有害性有充分的认识,但行为人以为其是麻药时,似乎会认为,既然以为"这是与兴奋剂不同的药物",那么"欠缺对作为构成要件要素的兴奋剂的认识"。但是,对于构成兴奋剂犯罪的故意而言,已经满足了认识的下限;即便以为是麻药也并不能否认对违法内容的认识,而该认识构成了包含兴奋剂在内的故意,所以能够认定故意的成立。

189 **规制药物的故意认定** 在故意的认定中争论最激烈的是有关兴奋剂等违法药物的认识。[50]需要综合考虑以下几点,通过判断是否认识到为藏匿规制药物的盖然性奠定基础的事实来认定"有关违法药物的概括的故意"。

> 规制药物的认识认定
> ① 被告人是该规制药物的持有人
> ② 被告人辩解的不合理程度
> ③ 藏匿、搬运样态的异常程度(包括报酬的额度等)
> ④ 物品的形状及重量
> ⑤ 海关检查时被告人言行的异常性
> ⑥ 被告人与规制药物有关联的其他情况

关于将货物(毒品)从海外运输进来却主张没有认识到运输的是毒品的案件,**最决平成二十五年(1950)10月21日**(刑集第67卷第7号755页)认为,由于存在着到达目的地后可以从运输者X那里确实地回收兴奋剂这一特殊情况,或者说不存在需要另外采取能够确实回收兴奋剂的措施等情况,所以能够认定X是从走私组织的关系人等那里接受了有关回收方法的必要指示等从而实施运输。考虑到出国费用等经费是由走私组织承担,可以预料到花费如此大的费用冒着被发现的危险也要将其秘密地带入日本的物品,即能够藏在本案行李箱中的物品,是兴奋剂等违法药物,所以**可推知被告人认识到本案行李箱中可能藏有兴奋剂等违法药物**。

(3) 违法阻却事由的认识

违法阻却事由的认识 认识到存在正当防卫等违法阻却事由(→第230页)而实施行为时,不能予以故意非难(在存有认识则否定故意的意义上,对违法阻却事由的认识与构成要件的故意处于"表里相反"的关系中)。例如,明明不存在侵害的"急迫性"却误以为存在,于是本着正当防卫的意思实施伤害行为时,**判例认为不能认定故意犯**(**事实认识错误说**)。不仅是**假想防卫**,假想避险、基于假想的正当行为也同样不成立故意

190 犯。由于存在有关重要事实的错误,所以否定故意。此外,主张认识到存在违法阻却事由而实施行为时欠缺故意的见解,也作出如下说明,即"由于相信

---

[50] 经由裁判员裁判的一审判决以不能认定故意为由作出无罪判决,但该无罪的判断被控诉审判决给撤销了。关于该案,最判平成二十四年(2012)2月13日(刑集第66卷第4号第482页)引人注目,从中可以看到最高裁在认定违法药物的认识时出现严格化的态度。但是,最决平成二十五年(2013)10月21日(刑集第67卷第7号第755页)等仍然是推知对违法药物的认识,一直以来的判断基准基本得以维持。

存在正当化事由,所以不存在与规范相关的问题"。

与此相对,也有学说主张,故意是对构成要件事实的认识,既然违法阻却事由不是构成要件事实,那么就不可能是构成要件的错误,不过是在认识到犯罪事实的前提下就是否为法律所允许发生的错误而已。这种学说认为,"既然认识到了构成要件事实,那么就会直面法规范要求的问题,所以属于法律认识错误"(福田第196页)。再者,也有主张提出,构成要件是类型性的,而违法性是非类型性的,只有前者能够成为故意的对象。

另外,还存在这样的见解,认为违法阻却事由的错误虽然不是构成要件的错误,但对作为责任故意要件的违法性相关事实没有形成表象,所以这种错误既不是事实认识错误,也不是法律认识错误,而是**第三种错误**(→第317页)。但是,在否定"故意非难"这一意义上,应认定违法阻却事由的错误是事实认识错误。此外,具体课题在于具有怎样的认识时能够阻却故意,其实质基准是"一般人能否意识到违法性"。

责任说与假想防卫 本来,责任说以构成要件的错误与禁止的错误这种分类来取代事实认识错误与法律认识错误的区分,认为禁止的错误不能影响作为构成要件要素的故意。因此,正当化事由不属于构成要件要素,有关正当化事由的错误全都属于禁止的错误,这是责任说本来的思考方法(**严格责任说**——木村第323页,福田第207页)。但是,"违法性意识的可能性是有别于故意的责任要素"这一责任说思考方法的性能部分(→第175—176页),与"违法阻却事由的错误是事实认识错误"这一思考方法,在逻辑上并非不能联结起来(**限制责任说**——平野第164页)。一方面想要严格地维持构成要件的错误与禁止的错误的区别,另一方面又想得出违法阻却事由的错误是事实认识错误这一结论,那么不得不将违法阻却事由也包含在构成要件要素之中。

故意非难的条件 并非只有构成要件才能成为"故意的对象"。**是否直面法规范要求**这一基准,与**一般人能否意识到该罪的违法性**这一说法的意思相同。所以,既然是在相信存在着急迫不正侵害的情况下实施防卫行为的,那么一般人都不能获得违法性意识。因此,对于假想防卫等不能追究故意责任(→第316页)。实际的认定顺序是,以存在客观的构成要件要素事实以及对构成要件要素的认识(**构成要件的故意**)为前提,在客观的违法性阻却判断后再考虑有无假想防卫等。本着杀意实施正当防卫时,杀意并没有消失。在此意义上,解释为阻却了曾经存在过的构成要件故意会更容易理解一些。但是,故意是能够**提诉违法性意识的认识**,在此意义上故意是一个整体性的东西(→第161、175、317页)。

责任故意　在假想防卫的情形中，并非溯及性地使杀意变得不存在。为了明确这一点可作出如下解释，即欠缺的不是构成要件故意而是**责任故意**。但是，这并不是说存在两个故意，而是旨在说明"假想防卫的情形中，即便存在杀意也不能予以故意非难"。

另外，即便因假想防卫而否定了故意，仍然存在成立过失犯的余地。在形式上能够认定构成要件故意的行为中，完全有可能认定存在着因不注意而产生错误认识导致结果发生的过失。

4 ■ 具体的事实认识错误

(1) 犯罪事实的认识与事实认识错误

认识与客观事实的不一致　如果发生事实认识错误，那么形式上不能认定故意（→第167页）。但现实中认识到的事实与发生的事实完全一致的情形很罕见。否定故意的事实认识错误论意味着**主观认识与客观的实际存在之间的不一致达到了重要程度**。事实认识错误论的实质在于，"存在何种程度的不一致时，可以否定客观事实所该当的犯罪类型的故意"。

严格来说，事实认识错误论中，除了存在着故意论的内容，即"为了成立某犯罪的故意，对何种事实的认识是必要的"；还存在着主观归责论的内容，即"能否将实际出现的事态（包含作为未遂结果的危险性）归责于故意"（→第168页）。但是，事实认识错误论是以故意论为核心来进行思考的，即"如果存在事实认识错误，则欠缺对成立故意而言必要的认识"。[51]

具体事实的种类　通常将事实认识错误大体上分为具体的事实认识错误与抽象的事实认识错误。**具体的事实认识错误**是指主观与客观的不一致发生在同一构成要件的范围内，而**抽象的事实认识错误**则是指主客观的不一致跨越了不同的构成要件。

此外，事实认识错误还可以分为(A)客体错误、(B)方法(打击)错误与(C)因果关系的错误这三种样态。(A)**客体错误**是指，以为杀的是A实际上是B这种情形。与此相对，(B)**方法错误**是指，虽然瞄准了A却杀死了旁边的B这种情形。(C)**因果关系的错误**是指，瞄准的客体虽然按照认识的那样

---

[51] 的确，如果不是从"以认识为核心的视角"出发进行考虑，即能否说得上是在认识到的事实框架内发生了事实，而是从"以结果为核心的视角"出发进行考虑，即对应于已发生的结果是否存在着"故意"，那么全都变成了故意论（→第167—168页）。

发生了结果,但导致结果发生的因果流程与认识到的不相同这种情形。例如,想要让 A 溺死于是将其推落河中,但 A 因头部撞击桥墩而死。

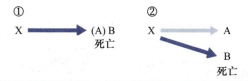

判断错误重要性的基准　关于判断事实认识错误重要性的基准,即决定认识与事实在多大程度上不一致时应该否定故意成立的基准,存在三个对立着的学说。(a) **具体符合说**认为,如果认识到的内容与发生的事实没有具体地保持一致,则不能认定故意。(b) **法定符合说**认为,如果两者在构成要件的范围内符合了,则能够认定故意。与此相对,(c) **抽象符合说**的思考方法则是,即使两者涉及的构成要件不同,至少在两者中轻罪的限度内能够认定故意犯的成立。但是,关于具体的事实认识错误,实际上对立着的是(a)说与(b)说,在抽象的事实认识错误的问题中才讨论(c)说。

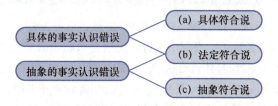

判例中的具体的事实认识错误论　**最判昭和五十三年(1978)7 月 28 日(刑集第 32 卷第 5 号第 1068 页)**认为,"认定具有犯罪的故意时,虽然必须对构成犯罪的事实具有认识,但犯人认识到的构成犯罪的事实与现实中发生的事实未必需要具体地保持一致,两者在法定的范围内一致就足够了",采用的是法定符合说。

(2) 具体符合说与法定符合说

具体符合说　如果形式化地贯彻(a)具体符合说,那么所有的(具体的)事实认识错误都是重要的;但具体符合说认为客体错误并不重要,承认此时成立故意犯,**只对方法错误否定故意的成立**。[52] 想要杀 A 却误将站

---

[52]　因此,也有学说称之为"具体的法定符合说"(平野第 175 页)。但必须注意的是,实际上方法错误与客体错误的定义本身就不明确,两者的界限非常模糊[参见佐久間修:《刑法における事実の錯誤》,第 64 页以下;木村光江:《主観的犯罪要素の研究》,第 127 页以下。另参见新潟地裁长冈支判昭和三十七年(1962)9 月 24 日下刑集第 4 卷第 9—10 号第 882 页]。涉及共犯时这一点更为凸显(→第 379 页)。

在旁边的 B 给杀害了的案例中,具体符合说认为对 A 成立杀人未遂,对 B 成立过失致死(两者想象竞合→第 401 页)。与此相对,法定符合说认为对 B 成立杀人既遂。

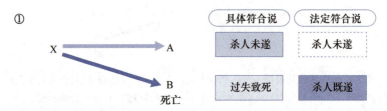

两种学说的对立之处 判例认为,无论是 A 还是 B,"大抵想要杀'人'而又杀死了'人'的,就成立杀人既遂罪"。与此相对,具体符合说则认为,方法错误中完全是想要杀 A 却失败了,不过是误将 B 给杀死了。但在客体错误中,具体符合说则认为"因为想要杀'那个人'也杀死了'那个人',所以成立杀人罪既遂"。虽然理论上两个学说都能成立,但在方法错误的案件中判例认为应该认定故意犯的成立。[53]

故意的个数 对于法定符合说有批判指出,X 想要杀害 A 却将 A、B 两人杀害时(下图②),根据法定符合说则会对超出故意的内容认定刑事责任。这是因为,根据具体符合说,对 A 成立杀人既遂,对 B 成立过失致死;但根据法定符合说,则尽管 X 只想杀一个人,却要对 A、B 两人都成立杀人既遂。但是,判例从正面采用了**数故意说**[大判昭和八年(1933)8 月 30 日(刑集第 12 卷第 1445 页);最判昭和五十三年(1978)7 月 28 日(刑集第 32 卷第 5 号 1068 页)]。即便认定两个杀人罪,但由于只有一个行为,所以形成想象竞合(→第 401 页)[54],在杀人罪法定刑的范围内进行处断,并不会产生什么具体问题。这也不抵触第 38 条第 2 款(→第 199 页)。当然,杀死了两个人这一事实会反映在量刑判断中,但这是理所当然的,绝不会导致不当的结论。[55]

---

〔53〕 判例之所以采用法定符合说,是受到了以下情形等的影响。例如,想要杀害 A 饲养的狗却杀害了旁边 A 饲养的猫时,根据具体符合说,对狗成立损坏器物罪的未遂,对猫成立过失损坏器物罪,但两者在现行《刑法》中都不可罚,这很不合理。强有力的批判指出,尽管想要杀害 A 的宠物,现实中的确也杀害了 A 的宠物,却认定为无罪,这合适吗? 在欠缺处罚未遂、处罚过失规定的犯罪类型中,不可避免会产生这种刑罚上的不均衡。此外,如果形式化地套用具体符合说,那么想要砍对方的右臂却误砍了对方左臂时,也会导致不符合常识的结论,即对右臂成立伤害的未遂(暴行罪),对左臂成立过失伤害。但通过改变方法错误的范围,则有可能推导出妥当的结论。可是,杀害所瞄准目标旁边的人时,具体符合说不承认杀人罪的成立。

〔54〕 虽说成立两个杀人罪时,是在观念上针对两个杀人罪都认定了杀人的实行行为,但这并不与该当《刑法》第 54 条中的"一个行为"有任何矛盾之处。

〔55〕 参见中野次雄:《方法の錯誤といわゆる故意の個数》,《团藤古稀纪念(2)》,第 201 页以下。

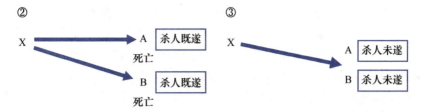

方法错误与未遂犯

另有批判指出,根据法定符合说,在方法错误的典型案例,即 X 想要杀害 A 却只将 B 杀死的情形中(第 193 页图①),除了对 B 成立杀人既遂罪之外,还应该对 A 成立杀人未遂,可是法定符合说只讨论对 B 的杀人既遂罪。实务中确实只处理现实出现了结果的既遂罪。但是,从日本刑事司法的实际运作情况即并非所有的未遂犯都严格地受到追诉这一点出发,从起诉裁量等政策上的考虑来看,仅将造成了 B 死亡的既遂犯作为诉因可以说是极其自然的。

再者,想要杀 A 于是开枪,但子弹从 A 与其旁边的 B 的正中间穿过时(图③),根据法定符合说,对 A、B 两人成立两个杀人未遂。所以有批判指出,之所以产生这些不合理,是因为明明 X 的故意只面向一个客体,而法定符合说却无视这一点。但是,既然对构成要件具有认识,存在着故意,那么完全有可能将多个未遂的具体危险性归责于行为人(→第 162 页)。

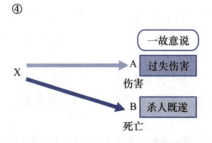

一故意说 也有学说站在法定符合说的立场,却主张在如图②那样,以一个杀意杀死两个人的案件中,对 A 成立杀人既遂罪,对 B 成立过失致死罪(**一故意说**——大塚第 191 页,香川第 229 页)。这种学说认为,"由于已经实现了对 A 的杀害目的,所以 B 的死亡是'过剩的结果',不存在故意的问题"。但是,X 想要杀害 A 却使 A 负重伤,同时却将 B 杀死时,由于对 B 认定成立杀人既遂,已经使用了一个故意,所以对 A 只能认定为过失伤害。明明使想要杀害的 A 负重伤,却只能成立过失伤害罪,这很不自然。再者,负有重伤的 A 后来死亡时,又变成了对 A 成立杀人既遂,对 B 成立过失致死。但是,故意的内容竟会如此这般变化着,对此存在强烈的批判。

196

事实认识错误论与故意　　从故意论出发，即从"是否存在认识达到使对应于客观事实的犯罪类型的故意得以成立的程度"这一问题出发，对于杀人罪的故意非难来说，认识到杀"人"就足够了（→第161页）。具体符合说要求认识到杀"那个人"或杀"A这个特定的人"，这不当地缩小了故意的成立范围。判例认为，对结果与实行行为这些构成要件的主要部分有认识就足够了，这与法定符合说相协调。〔56〕

　　主观上的归责　　判断行为时是否成立故意的时候，对构成要件具有类型性的认识就足够了，但是能否将出现的结果归责于该故意则是另外一个问题（→第168页）。如果在客观上能够认定归责关系（因果关系），又能够认定故意，那么原则上对于结果也能在主观上予以归责。但也并非不可能存在着这样的情形，即结果可评价为是在与故意无关的情况下出现的，应以"不能在主观上归责"为由将该结果排除出去。〔57〕但是，已在客观上归责了，即基于故意的实行行为的危险性被评价为在结果中实现了，却又不能在主观上归责的情形，可以说极其罕见。

（3）因果关系的错误

因果关系的错误与故意　　判例认为对故意的成立而言不需要认识到因果关系。即便存在着有关因果关系的错误，也不欠缺故意〔最决平成十六年（2004）3月22日→第88页〕。

　　但是学说上也存在有力见解认为，因果关系的错误是一种事实认识错误，若错误很重大则否定故意。这种见解是把故意形式化地定义为"对构成

197 要件的认识或容认"，认为若对因果关系这一"主要的构成要件要素"存在认识错误则欠缺故意。"不一致重大到超出相当因果关系〔58〕的范围"时，则要否定故意（大塚第185、192页）。因此，① 因果流程是不可预见的、不相当的

---

〔56〕　具体符合说中有这方面的考虑，即如果抛开对具体受侵害客体的认识就没办法讨论实行行为，所以对故意的成立而言就必须认识到具体的客体。但是，可以很容易想到对具体受侵害客体没有认识时的实行行为，如用爆炸的方式实施无差别杀人的恐怖主义行为（→第162页）。至少，只要不以具体符合说为前提，就不能说实行行为的认识中必须存在对具体受侵害客体的认识是理所当然的。

具体符合说与法定符合说的对立，在某种意义上可以说以下对立，即"责任论也应该尽可能地结果无价值化，还是说对故意这样的责任要素应该进行行为无价值式的思考"。本书中虽然客观地构建违法性，但认为应该加入事前的视角，从行为人的立场来考察责任要素（→第23、157—158页）。

〔57〕　在观念上可以设想出以下这样的案件，即行为人射出的子弹射中了谁都完全不能预料到的客体。但是，谁都完全不能预料到，这种情形实际上几乎不会发生。

〔58〕　最近，因果关系中的"相当性"概念急速丧失其机能。必须注意到，判例并没有采用相当因果关系说，学说上也发生了很大的变化（→第139页）。

时,或② 虽然经历了相当的因果流程,但主观上认识到的是处于相当因果关系界限外的因果流程时[59],阻却故意。

可是,实际上重要的是情形①,对此,如果认为是否属于**重要的错误**取决于"因果流程是否处于相当因果关系的范围内",那么其判断基准与客观的因果关系论就归于一致了,几乎没有独立讨论的意义(中山第 364 页)。[60]

故意的欠缺与未遂　根据因果关系的错误论,①怀着杀意使被害人负重伤后,被害人在被送往的医院因火灾而死亡时,否定杀人罪的故意,至多只能将造成被害人重伤的行为人认定为过失致死犯。无论杀人未遂还是杀人既遂,在"杀意"上没有差别,所以既然因出现重要的因果关系错误而阻却了故意,那么"对行为人只能考虑过失犯的问题"(大塚仁:《刑法の焦点 I 錯誤》,第 44 页)。

的确,因果关系的错误阻却一般意义上的故意,也就是"对于结果的故意"后,不可能再设想出有别于此的"未遂犯的故意"。这是因为,因果关系错误的机能即在于阻却构成要件的故意(大塚第 185 页)。[61] 此外,"结果发生的危险性升高时都还存在故意,但在结果发生的阶段由于错误变得不具有故意了",这样的解释也很没有道理。

作为归责论的因果关系的错误　受此批判后,可以看到,特别是从具体符合说的立场出发,作出了如下解释。即将事实认识错误论的重心从"立足于行为时是否存在故意"的讨论,转移到"是否要将结果归责于行为时的故意(是既遂还是未遂)"这一归责的问题(主观归责)上去(内藤第 958 页)。[62]

理论上的确可能存在如下情形,即"虽然以行为时的客观事项为前提认定了因果关系,但如果以行为人认识到的情况为基础,则将结果归责于行为人并认定成立既遂

---

[59] 但是,即便对欠缺相当性的因果流程有认识,但存在对实行行为性的认识与对结果的认识时,仍然不能否定故意责任。多数说要求的是,"认识到,如果对将要经过这样的流程具有认识的话,那么一般人会认为将发生结果"。但是,如果对导致结果发生具体危险性的实行行为具有认识,且对结果发生具有认识,那么行为人就会直面规范,从而可对其予以故意非难。对因果关系的认识本身并不能推导出故意责任非难。此外,对实行行为性有认识且又认识到处于相当因果关系界限外的流程,这样的情形几乎不会出现。

[60] 关于这一点,有反驳指出,"因果关系的错误的问题,是在因果关系得到认定的情形下,导致结果发生的因果流程与行为人事先预见到的有所不同时,能否认定构成要件故意的问题",与因果关系本身明显是不同的问题(大塚第 193 页)。但是,不能认定故意的情形出现在产生的因果流程在法的层面上不符合时,也就是说产生不相当的因果关系时。如果客观上是处于相当性框架内的因果关系,那么必定能够认定构成要件故意。

[61] 有无故意是在着手实行的时点予以判断的。子弹射中被害人后看到被害人痛苦的样子于是有所反省,想尽力看护照料但被害人还是死亡时,成立杀人既遂罪。不可能出现中途欠缺对死亡结果的故意等情况。

[62] 这种解释在很大程度上改变了"是否认定构成要件的故意"这一因果关系错误论的机能,近似于在同一名称下设定其他的犯罪要件。

犯会过于严厉"。[63][64]。这种主观归责的判断中所使用的基准是,"**行为人所认识到的行为的危险性**是否在具体样态的结果中实现了"。但是,在故意犯的情形中,因果关系论的作用在于判断基于故意的实行行为能否说得上在现实出现的结果中实现了(→第 139 页)。现实中几乎见不到明明认定了客观上的归责却又由于因果关系的错误而认定"未遂"的判例。

5 ■ 抽象的事实认识错误

(1) 抽象的事实认识错误的含义

> **第 38 条第 2 款** 实施了本应该当重罪的行为,但行为时不知该当重罪的事实的,不得以重罪处断。

两种类型 出现的结果所属的犯罪类型与认识到的犯罪类型不同时,称为**抽象的事实认识错误**。例如,X 想要杀害 A(主观上是杀人罪)却将 A 携带的宠物狗给杀死了(结果上是损坏器物罪)。抽象的事实认识错误中存在两种情形:① 主观上是轻罪事实而客观上是重罪事实的情形,与② 主观上是重罪事实而客观上是轻罪事实的情形。[65] 轻重根据法定刑来判断(→第 409 页)。

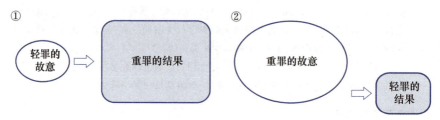

成立什么罪 行为该当什么罪的构成要件,通常是先讨论客观上出现的犯罪,再考虑是否存在着与该犯罪对应的故意。但是,对于现实出现的客观事态在形式上所该当的构成要件不能认定故意时,则需要从故意的内容出发,考虑与之对应的犯罪事实是否包含在现实出现的事态之中。然后,从可能成立的犯罪中选出最重的那一个。

---

[63] 更加具体地说,这是"行为时的客观情况与行为时的认识不一致时"的问题。"折中说"主张要同时考虑行为时行为人特别认识到的事项,以因果关系论来应对上述问题。

[64] 可举例如下,想要杀害亲人于是开枪,子弹却射偏了,射死了偶然躲在天花板顶上的盗窃犯人。但必须注意的是,这种情形下也存在着依状况能够认定杀人既遂罪的余地。

[65] 在这里,也存在着"针对认定成立的犯罪类型,为了成立其故意必须存在何种程度的认识"这一故意论的问题,与"能否将具体出现的结果归责于该故意"这一问题。但是,前者是核心问题,占据压倒性地位。再者,作为该问题的前提,需要讨论如何确定哪个应对其考虑是否存在故意的犯罪类型。另外,还需考虑是否成立意图实现的犯罪的未遂犯(→第 203 页)。

第 38 条第 2 款 　关于抽象的事实认识错误，根据《刑法》第 38 条第 2 款的规定，以对轻罪事实的认识实现重罪时，不得适用重罪的刑罚〔样式①〕。那么，②以对重罪事实的认识造成轻罪事实时该如何处理呢？另外，该款规定的是"不得以重罪处断"，但仍然有赖解释的是，此时必须科处对应于轻罪的刑罚还是认定为无罪。

> **罪名与科刑的关系** 　第 38 条第 2 款规定"不得以重罪处断"。对于此处"处断"的含义，学说上存在争论。例如，以普通侵占的故意实施业务上侵占时，存在如下对立意见：该款旨在认定为(a)不成立业务上侵占罪(《刑法》第 253 条)，只成立侵占罪(《刑法》第 252 条)；还是说旨在认定为(b)成立业务上侵占罪，但在侵占罪的范围内科刑。为了成立故意犯，必须具有"该罪"的故意；由于不能认定重罪的故意，所以(a)说是妥当的(→第 161 页。另参见第 350 页)。

(2) 法定符合说

判例的思考方法 　既然是否存在故意以对构成要件的认识为基准，那么对于因事实认识错误而超出认识到的构成要件的事实，不能成立故意犯（**法定符合说**→第 193 页）。具体的事实认识错误是构成要件内的不一致，所以对出现的事态所该当的犯罪类型能够认定故意；但发生抽象的事实认识错误时，不能对出现的事态所该当的犯罪类型认定故意。例如，X 想杀 A 却将 A 饲养的狗给杀害时，对于 A（以发生危险性为条件）成立杀人未遂，对于狗成立过失损坏器物罪（不可罚）。

抽象符合说 　与此对立的学说（抽象符合说）则认为，虽然主观上和客观上符合的是不同的构成要件，但既然"认识到大抵是犯罪的事实并实施了行为，造成了犯罪的结果"，那么在第 38 条第 2 款的范围内能够认定故意既遂犯的成立。[66] 但是，对于"大凡以犯罪意图造成了犯罪结果的，就可

---

[66] **抽象符合说**批判法定符合说的结论不合理。例如，比较以下两个案件，即① 瞄准饲养的狗却将人杀死与② 瞄准饲养的狗实际上也杀死了该狗。根据法定符合说，案件①中成立损坏器物罪的未遂（不可罚）与过失致死罪（罚金），案件②中成立器物损坏罪的既遂（3 年以下惩役）。可是，明明杀死狗的案件②中要判处惩役刑，杀死人的案件①却只不过判处罚金刑，这很不均衡。但是，之所以会在以为是杀死饲养的狗却把人杀死的情形中感觉法定符合说的结论不合理，是由于过失致死罪的刑罚过轻了。明明把狗杀死的都要判处 3 年以下的惩役，立法者却认为过失把人杀死的行为应以罚金刑来处断。但是，实务中对业务上过失致死伤罪中的"业务"作出了宽缓理解，多以业务上过失致死伤罪中规定的 5 年以下惩役来处理过失致人死亡的情形。

如果不以某种形式来认定故意犯的成立就不合理，抽象符合说提出的这一批判指的是，国民对现行的法定刑感到不合理的情形，以及应该认定意图实现的犯罪类型与出现的事态所该当的犯罪类型有所重合的情形。"构成要件有所重合"的判断与当罚性判断不无关系。

以作为故意犯来处罚"这一主张,存在强烈批判。的确,既然有犯罪的认识,那么以此为根据看上去似乎能够予以故意非难,但是对于故意非难而言,必须存在能使该罪得以成立的认识,也就是说,必须对该犯罪构成要件的主要部分具有认识(→第 182 页)。[67]

法定符合说的修正 需要注意的是,法定符合说采用的不是"抽象的事实认识错误全都否定故意"这一形式化的思考方法,而是认为,即便构成要件不同,但**在两者性质相同、有所重合时的限度内成立轻罪的故意犯**。例如,本打算实施业务上侵占罪(《刑法》第 253 条)却实施了侵占委托物罪(《刑法》第 252 条)时,认定成立轻的侵占委托物罪的既遂犯。可以说,现在抽象的事实认识错误论的核心在于如何确定该重合的范围。

客体错误与方法错误 抽象的事实认识错误中也可以区分出方法错误与客体错误。所以,具体符合说与法定符合说的差异在抽象的事实认识错误中也会存在。

(3) 故意犯的成立范围

实践课题 现在,抽象的事实认识错误论实际上的争论点在于,什么情形下可以说是"性质相同、所有重合",以及重合时认定成立什么犯罪。

① **以轻罪的认识犯下重罪时**,问题在于"客观上能否认定轻罪的构成要件该当性"。② **以重罪的认识犯下轻罪时**(以及法定刑相同时),追问的是对于现实出现的事态所该当的轻罪类型"是否存在故意"。后者正是故意论的问题(→第 167—168 页)。此外还需注意,情形②中还存在着成立**重罪未遂犯**的余地。

所犯之罪比认识更重时 以轻罪的故意造成重罪结果时,例如以侵占的故意实施业务上侵占时,(a) 由于客观上犯下了业务上侵占罪,所以成立业务上侵占罪(科刑受第 38 条第 2 款的限制),这样的思考方法过去也

---

[67] 如果认为不需要这种程度的认识,那么也就不能通过故意来使犯罪类型得以个别化(→第 42 页)。此外,事实上也会导致在与其故意内容无关的情况下对应出现的结果来认定故意犯,从而具有走向结果责任主义的危险。

很有影响力。这种认为应以现实出现的客观事项为出发点来考察的思考方法，对应于有关共同正犯的犯罪共同说的处理方式（→第353页）。但是，现在一般认为，(b)由于只具有单纯侵占的故意，所以该当第252条。为了认定业务上侵占的成立，必须对业务性具有认识。总之，以犯轻罪的意思造成重罪结果时，考虑**是否存在着对应于轻罪故意内容的犯罪事实**（构成要件的重合）。此时不是形式地，而是必须实质地、规范地对客观的构成要件该当性作出判断。[68]

所犯之罪比认识更轻时 以犯重罪的意思造成轻罪结果时，或两者轻重相同时，要讨论是否存在**对应于客观犯罪事实的故意**。既然认定成立客观上出现的犯罪（故意犯），那么归根到底还是有必要评价为具有相应的认识，达到了能够予以该犯罪故意非难的程度。因此，需从正面来考虑故意的实质内容。可以说，所谓"有所重合"，意味着可以评价为一般人若对重罪具有认识则能够意识到轻罪的违法性。

> **是否成立意图实现的重罪的未遂罪** 另外，以实施重罪的意思实现了有所重合的轻罪时，如果已经着手实行了重罪，那么也成立该重罪的未遂罪（轻罪的既遂被重罪的未遂罪吸收）。例如，想要杀人却使对方负伤时，成立的不是伤害的既遂犯而是成立杀人未遂罪。但是相反，以杀害尊亲属的故意实施普通杀人时，不认定为杀害尊亲属的未遂而是成立普通杀人的既遂。这是因为，在前一种情形中，使对方负伤的行为也是杀人罪的实行行为；而在后一种情形中，加害非尊亲属的不能认定为杀害尊亲属的着手。对成立意图实现的重罪未遂而言，必须在客观上能够认定重罪的实行行为（不能犯论→第116页）。
>
> 虽然杀死了被害人，但偶然地存在被害人同意时，可以理解为**虽然本着杀人罪的故意实施了杀人行为，但客观上欠缺杀人罪的结果**，所以与本着杀人罪的故意造成伤害的结果时一样，在能够认定杀人罪实行行为的限度内，应当认定杀人罪的未遂，施加比202条*更重的处罚。

---

[68] 最决昭和六十一年（1986）6月9日（刑集第40卷第4号第269页）指出，"将兴奋剂误以为是属于麻药的可卡因并持有，以犯持有麻药罪（7年以下）的意思实现了该当持有兴奋剂罪（10年以下）的事实，……但考虑到麻药与兴奋剂的类似性，此时理解为两罪的构成要件在前者这一轻罪的限度内实质重合"；从而认为，虽然由于欠缺持有兴奋剂罪的故意从而不能认定成立该罪，但在两罪构成要件实质重合的限度内能够认定较轻的持有麻药罪的故意，成立持有麻药罪。

另外，关于将麻药误认为兴奋剂（当时不属于违禁品）而进口、通关的行为，最决昭和五十四年（1979）3月27日（→第178页）也认为，本着**无照进口（兴奋剂）罪**（3年以下）的认识犯下了**进口违禁品（麻药）罪**（5年以下），所以**在两者有所重合的范围内成立较轻的无照进口罪**。

* 该条规定的是参与自杀及同意杀人罪，其法定刑比第199条规定的杀人罪更轻。——译者注实施了抢劫的举动后，没有压制住对方的反抗，最终勒索到财物时，也是在能够认定抢劫罪实行行为性的范围内成立抢劫的未遂罪。在夺取财物的危险性这一点上两者是重合的，强取与勒索这种手段上的不同事实上不过是量的差异而已（参见大塚第206页）。

法定刑相同的情形　在法定刑相同的情形中，可以认定成立现实出现之罪的既遂[最决昭和五十四年（1979）3月27日→第178页]。虽然也可能存在着观点认为"法定刑相同时也应该以主观方面为核心来思考"，但原则上，应该在可能的范围内优先考虑客观上出现的事项。再者，比起客观的构成要件该当性的判断，更有可能灵活地对故意予以"评价上的加工"，应该考虑是否存在着对应于客观出现之罪的故意。

204
重合的具体案例　尽管承认不同构成要件间的重合，但如果重视构成要件，忠实于法定符合说的出发点，那么重合只限于两者存在法条竞合的情形中（→第394页）。但是判例与许多学说都在相当广的范围内作出实质上具有同一性的评价。例如，虽然没有判例、学说认为杀人罪与损坏器物罪有所重合，但广泛认为杀人罪与同意杀人罪、伤害罪是重合的（团藤第277页，中山第360页）。针对个人法益的**伤害罪**、**遗弃罪**与针对社会法益的**损坏尸体罪**（第190条）则不存在重合（参见平野第179页）。[69]

盗窃罪与**侵占脱离占有物罪**、**抢劫罪**存在重合，与**业务上侵占罪**也有所重合。**抢劫罪**与**强制性交罪**虽然手段类似，但在错误论的层面上被评价为不同性质的构成要件。

判例也承认**伪造公文书罪**与**制作虚假公文书罪**存在重合[最判昭和二十三年（1948）10月23日（刑集第2卷第11号第1386页）]。

> **最决昭和54年（1979年）3月27日**　判例一直以来采用法定符合说，通过认定构成要件的重合来处理具体案件[最判昭和二十五年（1950）7月11日（刑集第4卷第7号第1261页）]。此外，最决昭和五十四年（1979）3月27日（→第178页）认为，兴奋剂的**无照进口罪**与进口麻药（麻药属于进口违禁品）这一**进口违禁品罪**，处罚的都是不经报关程序的走私进口行为，**犯罪构成要件有所重合**，虽然不能认定重的进口违禁品罪的故意，但成立轻的无照进口罪的故意[另参见最决昭和六十一年（1986）6月9日（刑集第40卷第4号269页）]。此外，**东京高判平成二十五年（2013）8月28日（高刑集第66卷第3号第13页）**认为钻石原矿石的无照进口罪与兴奋剂（经法律修改成为违禁品）的进口违禁品罪之间存在构成要件的重合。

---

〔69〕　以为被车撞上负濒死重伤的被害人已经死亡于是遗弃的，也不成立遗弃尸体罪。

另外,昭和五十四年(1979)的决定对于主观上打算进口兴奋剂客观上却进口了麻药的行为,认定存在进口麻药罪的故意。[70] 麻药与兴奋剂都是有可能给个人及社会带来重大恶害的药物,外观上也有许多类似之处等,最高裁基于这些理由认定二者具有"实质上可看作服从于同一法律规制的类似性",从而指出,"两罪的构成要件实质上是完全重合的,所以将麻药误认为兴奋剂这一错误对于现实出现的结果即进口麻药罪而言,不阻却故意"。[71] 成立故意犯时,必须对所处罚的犯罪的构成要件的重要部分具有认识,对该构成要件的实质的违法内容具有认识(→第177—178页)。

---

〔70〕 进口麻药的行为与进口兴奋剂的行为分别由《麻药取缔法》第64条与《兴奋剂取缔法》第41条予以规制,但两者规定了同样的法定刑。

〔71〕 当然,从认定故意成立时重视"构成要件的认识"这一传统立场出发,对于该决定的旨趣有很强烈的批判(福田评:《判例评论》第249号第40页)。这种观点认为,对成立进口麻药罪而言不能说欠缺对"麻药"的认识也是可以的。但是,批判说也赞成判例的"结论"。最终认为,"发生抽象的事实认识错误时,由于符合了构成要件,所以成立故意犯"。明明只对兴奋剂有认识,批判说却也认为成立进口麻药罪的故意犯。但是,无论通过怎样的方式介入错误论,如果对于故意的成立欠缺必要的认识,就不成立故意犯。这是因为,不可能通过错误论来产生应将结果归责于其上的故意。支持判例的结论,意味着采用了实质的故意概念。

第三节 ■ 过失

1 ■ 对过失犯的理解变迁

(1) 传统的过失论

违反注意义务 　过失是指**不注意**即违反注意义务而实行犯罪的情形。[1] 违反注意义务是指，**明明集中意识就能预见到结果并可基于此回避结果发生**，却由于欠缺意识的集中而没有履行结果预见义务，没能回避结果。过失中的注意义务由**结果预见义务**与**结果回避义务**二者构成。另外，对科以"要预见到结果"这一义务来说，其前提是"一般人能够预见到"。对于回避结果而言也必须具有回避可能性。结果预见义务、结果回避义务分别与预见可能性、回避可能性处于表里关系之中。

责任要素 　第38条第1款旨在规定，以处罚故意为原则，只在特别有规定时才处罚过失犯。[2]

一直以来，故意犯与过失犯被认为只是责任要素不同，在构成要件与违法性的层面上二者基本没有差异。如果认定客观上发生了结果，具备了因果关系，那么需要讨论的就是有无**过失**这一责任要素。

---

〔1〕 过失论中的大部分都在讨论以该注意义务为核心的过失的含义。但在过失的含义之外，实行行为、因果关系等也是过失犯中固有的特色问题。另外，过失这一词语在很多情形下包括了过失犯的实行行为等。

〔2〕 具体而言，只限于对多数国民造成影响、有关公共利益的犯罪(第116条、第117条第2款、第117条之二、第122条、第129条)，以及有关生命与身体的结果犯(第210条、第211条)。

另外可以看到，关于行政刑罚法规，判例认为从相关法规的旨趣、目的出发，即便没有明文规定也可以包括过失行为[最判昭和三十七年(1962)5月4日(刑集第16卷第5号第510页)]。但是，从罪刑法定主义的观点来看，必须从规定中能够读出处罚过失的含义[另参见最判平成十五年(2003)11月21日(刑集第57卷第10号第1043页)]。

	故意犯	过失犯
构成要件	共	通
违法性	共	通
责任	**故意**	**过失**

旧过失论　过去重视的是结果预见义务（→**结果预见可能性**），作为与故意并列的责任要素，过失的本质被理解为因不注意而没能预见到结果。像这样有关过失的传统思考方法，被称作**旧过失论**。但即便是现在，这也是很有影响力的思考方法，将过失的核心定位为责任要素（主观的构成要件要素）十分具有合理性。

注意义务的基准　从战前直到昭和三十年代（1955—1965），过失犯论的争议是围绕着注意义务（结果预见义务）的基准展开的。**判例**采用的是以一般人为基准的**客观说**[最判昭和二十七年（1952）6月24日（裁判集刑第65号第321页）]。学说中，新派刑法学、社会防卫论者也采用以抽象一般人的注意能力为标准的客观说，认为若不具备通常人的注意能力则对社会而言是危险的（牧野第564页，木村第250页）。

与此相对，旧派刑法学采用**主观说**，认为施加道义上的非难时，应在不超过行为人注意能力的范围内予以过失处罚[另外，当行为人的能力高于普通人时，主观说过渡到**折中说**（团藤第319页，大塚第208页），主张此时以客观说来划定注意义务的上限]。

关于注意义务的基准，**客观说**基本上是妥当的（→第159页）。一般人能够预见时，就具有了刑法上的预见可能性。但是，也要考虑到行为人的年龄、职业以及其他认识能力、行为能力。要以这些具体情况为基础，以一般人为基准进行判断。

过失犯的未遂　日本现行的过失犯都是结果犯（→第47页）。[3] 所以，虽然理论上也有可能处罚未遂，但处罚过失本身就是例外，不存在处罚过失犯未遂的规定（→第106页）。

过失的种类　在过失中，行为人对犯罪事实欠缺认识时为**无认识的过失**，行为人虽然认识到了结果发生的可能性但对结果发生的盖然性欠

---

[3]　有学说举出《关税法》第116条之罪——该条涉及的是因重过失使外国船只在未获许可情况下进出未开放港口的行为——作为过失举动犯的例子（大塚第154页），但这完全是例外的规定。

缺认识时为**有认识的过失**(→第163页)。过失犯成立与否的界限问题,存在于无认识的过失中。

业务上的过失 《刑法》对于违反业务上注意义务的,加重了过失犯的刑罚(第117条之二前段、第129条第2款、第211条前段)。**业务**是指,个人基于社会生活上的地位反复继续(或者本着反复继续实施的意思而)实施的行为,且具有危害人的生命、身体等之虞的事务。关于加重处罚违反业务上注意义务的根据,(a) 有观点认为是在政策上对从事业务的人课以了**较重的注意义务**(团藤第345页,福田第126页)。但是,(b) 也有可能解释为,由于**从事业务的人注意能力较高**,所以即便违反同一注意义务,从事业务的人违反的程度更高(曾根第172页)。也可以说,"业务上"是指类型化地具有高度预见可能性的情形。其未必与结果的重大性联结在一起。

但是,从《刑法》第211条前段*的运用来看(→参见各论第一章第三节2),不得不说预防犯罪这一政策目的占了非常大的比重。"因业务性而加重处罚,这是由于违法性的增加还是责任的增加",这样的讨论几乎没有意义。

驾驶机动车过失致死伤罪 2007年,为了对更加恶劣的交通案件科处相适应的刑罚,在《刑法》第211条第2款中设置了驾驶机动车过失致死伤罪(7年以下惩役、禁锢或者100万日元以下罚金)。**怠于驾驶机动车时必要的注意而致人死伤的行为**此前是作为业务上过失致死伤罪来处理的,这些交通犯罪后来则该当本罪。2014年又新设了《驾驶机动车致人死伤处罚法》,将与机动车事故相关联的犯罪行为汇总在了一起,其第5条驾驶机动车过失致死伤罪规定了此前《刑法》第211条第2款的内容(→各论第一章第四节)。

重过失 是指行为人稍加注意就可以预见到结果发生进而回避结果发生的情形。换言之,是指**违反注意义务的程度重大的情形**(第117条之二后段、第211条后段)。并非指结果很大的情形。

例如,因自陷醉酒状态而实施的杀害行为等构成重过失致死罪(第211条后段)。饮酒驾驶、违反速度规定的驾驶等无视安全驾驶基本事项而轻率驾驶的,此时所伴随的过失也是重过失。但由于这种过失是业务上的,所以过去是作为业务上的过失来处理的。自2007年起,这种行为被评价为驾驶机动车过失,如今则依照《驾驶机动车致人死伤处罚法》第5条来处断。

(2) 过失论的发展

新过失论 战后,日本过失犯论中出现了新的动向,形成了新过失论。**新过失论**的理论特色在于:① 主张过失犯在**违法性**层面与故意犯不

---

* 规定的是业务上过失致死伤罪。——译者注

同；〔4〕② 将以结果预见可能性为核心的过失概念变更为**以结果回避义务为核心**。新过失论认为，在以预见可能性为核心的旧过失论中，若与结果存在因果关系且具有预见可能性则全都要受到处罚，但这样的处罚范围过于宽广了；〔5〕即便具有预见可能性，但倘若履行了结果回避义务，则不成立过失犯。所以，新过失论将结果回避义务设定为客观上一定的行为基准，即**客观的注意义务**。

不作为犯 新过失论将过失客观化，认为过失是指"怠于一定的回避措施（当为之行为）"，以不作为犯式的构造来理解过失。〔6〕此外，新过失论认为构成要件中没有表示出相当于作为义务的结果回避义务，过失犯具有开放的构成要件（→第47页）。在占据过失犯核心位置的**交通事故**中，以《道路交通管理法》等规定的义务为核心能够类型化"客观的行为基准"，明确展示出具体的处罚范围，从而使新过失论受到重视。但是，过失犯中当然也存在作为犯。误开来复枪把人杀死时，实行行为是不小心开枪将人杀害这一作为，而不是明明不应命中却没有如此这一不作为（参见中野第92页）。判例中，除了一定部分的交通事故，一般的业务上过失致死伤案件的诉因里，实行行为原则上也是以作为来表述的。

处罚的限定 新过失论的实质性特色在于，重视医疗行为、驾驶机动车行为等的社会有用性，通过宽松地设定结果回避义务限定过失的处罚范围。新过失论认为，为了社会的顺利发展，不应该从防止危险的视角出发要求100分满分的结果回避义务，只要采取了60分的回避措施，达到了合格的最低限度就足够了（藤木英雄：《過失犯の理論》，第60页）。例如，若要求驾驶机动车时采取过度的安全措施则会导致交通堵塞，这对社会整体发展而言是不利的。此外，这种处罚的限定，与**容许的危险**、后述的**信赖原则**（→第216页）紧密联结在一起。

容许的危险 **容许的危险理论**是新过失论的发展基础。该理论认为，对于伴有法益侵害危险的矿业、高速交通、医疗等行为，鉴于其社会有用性，在发生法益侵害结果时也应在一定范围内容许这些行为。该理论自

---

〔4〕 提出这种主张的背景是，认为故意是主观违法要素的见解在日本战后变得很有影响力（→第34—35页）。这种见解认为，如果故意是违法要素的话，那么过失也同样应该是违法要素。所以，过失犯中要考虑有别于故意犯的独自的"行为"（藤木英雄：《過失犯の理論》，第5页以下）。

〔5〕 有警告指出，只要驾驶机动车几乎通常都会对发生一些事故具有预见可能性，所以旧过失论事实上近似于结果责任（藤木英雄：《過失犯の理論》，第9页），因此主张，机动车为核心的交通工具在社会生活中起到了重大作用，对交通事故追究太严厉的刑事责任会阻碍社会发展。

〔6〕 虽然并非所有新过失论者都以不作为犯的方式来把握过失，但如果强调结果回避义务，则容易以不作为犯的方式来理解过失。

19世纪末以来在德国得到主张,认为容许的危险量 X 与该行为所具有的价值(U)成正比,与发生实害的盖然性(V)及预想的危险程度(Z)成反比。

$$X < \frac{U}{V \cdot Z}$$

此外,容许的危险理论的实质性特色在于,优先维持活跃的社会活动。即使对生命、身体会产生一定的危险,也为了社会的发展而容许。[7] 所以,容许的危险理论将决定容许危险范围的基准从上述功利主义的衡量置换为**社会相当性**或者其具体化表现,即**是否违反社会生活中必要的注意义务**。[8] 这种义务违反式的理论构造成了以结果回避义务为核心的新过失论的根基。

艾滋病与容许的危险　被告人为了治疗血友病而让患者持续服用有感染 HIV 风险的药剂,患者出现艾滋病症状后死亡。关于该案,东京地判平成十三年(2001)3月28日(判时第1763号第17页)认为,该药剂具有止血效果好、副作用少等优点,与此相对,替代药品则会对血友病治疗产生不少障碍而且难以获得;所以,没有停止让患者服用该药剂,不能说违反了结果回避义务。

新新过失论　进入昭和四十年代(1965—1975)后,日本过失犯论再次大幅度转换了方向。在公害犯罪等频频发生的背景下,出现了**扩大处罚过失的动向**,这与新过失犯论所期望的限定过失犯处罚这一目标相反,最终催生出了新新过失论(**不安感说**、**危惧感说**)。

森永毒牛奶案件　象征这一动向且成为该动向原因的是森永毒牛奶案件。被告人在制造奶粉时,从有信誉的药商处购买了作为安定剂的磷酸氢二钠并添加到奶粉中,可在一段时期却采购了与从前的物质完全不同、含有砷元素的药品并制造了添加该药品的奶粉,致使许多婴儿死伤。关于该案,德岛地判昭和三十八年(1963)10月25日(判时356号第7页)从新过失论的视角出发,以可信赖药商等为由否定了工厂厂长等的过失责任。但高松高判昭和四十一年(1966)3月31日(高刑集第19卷第2号第136页)

---

〔7〕　再者,容许的危险这一概念认为,"既然危险存在于日常生活之中,那么把不能否定对法益侵害具有预见可能性的情形全都作为过失来处罚并不妥当",从而为批判以预见义务为核心的过失论奠定了基础。

〔8〕　容许的危险理论本来是一种衡量论,以主要关注危险性的结果无价值为核心;但进入20世纪30年代后,容许的危险理论经韦尔策尔之手被吸收进了社会相当性理论(→第210页),变得行为无价值化了(前田雅英:《許された危険》,《現代刑法講座3》,第34页)。该理论认为,如果将所有的法益侵害都作为违法来对待则社会将停滞不前,所以只应禁止对社会而言不相当(存在行为无价值)的行为。

认为,虽然不能预见到是将含有砷元素的药品作为磷酸氢二钠上市,但在商事交易中,没有指定规格制品时有可能购入与订单不同的物品;以此作为一个根据继而指出,"把食品添加物之外的、为供其他目的使用而制造的药品……添加到食品中时,应该会对使用上述药品感到一缕**不安**。这种不安感正是对本案中所讨论危险的预见",从而认定了过失责任。学说发展了该判决的旨趣,构建完成了不安感说(藤木英雄:《過失犯の理論》,第 183 页)。〔9〕

危惧感(不安感)说 ①是以结果回避义务为核心的过失犯论,在这一点上与新过失论相同。但是,②鉴于被害的重大性,该理论对结果回避义务的内容要求得非常严格,打个比方的话,要求达到上述 100 分的满分(→第 210 页),在这一点上与新过失论的方向正好相反。③作为科以结果回避义务的前提,该理论不要求对具体结果具有预见可能性,认为行为中伴随着某些不安感(危惧感)就足够了。〔10〕 如果从形式上来把握过失犯论的构造,那么不安感说属于新过失论,但实质上不安感说与新过失论是正好相反的见解。〔11〕

【过失的含义】	旧过失论	新过失论	不安感说
体系论	责任要素	违法要素	违法要素
注意义务	以预见义务为核心	以回避义务为核心	以回避义务为核心
预见可能性	具体的	(具体的)	不安感
处罚范围	—	限定	扩大

---

〔9〕 此外,发回重审后的德岛地判昭和四十八年(1973)11 月 28 日(判时第 721 号第 7 页)采用了该理论。该判决中明确说道:"对预见可能性而言……,虽然不能确定会发生什么,但具有危惧感,达到了并不能因某种危险绝不会发生从而可以无视该危险的程度,就足够了。"

〔10〕 不安感说最大的特色在于②要求扩大处罚范围。新过失论虽然轻视预见可能性,但还是要求具有客观的预见可能性(也包括因果关系的重要部分),然后在此范围内课以狭窄的结果回避义务。可是,不安感说则想要扩大结果回避义务,认为在具体预见可能性的框架内科以义务过于狭窄了,所以将本来就受到轻视的具体的预见可能性排除在过失的要件之外,用不安感、危惧感来代替,要求采取能够抹消不安感的结果回避措施。

〔11〕 尤其是在**未知的危险**领域,不安感说批判以往的过失犯论不够完备。在科学实验或施工等进行新的尝试时,即便发生了重大结果,由于对此没有经验上的积累,所以不可能有具体的预见。但是不安感说认为,如果不对其进行处罚,那么通常第一次发生的事故都不可罚,这不合理(藤木英雄:《公害犯罪》,第 93—95 页)。可是,从类似的实验等中应该可以在某种程度上推测出危险性,即便如此倘若还是发生了不能预见的事态,那么不能追究过失责任。此外,第二次发生事故时当然可以追究过失责任。

处罚范围的变动与责任非难　处罚过失的范围会随着社会状况、规范意识的变化而变化。日本战后的过失论正是反映了社会的变化。基本上是通过比较衡量①预想到的被害的重大性、②发生被害的预见可能性程度与③国民所要求的结果回避义务的高低，来确定处罚过失的范围（比例原则）。预想到重大的侵害会大量发生时，即便只有较低的预见可能性，也能成立过失犯。但是，现代日本社会认为对责任非难而言必须对结果具有预见可能性，不安感说在实务中也没有确立下来（→第223页）。

2 ■ 过失犯的客观构成要件

（1）过失犯的构成要件

违反注意义务　过失犯的基本框架可以与故意犯的作相同思考。①作为客观的构成要件要素，必须具有法益侵害的结果、实行行为以及二者之间的因果关系。过失犯的实行行为在判例中被称为**客观的注意义务违反（行为）**。然后，②在违法阻却阶段，除了正当防卫、紧急避险，还要通过比较衡量行为所具有的价值的大小、发生实害的盖然性的大小以及预想到的法益侵害的大小来考虑实质的违法阻却事由。

③在责任领域则主要判断有无预见可能性与结果回避可能性。但是，与故意的情形一样，作为责任要素的过失同时也是**主观的构成要件要素**（→第41页）。欠缺对犯罪事实的认识，即欠缺故意时，要否定构成要件该当性；与此相同，如果欠缺对结果的预见可能性或欠缺结果回避可能性，也不该当构成要件。此外，④在过失犯中也要考虑责任阻却事由。

	违法性（客观方面）	责任（主观方面）
原则	结果，因果关系，实行行为（客观的注意义务违反行为）	构成要件过失（预见、回避可能性）
例外	正当防卫、紧急避险等容许的危险	期待可能性等

在作为主观的构成要件要素的过失之外，并不另外存在一个责任阶段的过失。过失虽然是主观的构成要件要素，但也是个责任要素。所以，对于作为责任要素的过失（预见可能性），一方面要将行为人认识到的情况、能够类型化的行为人的能力考虑进去，另一方面则是以一般人为基准进行判断（→第159页）。并不另外存在以主观的预见可能性——其以本人为基准进行判断——为核心的过失。

(2) 过失犯的实行行为

实质的危险行为与注意义务违反行为　过失犯的构成要件该当行为（客观的注意义务违反行为）必须是能够产生相应犯罪结果的**实质的危险行为**［最决平成二十二年（2010）10月26日（刑集64卷第7号第1019页）］[12]→第221页］。判例多将其表述为**注意义务违反行为**。[13] 这是因为，很难直接地、积极地将"具体的危险性"明确地表示出来。在注意义务已经作为结果回避的具体行为基准确立下来的情形中，用注意义务来表现过失犯的实行行为是合理的。判例中使用结果回避义务这一词语时，多是① 为了表示**实质的危险行为**，或者② 意味着违反结果回避义务征表了对预见义务的违反。[14]

与故意犯的不同点　另外，与侵害同一法益的故意犯的情形相比，过失犯的实行行为中包含着更为轻度的危险性（→第85页）。一般认为过失犯的"定型性很宽松"，可以说这种认识也表现了这一点。结果是，例如对于一年多前建造的桑拿浴室中的失火，认定了建造人的过失责任［最决昭和五十四年（1979）11月19日（刑集第33卷第7号第728页）］。此外，由于过失犯欠缺未遂处罚，所以其实行行为性在解释论上不怎么得以显现。再者，由于实行行为性很宽松，所以多个过失的正犯行为可以竞合。

具体的注意义务　注意义务的内容必须是具体的。因甲烷泄漏导致的温泉设施爆炸事故中，设计设施的负责人被追究刑事责任。本案中，不是抽象地设定"防止甲烷引发爆炸的注意义务"，而是设定了如下业务上的注意义务，即"应当将相关事实直接传达给施工部门的负责人，与此同时，通过施工部门的负责人或亲自将平常关闭状态下的排水作业的意义、必要性等信息直接传达给该房地产公司的负责人，并予以明确说明"

---

[12] 航行中的两架飞机异常接近，实地训练中的航空管制官X认识到这一事实后却说错了航班号，让其中一架飞机下降，该行为被追究过失责任。最高裁认为，错误指示具有引起飞机接触、碰撞等事态的高度危险性，这属于**具有结果发生危险性的行为**即过失行为；作为指导监督者的航空管制官Y没有纠正错误指示，这也属于**具有结果发生危险性的过失行为**（→第221页）。另外，本案案情为，虽然急速下降的两架飞机各自都装备了具有根据声音指示采取回避措施功能（RA）的装置，但其中一架飞机的机长没有听从防止撞机装置的指示而是根据自己的判断继续实施下降操作，另一架飞机的机长则按照"下降RA"的指示进行下降操作，所以两架飞机一起下降并显著靠近，最终因采取回避撞机操作导致57人负伤。

[13] 最高裁将这些过失行为说成是"违反**防范事故发生于未然这一航空管制官业务上注意义务的行为**""**违反实地训练的指导监督者业务上注意义务的行为**"。

[14] 例如，尽管应该减速至时速40千米却仍以70千米的时速行驶，从而太迟发现从小巷子中窜出来的孩子并将其撞上。在该情形中，应该减速至40千米这一结果回避义务① 意味着以70千米的时速行驶是具有撞上人的危险的行为，或者② 征表出若以40千米的时速行驶就能提前发现孩子，可以预见死伤结果。

[最决平成二十八年(2016)5月25日(刑集第70卷第5号第117页)]。然后,再考虑能否因怠于传达而**预见**到会发生甲烷爆炸事故(→第223页。关于信赖原则→第218页)。

　　JR西日本快速列车的驾驶员大幅超过限制速度驾驶列车驶入弯道,导致列车脱轨倾覆造成多名乘客死伤,在这一铁路事故中社长等人被追究刑事责任。本案中,最高裁将注意义务设定为"在发生事故的弯道上设置自动停止列车装置(ATS)";并指出,① 当时大部分铁路公司都没有在弯道上设置ATS,② 不能认定被告人能够从管辖区域内2000多处同种弯道中特别地认识到本案中的弯道就是有发生脱轨倾覆事故高度危险性的弯道;进而认为不能说历代社长具有应当指示铁道本部长在本案弯道上设置ATS的业务上的注意义务[最决平成二十九年(2017)6月12日(刑集第71卷第5号第315页)]。

结果回避可能性与注意义务违反　　没有结果回避可能性时,欠缺回避义务,也就没有违反注意义务(实行行为性)。被告司机醉酒驾驶且没开车灯,撞上了超过中线行驶而来的汽车导致被害人死亡。对于该司机,最判平成四年(1992)7月10日(判时第1430号第145页)认为,"避免事故是不可能的,司机没有违反注意义务"。又如,司机在黄灯时进入十字路口,此时与猛冲过交叉道路的车辆相撞。本案中原审认定的事实是,如果减速至时速10—15千米并确认安全状况,则可以回避相撞,但最决平成十五年(2003)1月24日(判时第1806号第157页)认为该原审认定的事实中有存在合理怀疑的余地,从而宣告无罪。[15]

　　　　结果回避可能性的欠缺与因果关系　　在过失犯中,关于欠缺结果回避可能性的案件的处理,既有如上述那样欠缺客观注意义务(实行行为性)的情形,也有认定了实行行为性但欠缺因果关系的情形(过失的因果关系→第220页)。

过失阶段说与过失并存说　　想要确定过失犯的实行行为时,例如在饮酒驾驶又违反了限速规定因不注意前方而致人死亡的情形中,可能会有多个行为需要讨论。作为过失犯的实行行为,应该将哪个行为认定为**构成犯罪的事实**呢? 过去判例上很有影响力的是**过失并存说**,即将可能的

---

〔15〕关于对因先前交通事故而跌倒在前方路面上的被害人是否成立业务上过失伤害罪,东京高判平成二十年(2008)7月16日(判夕第1316号第271页)认为,仅仅是在案发地点前11.4米(案发时间0.68秒前),司机才不受前方车辆的妨碍、能够注视前方,欠缺能够采取回避事故措施的可能性,从而否定了注意义务。另一案件中,汽车司机在夜间没有限速的道路上,以约60千米的时速驾驶汽车,在此过程中右前轮压过跌倒在自己汽车前进道路上的被害人,被追究业务上过失致死罪的刑事责任。对于该汽车司机,大分地判平成十八年(2006)11月29日(判夕第1280号第340页)也认为没有回避轧压被害人的结果回避可能性,从而认定为无罪。

所有行为都认定为过失行为。但该说认定的过失的实行行为太没有限制了，不够明确，于是出现了**过失阶段说**，即从出现的结果出发回溯因果流程，寻求成为原因的一个过失实行行为［最判昭和三十八年（1963）11 月 12 日（刑集第 17 卷第 11 号第 2399 页）］。这种思考方法容易将**最靠近结果的一个行为**认定为实行行为。但是，应该在将具有危险的几个行为作为整体予以把握的基础上，认定一个主要的、具有实质危险性的过失行为。

过失并存说　　　　　　　　过失阶段说

（3）信赖原则

信赖原则　　被告人合理信赖被害人或者第三人会采取适当举措时，即使由于这些人的不适当举措产生了犯罪结果，被告人也无须对此承担刑事责任。这种理论被称为**信赖原则**（西原第 178 页）。该信赖原则的主张与新过失论以及容许的危险的思考方法紧密联结在一起。要求行为人采取高度的结果回避措施以达到能够应对对方违反行为的程度并不合理，信赖原则是减轻结果回避义务的手段（藤木第 244 页）。[16] 但也可以理解为，信赖原则是在"**一般人不能预见被害人等的不适当举措的情形中**"起作用。旧过失论一方则将该原则作为判断是否具有达到了刑法上值得处罚程度的预见可能性的基准（曾根第 188 页）。

判例　　信赖原则可以说已经在判例上确定下来了［最判昭和四十一年（1966）12 月 20 日（刑集第 20 卷第 10 号第 1212 页）；最判昭和四十二年（1967）10 月 13 日（刑集第 21 卷第 8 号第 1097 页）］。此外，该原则的适用领域也不限于与交通事故相关，在企业活动、医疗活动中也承认该原则的适用［下述札幌高判昭和五十一年（1976）3 月 18 日（高刑集第 29 卷第 1 号第 78 页）］。

交通事故中的信赖原则基本上限于车对车的情形。在车对人的情形中适用信赖原则时需要存在特殊情况，被害人是老人、幼儿时几乎不承认信赖

---

[16] 注意义务限定说易与清白（clean hands）原则联结在一起，后者认为若行为人自身违反交通法规则就不承认对对方的信赖。但最高裁在行为人有违反行为时也承认信赖原则［最判昭和四十二年（1967）10 月 13 日（刑集第 21 卷第 8 号第 1097 页）］。

原则的适用。这是因为,不能否定这些人出现反常行动的可能性。

> **交通事故与信赖原则**　被告人在十字路口右转时看到自己对面的信号灯变成了红色,立刻作出判断认为对向车道所面对的信号灯也变成了红色,对向车辆会按照该信号灯的指示停车,于是右转,与按照实际上所面对的绿色信号灯而驶来的对向车辆相撞。关于该案,最决平成十六年(2004)7 月 13 日(刑集第 58 卷第 5 号第 360 页)指出,即便不存在时差式信号灯标识,"在十字路口右转行进时,**也不允许以自己对面的信号灯颜色为根据来判断对向车辆所面对的信号灯颜色**,并基于此信赖对向车辆的司机会据此驾驶车辆"。现在几乎到处都能见到时差式信号灯,即便以为对面信号灯变成了红色,也有可能对右转时会有直行的对向车辆进入车道这一事实具有预见可能性,能够认定存在着应对该情况的注意义务。

> **医疗事故与信赖原则**　在给当时两周岁半的患者做手术时,由于错接了手术用电子手术刀的导线,导致患者右小腿部出现重度烧灼伤以致最终截肢。该案中,负责手术的主刀医师与负责电子手术刀等器具操作的护士 B 被起诉。关于该案,札幌高判昭和五十一年(1976)3 月 18 日(高刑集第 29 卷第 1 号第 78 页)认为,护士错接了电子手术刀一端的导线与对侧电极板一端的导线,存在过失[17],但主刀医师**信赖老练的护士,没有检查导线连接是否妥善**,这在当时的情况下无可厚非,所以没有违反注意义务(中间项→第 226 页)。
>
> 与此相对,在弄错患者做手术等医疗事故相关的业务上过失伤害案件中,最决平成十九年(2007)3 月 26 日(刑集第 61 卷第 2 号第 131 页)除了对弄错患者的护士,还对在打麻药前未采取充分措施确认患者同一性的麻醉科医师认定违反了注意义务。在团队医疗的情形中,**信赖原则**常常会起作用,但并不是说就不会追究主刀医师等的过失责任。本案中,没有明确分配任务,尤其是没有明确地确定谁是负责确认患者同一性的责任人;另外,麻醉师等也能够注意到弄错了患者;既然如此,就不免承担过失责任。

> **爆炸事故与信赖原则**　有关温泉设施爆炸事故的最决平成二十八年(2016)5 月 25 日(→第 215 页)认为,对设计者而言,"**欠缺信赖施工负责人会将有关'避免爆炸的适当举措'的信息切实传达给设施管理者的基础**",从而认定违反了注意义务。本案中施工负责人没有对瓦斯爆炸的机理、危险性以及回避措施作出详尽说明。

---

[17]　本案中查明,仅凭护士 B 的错误连接尚不至于使手术刀的效果发生异常,但同时使用没有安全装置的心电仪导致大量高频率电流流经患者身体,引起了异常的烧伤。尽管如此,该判决仍然认为,预见到以下事实是有可能的,即"在接错了电线的情况下启动电子手术器具时,电子手术器具的作用会发生变化,从该器具本体经电线流入患者身体的电流状态也会出现异常,最终存在让患者身体遭受**电流作用所引发伤害**的危险";而"伤害的种类、样态以及错接电线导致从电子手术器具本体流入患者身体的电流状态出现异常的物理化学原因,在可预见的范围之外";最终还是认定了过失责任。

(4) 监督过失

<small>含义</small>　一直以来认为**监督过失**是指，**某人（直接行为人）因过失直接造成法益侵害结果后，对应监督该人之义务者追究过失责任**。最决平成二十二年（2010）10月26日（刑集第64卷第7号第1019页→第214页）是典型的监督过失案件，该决定中认定存在着没有监督犯下过失的管制官，且没有纠正错误的管制指示这一过失。给监督过失如此下定义时，考虑到的是像森永毒牛奶案件（→第11页）那样被告人应监督直接行为人不要犯下过失的案件，即所谓的**共犯式类型**。

但是，虽说是"指挥监督"，也有许多案件是在没有具体确定直接行为人的个别过失行为的情形下就追究了监督者的刑事责任。多名烟花大会的观赏者拥挤踩踏，出现人员死伤。在此事故中，讨论防止踩踏的现场警备本部指挥官（警察）的过失时，设定了"如下业务上的注意义务，即应当在指挥部下警察的同时，要求出动机动队，规制进入人行天桥的人数等，将踩踏事故的发生防患于未然"〔最决平成二十二年（2010）5月31日（刑集第64卷第4号第447页）。另外，关于警察署副署长的责任，参见最决平成二十八年（2016）7月12日（刑集第70卷第6号第411页→第371页）〕。

此外，一段时期内的监督过失论多以火灾事故为前提展开讨论〔参见最决平成二年（1990）11月16日（刑集第44卷第8号第744页）；最决平成二年（1990）11月29日（刑集第44卷第8号第871页）〕，所以"以订立避险计划，实施避险训练为内容的监督义务"等将监督者自己的直接介入也包含在内的类型成了监督过失的核心。再者，作为监督者的注意义务，近年来讨论起物上的**安全体制确立义务**这一问题。该问题严格来说与监督过失不同，但设置喷水设备的义务等作为火灾事故中的"监督过失"得到讨论，甚至可以说处于讨论的核心地位〔最判平成三年（1991）11月14日（刑集第45卷第8号第22页）；最决平成五年（1993）11月25日（刑集第47卷第9号第242页）〕。[18]

不作为的监督过失　包括违反安全体制确立义务在内的广义监督过失行为，通常是以不作为的方式来把握的。的确，通过作为的方式也可以构成过失犯，这种情形

---

〔18〕 关于因行驶中的卡车轮毂断裂，轮胎脱落下来撞击到行人的事故，最决平成二十四年（2012）2月8日（刑集第66卷第4号第200页）认为，汽车制造公司负责品质保障业务的员工等没有采取召回缺陷汽车等改善措施，存在过失，从而认定成立业务上过失致死伤罪（→第220页）。

并非没有,即在没有确立充分安全体制的危险状态下开展作业致使结果发生。但是,考虑"由于没有设置喷水设备,所以出现被烧死的人这种案件"时,与其说这是以作为的方式构成的过失,即将客人招致如此危险的地点;不如说是以没有安装设备这一不作为的方式构成的过失,这种说法更为自然。[19]

监督过失的具体认定　监督过失的特色在于,由于介入了被监督者的行为,所以作为注意义务前提的结果预见可能性的判断很困难。但是,通过将"直接行为人的过失行为"设定为**中间项**(→第 225 页),在某种程度上可以容易地判断对最终结果是否具有预见可能性。

可是,仅凭预见可能性尚不能限定监督过失的成立范围。例如,在没有安装喷水设备的旅馆中发生火灾导致多人死亡的情形中,以厨师也认识到了这一点应该建议安装喷水设备为由,也会存在追究该厨师过失责任的可能性。但是,不应该承认这样的**建议义务**。这是因为,厨师并非负有防火义务的管理者,没有作为义务。在需多监督过失(违反安全体制确立义务)的情形中,尤其会通过考虑不作为的**作为义务**来限定处罚范围。[20]

新过失论、不安感说与监督过失　监督过失受到热烈讨论的契机是采用了不安感说的森永毒牛奶案件判决(→第 211 页)。地位高的人必须监督地位低的人这一事态当然此前也存在着,但到了昭和四十年(1965)左右——这一时期试图通过新过失论来限定过失处罚——甚至认为对直接行为人的过失也应该限定性地理解。在容许的危险理论的基础中,存在着"经营者的安全措施限定在不阻碍经营发展的范围内即可"这一价值判断。该价值判断与监督责任论在方向上是相反的。因此可以说,当不承认在相当的范围内可以信赖部下这一信赖原则时,才有可能讨论到监督过失。

(5)过失犯的因果关系

危险的现实化　违反客观注意义务的行为所具有的实质危险在结果中得以现实化,即能够认定因果关系时,作为结果犯的过失犯才告完成(→第 132 页)。在因行驶中的卡车轮毂断裂,轮胎脱落下来致使行人死伤的

---

[19] 此外,在能够以作为的方式构成过失的例外情形中,在确定实行了作为的人进而追究过失责任这一点上,存在不少困难。但是在监督过失的情形中,实务上最困难的就在于确定要追究谁的刑事责任这一阶段。所以,在探究监督过失的构造时应该以不作为犯为前提进行讨论。

[20] 东京地判平成二十年(2008)7 月 2 日(判タ第 1292 号第 103 页)认为,在商住楼的火灾事故中,对该大楼具有所有权的公司的实质经营者与董事长,以及大楼内店铺的经营者与店长成立业务上过失致死伤罪;而仅仅辅佐店铺的经营者、经营上的重要事项没有裁量权的人,不成立该罪。

案件中,最决平成二十四年(2012)2月8日(刑集第66卷第4号第200页)认定卡车制造公司品质保障业务的负责人具有业务上的注意义务,即应当采取将装配同种轮毂的车辆召回等改善措施,并指出该事故**可以说是基于被告人的义务违反的危险现实化,所以能够认定两者之间具有因果关系**(→第228页以下)。过失犯中也存在具有行为时并发事项或行为后介入事项的情形,也是纳入事后视角进行客观上的归责判断。[21]

> (A) 实行行为的危险性
> (B) 并发或介入事项的异常性,与实行行为的关联性大小
>   不是异常的操作 + 受指示影响的操作
> (C) 并存或介入事项对结果的贡献大小

危险的具体综合衡量 关于日航飞机异常接近事故的最决平成二十二年(2010)10月26日(→第214页)中,针对因果关系这一点,虽然认定**介入了一名机长没有遵循回避危险装置的提示音继续操作驾驶这一事项,但又认为这不能说是异常的操作**等,毋宁说该机长继续操作驾驶受到了**X错误指示的很大影响**,飞机异常接近是**本案中下降指示的危险性得以现实化的结果**,存在因果关系。

相当性判断与不作为的实行行为性 在过失犯中,尤其是在诸如交通事故、监督过失这样的案件中,包含着大量以不作为犯的方式来理解处理起来会更为容易的情形,比起故意犯,"不作为与结果的因果关系"在过失犯中更加值得讨论。在不作为犯中,若没有结果防止(回避)可能性则不能认定作为义务。即不能回避结果时,与其说欠缺因果关系不如说欠缺追问因果关系的前提,即欠缺实行行为性(→第215页)。最终,因果关系判断与实行行为性判断的关系变得十分微妙。但是,推导出作为义务的结果防止可能性讨论的是行为时对行为人而言的可能性,而作为因果关系的结果回避可能性则应该事后地、客观地予以理解,二者是可以区分开来的。

结果回避可能性与条件关系 关于过失犯中欠缺结果回避可能性的案件处理,首先要考虑实行行为性(→第214页),但即便能够认定实行行为性,也要考虑欠缺因果关系的情形。此时可以考虑两种说明的

---

[21] 可以说**客观归属理论**是以过失犯领域为核心发展起来的(→第138页)。**违法(义务违反)关联**的理论认为,"行为人即便遵守了注意义务,结果仍然会确实地发生时,不对结果负责"。该理论与过失的实行行为性、结果回避可能性的问题有所重合(→第215页)。**保护范围(目的)论**认为,"即便从违反注意义务的行为中产生了结果,但该结果处于行为所侵犯的规范的保护范围之外时,不承认归责"。该理论与因特殊异常的介入事项而欠缺因果关系这一问题联结在一起。

路径,(A)将其理解为没有条件关系,与(B)将其理解为虽然存在条件关系但否定了刑法上的因果关系。

关于该问题,日本的开创性判例(leading case)是京岔道口案件判决[大判昭和四年(1929)4月11日(新闻第3006号第15页)]。该案中,列车在视野不好的岔道口撞上婴儿,上述判决认为无论怎样鸣笛并采取紧急制动措施都不能回避结果的发生,所以违反注视前方义务与死亡结果之间欠缺**因果关系**(判例将条件关系的判断也纳入了客观上的归责判断中→第138页)。从而指出,"最终,即便完全履行了该义务结果还是会发生,所以不能将没有履行该义务评价为发生结果的原因""不能说被告人的行为与被害人等其他原因相互结合引起了结果"。[22]

过失犯的正当化事由 在过失犯的情形中,判断完构成要件该当性后也考虑能够阻却违法性的例外情形。除正当防卫、紧急避险外,对被害人同意也存在着有别于故意犯中的讨论(→第294页)。此外,**容许的危险**基本上应该定位为过失犯论中的一种实质违法阻却类型(→第293页)。

3 ■ 作为责任要素的过失

(1) 预见可能性

过失责任 如果行为人不能预见、回避结果,则不能追究过失责任。作为主观的构成要件(责任)要素的过失,必须以行为人个人所认识到的情况为基础,以一般人为基准进行判断(→第156页)。此外,还要加上行为人的年龄、性别、经验、能力等情况,从一般国民的视角出发予以规范评价,判断是否可以非难。在此意义上,客观说是妥当的(→第207页)。

具体预见可能性说 关于预见可能性,存在(a) 具体预见可能性说(中山第285页,曾根第172页)与(b) 不安感(危惧感)说(藤木第240页)的对立。

尽管新旧过失论之间存在激烈对立,但对于预见可能性都一致地认为,必须是**包含因果流程基本部分在内的具体的预见可能性**(具体预见可能性说)。虽然随着不安感说的出现,关于预见可能性的内容产生了

---

[22] 另外,在这里也必须加入内含于信赖原则中的那种政策性考虑。因此,要排除以超过20千米的时速在高速公路上驾驶时,撞上从天桥跳下来的自杀者,或者撞上同样超速进入十字路口、无视信号灯的被害人等情形中对结果的归责。

对立,但可以说现在是在具体预见可能性说的框架内判断过失的预见可能性。

判例与不安感(危惧感)说 除了森永毒牛奶案件中的两个判决(→第 211 页)外,看不到积极采用不安感说的判例。此外,昭和五十年代(1975—1985)之后,以欠缺具体的预见可能性为由否定过失犯成立的判例很引人注目。关于交通事故的,有大阪高判昭和五十四年(1979)4 月 17 日(刑月第 11 卷第 4 号第 281 页)等。该判决认为,在身体上特殊异常的缺陷造成的事故中,即使驾驶时在某种程度上感到了身体异常,也属于预见不可能。另外,关于与森永毒牛奶案件有关联的食品事故,长野地判昭和五十二年(1977)12 月 24 日(判时第 886 号第 113 页)等以欠缺对中河豚之毒而死的预见可能性为由宣告了无罪。还有,与工程现场起重机倒塌事故相关的广岛地判昭和五十一年(1976)1 月 23 日(刑月第 8 卷第 1—2 号第 33 页)、与企业灾害事故的典型案件即出光化学德山联合厂事故相关的山口地判昭和五十四年(1979)10 月 12 日(判时第 948 号第 21 页),也否定了对事故发生具有具体的预见可能性。再者,在认定过失犯成立的判例中很引人注目的是,有判例明确否定不安感说,认为是因为存在具体的预见可能性所以能够认定过失责任。[23]

(2) 预见可能性的对象

结果的具体性 虽说是"对具体结果的预见",但例如,讨论预见到特定的被害人死于哪天几点几分,这是不合理的。毫无疑问,必须进行一定的抽象化。的确,把小型炸弹放在列车上后忘了带回去,造成大量乘客死亡时,即便被告人不记得把该炸弹放在哪儿了,也不能免除过失致死罪的责任。需要对构成要件结果(人的死亡)具有预见,这自不待言;但是,即使不能预见到超出以上范围的具体内容,也可以追究过失责任。[24] 另外,也不应该重视结果的个数。危险的行为造成了多人死亡,但只能够预见到一个人的死亡时,认为只对这一个人成立过失致死罪是不合理的。

---

[23] 关于电子手术刀案件,札幌高判昭和五十一年(1976)3 月 18 日(高刑集第 29 卷第 1 号第 78 页)认为,"如果达到了怀有内容不特定的一般的、抽象的危惧感或不安感这一程度,就直接科以预见并回避结果的注意义务,则会存在过失犯的成立范围变得没有限制这一危险,从责任主义的观点来看,这不能说是合适的"。与米糠油案件相关的福冈高判昭和五十七年(1982)1 月 25 日(判时第 1036 号第 35 页)、与水俣病刑事案件相关的福冈高判昭和五十七年(1982)9 月 6 日(判时第 1059 号第 17 页)也都明确要求存在具体的预见可能性。

[24] 即便从与故意论相比较的角度来看,如果立足法定符合说且广泛地承认概括的故意,那么也会自然而然地认为,例如对于成立业务上过失致死罪而言,只要大抵能够预见到人会死亡就足够了。但是,"过失理论是从故意论的归结中演绎出来的"这种想法很危险。

> 在卡车司机不知道的情况下，被害人躲入了卡车的装货台面里，后因卡车司机的鲁莽驾驶导致被害人死亡。对于该卡车司机，最决平成元年（1989）3月14日（刑集第43卷第3号第262页）也以对"可能会引起伴随人死伤的某种事故这一事项"的认识可能性为根据，认为即便没有认识到被害人在卡车的装货台面里这一事实，也不妨碍业务上过失致死伤罪的成立〔25〕[另参见福冈高裁宫崎支判昭和三十三年（1958）9月9日；高裁刑裁特第5卷第9号第393页]。的确，鲁莽驾驶致使自己的汽车撞上对向驶来的汽车，仅造成因后座超过乘载人数限制而藏身车中的人死亡时，即便不可能认识到该人的存在，对于司机也要成立过失致死罪，这一点是很明确的。不需要对现实出现的结果具有预见可能性。〔26〕
>
> 被告人将被害人推入汽车后备箱中，停车时被其他车辆以约60千米的时速追尾，致后备箱内的被害人死亡。关于该案，最决平成十八年（2006）3月27日（刑集第60卷第3号第382页→第144页）认定成立监禁致死罪。但是，致死的结果也可以归责于追尾停车中车辆的司机。

因果流程的预见可能性　因果关系的预见可能性对于过失责任而言也是不重要的。毋宁说，在行为时就讨论对行为后才出现的因果流程基本部分的预见可能性，这并不妥当。如果能够预见到结果，那么仅凭此就可以予以责任非难；相反，对结果具有预见可能性时却以不能预见到现实出现的因果流程为由否定责任非难，这并不合理。〔27〕的确，从事后来看，太离奇古怪的因果流程会由于欠缺相当性而被否定因果关系。但是，从行为时一般人看来的责任非难这一视角出发，只要讨论对最终结果的预见可能性就足够了。这与故意的情形中不需要对因果关系具有认识相互对照（→第181页）。

因果关系的基本部分　判例重视因果关系基本部分的预见可能性。但是，这并不是结果的预见可能性之外再加个考虑因素，认为对因果流程的"重要部分"不具有预见可能性时就不成立过失犯。水俣病刑事案件与森永毒牛奶案件一样，也存在着是否欠缺具体预见可能性的疑问。关于该案，福冈高判昭和五十七年（1982）9月6日（判时第

---

〔25〕　因为被告人让其他人坐在副驾驶座位上，而对该人的死亡存在预见可能性。另外，如果严格要求具体的预见可能性，又采用具体符合说，则必须对装货台面里有人这一事实具有预见可能性。

〔26〕　被告人在离胶合板10厘米处的煤气灶上开火加热烧水壶后就不再理会，以致发生火灾。该案中东京高判昭和五十三年（1978）9月21日（刑月第10卷第9—10号第191页）也认为，实际上不是胶合板而是煤气灶下的柳安木材燃烧起来时，既然对胶合板会燃烧起来具有预见可能性，那么能够认定过失的成立。另参见最决昭和五十四年（1979）11月19日（注27）。

〔27〕　关于桑拿房失火的案件，最决昭和五十四年（1979）11月19日（刑集第33卷第7号第728页）也认为，虽然不能预见到"无明火燃烧引起的火灾"这一特殊流程，但主张不能认定成立失火罪是不妥当的。

1059号第17页)认定存在具体的预见可能性。但是,该判决中指出,"**如果预见到人食用了受水俣工厂排放的污水中所含有的有毒物质污染的鱼贝类后,会存在因此患上水俣病、蒙受死伤结果的危险,那么就不欠缺构成业务上过失致死伤罪中注意义务的预见可能性**"。在水俣病发病的因果流程中,**有机水银**的存在具有压倒性的重要意义。虽然上述判决认为不可能预见到有机水银的存在,但这并不是应当预见的因果关系的基本部分或重要部分。

中间项理论 判例不过是在难以直接考虑最终结果的预见可能性时,设定了一个**中间项**——若对其有认识则一般人能够预见到结果——认为如果对中间项具有预见可能性,那么对最终结果也就具有预见可能性。前述水俣病刑事案件中,中间项就是工厂排出的污水中含有有毒物质,以及有毒物质经由鱼贝类进入人体。

判例将此中间项表述为"**因果流程的基本(重要)部分**"。因果流程基本部分的预见可能性完全是用以判断结果的预见可能性的工具。〔28〕必须是如果认识到了该中间项,一般人就完全可以认识到接下来的中间项或者最终结果。以此为前提才可以将对中间项的预见可能性置换为对结果的预见可能性。

此外,无论现实出现的因果流程多么地稀奇罕见,能够容易地预想到其他导致该结果的因果流程时,都可以设定一个抽象度较高的中间项。也就是说,对中间项的预见可能性会升高。与此相对,难以想到导致该结果的其他因果流程时,则要设定一个接近于具体出现的因果流程的"较小的"中间项。

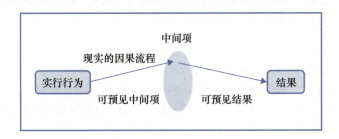

(3) 预见可能性的程度

认识的容易程度 在当今日本,将"使过失非难成为可能的预见可能性"理解为"不能因某种危险绝不会发生从而可以无视该危险的危惧感、不安感",这还不够。在此意义上可以说,必须"对发生构成要件的结果具有具体的预见可能性"。问题在于具体的预见可能性的程度。对处罚过失而言必要的**预见可能性**需要通过考虑其与预想到的被害的严重程度、国民

〔28〕 在容易预见现实出现的结果的案件中,没有必要用到这样的中间项。难以预见现实出现的结果时,这样的中间项才发挥作用。

所要求的**结果回避义务**的大小之间的相关关系来决定。有关 JR 西日本列车脱轨倾覆事故的**最决平成二十九年（2017）6 月 12 日**（→第 215 页）也认为，"驾驶员一旦大幅超速就会发生脱轨倾覆事故"这种程度的预见可能性（危惧感），尚不能为"在发生事故的弯道上设置自动停止列车装置（ATS）"这一具体的注意义务奠定基础。

227 **判例中的"具体的预见可能性"**　　判例虽然认为必须要对因果关系的基本部分有预见可能性，但如水俣病案件中，由于能够预见工厂排出的污水中含有有毒物质，以及有毒物质经由鱼贝类进入人体，所以认为能够认定过失责任。

　　其后的判例在难以判断是否具有结果的预见可能时，可以说有效使用了对因果流程重要部分（中间项）的预见这一工具来进行具体预见可能性的判断。[29]

> 在进行隧道内电线铺设工程时，由于没有铺设地线，高压电流导致连接器内部逐渐碳化并形成导电电路，电弧放电引起点火并燃烧至电线外包装部分，使得烟、有毒气体蔓延，造成进入隧道内的列车上的乘客们死伤。关于该案，**最决平成十二年（2000）12 月 20 日（刑集第 54 卷第 9 号第 1095 页）**指出，"即便不能具体地预见到形成碳化导电电路的经过，但能够预见到上述诱发火情的电流没有流入大地，而是**长期持续流入本来不应流入的部分，从而具有导致火灾发生的可能性**"。本案中，"地线不良所以会点燃电线之类的东西"是因果流程的"基本部分"，即中间项。[30]

　　由于防沙板破损，人工沙滩上的沙粒逐渐被海水吸出导致沙层内出现空洞，正在该沙滩上移动的被害人跌至陷落孔中被掩埋而死。关于该事故，**最决平成二十一年（2009）12 月 7 日（刑集第 63 卷第 11 号第 2641 页）**认定管理沙滩等的 X 等人存在过失。[31] 关于结果的预见可能性，该决定指出，被告人认识到在不远处的沙滩上反复

---

〔29〕　从井水中检测出了大肠菌群等，保健所作出指导说在饮用井水时需要杀菌。受到该指导的幼儿园园长却没有采取杀菌措施，就这样继续给园内儿童提供井水喝，造成园内儿童死亡。井水中含有的特殊病原性大肠菌 "O-157" 是造成死亡的原因。关于该案，**最判平成八年（1996）7 月 30 日（判时第 1577 号第 70 页）**认为，即便对 O-157 这一成为死亡直接原因的大肠菌欠缺预见可能性，仍然能够认定过失。可以说，虽然不能相对 O-157 造成死亡这一因果流程的重要部分具有预见，但只要认识到了中间项，即认识到"大肠菌混入其中，不适合饮用"，则有可能预见到园内儿童会病死。

〔30〕　关于布线错误导致热水器不完全燃烧引发一氧化碳中毒致死案，东京地判平成二十二年（2010）5 月 11 日（判夕第 1328 号第 241 页）认定了预见可能性〔另参见札幌地判平成十六年（2004）9 月 27 日（判夕第 1198 号第 296 页）。该判决认定，对租赁公寓具有所有权的公司代表人，对公寓房屋内配置的室内热水器所引发的一氧化碳中毒事故具有预见可能性〕。

〔31〕　一审判决认为，"沙层内发生空洞不能说是土木工学上广为知晓的一般现象，在本案事故现场附近的沙滩上也没有发现令人感到危险的陷落，所以不可能认识到空洞的存在"。作为中间项被认为重要的是"沙层内的大空洞"，但认为不可能预见到该空洞。

发生过陷落,且认为其原因在于防沙板破损导致沙粒被吸出并正在采取对策,"可以预见到存在因沙粒被吸出而发生陷落的可能性"。通过追加"防沙板破损造成的沙粒吸出"这一中间项,可以说一般人会认为能够预见到结果[另参见最决平成二十六年(2014)7月22日(刑集第68卷第6号第775页)]。

此外,关于结果的预见可能性,作为采取必要改善措施这一业务上注意义务的前提,最决平成二十四年(2012)2月8日(刑集第66卷第4号第200页→第220页)认定被告人充分认识到轮毂存在着强度不足的危险;并且认为被告人立足于过去发生的轮毂圆片状破损事故中事故样态的危险性等,能够容易预测到会发生人身事故。

与危惧感(不安感)说的比较 与此相对,有关森永毒牛奶案件的德岛地判昭和四十八年(1973)11月28日讨论的中间项是"混入了与所订货物不同的药品"。而认定被告人对该事实具有预见可能性并非不可能。但问题在于,如果对"混入了与所订货物不同的药品"具有认识,一般人就能够预见死伤结果吗?在实行行为当时,食品公害等尚未受到关注,仅凭"虽然不能确定是有毒物质,但并非没有想到混入了别的什么物质"这一认识来要求预见死伤结果,这是不合理的。关于这一点,即便没有确定混入的是砷,但如果能够预见"混入了某些有毒性的物质",则对于最终结果能够予以责任非难。可是,裁判所认定不可能预见混入了毒物。所以,试图通过由"混入了与所订货物不同的药品"所产生的危惧感、不安感来说明过失责任。最判昭和四十四年(1969)2月27日(判夕第232号第168页)维持了发回一审重审后基于上述判断所作出的判断,这是受到了①被害的重大程度与②国民对公害问题的激昂意识的影响。

第四章

违法阻却事由

第一节 ■ 正当化的基本原理

（1）构成要件该当性与违法阻却事由

实质违法论　违法性最单纯的定义是"违反实定法规"。这样定义违法性的方法被称为**形式违法论**。与此近似的是只定义为**违反法规范、法秩序**。但是，此时必须实质地说明"法规范、法秩序禁止什么，又允许什么"（**实质违法论**）。违法的实质必须是当今日本国民所认为的"达到有必要予以处罚程度的恶害"。[1] 这被表述为"侵害了国民认为应当予以保护的利益"（→第 19、27、38 页），"违反了法规范背后的伦理道义秩序"，或者被认为是欠缺**社会相当性**。

学说　关于违法阻却的一般性原理，一般认为存在着（a）法益衡量说、（b）目的说与（c）社会相当性说的对立。（a）**法益衡量说**与有关违法性的法益侵害说联结在一起，认为"比起该当构成要件的法益侵害，行为中存在着超过（或者等于）该侵害的利益，所以能够正当化"。（b）**目的说**认为，"因为这是为了实现正当目的而采用的正当（相当）手段，所以能够正当化"。（c）**社会相当性说**则认为，"因为这是历史形成的伦理秩序框架内的行为，所以能够正当化"。但是，如果缓和地理解，那么这些学说存在着相当部分的重合。

两个问题　"现在的法秩序禁止怎样的行为"这一违法性的问题可以分为以下两个问题：① 是否属于被类型性禁止的行为，与② 虽然属于被禁止的行为，但是否仍然存在被允许的情形。问题① 讨论的是客观构成要件该当性的判断，问题② 讨论的则是有无正当化事由（违法阻却事由）。前者是**类型的涵射问题**，必须实质地讨论是否具有达到值得处罚程度的违法性。后者则是**综合的比较衡量**，必须对相反的利益、不同层面的价值予以综合评价。

---

[1]　该判断来源于国民的常识。此外，既然违法性也是犯罪论的一个要件，而犯罪论是用来筛选应受刑罚处罚的行为的，那么就必须把刑事政策的要求也包括在内，充分地意识到刑罚这一效果，以此来构建违法性。可以说，在此意义上的违法性有别于民法中使用的违法性与行政法中的违法性。可以把这种违法性称为可罚的违法性。

(2) 实质违法阻却判断的构造

判例中的基准　　当今实质违法阻却(正当化)的判断框架是由战后初期的判例形成[2]并发展而来的。在法定的正当化事由的框架外,作为超法规的(实质的)违法阻却判断[3],归结为了最大判昭和四十八年(1973)4月25日(刑集第27卷第3号第418页)中提出的以下规范:**必须把该行为的具体状况等诸般情况考虑在内,从全体法秩序视角出发判断是否应该容许该行为**[另参见最判昭和五十年(1975)8月27日(刑集第29卷第7号第442页等)]。[4]

更加具体地来说,是要综合考虑① **目的的正当性**、② **手段的相当性**、③ **法益的衡量**与④ **必要性、紧急性**(补充性)。正当化的范围会随着法益的重大性而变动。这一正当化的判断构造通用于作为法定正当化事由的正当行为(《刑法》第35条)、正当防卫(《刑法》第36条)以及紧急避险(《刑法》第37条)。[5] 此外,不仅是刑法,对于刑事诉讼法中的违法性判断,公法、民事法中的违法性判断,上述判断构造基本上也是妥当的。该判断构造可以说与**比例原则**相呼应。

> ① 目的的正当性
> ② 手段的相当性
> ③ 法益的衡量
> ④ 必要性、紧急性(补充性)

---

〔2〕 东京地判昭和三十一年(1956)5月14日(判时第76号第2页,鹤舞案件一审判决)。另参见东京地判昭和二十九年(1954)5月11日(判时第26号第3页),东京高判昭和三十一年(1956)5月8日(劳刑集第6卷第778页)。

〔3〕 但是也存在着这样的理解,即将《刑法》第35条的正当行为解释为一般性的违法阻却事由,认为其中也包含着实质的违法阻却事由。

〔4〕 在昭和时代,关于有无实质的违法性争论得最为激烈的是抗议行为,尤其是公务员实施的抗议行为。最大判昭和四十八年(1973)4月25日(刑集第27卷第3号第418页,久留米站案件判决)认为,"对于抗议行为时实施的该当犯罪构成要件的行为,在判断其是否具有刑法上的违法阻却事由时,要将该行为是在抗议行为时所实施的这一事实也包括在内",**必须从全体法秩序的视角出发判断是否应该容许该行为**;从而指出作为现职公务员的国铁工会会员实施抗议行为时进入信号站的行为,不欠缺刑法上的违法性。

〔5〕 但是,判例中所讨论的实质违法阻却案件,与夺去了他人生命仍然可以正当化的正当防卫、紧急避险有所不同,必要性、紧急性的判断比较缓和,不要求达到**补充性**(→第288页)的程度。"超法规的(实质的)违法阻却事由通常必须具备比紧急避险还要严格的要件"这一理解(→第234页注7)是错误的。

目的的正当性　如果实施该当构成要件的行为的目的不正当,就不存在阻却违法性的余地。但是,目的的正当性与其说是行为人的心情、动机,更为重要的是"行为担负着客观性的价值"这一点。虽然要衡量该价值与构成要件该当行为的法益侵害性,但实际上具体的衡量是在下面的相当性判断中进行的。正当防卫(紧急避险)中,也将为了防卫(避险)而实施行为作为必要条件。

手段的相当性　这是判断有无违法性时最主要的要件。这是一种实质性判断,需根据国民的规范意识来进行,即"为了实现这样的目的,允许实施达到何种程度的行为"。

法益的衡量　虽然判例中也举出了**法益的衡量**这一要件,但在需要讨论实质违法阻却的案件中,这一要件几乎不起作用。很难抽象地比较"劳动基本权与完全治愈需 10 天的伤害"。法益衡量实际上是在"手段的相当性"的判断中进行的。

但是,在紧急避险的情形中严格要求法益的权衡,只有"所造成的损害不超过其所欲避免的损害限度时"才能正当化。这是因为紧急避险中任何一方的损害都是"正的"(→第 285 页),与针对不正侵害的正当防卫有所不同。即便是针对不正侵害的正当防卫,如果有失相对的均衡,也不能正当化,而是成立防卫过当(→第 275 页)。

必要性、紧急性(补充性)　紧急避险中必须存在补充性(→第 288 页),其适用范围十分狭窄。但是,判例中需要讨论实质的(可罚的)违法阻却事由的案件里,处于核心地位的是暴行罪、胁迫罪、伤害罪、威力妨害业务罪、妨害执行公务罪与侵入住宅罪等;而且,如果是一定程度以下的法益侵害,那么只要存在行为的必要性与一定的紧急性,就能将行为正当化。在正当化该当杀人罪、抢劫罪的行为时,就必须构成正当防卫或紧急避险(或者满足准于此的要件),要求存在较大的必要性、紧急性。

而且,现实中需要讨论实质违法阻却的案件中,对方多存在近似于"不正"——"不正"是成立正当防卫的要件——的状况,如对方实施了挑衅行为时,或者公司一方存在与不当用工行为相关的情况时。因此,不可忽视的是,实质的违法阻却判断中具有比起紧急避险更接近于正当防卫的一面。有学说认为,没有条文上的根据时,必须采用比实定法中要件最严格的紧急避险更为严格的基准。判例当然没有采用这种学说。

具体的实质违法阻却判断　在认定构成要件该当性的基础上,通过实质的违法性判断将处罚范围限定在妥当的范围内,这一框架得到了广泛运用。"判例对违法性阻却判断的态度是消极的",这种认识是错误的。在财产犯中,最决平成元年(1989)7 月 7 日(刑集第 43 卷第 7 号第 607 页)是具有代表性的例子。该决定采用了占有说,在认定构成要件该当性的基础上作出了实质的违法性判断。父母实施从离婚争讼中的配偶那里夺取亲生孩子等行为时,判例也在认定构成要件该当性的基础上,详细地讨论了实质违法阻却的余地[最决平成十五年(2003)3 月 18 日(刑集第 57 卷第 3 号第 371 页);最决平成十七年(2005)12月6日(刑集第59卷第10号第1901页);最判平成二十一年(2009)3月26日(刑集第63卷第3号第265页)]。[6]

与此相对,有学说以德国理论为根据,认为"必须具备包含补充性在内的严格要件",从而批判承认实质违法阻却的判例。[7] 的确,虽然也能看到类似于该学说、要求具备严格要件的判例,但从整体上看,战后一贯存在着承认实质违法阻却事由的判例(可罚第510页)。

(3) 可罚的违法性与实质的违法性

可罚的违法性的含义　　形式上该当刑法上的构成要件,不存在正当化事由时,**狭义的可罚的违法性**(→第78页)还要讨论是否应该因违法性轻微而认定为不可罚。狭义的可罚的违法性可以分为绝对轻微与相对轻微两种类型。**绝对轻微**时,仅因轻微性就可以否定可罚性。而**相对轻微**意味着虽然仅凭轻微性还没有达到可以否定可罚性的程度,但考虑目的、手段等则违法性减少到不值得处罚的程度。判例是在构成要件该当性的判断中处理前者的(→第78页);与违法阻却事由有直接关联的是相对轻微型的可罚的违法性。

---

〔6〕 最决平成十五年(2003)3月18日(刑集第57卷第3号第371页)指出,被告人该当移送国外略取罪,即便考虑到其是监护人之一,是想将孩子带到自己的母国去,也不能阻却该行为的违法性。

X想从离婚争议中的妻子B那里将大儿子A(2周岁)夺取过来置于自己的看管之下,于是当A跟着B的母亲D准备从保育园回家时,X将A抱过来放在自己的汽车里,带着A一同离去。该行为被追究略取未成年人罪的刑事责任。关于该案,最判平成十七年(2005)12月6日(刑集第59卷第10号第1901页)认为,为了监护养育A,现实中不存在必须实施上述行为的特殊情况,即便该行为是由监护人所实施,也不能说是正当的。在此基础上判决进而指出,"本案中的行为样态粗暴,属于强行将人带走;A是2周岁的幼儿,关于自己的生活环境不具备判断、选择的能力;鉴于A的年龄,有必要时时予以监护养育,但却难以确实地预期夺取后的监护养育等;根据以上几点,不能将本案中的行为作为家人间的行为评价为处于社会一般观念所容许的范围内"。判决从而认为不阻却违法性。

关于隐藏携带会被用以危及他人生命、身体的器具这一行为的正当化(轻犯罪法第1条第2项),最判平成二十一年(2009)3月26日(刑集第63卷第3号第265页)认为,"应该综合考虑该器具的用途、形状、性能,隐藏携带者的职业,该器具与日常生活的关系,隐藏携带的时间、地点、样态及周围的状况等客观要素,以及隐藏携带的动机、目的、认识等主观要素;进而对深夜在路上骑自行车运动时完全出于防卫之用而将一瓶催泪喷雾剂放入裤子口袋里并隐藏携带的行为予以正当化"(→第240页)。

〔7〕 实质地理解违法性,承认在法定的违法阻却事由之外还存在着其他否定违法性的事由,这种有关**超法规的违法阻却事由**的讨论自大正时代(1912—1926)起被引入日本,战后超法规的违法阻却事由这一概念发展起来(可罚第148页以下)。但是有学者认为,既然是超法规的,那么就必须具备比法定的违法阻却事由更加严格的要件,要比最严格的紧急避险还要更加严格一些(木村龟二,第254页)。

```
                  ┌ 违法的相对性
    可罚的违法性 ─┤                    ┌ 绝对轻微型 ── 实质的构成要件解释
                  └ 狭义的可罚的违法性 ─┤
                                        └ 相对轻微型 ── 实质的违法阻却
```

　　许多学说将相对轻微型的可罚的违法性与超法规的违法阻却事由这两者作为一个整体来理解。事实上,判例中有争议的相对轻微型的案件很难明确地给这两者划一道界线。

判例的实际情况　　自昭和三十(1955—1965)年代后期起,认为"欠缺可罚的违法性"的判例远远凌驾于认为"欠缺实质的违法性"的判例。但是,通过超法规的违法阻却事由或实质的违法阻却事由来认定无罪的判例也一直存在着,以昭和五十年(1975)为界,认为欠缺可罚的违法性的无罪判例消失了踪迹(参见实质的第103页)。

　　可是,"可罚的违法性"与"实质的违法阻却事由"的具体要件在许多判例中都是重合的。暂且不论是叫作可罚的违法性还是叫作实质的违法性,目的的正当性、手段的相当性、法益衡量、相对的轻微性、必要性等是通用的基准。

> **值得处罚的违法性**　　此外,在判例的违法阻却判断中,包含着"虽然没有完全地正当化,但不值得处罚"这一判断。"虽然形式上残存违法性,但如果实质考察则违法性被阻却了",这一乍看上去自相矛盾的表述表明,判例所使用的实质违法性是指达到了值得处罚程度的违法性。
>
> 　　另外,学说中"实质的违法性"本来也意味着"值得处罚的违法性"(小野清一郎:《犯罪構成要件の理論》,第30页→第36页注15)。既然违法性也不过是判断是否属于应受处罚行为的一个要件,那么只有是否存在值得处罚的违法性才是刑法解释论所关心之事。〔8〕同时,考虑到当今实务中可罚的违法性论丧失了限定处罚范围的机能这一事实,从正面承认实质的违法阻事由进而处理此种相对轻微的案件,这种做法更合理,不需要"可罚的违法性"这一概念。〔9〕

---

　　〔8〕　的确,可以将正当的行为即"可以挺起胸膛对任何人主张的权利行为",与"虽不能积极地说是正当的但也没有达到处罚程度的行为"区分开来。但是,无论实践中还是理论上,占据压倒性重要地位的是"是否要被处罚"及其基准的明确性。强调能否挺起胸膛予以主张,并不会使处罚范围变得明确,毋宁说会让讨论变得复杂,让基准变得模糊。

　　〔9〕　被告人试图进入禁止进入的大学区域内时,对动用实力试图将其驱赶出去的大学职员施加了暴行。关于该案中的部分行为,即被告人用身体冲撞封堵道路阻止其前行的保安后又殴打保安面部等这一部分,东京地判平成二十一年(2009)9月14日(WJ)认为大学当局的入校禁止措施是超出裁量权范围的违法措施,且被告人使用有形力的样态也很轻微,所以被告人实施的是具有社会相当性的行为,阻却了违法性。

第二节 ■ 正当业务行为

> 第35条 依法令或者基于正当的业务而实施的行为,不处罚。

1 ■ 法令行为

一般性的正当化事由

《刑法》第35条被理解为有关正当化事由的一般性规定。也有学说认为,虽说是正当的业务,但重要的不是业务,具有意义的是"正当的",该条文是"旨在允许正当行为的一般性规定"。[1] 多数说将该规定分为**法令行为**、**业务行为**与其他的正当行为来展开说明(大塚第354页,中山第289页)。

形式化的、类型化的正当化事由

依法律、命令而作为权利或者义务来实施的行为,即便在形式上该当了构成要件,也会被正当化。可以说,这是法律预先明示比起法益侵害存在着更大利益(包括政策上的利益)的类型。在此意义上,虽然是否属于依法令而实施的行为,似乎可以形式化地、类型化地进行判断,但就像构成要件该当性的判断一样,最终必须按照该法令的旨趣与违法性的一般性原理进行实质判断。例如,在惩戒行为或拘留行为等法令行为的典型例子中,实施这些行为时允许动用实力到何种程度,必须实质地进行判断。

职务行为

法令行为的典型例子是**职务行为**,指的是作为公务员的职务而被法律所规定下来的行为。例如,死刑执行官的**死刑执行行为**、侦查机关的**拘留**、**搜查**、**羁押**等属于职务行为。[2] 关于职务行为的具体合法性,

---

[1] 一般明确地将一般性的正当行为(第35条)区别于紧急行为(正当防卫、紧急避险),认为其依据是另外的正当化原理(团藤第183页)。但是,二者的差别不过是相对的,在能够以"为实现正当目的而采用的相当手段"等来予以说明这一点上,紧急行为与一般性的正当行为不存在差异。

[2] 最决平成十一年(1999)2月17日(刑集第53卷第2号第64页)认为,警察X对《违反持有枪支弹药刀剑类等取缔法》及妨害执行公务的犯人开枪两次的行为,虽然是为了拘留犯人、保护自己而实施的,但犯人持有的是小型刀具,且犯人的抵抗样态也一直都只是试图阻止X接近,只要X没有接近,就完全不存在可从中窥测出犯人将实施积极加害行为或实施其他给附近居民带来危害等犯罪行为的客观状况;这种情形不属于《警职法》第7条中所规定的"有相当理由认为此乃必要",而且超出了"根据该事态合理地判断为此乃必要的限度"。判决从而认为X的行为违法。

例如，没有履行部分必要程序时拘留行为在多大程度上能够被正当化，该问题现实中多以被拘留者进行抵抗时**是否成立妨害执行公务罪**的形式来讨论[→各论第八章第二节1(3)]。教员等的**惩戒行为**也是依法令实施的职务行为(《学校教育法》第11条,《少年院法》第8条)。[3]

权利行为 　　具有法律根据的私人实施的权利行为也能得以正当化。监护人的**惩戒行为**作为民法上的权利行为[4]被予以承认(《民法》第822条)。与其他正当化事由一样，惩戒中并非只有积极受赞赏的行为才能正当化，达不到值得处罚程度的行为也可能属于惩戒行为。但是，产生重大的伤害结果时，应该对正当化的惩戒行为在必要性、紧急性上提出严格的要求(→参见第231页)。

　　一般公民也可以实施的**现行犯拘留**[5](《刑事诉讼法》第213条)通常也被定位于该类型之中(曾根第118页)。[6] 多与诈骗罪、敲诈勒索罪关联在一起讨论的**权利行使行为**也可以被称作权利行为中的一部分，但其与自救行为有所重合，要从正面来讨论实质的违法阻却判断(→各论第四章第五节2)。

> 　　A用脚踹被告人X的汽车后逃跑，被告人X为将A作为现行犯予以拘留而对其施加暴行，使其负有治愈需2周的伤害。关于该案，东京高判平成十年(1998)3月11日(判时第1660号第155页)认为，对于试图实施拘留的人而言，"允许其在社会一般观念从当时状况看来是为实施拘留所必要且相当的限度内动用实力"；从而作出判断，由于①A加速电动车试图硬闯、逃跑，且② 对X实施了殴打其面部、猛撞其头盔等攻击行为，所以③ X用摸索着抓起的木棒殴打A使其负伤，这应该说也是不得已而为之的。

---

〔3〕 施加体罚造成死亡的案件否定了正当化[水户地裁土浦支判昭和六十一年(1986)3月18日(判夕第589号第142页);金泽地判昭和六十二年(1987)8月26日(判时第1261号第141页);横滨地裁川崎支判昭和六十二年(1987)8月26日(判时第1261号第141页)]。与此相对,中学教师用手掌及轻轻握住的拳头轻击学生头部数次的行为,被认为属于《学校教育法》第11条等所承认的正当的惩戒权行使,阻却违法性[东京高判昭和五十六年(1981)4月1日(刑月第13卷第4—5号第341页)]。

〔4〕 家长殴打幼儿并将其面部摁入浴槽内使其死亡的,不属于惩戒行为,成立伤害致死罪[东京高判昭和三十五年(1960)2月1日(东高刑时报第11卷第2号第9页)]。

〔5〕 现行犯拘留之际动用了一定实力的,也能得以正当化[东京高判昭和五十一年(1976)11月8日(判时第836号第124页);福冈高裁那霸支判昭和五十六年(1981)2月2日(判时第1008号第204页)]。被告人为了将非法捕捞鲍鱼的犯人作为现行犯拘留,在追踪其非法捕捞的渔船时,该船不仅没有回应被告人要求停船的呼喊,而且冲向追踪船并撞了上去,放下绳索想要缠住追踪船的螺旋桨;所以,被告人以排除抵抗为目的,用竹竿敲打了非法捕捞船舵手的手脚等,使其负有完全治愈需约1周的伤害。最判昭和五十年(1975)4月3日(刑集第29卷第4号第132页)指出,被告人的行为在社会一般观念上处于为实施拘留而必要且相当的限度内。另外,作为现行犯拘留从而认定为正当行为的最近判例是冈山地裁津山支判平成二十四年(2012)2月2日(判夕第1383号第379页)。

〔6〕 此外,也有许多学说将正当的劳动抗议行为(→第239页)归入权利行为之中(中山第294页,曾根第124页,野村第251页)。

权利行使与自救行为 虽然侵害的急迫性、现实性（→第 255 页）没有达到能够认定正当防卫的程度，但等待国家机关的救济会使丧失的法益（权利）难以恢复时，自己以实力对抗侵害人以谋求救济的行为被称为**自救行为**（民事法中使用自力救济这一用语），例如，若去呼叫警察则会让犯人逃掉时，从犯人那里将被盗之物夺回来。一般是将自救行为作为第 35 条的一部分或实质的违法阻却事由来对待的，从而认定其正当化（较之对生命、身体造成的侵害，自救行为或权利行使造成的财产侵害相对更容易承认实质的违法阻却）。

另外，在**权利行使与财产犯**的名目下，关于为实现债权等权利而实施胁迫、欺骗行为的正当化的讨论，也应该与自救行为连接在一起来理解。再者，通过《刑法》第 242 条的解释来处理的"取回本人之财物"的问题，也同样应该与自救行为连接在一起讨论[→各论第四章第一节 2(1)]。

> 关于自救行为、权利行使的实质判断基准，必须斟酌以下四点来进行判断：① 试图恢复的权利的正当性；② 恢复手段的相当性；③ 恢复的必要性、紧急性；④ 对方的态度（参见木村光江：《财产犯の研究》，第 515 页以下）。虽然判例对自救行为采取了严格态度，但如果将权利行使的案件也包括在内，也还是能见到相当多的实质阻却违法性的判例[大判大正二年（1913）12 月 23 日（刑录第 19 辑第 1502 页）；福冈高判昭和四十五年（1970）2 月 14 日（高刑集第 23 卷第 1 号第 156 页）；东京高判昭和五十七年（1982）6 月 28 日（判夕第 470 号第 73 页）]。

劳动抗议行为 《宪法》第 28 条规定："保障劳动者团结的权利以及集体交涉等集体行动的权利。"对于在被保障的权利内的行为，即便外形上该当暴行罪、胁迫罪、侵入住宅罪、威力妨害业务罪等的构成要件，也能予以正当化。

另外，《劳组法》第 1 条第 2 款规定："《刑法》第 35 条的规定适用于工会的集体交涉等行为中为实现前款所定之目的（提高劳动者的地位，选出交涉劳动条件的代表人而自主组织工会等——笔者注）而实施的正当行为。但是，任何情形下使用暴力都不得解释为工会的正当行为。"问题在于，什么是"正当"的抗议行为。

> **实质的要件** 仍然是要通过目的的正当性与手段的相当性来展开说明（大塚第 359 页）。首先，抗议行为必须是为了实现提高劳动者经济上的地位等《劳组法》第 1 条第 1 款中所定之**目的**。因此，完全出于政治目的的抗议行为不能被正当化（另参见中山第 294 页）。

关于手段的相当性,《劳组法》第 1 条第 2 款规定说限于"正当行为",但书中又说一切**暴力的使用都是违法的**。但是判例考虑到如果将所有暴力的使用都认定为违法,那么保障劳动基本权的实质意义就淡化了;所以积累下来的许多判例认为,即便使用了一定的有形力也能认定为正当的抗议行为。裁判时实质的争议点在于,考虑公司一方的态度等诸般情况,"可以容许使用暴力到何种程度"。

判例 自最判昭和二十五年(1950)11 月 15 日(刑集第 4 卷第 11 号第 2257 页)以来,判例中进行的是考虑诸般情况后的实质判断。虽然最大判昭和四十八年(1973)4 月 25 日(刑集第 27 卷第 3 号第 418 页→第 231 页)中使用的实质违法阻却的判断框架得以确定下来,但与一直以来的诸般情况论相比并没有发生什么变化,仍然是以① 目的的正当性、② 手段的相当性以及③ 必要性为核心进行实质的违法性判断[大阪高判昭和五十八年(1983)5 月 10 日,判时第 1088 号第 150 页]。[7]

其他法令行为 其他法令行为还有对精神障碍者的强制住院(《精神保健福祉法》第 29 条)、《母体保护法》中的**人工流产**。《母体保护法》以存在经济上、伦理上的[8]理由为条件,对胎儿在母体外不能存续生命的时期内所实施的该当堕胎罪的行为予以正当化。此外,对于出售赛马时的赛马券、自行车比赛时的赛车券的行为,虽然该当彩票犯罪(《刑法》第 187 条),但出于财政政策的考虑将其正当化了(《赛马法》第 6 条,《自行车竞技法》第 8 条)。可以说,IR 法是把部分赌博行为给正当化了。*

凌晨 3 点 20 分左右,X 骑着未开车灯的自行车时受到警察的职务盘问,警察发现 X 将一瓶催泪喷雾剂藏在口袋内携带在身上,于是 X 被起诉违反了《轻犯罪法》第 1 条第 2 项(禁止隐藏、携带刀具等会被用以对人的生命、身体造成重大损害的器具)。关于该案,最判平成二十一年(2009)3 月 26 日(刑集第 63 卷第 3 号第 265 页)认为《轻犯罪法》第 1 条第 2 项中的"正当理由"是指"从职务上或者日常生活上的必要性来看,隐藏携带行为在社会一般观念上被认为是相当的情形";应该综合考虑该器具的用途、形状、性能,隐藏携带者的职业,该器具与日常生活的关系,隐藏携带的时间、地点、样态及周围的状况等,以及携带的动机、目的、认识等来进行判断。判决从而认为,X 出于**职务上的必要**

---

[7]　其后的最高裁判例有:最判昭和五十年(1975)8 月 27 日(刑集第 29 卷第 7 号第 442 页);最判昭和五十年(1975)11 月 25 日(刑集第 29 卷第 10 号第 928 页);最判昭和五十一年(1976)5 月 6 日(刑集第 30 卷第 4 号第 519 页);最决昭和五十三年(1978)11 月 15 日(刑集第 32 卷第 8 号第 1855 页)等。但是,这些判例中都认定了行为的违法性。

[8]　经济上的理由是指存在继续怀孕、分娩会显著损害母体健康程度的情形。该要件被缓和地予以适用,事实上没有对堕胎罪进行处罚。伦理上的理由是指被强奸这样的情形。此外,过去的《优生保护法》从优生学的见解出发,允许患有遗传性精神病等时进行人工流产。

＊　IR 是 Integrated Resorts(综合度假区)的缩写,该法案允许在特定区域满足一定条件下实施赌博行为。——译者注

购入了一瓶用以防身的小型催泪喷雾剂,在深夜道路上骑自行车时出于健康上的理由且完全出于防御目的隐藏携带着该喷雾剂,这属于具有正当理由;于是撤销了一审与原审,认定 X 无罪。出于业务上的必要而购买喷雾剂这一特殊情况对本案中的判断具有影响。

2 ■ 业务行为

业务的含义　**业务**是指,基于社会生活上的地位而反复、继续实施的行为。但是,只有"正当实施的"业务才能被正当化。因此,多将第 35 条理解为有关正当行为的一般性规定。

可以说,社会上确立的业务行为通常在社会一般观念上都是被允许的。但这并不意味着作为业务来实施的专业拳击选手的行为是正当的,而业余拳击则成立暴行罪或伤害罪。"业务"未必是重要的,实质上需要考虑的是是否说得上是"出于正当目的而采用的相当手段"。

大阪地判平成二十九年(2017)9 月 27 日(判时第 2384 号第 129 页)认为,以给人刺青为业而实施的行为该当《医师法》第 17 条的"医疗业务"。

(1) 治疗(医疗)行为

正当化的三个要件　业务行为的代表示例是由医师实施的**治疗行为**。[9] 例如,手术毫无疑问在外形上属于伤害,但由于被《刑法》第 35 条正当化了,所以不作为伤害罪来处罚。[10] 此外,**作为正当化的要件**,一般列举出以下三点:(A) **治疗目的**[11]、(B) **遵循医学上的准则(lege artis)**[12] 与 (C) **患者的同意**[13]。通过综合衡量这三点来进行实质的违法性判断。

---

[9]　严格来说,医疗行为是比治疗行为更广的概念。治疗行为仅限于通过医学上得到承认的方法所实施的侵袭人身体的行为,而医疗行为中还包括以预防、发现疾病等为目的的诊察行为(但是,医疗行为也多在与治疗行为相同的意义上使用)。现在仅承认以下六种医疗行为:①治疗、减轻疾病,②预防疾病,③矫正畸形,④助产、医学上的堕胎,⑤出于治疗目的的给患者进行的试验,⑥为了医学进步而进行的实验。

[10]　如果贯彻医师的行为之所以被允许是因为其属于正当的"业务"这一思考方法,那么会主张,"认为医师的业务该当伤害罪等的构成要件,这种想法本身从一开始就有问题"(业务权说,西原第 141 页、藤木第 127 页)。

[11]　例如,东京高判昭和四十五年(1970)11 月 11 日(高刑集第 23 卷第 4 号第 759 页)认为阉割手术不能说是正当的医疗行为。

[12]　该要件中也包括以下要求,即治疗行为是由医师或者护士等合适的专家来实施的。

[13]　可以说这是将目的说与被害人的同意组合在一起,认为出于正当目的[(A)]采用适当的手段[(B)]且存在被害人的同意时,能够予以正当化。

专断的治疗行为

关于这三个要件的关系,存在以下两种学说的对立。(a)一种学说重视的是治疗行为合乎医学上的准则(大塚第406页),而(b)另一种学说则是将保护优越利益与尊重患者意思组合起来进行考虑(町野朔:《患者の自己決定権と法》,第163页)。二者的对立与在多大程度上重视(C)**患者的同意**这一点紧密联结在一起。[14]

在当今日本社会,**专断的治疗行为**,例如乳腺癌患者明确表示"即便有死亡的可能性也还是不想切除患部",而医生却为了防止癌细胞扩散实施了医学上适当的手术,只要不存在具有紧急行为性质的正当化事由,就应当以伤害罪来处罚(参见町野朔:《患者の自己決定権と法》,第163页)。[15] 无论在乳腺癌的治疗上多么地合适,仍然不能得以正当化。[16] 在现在的医疗实务中,确立了尊重患者意思这一点。[17]

目的的正当性与手段的相当性

问题在于,作出了抽象的、包括的承诺时或者基于不充分的说明而表示同意时的实质违法阻却判断。

虽然没有违反意思,但欠缺基于充分说明而表示的同意时,完全违背客观治疗目的的手术不能被正当化。是否符合治疗目的存在争议时,要考察医生的说明内容来判断正当性。此外,必须是为实现治疗目的而实施的相当行为,若不是遵循医学上的准则来实施的则不能正当化。但是否违反准则很是微妙时,事前的说明内容会强烈影响违法性的判断。再者,与通过治疗获得的利益相比,手术等能预想到的法益侵害程度、危险性过大时,

---

[14] 需要注意的是,(A)**治疗目的**与有无同意的问题紧密联结在一起。既然患者是以将要实施的行为客观上是为了实现治疗效果而实施的为前提予以同意,那么为实现其他目的而实施的行为就欠缺同意。**手段的相当性**也一样,(B)是因为治疗会按照医学上的准则来进行所以患者才予以同意,予以同意意味着如果实施不同内容的治疗那么就属于在没有同意的情况下实施行为。因此,为了获得同意,医师的说明具有非常重要的意义。由此要求"在说明了对于怎样的效果存在何种程度危险的基础上作出选择",并推导出了知情后同意(informed consent)的重要性。

[15] 从强调手段的相当性,即作为医疗行为的合适程度这一立场出发,会认为即便是专断的医疗行为也能阻却违法性,但对此存在强烈的批判(参见山中第601页)。

[16] 过去与专断医疗行为相关联,耶和华证人拒绝输血的问题成了讨论话题。1985年发生了以下案件:10周岁的少年骑着自行车撞上翻斗车左后轮,虽然被救护车送到了急救中心,但由于其父母是耶和华证人的信徒而拒绝输血,所以虽然实施了输血以外的全部抢救措施,但该少年还是死亡了。但必须注意的是,该案并没有违反患者本人明示的意思。另外,检察厅对其父母作出了不起诉决定。

[17] 另外必须注意的是,否定生命的同意在《刑法》上也是不被允许的(第202条)。因此,在关系到生命的情形中,仅凭患者的同意还不能正当化,必须加上优越的利益来探索正当化的途径。

也可能在衡量说明内容的基础上否定"手段的相当性"。[18]

为实验医学上尚未确立的方法而实施的行为,不能被正当化。

家父主义与同意 但是,"违反感到害怕的患者表面上的意思,挽救其性命"并不构成伤害罪,不具有当罚性。自己决定权与一定的家父主义可以并存。这是因为,对于不能准确判断自己真正利益的人,将"自己决定"作为问题来对待是没有意义的。对于年少者、精神障碍者等,虽然要考虑监护人等的同意,但仅凭此还不能正当化。在认定构成要件该当性的基础上,客观上要求治疗在医学上具有正当性、相当性,措施具有必要性。

推定的同意 在患者不能进行意思表示的情形中,也会出现同样的问题。[19] 对于意识模糊的重伤患者,不等其恢复意识就进行手术予以治疗的行为该当伤害罪。有影响力的学说认为,推定的同意也属于同意的问题,与实际存在同意的情形同样对待(→第248页)。但是,既然实际上不存在同意,那么能否允许任意地实施手术,必须根据一般性的正当化事由来判断,存在紧急避险或准于紧急避险的情况时才能正当化(→第248页)。

护理行为与正当化 护士用指甲刀深入比趾尖更深的地方为高龄患者剪去脚拇指的趾甲,被起诉构成伤害罪。该案中,福冈高判平成二十二年(2010)9月16日(判夕第1348号第246页)认为,虽然该当伤害罪的构成要件,但这是出于护理目的而实施的,作为护理行为具有必要性,手段、方法也没有超出适当范围,该行为作为正当业务行为被阻却违法性。[20]

---

[18] 例如,对于为减轻冻伤造成的疼痛而使用麻药的行为,裁判所作出判断认为,关于麻药的使用必须特别慎重,万一带来依赖性的危险时应该尽可能避免使用麻药[钏路地判昭和四十七年(1972)4月5日(刑月第4卷第4号第717页)]。此外,牙医在给幼儿治疗牙齿时,该幼儿感到害怕不肯张开嘴,于是牙医用手掌击打了该幼儿脸颊2次,因此被追究伤害罪的刑事责任。关于该案,裁判所认为,即便考虑到该行为是为了实施牙科治疗而采用的必要的开口手段,但终究难以认定其样态程度处于社会相当性的范围内,不属于根据《刑法》第35条应该阻却违法性的情形[大阪高判昭和五十二年(1977)12月23日(判时第897号第124页)]。

[19] 对于负伤后被送至急救医院的患者,医师担心存在内脏出血,于是从急救治疗的必要性出发想要实施尿检,可患者对此强烈拒绝;尽管如此,医师还是在没有获得承诺的情况下,用导尿管从因麻醉陷入睡眠之中的患者体内采集了尿液;对该尿液实施简易的药物检查后测出了兴奋剂反应。该案中,最决平成十七年(2005)7月19日(刑集第59卷第6号第600页)认为,"该医师以对急救患者实施治疗为目的从被告人体内采取尿液,并对采取的尿液进行药物检查,这一行为能够认定为是医疗上必须实施的;所以,即便认定该医师实施这些行为时没有得到被告人的承诺,该医师的上述行为作为医疗行为也不能说是违法的"。可以说,本案中在判断医疗行为的违法性时,比起患者的同意更加重视医学准则上的适合性。但还需注意的是,本案主要的争议点在于采尿结果的证据能力(排除违法收集的证据),刑事诉讼法上的视角对本案认定具有影响。

[20] 本案中认定,护理趾甲的必要性很高,剪趾甲的样态妥当且合适,虽然出血了但仍处于标准手法范围内,而且通过对住院诊疗计划的承认,包括护理趾甲在内存在着包括性的承诺。

（2）运动行为

正当化的条件　相扑、柔道、拳击等攻击对方的行为之所以不以暴行罪或伤害罪来处罚，也是因为属于正当业务行为。此外，在（A）出于运动的目的，且（B）遵守规则的情况下实施，（C）在具有对方同意的范围内，予以正当化。可以说这与治疗行为正当化的要件一样，是将目的说与同意组合在了一起。[21]

运动与死亡结果　判例中有问题的案件多是，发生死亡结果时不存在被害人具体且完全的同意。[22] 但是，例如在拳击比赛中对方死亡时，也不会以伤害致死罪来立案。可是也存在着每年通报死者、对拳击予以禁止的国家。在此意义上，不能否定对死亡结果的预见可能性。如此一来，虽然会认为难免会承担过失致死罪的罪责，但由于被害人的危险接受，可以否定过失犯的成立。在进行拳击之时，可以说竞技者同意了包括死亡在内的危险（→第 294 页）。但在故意犯的情形中，对死亡结果的同意既不是否定构成要件该当性的事由，也不是正当化事由。

（3）刺探、泄露秘密与业务行为

实质的违法阻却　作为业务的**采访活动**有时会侵害个人的名誉或公务员的守密义务[23]，但在多大范围内可以阻却违法性，正需要实质的判断。针对报纸记者唆使外务省职员泄露外交交涉相关秘密电文的行为，最决昭和五十三年（1978）5 月 31 日（刑集第 29 卷第 3 号第 429 页）认为，遵照《宪法》第 21 条的精神，为报道而取材的自由值得充分尊重；在此基础上展示出实质的违法阻却判断，认为"只要**从全体法秩序的精神来看其手段、方法是相当的，从而在社会观念上得到承认**，就应该说实质上欠缺违法性，是正当

---

[21]　能够认定暴行的故意且是通过违反规则的行为使他人负伤的，成立伤害罪，不阻却违法性。但是，在判断是否立案、是否起诉之际，会考虑"这是一项运动，有别于刑罚的问题"这一社会一般观念。

[22]　关于在空手道、日本拳法的练习中造成对方死亡的案件，大阪地判昭和六十二年（1987）4 月 21 日（判时第 1238 号第 160 页）与大阪地判平成四年（1992）7 月 20 日（判时第 1456 号第 159 页）认定成立伤害致死罪。关于在大学青年徒步旅行社团的训练中致使新生死亡的案件，东京地判昭和四十一年（1966）6 月 22 日（下刑集第 8 卷第 6 号第 869 页）认为，为了培养体力、气力而穿着登山靴踩踏或者踢打对方的身体等不应被允许，只允许为了打破睡意而在得到新人承诺后用手掌略微击打其面部等紧急必要的例外情形。

[23]　另外，关于所谓的写真周刊记者在进行采访活动时使采访对象负伤的案件，东京高判昭和六十三年（1988）11 月 30 日（判时第 1303 号第 60 页）认为能够认定伤害罪的成立。

的业务行为"。[24]

> 医师受命作出有关医学判断的鉴定,却将被鉴定人(少年)的供述笔录等给新闻报道相关人员阅览。关于该行为,**最决平成二十四年(2012)2月13日**(刑集第66卷第4号第405页)认为,虽说鉴定是医师作为业务来实施的,但没有正当理由泄露该鉴定过程中知悉的他人秘密这一行为应当《刑法》第134条第1款的泄露秘密罪。医师所主张的,出于纠正世人对被鉴定人的认识的目的或者出于协助新闻取材的公益目的,不被认定为"基于正当理由",该主张没有被采纳(→各论第二章第六节2)。

其他业务行为　　除此之外,律师的**辩护活动**、牧师的**教会活动**[25]等也被认为是业务行为。但是在这里,例如律师的活动并非全都能被正当化,必须进行具体实质的违法性判断。[26] 对于为给被告人辩护而指摘其他人是"真犯人"这一毁损名誉的行为,最高裁认为,"仅凭该行为是为了辩护活动而实施的这一点还不够,必须考虑行为的具体状况等诸般情况,从全体法秩序的视角出发认定是否应予容许",从而作出判断说这不是正当的辩护活动[最决昭和五十一年(1976)3月23日(刑集第30卷第2号第229页)]。

在当今日本社会,试图通过宗教上的加持祈祷之类的行为来进行治疗,最终使患者死亡时,难以通过第35条予以正当化。宗教法人的教祖与信徒们共谋后,在陆地上对作为信徒的被害人施加暴行,然后将其带至海上,集体实施了将其沉入海中等暴行,致使被害人溺死。该行为以伤害致死罪被认定为有罪[京都地判平成十二年(2000)5月18日(判时1717号第150页)]。行为人从家长那里接受了罹患疑难疾病的男童,由于只对其反复实施类似祈祷的行为等,而没有让其接受对其生存而言必要的医学治疗,致使该男童死亡。该行为人被认定为成立保护责任者遗弃致死罪与取得尸体罪[宫崎地判平成十四年(2002)3月26日(判夕1115号第284页)]。另参见最决平成十七年(2005)7月4日(→第97页)]。

---

[24] 最高裁也考虑了被告人获得信息时利用了性交关系这一点从而认为手段不相当,没有认定正当化。基本上是衡量作为被告人行为目的的新闻报道的利益与由此产生的对国家(全体国民)的不利益,此外还综合考量必须将秘密公布出来的必要性、紧急性达到了何种程度,有没有其他的手段、方法等,以此来判断实质的违法性。

[25] 教会牧师藏匿以封锁学校为目的犯下侵入建筑物罪等的高中生(《刑法》第103条),在此情形中有判例认为,只要该行为是作为所谓的教会活动而实施的,比照具体的诸般情况,其目的处于相当的范围内,其手段、方法也是相当的,那么就能作为正当的业务行为阻却违法性[神户简判昭和五十年(1975)2月20日(刑月第7卷第2号第104页)]。

[26] 身为律师的辩护人保管并持有来自委托人的枪支、弹药,试图利用其作为获得被告人保释的策略。该行为被认为超出了正当行使辩护权的范围[札幌地判昭和四十七年(1972)12月25日(判夕第295号第419页)]。

3 ■ 其他正当行为

(1) 被害人同意

同意与实质的违法阻却原理　与优越利益原则一起，**利益欠缺原理**也被认为是阻却违法性的根本原理。被害人的同意(承诺)多被理解为根据利益欠缺原理而来的违法阻却事由(正当化事由)(→第80页)。虽然也存在着许多具有同意就不能认定构成要件该当性的犯罪类型(→第80页)，但在该当构成要件后，除了其他影响违法性的因素外还要考虑有无同意及同意的内容，综合地进行判断(→第241页)。

承诺必须要在截至行为的时点作出。事后的承诺不过是在量刑判断中作为有利的情节被予以考虑。承诺虽然必须表示于外部，但也可以是**默示的**表达。为了获得同意，必须对构成其前提的情况予以充分说明。经过此种说明后获得的同意，称作**知情后同意**(informed consent)。

> ① 目的的正当性
> ② 手段的相当性
> ③ 法益的衡量
> ④ 必要性、紧急性
> ⑤ 有无同意，同意的程度

承诺必须出于具有判断能力的被害人的真实意愿。幼儿、高度精神障碍者作出的承诺，基于强制作出的承诺，不能说是完全的承诺[关于因强制而作出的承诺，最大判昭和二十五年(1950)10月11日(刑集第4卷第10号第2012页)]。因错误而作出的承诺也基本上一样[参见最大判昭和二十四年(1949)7月22日(刑集第3卷第8号第1363页)等]，但是针对怎样的情况存在何种程度的错误时否定同意的效果，对此有必要慎重考虑。判例重视的是"如果知道了真相就不会同意"这一基准。必须针对各犯罪类型，对"如果一般人知道了该重要事实可能就不会同意"中的"重要事实"予以类型化[→参见各论第一章第一节3(2)，第二章第一节1，第四章第四节]。但是，即便不是完全的同意，也可以在实质的违法性判断中予以考虑。

家父主义　《刑法》处罚得到同意后杀人的行为(第202条)，**关于生命即便存在完全的同意也不承认违法性的阻却**。但是比起普通的杀人，得到同意后杀人的法定刑要轻很多。同意的存在使杀人行为转而该当了违法性减少的另一个构成要件。[27] 关于同意,刑法考虑了一定的**家父主义**(就像家长保护孩子一样,国家从保护的立场出发介入个人领域)。例如,关于强制性交罪与强制猥亵罪,无论存在着多么真挚的同意,被害人未满13周岁时就不能否定构成要件该当性。在这里,承认"对未成熟的被害人的保护"这一利益比被害人本人的意思更为优越。[28] 关于同意杀人也一样,引起如此行为的"极限状况"是类型化的"难以冷静地自我决定的状况",要限制同意的效果。

同意伤害 实际上,存在同意时的处断备受争议的情形发生在伤害罪的领域。被告人以假装发生事故从而骗取保险金为目的,在得到被害人的承诺后,故意开车撞上被害人使其负伤。对于这种情形,最决昭和五十五年(1980)11月13日(刑集第34卷第6号第396页)指出,"**为了将其用于骗取保险金这一违法的目的而获得的承诺是违法的**,不能以该承诺为由阻却伤害行为之违法性"。作为其中一部分被纳入诈骗这一犯罪行为中的"同意",无论多么地基于真实意愿作出,都不能使行为正当化。[29] 黑社会的断指行为具有很强的反社会性,不能被正当化[仙台地裁石卷支判昭和六十二年(1987)2月18日(判夕第632号第254页)]。但必须注意的是,本案中的同意有可能是被强制的,对于存在基于真实意愿的承诺有所怀疑(这是一起对是否真的存在承诺尚有疑问的案件)。

学说 如果重视自己决定权并将其贯彻到底,那么**既然存在真挚的同意,原则上就应不处罚得到同意的行为**。这种观点认为,虽然关于杀人罪存在规定即便有同意也要处罚的第202条,但对于伤害罪没有相当于第202条的规定,既然如此就应不处罚得到同意后的伤害行为。此外,在逻辑上也可能存在这样的见解,即认为虽然存在同意,但既然没有第202条那样的减轻规定,那么就应该**以普通的伤害罪来处罚**。但是,处于这两种见解中间的思考方法很有影响力,即认为**得到同意且具有社会相当性**

---

[27] 可以说,由于违法性像这样减少了,所以在同意杀人的情形中容易承认安乐死所导致的违法阻却(→第250页)。

[28] 处罚自己服用毒品的犯罪也显露出了家父主义。

[29] 引人注目的是,异常性关系的案件中判例着眼于行为的反伦理性从而认定得到同意后的伤害行为违法;但需要注意,这些案件中大多出现了包含"死亡"在内的重大结果[关于性反常行为,否定同意的正当化效果的有最判昭和二十五年(1950)11月16日(裁判集刑第36号第45页),大阪地判昭和五十二年(1977)12月26日(判时第893号第104页)等。另外,大阪高判昭和二十九年(1954)7月14日(高裁刑裁特第1卷第4号第133页)承认了违法阻却]。此外,对于非伦理性的**变性手术**,判例也不以伤害罪来处罚[东京高判昭和四十五年(1970)11月11日(高刑集第23卷第4号第759页)]。另外,关于承诺杀人罪,裁判所认为在SM游戏中支付对方800万日元请求将自己杀害的,属于基于真实意愿的请求[参见大阪高判平成十年(1998)7月16日(判时第1647号第156页)]。

的行为才是正当的(大塚第365页)。[30]

(2) 推定的同意

同意说 　如治疗意识模糊的重伤患者那样,一般人倘若认识到了当时的情况都会予以同意的情形,被称作**推定的同意**。一般认为此时准于存在同意的情形,可以正当化。即将推定的同意也作为同意的问题,使其与同意的情形一样正当化(大多是设想同意伤害的情形来讨论)。问题在于,存在怎样的客观情况时,推定的同意可与现实存在的同意等同视之。但是,同意是被害人一方的事项,对此以一般人为基准进行判断并不合理。不得不说,推定的同意与被害人自己放弃法益这一实际存在的同意在性质上并不相同。尤其需要讨论的是,诸如手术后恢复意识的被害人不承诺该手术这样的情形。[31]

实质的违法性判断 　既然实际上不存在同意,那么是否允许进行手术,必须通过一般性的正当化事由来判断。由于被害人自身没有放弃法益,所以不能否定构成要件该当性,因此必须判断是否存在阻却违法性的情况。更加具体地说,是通过① 目的的正当性、② 手段的相当性、③ 行为的必要性、紧急性来判断,尤其要在这些要件中评价使同意得以推定出来的情况。[32]

(3) 安乐死

两种类型 　如在部分晚期癌症患者中可以看到,临近死期会饱尝极度的痛苦。为缓解被害人的痛苦而致其死亡的行为,是传统的安乐死(**狭义安乐死**)。但是,最近伴随医学进步出现了生命维持装置,所谓的植物

---

〔30〕 还有学说认为,在关乎生命的重大伤害之外的情形中,如果存在同意,则仅凭同意就能阻却违法性(平野第249页)。该见解是从存在着处罚同意杀人的规定(第202页)这一点中推导出来的。

〔31〕 由于仅凭行为时的情况而把其后出现的结果也包括在内予以正当化,所以多援用**容许的危险**(→第293页)这一法理,即通过行为的有用性来正当化该行为所产生的侵害结果。但必须注意的是,关于"行为存在怎样的情况时可以被正当化"这一点,容许的危险理论没有给出明确的回答。

〔32〕 具体而言,首先,① 客观上必须出于正当的目的。例如,需要考虑是否属于"治疗"等为了被害人的利益而实施的行为。其次,② 必须是为了实现该目的而实施的相当行为。必须属于通常一般人会如此实施的行为,如必须合乎医疗水准。最后,③ 必要性这一要件也很重要。既然这是个如果被害人个人作出判断就能搞清楚的问题,那么是否存在着等不及被害人作出判断的紧急性就很重要。

人依靠这种装置存活着。从植物人身上将这种装置取走的行为有时也被称作安乐死。在否定依靠机械而生存,保留作为人的尊严而死亡这一意义上,后者也被称作**尊严死**。[33]

狭义安乐死是基于患者真挚的承诺而实施的,所以该当承诺杀人罪(第202条);但尊严死通常欠缺事前的同意,此时需要讨论的是杀人罪(第199条)的构成要件。在此意义上,后者虽然难以阻却行为的违法性,但如果存在着在患者意识清晰状态下的事前同意,则有可能准于狭义安乐死来对待。

作为正当化事由的安乐死　判例将狭义安乐死定位为正当化事由,甚至对于缩短生命的**积极安乐死**也承认有正当化的余地。[34] 正当化的要件是:① 现代医学上的不治之症,死期迫在眼前;② 被害人痛苦不堪;③ 安乐死行为是出于缓和极度痛苦的目的而实施的;④ 存在本人真挚的嘱托或承诺;⑤ 原则上由医师来实施;⑥ 方法在社会一般观念上是妥当的[名古屋高判昭和三十七年(1962)12月22日(高刑集第15卷第9号第674页);另参见横滨地判平成七年(1995)3月28日(判时第1530号第28页)]。

> **实质的违法阻却**　出于**正当的目的**(③),采用了**相当的手段**(⑤⑥),也存在**必要性**(②),又能认定存在**真挚的同意**(④),所以被正当化了。也可以说是比较衡量了缓解极度痛苦这一利益(②③),与本人希望放弃的(④)在医学上被明确判断为所剩不多的生命(①)。

尊严死的合法性　最决平成二十一年(2009)12月7日(刑集第63卷第11号第1899页)中,患者因支气管哮喘发作住院并持续处于昏睡状态,主治医师拔除了为确保呼吸通道而插入该患者气管内的导管,该行为是否属于法律上容许的中止治疗行为,对此存在争议[→各论第一章第一节1(1)]。

---

[33]　脑死亡的问题多与安乐死,特别是尊严死联系在一起被讨论。脑死说的思考方法是,用脑死亡来替换一直以来以心脏机能停止为核心的判断死亡的方式,从而以"虽然取掉了生命维持装置,但如果患者已经脑死亡了那么就不产生杀人罪等问题"这种形式与安乐死的讨论联系在了一起。但必须注意的是,并非处于植物人状态的患者全部都陷入了脑死状态。可日本的脑死说事实上还具有这么一个侧面,即脑死说是为了将心脏、"新鲜的"肾脏等摘取出来以供器官移植而以移植手术医师为核心发展起来的,这无疑是一种将依靠生命维持装置活着的患者的死亡时期提前的理论,在此意义上也与安乐死具有关联性。

[34]　但是判例事实上几乎没有认定过安乐死导致的正当化。鹿儿岛地判昭和五十年(1975)10月1日(判时第808号第112页),神户地判昭和五十年(1975)10月29日(判时第808号第113页),大阪地判昭和五十二年(1977)11月30日(判时第879号第158页),高知地判平成二年(1990)9月17日(判时第1363号第160页),横滨地判平成七年(1995)3月28日(判时第1530号第28页)等,都没有采纳安乐死阻却违法性的主张。

对于这属于法律上容许的中止治疗行为这一主张,最高裁认为,① 住院后**没有实施检查以判断剩余的存活时间等**,② 在发病后 2 周的时点**并不处于就恢复可能性、剩余存活时间能够作出准确判断的状况之下**,③ 要求拔管的被害人家属也**没有获得**关于患者病情等的**适当信息**,④ 也不能说这是基于被害人推定的意思而实施的,从而指出这**不属于法律上容许的中止治疗行为**。可以说,虽然大体上可以认定目的的正当性,但包括拔管后的处理在内[35],在没有对剩余存活时间进行检查的情况下就提前中止治疗,这被认定为是不相当的。这是一个不存在被害人承诺的案件,对家属的说明也不够充分,所以不能正当化。

---

[35] 本案中,被告人还向患者的静脉注射了肌肉弛缓剂,最终导致患者窒息而死,因此以杀人罪被起诉。

第三节 ■ 正当防卫

1 ■ 概说

> **第 36 条第 1 款** 为了防卫自己或者他人的权利,对急迫不正的侵害不得已而实施的行为,不处罚。
> **第 2 款** 超出防卫限度的行为,可以根据情节减轻或者免除刑罚。

日本的正当防卫概念 正当防卫是指,**为了防卫**自己或者他人的**权利**,对**急迫不正的侵害不得已而实施的行为**。但是判例认为,正当行为是指"在急迫不正的侵害这一紧急状况下**不能期待请求官方予以法律上的保护时**,例外地容许私人为排除侵害而实施的对抗行为"[最决平成二十九年(1954)(刑集第 71 卷第 4 号第 275 页)]。

近代国家只在紧急场合例外地承认私人的实力行使。但是,"例外的范围与程度"因国家与时代的差异而不同。在欧美,"正当防卫是针对不正的'正义实现'"这种理解很有影响力[1],但在日本,即便受到了不正侵害,仍然认为应当尽可能等待公权力的发动。现行的正当防卫规定效仿的是德国法,所以学说当然会受其强烈影响,但反映国民规范意识的判例中的正当防卫概念仅仅限于**不能请求警察等的保护时**。

西欧型的正当防卫 明治以来,重视"在紧急状态下守护权利"这一点的**欧美(尤其是德国)**型的正当化根据,被用来对正当防卫进行说明。所以,自我保存本能说与法确证原理说等被介绍到日本。① 自我保存本能说认为,对于不法攻击瞬间作出反击是人类的**本能**,这是被允许的。[2] ② **法确证原理说**则认为,为了明确彰显正义,允许对

---

〔1〕 参见木村光江:《财产犯の研究》,第 393、476 页。但是,即便在西欧社会,也可以说国家的权利救济体系越是完备,紧急行为的容许范围就会变得越狭窄。近来,在德国等国家,**正当防卫社会化**的主张得到了广泛支持。该主张认为,"在现代复杂的社会生活中,以某种形式不正地侵害他人近乎不可避免,所以不应该允许对这样的侵害进行无限制的防卫,而应该从社会整体视角出发承认一定的限制"(中山第 269 页)。

〔2〕 但是,在守护他人的**权利**时也承认正当防卫。

> 不正侵害实施防卫。[3] 可是，如果重视"本能""维持正当的法秩序"等，则会扩大正当防卫的范围。也会容易形成"为了防卫财产，即便将人杀害也是可以的"这样的观念。[4]
>
> 此外，正当防卫与紧急避险不同，条文上没有要求"法益的权衡"（→第285页）。这是因为，正当防卫是针对实施了不正侵害的人作出反击。所以对于不正侵害人的法益，容易在对防卫正当法益而言的必要限度内，否定其法益性。但是至少在日本，当显著不均衡时，要求"正"的一方忍受"不正"的一方（→第254页）。

正当防卫中的实质衡量　"应当彻底反击不正侵害，可以不考虑保全侵害人的法益"，这样的想法不符合日本主流的规范意识。即便处于能够认定急迫不正侵害的状况下，在法律上也没有完全否定不正侵害人的利益。

法秩序中要求**调整**、调和攻击人与防卫人"在法律上值得保护的利益"。尽可能回避"不得不否定两方利益中某一方的状况"或"紧急状态"才是理想的。所以，**明明回避是可能且容易的，却仍然置身防卫状况之中时**（或者引起**防卫状况时**）[5]，否定正当防卫的成立（→第259页）。[6]

应当回避防卫的情形　现在的正当防卫解释中，实际上重要的是具体考量"回避带来的整体利益增加"与"容易回避的程度"，此时也会考虑"应该回避"这一评价上的规范要素，如防卫人诱发了侵害等（→第261页）。受裁判员裁判制度的影响，判例有段时期使用"**作出反击行为时是否处于被认为是在正当的状况之下**"这一基准来进行上述实质衡量[参见**最决平成二十年(2008)5月20日**；东京高判平成二十一年(2009)10月8日（判夕第1388号第370页）→第263页]。但是，有批判指出条文上的根据很暧昧，作为要件过于"**粗放**"了（→第264页），现在是在急迫性的要件中进行上

---

[3] 这里的思考方法是"法不必向不法屈服"，可以说这是从社会立场出发的正当化。的确，为了防卫不得已而为之时，法律容许否定不正侵害人的"更大利益"（→参见第276页）。在此意义上，当然可以理解为体现的是"防卫人不必向侵害人屈服"这一点。

[4] 例如，会出现以下情况，即当没有其他方法可用来阻止偷窃面包的人时，认为即便将其射杀也是可以的。的确，在19世纪的德国等地，这被认为属于正当防卫，即便在现代的美国也能看到与此相近的价值判断[这让人想起1992年路易斯安那州发生的日本留学生枪杀案件中美国人的反应（佐伯仁志：《アメリカの正当防衛》，ジュリ第1033号第51页）]。但是在日本，这样的情形不会被认定为正当防卫[虽然是旁论，大判昭和三年(1928)6月19日（新闻第2891号第14页）认为，诸如为了保护豆腐而加害人命这样的行为不是正当防卫→第277页]。

[5] 未必仅限于去往现场或引起防卫状况等可以被评价为违法的情形中。

[6] 与此相对，根据德国有关正当防卫的主流理解，无论在多大程度上预想到了侵害，只要不是违法的，那么置身预想到的侵害之中并没有什么问题（→第253页注4），没有必要为了回避侵害而从现场离开。

像德国这样的态度，重视的是实施合法行为的正当性、权利性，完全不接受给合法行为人课以放弃合法行为从而回避不正侵害的义务。这种态度在理论上完全有可能存在，但不为判例所采用。

述衡量[最决平成二十九年(2017)4月26日→第252、255页。另参见东京高判平成二十七年(2015)6月5日(判时第2297号第137页)]。

正当防卫的类型性　如果行为不能嵌入"正当防卫"这一框架(类型)之中,则不能予以正当化。判例中的正当防卫概念是以类型性为前提的。与构成要件是由主观与客观组成的一样,除了客观上是正当防卫外,还必须在主观上具有防卫认识。如果不存在一定的主观事项,则"不能称之为正当防卫"(→第269页)。

关于国家的正当防卫　通说与判例承认为了国家利益而实施的正当防卫(大塚第369页)。但是,国家法益、社会法益应该由国家机关来守护,只在特殊例外的情形中才能承认个人实施的防卫[参见东京地判昭和五十三年(1978)3月6日(判时第915号第130页)]。

2 ■ 急迫性

(1) 含义

<u>正当防卫的核心要件</u>　《刑法》第36条中的"急迫"是指,**针对法益的侵害现实存在着,或者正在迫近**[最判昭和四十六年(1971)11月16日(刑集第25卷第8号996页)→第257、268页]。紧急避险中的"现实"也是同样的意思(→第287页)。

<u>过去与将来的侵害</u>　急迫性要件的实质意义在于,将过去的侵害与将来的侵害从正当防卫的领域中排除出去。**过去的侵害**中,由于侵害已经结束了,所以不能防卫,此时需要讨论的只是为恢复原状的自救行为。**将来的侵害**也一样,由于不是现实的侵害,所以不能实施防卫行为。[7]

<u>急迫性与回避可能性、回避义务</u>　判例主要是在"急迫性"要件中衡量以下问题,即"**明明回避是可能(容易)的,却仍然置身防卫状况之中时(引起防卫状况时)**,是否应当否定正当防卫的成立"[最决平成二十九年

---

〔7〕　但是,预先准备用以防卫的设备(墙头上铺设的碎玻璃或铁器、自动枪、高压电线等),这样的行为被理解为"防卫效果发生在急迫之时,所以是被允许的"(大塚第364页)。但是,必须采用对排除侵害而言具有相当性的方法。即使预想到盗窃犯人,也不许装设会给其生命带来危险的装置(→第275页)。

与被告人处于反目状态的A驾驶汽车有意撞上被告人的车,此时被告人为了做好与A打架的准备,**将放在仪表板内的刀具装在裤子口袋里用以防身,并从车里出来后携带该刀具走在路上**。最决平成十七年(2005)11月8日(刑集第59卷第9号1449页)认为该行为不属于正当防卫。该决定指出,被告人将本案刀具放在汽车仪表板内的行为应该说属于《枪刀法》第22条中的携带不法刀具,其后将刀具放在口袋里并携带着的行为单纯来看似乎是对A的防卫行为,但该行为属于携带不法刀具罪这一继续犯中的一部分。

(2017)4月26日(刑集第71卷第4号第275页)]。此外,这一衡量的实质基准很限定,即"**只在不能期待官方保护时才可以容许**"[8],衡量的素材是"**包括先于对抗行为的事项在内的全部行为状况**"。

更加具体地说,立足于行为人与对方的过往关系,综合考量以下要素:① 所预料的侵害内容、侵害发生的程度,② 回避侵害的容易程度,③ 去往侵害地点的必要性、留在侵害地点的相当性,④ 对抗行为的准备状况(有没有准备凶器、凶器的性状等),⑤ 行为人置身侵害的状况及其意思内容(有无积极的加害意思),⑥ 实际侵害与所预料的侵害的异同。**对不正侵害出现的契机产生影响时(挑拨等)**,根据其关联程度**回避的要求**也会提高。

"积极的加害意思"一直以来对急迫性有无的判断具有决定性意义[最决昭和五十二年(1977)7月21日(刑集第31卷第4号第747页)],其不过是符合上述基准的"一种类型"而已。[9]

> **急迫性的实质基准**
> ① 所预料的侵害内容、侵害发生的程度
> ② 回避侵害的容易程度
> ③ 去往侵害地点的必要性、留在侵害地点的相当性
> ④ 对抗行为的准备状况(武器等)
> ⑤ 反击时的状况、意思内容(挑拨、积极的加害意思)
> ⑥ 实际侵害与所预料侵害的异同

> **急迫侵害的继续性** 防卫行为必须是在侵害急迫的状态下实施。在公寓二楼,A突然用铁管殴打X,然后两人扭打在一起,虽然X一度夺得铁管并殴打了对方一次,但A又将铁管夺回并想继续殴打X;由于A势头过猛上半身冲出了二楼扶手,所以X抬起A的一只脚使其跌落在楼梯下的混凝土道路上并负重伤。对于该案,最判平成九年(1997)6月16日(刑集第51卷第5号第435页)认为,"考虑到A仍然继续握着铁管这一事实,A对X的加害意欲旺盛且强固,一直存续到了X抬起其一只脚使其跌落在地上这一行为的时点",从而认定存在急迫性,成立防卫过当。与实行行为的情形一样(→第86页),对方急迫不正的侵害是否还在继续,进而能否说得上是一连的防卫行为(→第270页),其中存在着需要评价的一面[另参见东京地判平成十二年(2000)11月17日判时第1764号第150页]。

---

[8] 在此最为鲜明地展现了日本正当防卫解释的特征。
[9] 最决平成二十九年(2017)4月26日考虑要素①—⑥后指出,"比照前述《刑法》第36条的旨趣(只在不能期待官方保护时才可以容许。——译者注)不能说是被容许的情形中,如行为人利用该机会本着积极实施加害对方行为的意思置身侵害之中[参见最决昭和五十二年(1977)7月21日]等,应该说不满足侵害的急迫性要件"。

(2) 预见侵害与急迫性

预见与急迫性　急迫的侵害通常意味着不能预期的、意料之外的攻击。急迫性指的是"来自对方的攻击迫近到何种程度时,能够说得上是正当防卫"这一问题。比起意料之外的攻击,预料到攻击时更容易否定急迫性。但是,预料到了攻击且由于发生了所预料的侵害而实施防卫行为时,也有成立正当防卫的可能。最判昭和四十六年(1971)11月16日(刑集第25卷第8号第996页)认为,**即便事先就预料到了该侵害,但不应该理解为因此就直接丧失了急迫性**(另外,参见积极的加害行为与防卫意思→第272—273页)。[10] 的确,无论事先如何预料到了侵害,急迫性并非就此变得不存在了(曾根第102页,川端第337页)。例如,即便由于强盗经常出没所以准备了木刀用以防身,但现实中被强盗袭击了时仍得说具有急迫性。但如最决平成二十九年(2017)4月26日中所归纳的,预见侵害是判断有无急迫性的一个重要因素(→第256页)。[11]

预见侵害与退避义务　明确预料到了危险却仍置身其中从而遭遇所预料的侵害时,也有可能否定正当防卫。根据**最决平成二十九年(2017)4月26日中的实质基准**(→第256页),这指的是满足以下条件的情形:① 预料到会伴随反击出现的侵害很重大、侵害的确会发生;② 回避侵害很容易;③ 存在不应该接近危险的情况,或者完全欠缺接近危险的必要性。[12]

---

〔10〕 该案案情为,X去到素有纠葛的A处时,A突然用拳头殴打X并朝其冲撞过来,所以X一直退到了8张榻榻米大小的房间纸拉门处;此时X想起在纸拉门的门楣上藏着一把小尖刀,于是立马将小尖刀取出来刺向过来殴打自己的A的左胸部,致使A死亡。该案中最高裁判所认为A的加害行为对被告人的身体来说属于急迫不正的侵害。

〔11〕 在不只是单纯地预料到了侵害而且针对侵害作出充分准备的情形中,最高裁认为欠缺急迫性[最判昭和三十年(1955)10月25日(刑集第9卷第11号第2295页)]。本案的案情是,被告人愤慨于对方的举止,想要让对方谢罪,于是前往对方所在的餐馆;被告人想着如果遭到攻击就进行反击,于是拔出日本刀带在身边并潜伏在附近的草丛里;此时由于对方冷不防地用开刃菜刀向被告人砍来,所以被告人用日本刀进行反击将其杀害(伤害致死)。另外,虽然最高裁认为本案中欠缺急迫性,但也存在很有影响力的学说认为不如将其作为欠缺防卫意思的问题来讨论(福田第144页)。

〔12〕 最判昭和四十六年(1971)11月16日的案件中,可以说根据③以外的要件不能认定存在否定急迫性的事项。

（3）积极的加害意思与急迫性

积极的加害意思与急迫性　最决昭和五十二年（1977）7 月 21 日（刑集第 31 卷第 4 号第 747 页）[13]也认为，**即便当然或者几乎确实地预见到了侵害，也并不因此就直接丧失侵害的急迫性**；在此基础上又指出，"从该条将侵害的急迫性作为要件这一旨趣出来考虑，作出以下理解是合适的，即不仅仅是单纯地没有避免所预料的侵害，而是**利用该机会，本着向对方积极实施加害行为的意思置身侵害之中时，已经不满足侵害的急迫性这一要件了**"；从而认为，由于被告人一方面当然地预想到了对方的攻击，另一方面又不是出于单纯的防卫意图，而是**本着积极的攻击、争斗、加害的意图置身侵害之中，所以不满足侵害的急迫性这一要件**。[14]

最决昭和五十二年（1977）中的急迫性概念　不仅仅是单纯地预料到了侵害，而是"利用该机会，本着积极的加害意思实施行为时，这只能说是积极的侵害，终究不能说是防御"，此时欠缺急迫性（香城敏麿：《正当防衛における急迫性》，判夕第 768 号第 29 页）。也就是说，如果存在积极的加害意思，那么就不再是防卫（防御）行为了，不过是侵害行为而已。虽说仅强调强烈的攻击"意思"，以"并没有迫近"为由认为对方攻击的急迫性减少，这有些难以理解；但是，**明明预见到了侵害竟然还是置身紧急状况中实施反击行为时，对于其中的部分情形认定为应当回避、不能说是防卫，这样的判断是妥当的**。

因存在积极的加害意思而认为欠缺紧急性的判例主要是关于斗殴的案件[15]，处理的是**明明事前能够回避对方的侵害，却本着积极加害的意思置身**

---

[13]　本案的案情是，中核派活动家拿着头盔、铁管等正在进行集会的准备时，由于受到革马派的侵扰而进行反击；革马派离开后，考虑到他们会再来袭击，于是中核派在集会场所的入口设置了路障；此时革马派来袭，越过路障将铁管捅戳、投掷过来，于是中核派用铁管捅戳回去进行应战，其后被警察拘留（准备凶器集合罪）。

[14]　但是，像注 11 中的最判昭和三十年（1955）10 月 25 日那样，事前具有充分预见，客观上实施了反击的准备行为时，也可以说是"积极加害"（→第 269 页）。判例中所讨论的"防卫人具有积极加害意图的情形"，严格来说必须区分以下两种情形来考虑：第一种情形是，不过是在防卫行为时主观上存在积极加害意图，客观上完全满足正当防卫的要件；第二种情形是，事前对攻击有预见，实施了相应的准备或者挑衅行为等，客观上也存在着关乎正当防卫成立与否的情况。实际上需要讨论的主要是第二种情形中的案件。

[15]　有关斗殴的判例中，可以说最基本的争议点在于能否评价为处于**紧急状态**之下。有学者指出，"在侵害迫近之前尚可保持冷静的时点，从一开始就决意要实施将同种同等的反击施加于对方这样的猛烈行为，本着根据事态发展即便要实施超出防卫程度的过当行为也在所不惜的意思，置身侵害之中，实施加害对方的行为时……这属于法治国家应予严厉禁止的私斗，原则上应该说本人的加害行为从一开始就是违法的"（安廣文夫，《法曹时报》第 41 卷第 3 号第 312 页）。

对方的侵害之中并实施加害行为的情形。具体而言,在下列情形中行为人应当甘愿承受结果:(A)预料到了侵害,本着积极加害意思前往对方那里实施加害行为;(B)预料到了侵害,利用该机会,本着积极加害意思等受到对方侵害后实施加害行为;(C)明明自我克制的话就不会招来侵害,却本着积极加害意思回应对方的挑衅或者挑衅对方从而招致侵害,并实施加害对方的行为(香城敏麿,判夕第 768 号第 28 页)。[16]

> **积极加害意思的实态** 根据平成二十九年(2017)决定中的实质基准(→第 256 页),这些案件都是①预料到了重大侵害行为,该侵害发生的盖然性很高,且③前往现场(或等待遭受侵害)的必要性很低,却仍然没有回避急迫不正的侵害并实施反击行为的情形[关于情形(C)的案件,如后所述→第 263 页]。所谓本着积极加害意思前往对方那里实施加害行为(或等待遭受侵害),重要的不是存在这样的"意图或意思",最终还是要满足要件③与④。通过要件②,能够认定负有不陷入侵害状况这样的退避义务。从日本型的正当防卫概念(→第 253 页)来看,可以说该结论是妥当的。

向平成二十九年(2017)决定的发展 "若有积极的加害意思则欠缺急迫性"这一判例的思考方法在平成二十九年(2017)的决定中基本得以维持,但昭和五十二年(1977)之后,急迫性的判断被置换为有无积极加害意思的判断,导致出现了"适用于与该概念不符的案件中,或者只要不能认定积极加害意思就不否定侵害急迫性"等错误的理解。

此外,通过间接事实来认定积极的加害"意思"这一主观要件,对于裁判员来说特别困难,所以在将要件予以客观化的同时,也出现了如下要求,即如果间接事实体现的是实质要件,那么应当直接将其作为要件来对待。再者,急迫性与"尚不能说具有积极加害意思的自招侵害的案件"(→第 261 页)之间,关系模糊不清。

因此,平成二十九年(2017)的决定① 认为并非只有存在积极加害意思时才能否定急迫性,② 尽可能客观地明示出存在应回避事项时急迫性的判

---

[16] "如果存在积极加害'意思'则欠缺急迫性",这一主张作为解释论稍稍有些不自然。无论本着怎样的意思置身侵害之中,只要客观上侵害正在迫近就理解为急迫,这种说明方式更容易理解。"某人尽管确实地预料到了重大侵害却仍然前往本可以不去的危险之境,该人实施的反击行为"不属于为了防卫的行为,这样的解释更易于理解(→第 268 页)。但是判例选择通过规范化地理解"急迫性"概念的方式来予以应对。

断基准[17],③并由此指明了处理自招侵害案件的路径。

> **裁判员与急迫性** 自引入裁判员裁判制度以来,一直存在着"应当避免过度细致复杂的正当防卫解释"这种意见,由此也有批判指出**积极加害意思理论**的内容对裁判员而言是相当困难复杂的。因此有建议提出,能否向裁判员提示一个相对较大的判断对象,即"是否处于能否认定为正当防卫的状况之下"(正当防卫状况性)[司法研修所:《難解な法律概念と裁判員裁判》,第19—21页,第24—28页,最决平成二十年(2008)5月20日→第263页]。但是有批判指出,仅凭"正当防卫状况性这种粗糙的说明",裁判员无法理解判断的本质并陈述意见[大コメ3版(2)第528页(堀籠幸男・中山隆夫)]。此外还有批判指出,向裁判员提示判断对象时,仅凭"正当防卫状况性"不能明确指出应予讨论的要点。可以说,最后的结果是通过最决平成二十九年(2017)的决定揭示了"急迫性"的实质基准。

(4) 自招侵害

三种类型的自招侵害 "实施挑衅等从而招致侵害的情形",被称作**自招侵害**的问题。自招侵害包括多种多样的形态,如:① 从一开始就完全预见或预设了反击行为并实施挑拨,明明能够容易回避反击行为却积极实施加害的情形;② 虽然尚且没有积极的加害意思,但通过故意行为来挑衅的情形[最决平成二十年(2008)5月20日→第263页];③ 对因过失而挑衅的行为进行防卫,等等。其中,情形①是有意挑拨等自招侵害的典型情形,作为急迫性的问题被予以处理。[18] 关于情形②,虽然有段时期不是将其作

---

[17] 多数判例也是基本上以客观事项为基础判断"是积极的侵害还是防卫"。判例使用了实质的急迫性概念,其中包括了"是否属于应当甘愿接受侵害的情形""防卫人的攻击是不是违法的,在与对方的侵害关系中是否应该特别地受到法律上的保护"等判断。由于突然受到其他暴力团七八个相关人员的手枪狙击,某暴力团成员的保镖用手枪进行反击,射杀了两人。关于该案,大阪高判平成十三年(2001)1月30日(判时第1745号第150页)考虑到保镖是本着依情况不惜行使超出防卫程度的实力这一意思实施本案犯罪行为的,袭击的性质与程度也没有超出预料的程度等情况,认为欠缺侵害的急迫性要件。

关于急迫性,大阪高裁指出,"在预料到侵害的情形中,明明完全有可能寻求官方救助或者退避以避免侵害却仍然置身其中,本着给对方施加与侵害同种同等的反击而实施防卫行为,且根据现场情况即便动用超出防卫程度的实力也在所不惜的意思而加害对方,属于法治国家所不容许的所谓私斗,这样的行为本来就是违法的"。

[18] **积极加害型的自招侵害** 这种类型中,行为人意图将从①至③的行为关联起来实施,客观上也有很强的因果性,应该作为整体视为一连的行为。由于在行为①的时点已经能够评价为开始防卫行为,所以不是应对②中的侵害而实施的"为了防卫的行为",这样的看法易于理解。虽然形式上中途包含了具有防卫色彩的部分,但可以自始评价为**一连的攻击**行为,不属于正当防卫。应当注意以下见解,即"使得行为丧失了防卫的性质……该行为欠缺'为了防卫'的行为这一要件"(中野次雄:《急迫不正の侵害に対する防衛行為に当たるとされた事例》,判例评论第308号第62页)。此外,香城法官、安广法官也将包含积极加害行为的情形理解为"已经不能说是为了防卫而实施的行为"。

为**急迫性**的问题,而是作为"实施反击行为是否属于正当状况下的行为"这一要件的问题被予以讨论,但今后该情形也会根据**有关急迫性的实质基准**(→第 255 页)来处理。[19] 这类案件中,即便实质上认定了急迫性,也有可能出现由于是自招侵害而构成防卫过当的情形。情形③虽然也具有急迫性,但由于是自招的,所以多因欠缺相当性而构成防卫过当。

关于自招侵害,主张限制挑衅者正当防卫的见解很有影响力。例如,**正当防卫权滥用说**认为,最终的防卫行为实际上是权利的滥用(或者丧失了法确证的利益),具有违法性。[20] 但是,将怎样的挑衅认定为权利的滥用,并不明确。

此外,学说中也有见解主张客观上存在**挑衅行为**时,由于欠缺侵害的急迫性所以不成立正当防卫(平野第 235 页)。但是,虽说实施了挑衅,可对方的攻击正在迫近时不能否定急迫性。尽管存在挑衅行为,或者自招侵害的当罚性很高,但形式上还是满足了正当防卫的要件。因此,为了将 X 的防卫行为(下图③)解释为违法,学者们作出了多番努力。

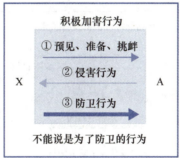

---

[19] 以急迫性要件来处理此类案件的有东京高判平成八年(1996)2 月 7 日(判时第 1568 号第 145 页)。由于被害人 S 在混乱的车站里撞上 X(防卫人)后没有道歉就想离去,所以 X 追了上去用力抓住 S 的手腕要求一起前往站长室;对此,S 想要甩开 X 于是用手掌朝其面部拍打了数次;所以,X 抓住 S 的衬衣右袖口附近并拉拽,使 S 摔倒在当场并损坏了其衬衣。对于该案,东京高等裁判所指出,"只要 X 中止暴行 S 就会立即停止其反击,所以不仅不能认定 X 对 S 施加新暴行的行为属于为了防卫而不得已作出的行为,而且由于 S 的反击是 X 自己的违法行为所招致的,处于通常能够预料到的范围内,所以理解为欠缺急迫性是合适的"。另参见大阪高判平成十二年(2000)6 月 22 日(判夕第 1067 号第 276 页)。

[20] 主张通过**原因违法行为理论**来解释挑衅者防卫行为违法性的见解很有影响力。这种见解认为,虽然现实的实行行为,即图中的行为③本身是为了正当防卫而实施的,并不违法,但是通过自己违法引起了行为①的违法性,③也变得违法了(参见山中敬一:《正当防卫的限界》,第 140 页以下)。由于是利用自己的正当防卫行为(③)作为所谓的"工具"来攻击 A,所以认为应该重视原因行为(①)的违法性,这样的思考方法类推了原因自由行为理论(→第 310 页)。但是,很难把行为③评价为工具。的确,在挑衅行为的时点就能评价为整体犯罪行为已经开始的情形中,有可能将防卫人的行为认定为违法。但是,如果要求能够将挑衅行为与防卫行为一体化的评价,那么应该将整个行为处理为不属于"为了防卫"的行为。

263

故意行为的自招　最决平成二十年(2008)5月20日(刑集第62卷第6号第1786页)是典型的**通过故意行为诱发侵害的情形**。X与A发生口角，X突然用拳头殴打了A的左脸一次，然后离开[行为①]；对此，A骑着自行车追了100米左右后追上X，然后骑在车上用水平伸出的右臂从后方猛烈殴打X的上背部及头部附近[行为②]；X向前方倒下后却又站了起来，取出携带着用以护身的特殊警棍，施加了殴打A面部、左手数次的暴行，使A负有需治疗约3周的伤害[行为③]。关于该案，最高裁认为：① A的攻击"可以说是被X的暴行触发的，是在X的暴行后距离接近的地点立即出现的**一连一体的事态**，是X通过不正行为**自己招致的侵害**"；② "A的攻击没有大幅超过X暴行的程度"，因此"本案中X的伤害行为**不能说是作出反击行为被认为正当的状况下所实施的行为**"。

这种"**正当防卫状况性**"的判断框架被相当多的下级裁判所审判所采用[尤其参见东京高判平成二十一年(2009)10月8日(判夕第1388号第370页)]。

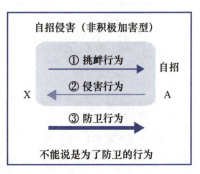

264

最决平成二十九年(2017)基准带来的修正　摸索易于裁判员理解的正当防卫判断框架的结果是，最高裁采用了这种"**正当防卫状况性**"的判断框架(→第263页)。但也有批判指出，依靠这种框架裁判员无法在理解判断本质的基础上发表意见。于是最决平成二十九年(2017)进一步扩展"积极加害意图"这一框架使其一般化，通过这种方式，明示且具体化了急迫性要件(→第255—256页)。

如果按照平成二十九年（2017）决定的基准来看，**最决平成二十年（2008）5月20日**中关于（A）自招性的判断可以理解为：① 基于一连串的纠纷完全能够预料到侵害内容，② 有回避的可能，③ 由于是自招的所以欠缺留在现场进行反击的相当性。此外，④ 准备了特殊警棍，⑤ 虽然尚不能认定积极加害意思但可以说不是出于防卫而反击的。关于（B） A的侵害没有大幅度超过所预料的侵害这一判断，也可以通过平成二十九年（2017）决定基准中的⑥予以处理。

平成二十九年（2017）决定的先驱 X挑拨V等人招致他们来袭击事务所的事态；X认识到V等人施加暴行的可能性相当大，明明有可能努力消解这样的事态或者告诉警察会发生这样的事态并寻求救助等，却没有如此应对，而是叫来Y予以支援，并为了反击把杀伤力强的刀具置于容易拿到的地方，准备应战；X由于受到了V等人的暴行，于是对此反击实施了砍刺行为并将V杀死。关于该案，东京高判平成二十七年（2015）6月5日（判时第2297号第137页）认为，V等人对Y与X实施的暴行没有超出X等人所预料的暴行内容与程度，由此观之，本案中的砍刺行为欠缺对成立正当防卫或防卫过当而言必不可少的**急迫性**。

过失行为等的自招 既不是积极加害型，也不是故意行为的"自招"，而是过失"自招"时，或者尚不能说与故意的挑衅行为形成一连一体的关系时，有时也会考虑限制正当防卫的成立。在此也要斟酌"是否说得上是为了防卫""是否处于作出反击行为说得上是正当的这一状况之下"，原则上正当防卫不受限制。但是可以说，许多情形下因自己的行为招致了侵害，防卫行为欠缺相当性，从而成立防卫过当。[21]

斗殴与正当防卫 自招侵害、挑衅防卫实际上是在"斗殴"的情形中容易成为讨论的对象。过去的判例采用**各打五十大板**的原则，但对此有批判指出，对双方当事人都不承认正当防卫会不当限制第36条的成立范围。的确，在斗殴的情形中相互都存在挑衅行为，只对其中一方认定防卫，很多时候并不合理。但是在斗殴的案件中，判例也依情况承认存在成立正当防卫的余地。在斗殴中断后，一方已经明确表示放弃争斗，另一方却还是寻衅攻击的情形中，最判昭和三十二年（1957）1月22日（刑集第11卷第1号第31页）

---

[21] X深夜在小酒馆喝酒时，对正好也在店里的A的言行感到不舒服，于是把椅子朝A踢了过去；X将要离开时A从后面追了过来，于是X用手戳A的面部使其摔倒在当场，然后施加暴行将A猛烈地撞向砖石制成的地板表面，从而使其负伤最终致其死亡。对于该案，大阪高判平成十二年（2000）6月22日（判夕第1067号第276页）指出，"与不存在诱发行为的情形相比，需要更加限定承认相当性的范围"。

认为有可能成立正当防卫。在斗殴的过程中，从事态发展经过来看，一方的攻击可被认定为开始了新的另一个侵害时，或者攻击在性质上急剧重大化时（例如由徒手攻击变为使用刀具攻击），存在成立正当防卫的余地。在此，需要对最决平成二十年（2008）5月20日中指出的一连一体性、被害人的攻击有没有大幅超过挑衅行为的程度等要件进行判断。

3 ■ 不正的侵害

(1)"不正"的含义

不正与违法性　并非只是针对"犯罪行为"才允许正当防卫。即便是针对刑法上不被处罚的行为，也有进行正当防卫的余地。在刑法解释上，**违法性**意味着值得处罚的侵害性（→第27页）。所以，违法性与第36条中的"不正"之间存在微妙的差异。必须以实质违法阻却事由的一般标准为基础（→第231页），从是否适合于正当防卫这一实质视角出发来决定是否属于"不正"。

客观违法论　过去，针对精神障碍者等无责任能力者的攻击能否正当防卫，存在争论（→第33页）。**主观违法论**以规范不能对无责任能力者起作用为由否定违法性，从而也不承认针对其实施的正当防卫（但是承认针对监护人等的防卫行为）。但是现在，即便针对无责任能力者也可以正当防卫，对此没有争议。可是，对方明显是精神障碍者时，可对被允许的防卫行为作出一定限制。

(2) 对物防卫

动物的侵害　为了避免自然现象引起的侵害而侵害第三人的法益时，虽然有成立紧急避险的余地，但没有成立正当防卫的余地。为了保护自己的生命、身体，将突然袭来的他人饲养的狗给杀害的，可以说是正当防卫。对此大多解释为，如果狗的所有人存在故意或过失，则可以对所有人这个"人"进行防卫。虽然也有可能直截了当地承认"对狗的正当防卫"，但最终需要讨论的还是能否成立伤害动物罪（《刑法》第261条）这一对所有权人的财产犯罪。

与紧急避险的界限　与对物防卫相关联，会讨论到以下三种情形中X能否成立正当防卫：① 对Y的攻击进行防卫时，X使用了第三人A的物；② Y用第三人A的物向X实施攻击；③ Y将第三人A撞向X。

在情形(a)的案件中，对 Y 成立正当防卫，对 A 则成立紧急避险(→第 285 页)。情形(b)中似乎会认为，由于被投掷的物的所有人 A 不存在不正，所以 X 不能对其成立正当防卫。情形(c)也一样，由于 A 没有实施行为，所以不能对 A 成立正当防卫。

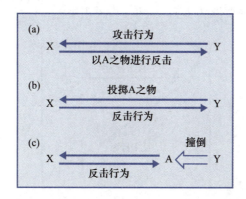

但是，在情形(b)的案件中，从 X 的角度来看，被投掷过来的 A 的物也是 Y 侵害行为的一部分，属于不正的侵害，至少主观上是作为"正当防卫"来反击的，构成假想防卫阻却责任故意。情形(c)的案件也一样，对 X 而言，突然撞过来的 A 被看作 Y 所实施的不正侵害的一部分，X 构成假想防卫，不能成立故意犯。[22]

> **对第三人产生的反击结果**　对于攻击人 A，X 投掷石块作为防卫行为，但石块没有命中 A 而是侵害了偶然经过的 B 时，X 该负怎样的刑事责任呢？如果仅以行为时为基准来判断，则 X 的行为作为防卫"行为"是完全正当的，这仅仅是结果发生在偏离客体上的案件而已，所以会认为客观上是正当防卫(中野第 190 页)。但是，对于完全没有实施不正侵害的 B 所造成的侵害，将其在客观上认定为正当防卫并不妥当。所以，需要讨论是否成立紧急避险(大塚第 389 页)。的确，只存在牺牲 B 这一种方法时，在为了保护自己而不得已将 B 撞向 A 的情形中，需要讨论对 B 是否成立紧急避险(→第 287 页)。

---

〔22〕　的确，并非所有对 X 而言"无端的侵害"都是不正的，必须在客观上是不正的。但是，如果属于 Y 所实施的不正侵害，那么并不限于通常只能对 Y 实施反击。①Y 驱使 A 的狗(价值 50 万日元)去厮杀 X 的狗(10 万日元)时，X 可以对 A 的狗成立正当防卫，对此没有争议。这是因为，如果不成立正当防卫，则会因为欠缺法益的均衡而不能成立紧急避险，从而得出很不妥当的结论。可是，②Y 攻击 A，A 为了逃避危难而不得已将对 X 施加侵害时，X 对 A 不能成立正当防卫(→第 317 页)。情形(c)的案件处于①和②中间，①与②的差异在于能否评价为 Y 对 X 所实施的不法攻击的一部分。②中 A 是作为避险行为亲自对 X 施加了攻击，而情形(c)中则属于 Y 的攻击的一部分。

但是,偶然意外地命中 B 的行为,难以说得上是"为了避免现实的危难而不得已实施的行为"(→第 288 页)。朝 B 投掷石块的行为客观上欠缺紧急行为性,不是指向避险的行为。可是,X 是主观上认识到属于正当防卫而实施的上述行为,会作为一种**假想防卫**否定故意责任[大阪高判平成十四年(2002)9 月 4 日→参见第 318 页]。当然,X 对 B 也具有未必的故意时,就不得不作为紧急避险的问题来处理。

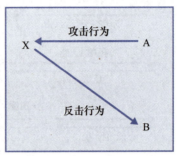

不作为与"不正"　最决昭和五十七年(1982)5 月 26 日(刑集第 36 卷第 5 号第 609 页)认为,虽然经营者一方不回应团体交涉明显属于违反《劳组法》第 7 条的"违法行为",但"不回应团体交涉"这一单纯的不作为说不上是急迫不正的侵害,所以对此不能正当防卫。虽然对于不作为并非没有正当防卫的成立空间,但容许正当防卫时必须是"不断地使法益遭受积极的侵害或威胁",与作为的情形相比不作为的情形中会更加限定地认定这一点。

4 ■ 为了防卫的行为

(1) 防卫行为的意思

防卫意思　判例将作为正当防卫要件的"为了防卫"理解为**本着防卫的意思而行为**[最判昭和四十六年(1971)11 月 16 日→第 255 页]。防卫意思是指,认识到存在急迫不正的侵害,想要避免该侵害的心理状态(→参见第 273 页)。

虽然将"为了防卫"理解为"客观上指向防卫"是很自然的解释[23],可是

---

[23]　在形式上看来先于防卫行为存在对方攻击的案件中,存在实质上应当否定正当防卫成立的类型,对此判例是在"急迫性"要件中予以处理。但如果转换视角,可以把这些类型归纳为以下五种情形:① 防卫人先于对方的攻击实施了挑拨行为的情形(挑拨行为与"防卫"行为之间的因果关联紧密,可以整体评价为一连行为,"防卫行为"可以说在挑拨行为时已经开始的情形);② 防卫人做好了充分攻击准备的情形;③ 客观上可以评价为攻击行为与防卫行为同时实施的情形;④ 双方都有挑拨行为,仅把其中一方认定为攻击行为而把另一方认定为防卫并不合理的情形;⑤ 显著欠缺防卫行为相当性的情形(实质的第 158 页)。

判例在判断是否成立正当防卫时也重视主观事项[24],将其主要作为"防卫意思"来对待,并求之于条文上的"为了防卫"这一表述。

但判例也并非认为,"只要有了防卫意思,通常都属于为了防卫而实施"。作为其前提,要求"客观上是为了防卫"。例如,最判平成二十一年(2009)7月16日(刑集第63卷第6号第711页→第281页)指出,对于被害人的行为,"想要阻止该行为而实施本案中的暴行,……可以认定为是**为了防卫**被告人等的上述权利等免遭侵害而实施本案中的暴行"。诚然,例如急迫不正的侵害完全结束,其因果上的影响消失后,无论主观上本着怎样的"防卫意思"而实施反击,都不能认定为防卫行为。另外,在存在积极的加害行为等情形中,"为了防卫"这一客观要件发挥着重要作用(→第274页)。

(2) 防卫行为及其个数

<u>防卫行为的个数</u>　针对对方的攻击存在多个反击行为时,能否作为一连一体的行为理解为**一个防卫行为**(能否整体评价为正当防卫或防卫过当),会伴随着规范评价(实行行为的一体化判断→第86页)。

在此,虽然防卫意思的连续性等主观方面的事项也会成为重要因素,但基本上是由行为客观上的一个性以及与"急迫不正侵害"的对应关系来决定的。[25] 如果是在急迫不正的侵害完全结束,其因果上的影响消失后实施攻击,那么无论主观上如何出于"防卫意思"而攻击,都不能认定为防卫行为。

另外,也有可能通过评价为一个行为而整体理解为"单纯的侵害行为",

---

[24] 只有针对认定产生了"杀意"的部分,考虑杀人罪的实行行为性才具有意义。在此意义上,判例在判断"是否属于防卫行为这一类型"时很自然地会讨论意思、认识等问题。
此外,认识到是防卫行为而实施行为时,即便认识到了构成要件事实也不能予以故意非难,而是认定为不可罚(→第189页)。在此意义上,防卫意思这一主观事项无疑会对犯罪的成立与否产生影响,但没有必要将其理解为"阻却了行为的违法性"。

[25] 在前述最判平成九年(1997)6月16日(刑集第51卷第5号第435页→第281页)中,被害人虽然势头过猛冲出二楼通道侧的扶手外缘,出现上半身前靠在外的姿势,但如果不将其推落,被害人就有可能不久之后恢复势重新站起来然后再度实施攻击,所以认定急迫不正的侵害仍然在继续着。要以①直至攻击大体上中断的经过、②攻击人与防卫人的实力对比、③中断前实施的防卫行为与中断后实施的"防卫行为"造成侵害的重大程度等为核心,来判断行为的一个性。

进而否定正当防卫(防卫过当)的性质。[26]

> 对于被害人实施的急迫不正侵害,防卫人为了防卫自己的生命、身体,手持柴刀摆出反击姿态;尽管最初的一击使得被害人横倒在地,被害人对防卫人的侵害姿态也已崩溃,但防卫人由于强烈的恐惧、惊愕、兴奋、狼狈,继续实施了三四次追击行为。对于该案,最判昭和三十四年(1959)2月5日(刑集第13卷第1号第1页)认为,"将同一机会中同一人的所为分离开来,分别适用旨趣不同的两个法律,像这样的做法没有遵循立法的目的",从而认定为了**一个防卫行为**(量的防卫过当→第281页)。[27]

侵害的继续性与防卫意思　　X殴打因口角而扭打在一起的对方A时,由于A将铝制大烟灰缸投掷了过来,所以X殴打了A的面部使其跌倒在当场(第一暴行),后脑勺撞击地面的A不能动弹;X在激愤之余仍然施加暴行使A负有肋骨骨折等伤害(第二暴行);6个多小时后,A因第一暴行造成的蛛网膜下腔出血而死亡。关于该案,**最决平成二十年(2008)6月25日(刑集第62卷第6号第1859页)**认为,虽然第一暴行属于正当防卫,但第二暴行**不能说是**与第一暴行**一连的行为**,所以正当防卫自不待言,连讨论防卫过当的余地都没有。虽然两个暴行在时间上、地点上是连续的,但在是否存在被害人实施**侵害的继续性**与**防卫意思**这一点上,两行为的性质明显不同;而且,是对**不能抵抗的对方施加了相当猛烈的第二暴行**;所以认为应该与第一暴行分离开来进行评价。[28]

---

[26]　X受到酩酊大醉的A的胡搅蛮缠,于是冲撞A的胸部使其仰面倒在混凝土路面上暂时不能动弹(第一暴行);X误以为A掏口袋的举动是"要把小刀拿出来",于是施加暴行用木棒殴打了A的头部等处多次(第二暴行);这一连的行为使得A因外伤性休克而死亡。对于该案,**东京地判平成六年(1994)7月15日(判时第891号第264页)**认为,由于①两个暴行是在同一机会、同一地点针对同一对象连续施加的,②两个暴行造成的伤害综合在一起发生作用导致了A的死亡结果,③在动机方面两个暴行也具有共通性、连续性,所以对两个暴行进行一体化评价,包括地认定成立一个伤害致死罪是合适的;"即便第一暴行满足了防卫过当的要件,但对于被包括地评价为一个伤害致死罪的本案犯罪行为,没有适用《刑法》第36条第2款的余地"。

[27]　在其后的下级审中,对于勒住已经俯卧在地者的脖子将其杀害的行为[东京高判平成六年(1994)5月31日(东高刑时报第45卷第1号第36页)],用小刀实施的侵害行为停止后对不再动弹的侵害人施加暴行使其失血而死的行为[东京地判平成九年(1997)9月5日(判夕第982号第298页)],侵害人的攻击停止后其中一名共犯人实施致命一击的行为[富山地判平成十一年(1999)11月25日(判夕第1050号第278页)]等,都评价为一连的防卫行为(→第281页)。但是另外,对于用菜刀捅刺对方,对方精疲力竭后又继续勒住其脖子的行为,认定为连防卫过当都不成立,否定了防卫行为性[津地判平成五年(1993)4月28日(判夕第819号第201页)]。

[28]　没有认定为继续反击过程中的量的过当。实质上也很重要的一点是,本案中死因很明确是第一暴行造成的。

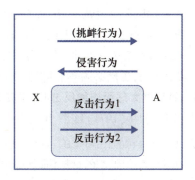

与此相对,X 被羁押在拘置所内,在其居室中由于同室的 A 朝着 X 将折叠桌推倒过来,于是 X 将该桌推了回去(第一暴行);A 撞上该桌被推倒在地,处于难以反击、抵抗的状态;尽管如此,X 还是用拳头殴打了 A 的脸部数次(第二暴行)。对于该案,**最决平成二十一年(2009)2 月 24 日(刑集第 63 卷第 2 号第 1 页)**认为,可以认定两个暴行是**针对急迫不正的侵害而实施的一连一体的行为**,是基于同一个防卫意思而实施的一个行为,所以作为**一个防卫过当**认定成立伤害罪。虽然被害人处于难以反击、抵抗的状态,但并非失去意识不能动弹,由于是在拘置所居室内发生的争斗所以尚不能说已经丧失了侵害的急迫性,不得不说这是**一连的防卫行为**。[29]

(3) 防卫意思的内容

"认识"与"意图"　　防卫意思在(A)**防卫目的(意图)**与(B)**防卫认识**这两个不同的意义上使用。前者讨论的是行为是否专门为了防卫。后者则认为,不需要如此积极的意思,只要对自己的行为指向防卫行为这一点有认识,具有"应对急迫不正侵害的认识"就足够了。在开枪射击对方时恰巧对方也正准备攻击自己,从而实现正当防卫这样的情形中(偶然防卫),连这种防卫认识都没有。

---

[29] 最高裁一方面认为只有第一暴行与伤害结果具有直接的因果关系,另一方面又由于不应该将两个暴行分离开来,所以以一个防卫过当认定成立伤害罪;而对于伤害结果是由作为防卫行为(单看这个行为的话)具有相当性的第一行为产生的这一点,认为作为有利的情节予以考虑就足够了。
　　也有观点认为,既然伤害结果是由正当的第一暴行造成的,那么即便第二暴行超过了作为防卫手段的相当性的范围,也没有通过认定为防卫过当而成立"伤害罪"的余地,不过是成立暴行罪而已。但是,伤害(过剩结果)是由包括第一暴行——即使单独将其取出来看"作为手段具有相当性"——在内的"不能分割的一连违法行为"造成时,不能使该伤害结果得以正当化。

兴奋、勃然
大怒的情形　日本多数防卫意思必要说认为，因兴奋或勃然大怒而防卫的也构成正当防卫，虽然不存在防卫的"目的或意图"，但存在防卫的"认识"（参见团藤第 238 页，大塚第 372 页）。判例也认为，"《刑法》第 36 条中的防卫行为，虽然必须本着防卫意思而实施，但对于对方的加害行为**感到激愤或者勃然大怒而施加反击时，不应该因此直接理解为欠缺防卫意思**"[最判昭和四十六年（1971）11 月 16 日→第 257 页]。

　　最近，东京高判平成十四年（2002）6 月 4 日（判时第 1825 号第 153 页）也认为，即便对于被害人同时存在着愤慨、憎恶之情，也并不能仅仅因此直接否定防卫意思，从而认定了正当防卫的成立。

借口防卫与积
极的加害意图　最判昭和四十六年（1971）11 月 16 日（→第 257 页）又认为，"只要不能认定存在着趁受攻击之机实施积极加害行为等特殊情况"，就能认定存在防卫意思。即认为，**趁受攻击之机实施积极的加害行为时**，欠缺防卫意思。

　　趁受攻击之机积极实施加害行为的，被称作**借口防卫**。学说中也认为此时欠缺防卫意思，认定其具有可罚性（团藤第 218 页；另参见庄子第 224 页以下）。的确，在判断有无防卫意思时，很自然地会讨论加害意图这一主观事项[可以说，昭和四十六年（1971）的判例不过是确认了当时多数说的见解]。

273　最判昭和五十年（1975）11 月 28 日（刑集第 29 卷第 10 号第 983 页）则认为，虽然趁受攻击之机**实施积极加害行为时欠缺防卫的意思，但即使并存着攻击的意思也仍然能够认定防卫意思**。但后来最判昭和六十年（1985）9 月 12 日（刑集第 39 卷第 6 号第 275 页）又指出，**如果完全本着攻击的意思实施行为则欠缺防卫意思**。

对应于防卫
的认识　但是，即便存在着积极的加害意图，也能够认定**防卫认识**。虽然由于是本着加害的目的实施行为，所以**欠缺防卫的意图、动机**，但防卫的"认识"没有消失。判例是在①防卫认识与②防卫意图的中间设定了③"应对攻击的意思"——具体而言是指**这样的意思，即一方面认识到了侵害的事实，另一方面至少也将排除侵害并防卫权利作为反击的一个理由**；或者是指**这样的内心状态，即赋予行为以对抗侵害并防卫权利的性质**——这一意思要素；如果存在着积极加害意图，则否定该意思要素（香城敏麿，《法曹时报》第 29 卷第 8 号第 55—56 页；安廣文夫，《法曹时报》第 41 卷第 3 号第 306 页）。也就是说，"仅限于在攻击意思完全排除防卫意思，防卫意思被视为零的情形中否定防卫意思"[前述最判昭和六十年（1985）9 月 12 日]。

与急迫性的关系 关于存在"积极加害意图"的案件,最决昭和五十二年(1977)7月21日认为**欠缺急迫性**(→第258页),在急迫性要件中对存在"积极加害意思"的情形进行处理。[30] 可是其后,前述最判昭和六十年(1985)9月12日则认为,完全出于攻击意思时**欠缺防卫意思**。

作为对这些判例的合理说明,有见解提出,(A)在对不正侵害现实实施反击行为的时点,即在**实行防卫(反击)行为时**,本人的意思内容是防卫意思的问题;而(B)在预料到不正侵害的事前时点,即在实施**反击行为之前**(反击行为的预备或准备阶段),有关意思内容的讨论则是急迫性的问题(安廣文夫,前引第305页)。但是,在诸如从前就对被害人(攻击人)怀恨在心这样的情形中,加害意图是否产生于防卫时,其区别很微妙。此外,如果严格地解释"防卫时",那么就不太会考虑到防卫意思的问题。

```
     积极的加害意图                急迫性的问题
   ┌──────────┐
   │ 准备阶段  │  防卫行为
   └──────────┘
           积极的加害意图          防卫意思的问题
```

显著不相当的行为与防卫意思 母亲X想从不能戒掉挥发性溶剂滥用行为的长子A(当时32周岁)处将溶剂夺过来,却被A按住脖颈下部并受到辱骂;X愤慨之余怀着杀意用玻璃烟灰缸在A的头部猛烈敲打了约10下,然后用电线缠绕、紧勒仰面倒地的A的颈部致其窒息而死。对于该案,大阪高判平成十一年(1999)10月7日(判夕第1067号第276页)认为,由于反击行为太过当了,而且X是怀着确定的杀意实施上述行为的,所以已经不能说是出于防卫意思而实施的行为,不成立防卫过当。的确,在判例中,为了排除侵害而意图实施明显不必要的过当行为时(意图采用显著欠缺相当性的防卫手段),与意图实现对防卫而言没有必要的过当结果时(意图实现欠缺相当性的结果),尽管能够认定防卫认识,但防卫意思仍然被否定了。诚然,若是想要实施显著过当的行为则不能说是为了防卫,但在讨论欠缺"防卫意思"之前,这种情形本来客观上就说不上是**为了防卫的行为**(→第269页)。

偶然防卫 例如,X想要杀死Y于是开枪射击,可恰巧此时Y也想要杀死X(或者第三人A)且已将手指放在扳机上,但X的子弹稍快一些命中了Y。这属于客观上完全满足正当防卫要件的案件。[31] 的确,X实行的

---

[30] 另外,最判昭和五十九年(1984)1月30日(刑集第38卷第1号第185页)指出,"攻击是被告人没有预料到的,这应该说是对被告人实施的急迫不正的侵害。在这一点上,原判决认为,由于被告人预料到了H的攻击,具有利用该机会积极加害H的意思,所以H的攻击欠缺侵害的急迫性。原判决的这一认定是对事实的误认"。最高裁虽然维持了若存在积极的加害意图则欠缺急迫性这一思考方法,但在认定时很严格,从而肯定了急迫性的存在。

[31] 当两者的攻击同时发生时,客观上就不构成正当防卫。

不过是单纯的杀人行为,虽然偶然地存在正当防卫的状况,但要因此将其称为"正当防卫",多数国民对此会感到犹豫。原因在于,无论是谁都会认为,偶然防卫人的主观方面与单纯侵害者的一样,实施的是应予非难的行为。判例的思考方法是,如果存在这种不正的意思,那么"即便客观方面被正当化了,也不属于正当防卫"。

275　　另外,也有学说认为偶然防卫属于犯罪"未遂"。认为偶然防卫时虽然存在行为无价值但欠缺结果无价值,所以成立未遂罪;或者主张,虽然客观上是正当防卫,没有导致违法结果发生的危险,但能够设想出导致"其他可能存在的违法结果"发生的危险。但是,如果认为偶然防卫不是正当防卫,就应该作为既遂犯来处罚。

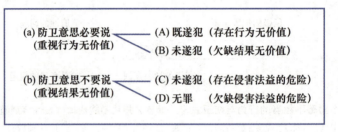

5 ■ 不得已而实施的行为

(1) 相当性

判例的思考方法　　判例认为,针对急迫不正侵害的防卫行为,是"**作为**应对侵害的**防卫手段具有相当性的行为**"[最判昭和四十四年(1969)12月4日(刑集第23卷第12号第1573页)]。必须在具体事态下,以社会一般观念为基准来判断相当性[最判昭和二十四年(1949)8月18日(刑集第3卷第9号第1465页)]。防卫行为如果不是不得已而实施的,则不能认定阻却违法性;但如果是针对急迫不正侵害为了防卫而实施的,则作为**防卫过当**成为刑罚任意减免的对象(→第281页)。

防卫效果　　如果是对防卫权利(法益)来说必要且相当的行为,那么即便最终防卫权利失败了也能正当化。为了保护性自由而使侵害人负伤的行为人,即便被奸淫了,该伤害行为仍然能够被正当化。

要从①**法益的相对均衡**与②**防卫手段的相当性**这两个方面来判断相当性。即综合判断以下两点,① 比较衡量试图保全的权利或利益与防卫行为所损害的侵害人一方的利益,以及② 防卫行为自身样态的相当性(藤木英雄,《注释刑法(2)Ⅰ》,第238页)。

另外,裁判员裁判中,针对不存在预料侵害、自招侵害等问题,防卫意思也没有争议的基本类型,有时**不区分相当性与急迫性**,以"**是否允许此种防御来应对对方攻击**"这一形式展示判断对象。

必要性 许多学说仿效德国,将"不得已而实施"这一要件理解为"必要性"。此外,将**必要性**理解为"防卫人的反击是为了排除侵害行为而必要的合理手段之一",这种见解在过去也很有影响力。可以说这是将必要性理解为"对于防卫而言不是不需要的行为"。〔32〕

但是,日本具有比德国更加限定正当防卫成立范围的倾向,虽然同样使用了必要性这一词语,但其旨趣在于反击行为作为防卫权利的手段,必须是**必要最小限度的行为**,这样的理解变得很有影响力。虽不能说"能够逃避对方的侵害时通常都必须退避",但必须尽可能地选择加害、危险较少的手段,这样的见解很有影响力(参见曾根第105页)。〔33〕

在正当防卫的情形中,既然对方存在不正侵害,那么就不应该像紧急避险那样,在"完全不存在其他应予采用的手段"这一意义上要求具备补充性。但是,要求采用的是尽可能保留防卫人与攻击人双方利益的解决方法,也就是说,要求使用更为轻微的防卫手段(参见实质的第140页)。可是,在此意义上的必要最小限度性被吸收为了相当性判断的一部分(→第277页)。〔34〕

相对的法益均衡

相当性首先意味着,与应予保全的法益(不同于实际受保护的法益)相比,防卫行为带来的侵害并没有显著不均衡(曾根第106页)。虽然正当防卫与紧急避险不同,即便侵害超出了应予守护的权利,仍然能够正当化;但是,正当防卫也并非没有限制,必须存在一定的法益均衡。在日本,为了几块豆腐而剥夺他人生命的行为,无论多么具有必要性,仍然被认为超过限度,欠缺相当性[藤木第169页。此外,在为守护财物而施加暴行或伤害的案件中,认定为正当防卫的裁判例,参见最判平成二十一年(2009)7月16日(刑集第63卷第6号第711页→第279页),高松高判平成十二年(2000)10月19日(判时第1745号第159页)]。判例重视造成的结果,**在致使攻击人死亡时多否定正当防卫**。

---

〔32〕 即认为,对守护权利而言不需要的行为之外的行为,都满足必要性的要件。在此可以看到德国宽泛的正当防卫概念所带来的影响。现行《刑法》的立法者认为,为了保护一件衣物而杀伤犯人的,也属于不得已而实施(高橋治俊、小谷二郎編:《刑法沿革綜覽》,第883页)。

〔33〕 如果贯彻必要最小限度性,那么可能得出以下结论:即便存在着对生命的不正侵害,当不用杀害对方而是射击其手臂就能防卫时,则应该选择后者;另外,完全可以不伤害对方而容易地退避时,则应该逃走。

〔34〕 有观点指出,判例使用必要性时意指"只要是对反击而言是必要的手段之一就可以了",不具有限定功能(参见堀籠幸男:《正当防衛Ⅱ》,載《刑法の基本判例》,第28页)。主要是由相当性的概念来决定"不得已而实施"的界限。

另外，千叶地判昭和六十二年(1987)9月17日(判时第1256号第3页)是一个造成被害人死亡时却肯定了相当性的例子。女性被告人在站台受到醉酒的被害人执拗纠缠，最后还被其抓住了大衣领子的周边；被告人出于避免侵害的目的，同时也出于恼怒，推搡被告人的身体，使其从站台跌落轨道上；被告人的身体被夹在此时正驶入站台的电车车体与站台之间，最终死亡。在该案中，千叶地裁认定了正当防卫。可以看到，"如果行为相当，那么即使产生了死亡结果也不能说是过当"，这一趋势在日本也有所增强。

行为的相当性 对于侵害(攻击)而言，所使用的防卫手段必须是相当的。[35]最判昭和四十四年(1969)12月4日(刑集第23卷第12号第1573页)认为[36]，"'不得已而实施的行为'意味着，作为防卫自己或者他人权利的手段，针对急迫不正侵害而实施的反击行为是**必要最小限度的**，即反击行为**作为针对侵害的防卫手段具有相当性**"。需要考虑行为的危险性程度与其必要最小限度性，即采用其他轻微的防卫手段的容易程度，以此来决定相当性。可以说，相当的防卫行为是指"不让防卫人陷入显著的危险中、能够比较容易采取的、具有有效性的最小限度的措施"(藤木第170页)。[37]

例如，防卫行为造成重大侵害且侵害的利益比起应守护的权利更大时，只在采用其他手段相当困难的情形下才能允许该防卫行为。此外，存在着防卫人能够充分预料到侵害的情况时，会更加容易选择较轻微的防卫方法。[38]衡量时也要考虑攻击人的不正程度等。

---

[35] 与此相关联，应该倾听以下主张，即关于"相当性中的法益相对均衡"这一要件，"不应该通过比较防卫行为现实中所损害的法益与试图防卫的法益来进行判断"，而应该"与防卫人为了排除侵害而实施的加害行为本来会损害的法益相比较"来予以判断(藤木第169页)。的确，明明只实施了轻微的侵害(反击)行为却发生了重大结果时，应该也要考虑侵害"行为"从而进行判断。但是，倘若认为要否定现实出现的侵害结果与试图保护的利益之间的衡量，则仍然存在问题。

[36] 本案案情为，由于被害人拧着被告人的左手手指，被告人想要甩开被害人于是朝着被害人的胸部附近猛烈撞击了一次，但被害人仰面倒下时头部撞到身旁停着的汽车保险杠上，负有需要治疗45日的跌打伤。

[37] 像这样，之所以要对行为的相当性作出要求，是因为构筑起促使防卫人选择"发生结果概率更低的手段"的正当防卫概念是合理的。尽管是针对不正侵害的防卫，但还是应该尽可能地抑止法益侵害。立足于这样的正当防卫观念之上，防卫人选择了危险性更低的手段时应该更加容易认定正当防卫。在此意义上，不仅是"出现的结果"，所实施的行为的危险性也会影响正当防卫成立与否的判断。

[38] 特别是与财产等法益相关时，多可通过法律手段等来谋求事后救济，所以必须在考虑该可能性、容易程度的基础上判断相当性[最判平成二十一年(2009)7月16日(刑集第63卷第6号第711页)→第279页]。

> ① 侵害的利益与试图保护的利益之间相对均衡
> ② 行为的相当性（必要最小限度性）
> 　　防卫手段危险性的程度
> 　　侵害的不正程度
> 　　选择其他危险性更低行为的难易程度

武器对等原则　武器对等原则用浅显易懂的方式表达了防卫行为的危险性必须相当于侵害这一要求。[39] 即便同样是使对方负重伤，但用细棍击打对方，对方在躲避时因头部撞上墙壁而出现伤害的情形，与用斧子使被害人负有同等程度伤害的情形，二者在相当性的评价上可能会产生差异。但是，在侵害行为时能够选择更加轻微手段的情形中，需讨论伴有更加轻度危险性的行为的**选择可能性**程度。

胁迫行为与相当性　在停车时发生纠纷，年纪轻、体力好的被害人伸出拳头，做出要用脚踢蹋的动作，并向被告人靠近；被告人从车中取出菜刀，用右手拿着放在腰际；被害人一边说着"砍我试试啊"，一边又靠近了两三步；被告人则对着被害人说："想被砍吗？"对于该行为，最判平成元年（1989）11 月 13 日（刑集第 43 卷第 10 号第 823 页）指出，"自始至终实施的都是为了避免来自'侵害人'危害的防御性行动，所以**不能说该行为作为防卫手段超出了相当性范围**"。如果只重视"行为样态的衡量"，那么由于是用菜刀对抗赤手空拳，所以也说得上丧失了均衡。但是，还考虑到自始至终是具有防御性的行动（**防御防卫**），作为胁迫行为的侵害性没有那么强这一点；而且，虽然使用凶器不是不可欠缺的，但由于法益侵害相对轻微，所以能够认定必要最小限度性（相当性），从而认为"满足了相当性"。[40]

---

[39] 即便是徒手对徒手，倘若双方体格、体力等存在显著差异，也不能说是当然对等。对于在路上发生口角最终以防卫行为使被害人负伤的案件，大阪高判平成十一年（1999）3 月 31 日（判时第 1681 号第 159 页）认为，被告人具有空手道经验，毫不留情地用正拳殴打 A 的脸部两次，接着踢打了其左腿腿肚子，使其失去平衡弯下膝盖摔倒下来，然后又用脚猛烈地踢蹋被害人的脸部；所以，该攻击的样态、程度超出了对防卫而言必要的程度，应该说被告人的攻击属于防卫过当。

[40] 此外，面对醉酒的被害人徒手实施的攻击，被告人用拳头将被害人打倒在当场使其后脑勺猛烈撞击柏油路面，负有需治疗约 7 个月的重伤。对于该案，原判决以通过将被害人推回去等就能避免攻击为由，认定构成防卫过当。与此相对，东京高判平成八年（1996）12 月 4 日（判夕第 950 号第 241 页）认为，尽管被告人说着"不关你的事"并用两手将被害人推了回去，但被害人的攻击却仍在继续着，虽然造成的结果极其重大，但不属于超出防卫行为相当性范围的防卫过当。

防卫财产权 X 与 A 不动产公司之间存在土地争议，X 总被 A 公司找碴儿；在 A 公司的员工 B 试图将标有"禁止入内"等的招牌安装在 X 一方的建筑物上时，X 为了阻止该行为实施了用两手推搡 B 的胸部等暴行行为。[41] 关于该暴行行为，**最判平成二十一年(2009)7 月 16 日[刑集第 63 卷第 6 号第 711 页]**认为，民事判决中已经确认 B 等没有请求禁止入内等的权利，悬挂招牌的行为属于对有关土地的权利、业务及名誉的急迫不正侵害，X 的行为是"面对 B 等实施的侵害**为了实现防卫**被告人等的上述权利等而实施的本案中暴行"，属于正当防卫。原审将 X 的行为认定为防卫过当，处以了 9900 日元的科料；[42]与此相对，最高裁在指出①B 等实施的侵害行为执拗且恶劣的基础上，又提出②X 与 B 之间存在体格差异等[43]且③暴行程度轻微，从而认为，④即便考虑到是**为了防卫财产性权利而侵害 B 的身体安全**，也没有超出相当性的范围。

280　　　**主观事项与相当性** 可是，尽管要考虑手段的危险性，但这完全是一种客观上的判断[大判大正九年(1920)6 月 26 日刑录第 26 辑第 405 页]。例如，防卫人把斧头误以为是棍子，于是用其杀害了攻击人时，不应该比较遭受危险的防卫人的生命与主观上"用棍子殴打"会产生的危险性。完全是通过与现实出现的结果相比较来判断是否构成防卫过当[参见大阪地判平成三年(1991)4 月 24 日(判夕第 763 号第 284 页)]。[44]

攻击防卫与防御防卫 可以将防卫类型化为攻击防卫与防御防卫。**攻击防卫**是指为了立即制止不正侵害而对侵害人实施与其同等的反击。**防御防卫**是指并不排除侵害自身，而只是单纯地防止被害发生。如果是防御防卫，基本上属于为回避侵害行为的最小限度的必要行为。所以，只要不存在特殊情况，如比照侵害的缓急程度存在其他可以采用的更好方法，且具有十分充裕的时间等来选择该方法，那么原则上防御方处于相当性的范围内。而在**攻击防卫**的情形中，是否存在其他能够采用的防卫手段这一点很重要。不存在这样的手段时，可以认定防卫行为的相当性；存在其他能够采用的防卫手段时，如果该行为比起实际实施的防卫行为危险性更小，则要否定相

---

〔41〕 该判决认为，对于 B 摔倒的原因，不能否定存在以下可能性，即 B 夸张地后退且手持本案中的招牌，两者相互结合导致身体失去了平衡；从而没有认定公诉事实中记载的使被害人摔倒负有需治疗一周的伤害这一事实。

〔42〕 为了守护财产权而加害他人身体的行为，只在例外的情况下被认定为具有作为防卫为的相当性。虽然二审与一审科处的刑罚都非常轻，但都认为必须认定为有罪。

〔43〕 本案发生时被害人 B 是 48 周岁、身高约 175 厘米的男性，而 X 是 74 周岁、身高约 149 厘米的女性，且由于上肢运动障碍等被认定为一级需护理人员。

〔44〕 当然，主观事项对被告人(防卫人)的罪责并非不产生影响。"用棍子反击"属于完全具有相当性的行为时，防卫人除了认识到正当防卫状况，还对实施具有相当性的反击行为具有认识；此时防卫人虽然由于用斧头进行了反击所以在客观上是防卫过当，但主观上完全是本着正当防卫的认识实施行为的，应否定故意责任(→第 189 页)。一般而言，即便实施了完全相同的行为，产生了相同的结果，但怀着杀意防卫时与只有暴行的意思时，在罪责的评价上会产生差异。客观上出现不相当的结果、构成防卫过当时，如果具有杀意，则欠缺对"相当的防卫行为"的认识，肯定故意责任的可能性会相对较高。

当性。此时，关于没有采用危险性更小的其他手段这一点，需要考虑采用该手段的困难程度、侵害的性质与程度、急迫性的程度等从而进行判断[参见最判昭和四十四年(1969)12月4日(刑集第23卷第12号第1573页)]。

(2) 防卫过当

防卫过当的含义 针对急迫不正侵害，为了防卫而实施的超出防卫程度的反击行为被称作**防卫过当**。《刑法》第36条第2款规定，"可以根据情节减轻或者免除刑罚"。防卫过当是指虽然满足了正当防卫的其他要件，但欠缺防卫行为相当性的情形。[45] 欠缺急迫不正的侵害、为了防卫等要件时，没有成立防卫过当的余地。此外，成立防卫过当时，行为人需要对为过当性奠定基础的事实具有认识，并在此认识下实施反击行为（→第319页）。

质的过当与量的过当 防卫过当中存在两种类型。一种类型是施加了必要程度以上的猛烈反击从而在质上超出防卫程度的情形，如面对徒手攻击使用了凶器，面对一次殴打连续施加了多次殴打、踢踹等[**质的过当**：最判昭和三十四年(1959)2月5日(刑集第13卷第1号第1页)；最判昭和五十九年(1984)1月30日(刑集第38卷第1号第185页)；最判平成九年(1997)6月16日(刑集第51卷第5号第435页→第269页)；最决平成二十一年(2009)2月24日(刑集第63卷第2号第1页→第271页)等]。另一种类型是，虽然反击当初是在防卫程度的范围内，但在继续反击的过程中，明明对方的侵害程度减弱了甚至停止了侵害，却仍然继续实施与此前相同甚至更加猛烈反击的情形，即反击在量上超出相当性的情形（**量的过当**）。

需要综合判断① 遭受侵害的**法益种类**、**侵害行为的样态**，特别是**急迫性的缓急、攻击的强度、执拗性与危险性**；② **反击行为的样态、强度**，通过反击行为**试图侵害的法益种类**；③ **有无其他可以采用的手段及采用的难易程度**等情况，从而决定是否过当[参见大判大正九年(1920)6月26日(刑录第26辑第405页)；大判昭和八年(1933)6月21日(刑集第12卷第834页)。另参见最判平成二十一年(2009)7月16日(刑集第63卷第6号第711页)]。

---

[45] 具体而言是指，①手段、结果存在显著不均衡的情形，与②存在其他只伴有轻微侵害且能够容易采用的防卫手段的情形。另外，如果将必要最小限度性称为必要性，那么超过这种意义上的必要性的情形，也是防卫过当。与此相对，如果在对防卫而言不必要的行为这一意义上欠缺必要性，则有可能连防卫过当都不构成。

量的过当与急迫性的有无　在防卫行为的过程中变得过当时（主要是量的过当的情形），即虽然急迫不正的侵害仍在继续但中途超过防卫的程度施加攻击时，或者急迫不正的侵害消失后仍然继续攻击时，是否应该将各部分区分开来予以考察，这在许多案例中都需要讨论。应当将当初的反击行为与最终的反击行为分开来评价时［**能够评价为急迫不正侵害的影响已经消失时**，例如像最决平成二十年（2008）6月25日（刑集第62卷第6号第1859页→第270页）那样，行为人一方面认识到侵害已经结束，另一方面又完全出于攻击的意思实施进一步反击的情形］，后者连防卫过当都不构成。

如果在两者之间能够认定行为的**一体性**，则要判断整体上是否属于防卫行为（防卫行为的一体性→第267页）。尽管客观上急迫不正的侵害已经停止了，但防卫人误以为侵害仍在继续，于是出于同一个防卫意思实施进一步反击时；或者一方面认识到侵害已经结束，另一方面在极度恐惧、兴奋之余，由于所谓的势头过猛而实施进一步反击时，这些情形都被作为一连的行为来把握［最判平成六年（1994）12月6日（刑集第48卷第8号第509页）］。

最判平成九年（1997）6月16日（刑集第51卷第5号第435页→第269页）中，关于急迫不正侵害的继续性存在争议。原审认为，由于在直接引起结果发生的行为时欠缺"急迫不正的侵害"这一要件，所以连防卫过当也不成立。与此相对，最高裁认定被害人的加害势头仍然存续着，被告人的行为属于防卫过当。在X的反击行为使得急迫不正的侵害消失后，与X心意相通的Y又进一步施加了反击行为的情形中，富山地判平成十一年（1999）11月25日（判夕第1050号第278页）将两者的行为视作一个反击行为，对两名被告人也认定成立防卫过当。另外，关于牵涉到共犯时的急迫不正侵害的一体性判断，参见最判平成六年（1994）12月6日（刑集第48卷第8号第509页→第355页）。

减免刑罚的根据　如果被认定为防卫过当，则可以根据情节减轻或者免除刑罚。关于刑罚的减免根据，**责任减少说**认为，由于防卫过当不是正当防卫所以能够认定其违法性，但由于处在紧急状态下，所以即便做得过分了也不能予以强烈的非难，因此减免刑罚。与此相对，**违法减少说**则认为，虽然防卫过当时没有完全满足正当防卫的要件，但与单纯的法益侵害行为不同，是面向不正侵害的防卫行为，所以违法性有所减少。这两种学说在具体结论上的差异，体现在假想防卫过当问题中（→第322页）。

如果贯彻责任减少说，则在主观方面陷入紧急状态这一点很重要，即便客观上不存在急迫不正的侵害，只要主观上相信存在着这样的侵害，就能够肯定刑罚的减免。与此相反,在积极希望发生过当结果这样的情形中,由于不能认定责任的减少,所以即便存在急迫不正的侵害也不适用《刑法》第 36 条第 2 款。但是,这样的结论并不妥当,应当加入违法减少这一点一并予以判断。

> 可是,能否依据第 36 条第 2 款减免刑罚,这是一个政策性色彩很强的判断,在作为该判断基础的"情节"中,除了与违法性相关的事项之外,也相当有可能包含着与责任相关的事项。如果欠缺急迫不正的侵害,则连防卫过当也不构成。在此意义上,违法性的减少对"防卫"过当而言是必需的说明原理,但对刑罚的减免来说,责任的减少具有很大影响。

6 ■ 《盗犯等防止法》与正当防卫

《盗犯等防止法》 以应对当时具有增加趋势的盗窃犯、抢劫犯为由,自昭和五年(1930)6 月起施行了《盗犯等防止法》(有关防止及处分盗犯等的法律)。该法第 1 条中关于对盗犯等侵入住宅者实施的正当防卫,作出了特别规定。[46]

第 1 条第 1 款 《盗犯等防止法》第 1 条第 1 款规定:① **试图防止盗犯、取回财物时**,② **试图防止携带凶器想要侵入者时**,或者③ **试图驱逐不退去者时**,"为了排除对自己或者他人的生命、身体或贞操的现实危险,杀伤犯人的,属于《刑法》第 36 条第 1 款的防卫行为"。也就是说,在①至③这样的状况下,为了排除现实存在的危险而杀伤犯人时,不要求具备"不得已而实施"这一要件就能构成正当防卫,阻却违法性。在此范围内,该条款扩张了正当防卫。

但是,并不是说允许无条件地杀伤侵入的盗犯等,必须对生命、身体或贞操存在现实的危险;而且,对排除危险而言不必要的行为不满足"为了排除"这一要件,这样的行为是不被允许的。尽管缓和了《刑法》第 36 条,但并不是完全不要求**相当性**,**显著不相当的行为不能阻却违法性**,只成立防卫过当[大阪高判昭和五十年(1975)11 月 28 日(判时第 797 号第 157 页);东京高判昭

---

[46] 该法全文由 4 条组成。第 2 条规定:常习地携带凶器或夜间侵入住宅实施盗窃、抢劫时,分别处以 3 年以上与 7 年以上有期惩役。第 3 条规定:常习地实施抢劫、盗窃罪,构成累犯时(→第 410 页)以与第 2 条相同的刑罚来处断(参见《刑法》第 235、236 条)。此外,关于常习抢劫伤人、常习抢劫强奸,第 4 条将刑罚加重至无期或者 10 年以上有期惩役(参见《刑法》第 240、241 条)。

和五十六年(1981)1月13日(判时第1014号第138页);最决平成六年(1994)6月30日(刑集48卷第4号第21页);东京地判平成九年(1997)2月19日(判时第1610号第151页)]。

第1条第2款 第2款规定,在第1款的情形①与②中,即便不存在现实的危险,但行为人由于恐惧、惊愕、兴奋或者狼狈而在现场杀伤犯人时,"不处罚"。这一规定的旨趣在于,由于行为人是主观上出于恐惧心理等而实施行为的,所以不能对其予以责任非难。该款的内容是责任阻却事由,对此没有争议。

第1款:情形①②③中的杀伤 →	不需要"不得已而实施"
第2款:情形①②中出于恐惧等的杀伤 →	不需要"现实的危险"

对于认定为不处罚来说,虽然不需要存在急迫不正的侵害,但原则上要求误以为存在急迫不正的侵害,不包括出于与此无关的兴奋等而实施的杀伤行为[最决昭和四十二年(1967)5月26日(刑集第21卷第4号第710页)]。以为存在急迫不正的侵害而实施反击行为的,是假想防卫,应否定故意(→第320页)。特意设置本条款的旨趣在于,缓和假想防卫的认定。此外,本条款还包含着以下旨趣,即误以为存在急迫不正的侵害,最终超出应对假想的不正侵害的程度进行"防卫过当"时,也不处罚(→第319页)。

《盗犯等防止法》的构成

构成要件		法定刑	刑法中的法定刑
第1条 (关于正当防卫的特别规定)			
第2条 常习+持凶器或夜间侵入住宅	+盗窃	3年以上	10年以下(第235条)
	+抢劫	7年以上	5年以上(第236条)
第3条 常习+累犯	+盗窃	3年以上	10年以下(第235条)
	+抢劫	7年以上	5年以上(第236条)
第4条 常习	+抢劫伤人	无期或10年以上	无期或6年以上(第240条)
	+抢劫强奸	无期或10年以上	无期或7年以上(第241条)

第四节 ■ 紧急避险

1 ■ 紧急避险的含义

> **第37条第1款** 为了避免对自己或者他人的生命、身体、自由或者财产的现实危难不得已而实施的行为,所造成的损害不超过其所欲避免的损害程度时,不处罚。但是,超过这种程度的行为,可以根据情节减轻或者免除刑罚。
>
> **第2款** 对于业务上负有特别义务的人,不适用前款规定。

《刑法》第37条　《刑法》第37条规定,不处罚为了避免现实危难而不得已实施的行为。与同样属于紧急行为的正当防卫相比,紧急避险最大的不同在于,不是针对急迫"不正"侵害,而是针对现实危难而实施的行为。正当防卫是"正(防卫人)"对"不正(攻击人)";与此相对,紧急避险是"正(避险人)"对"正(被害人)"。所以在紧急避险中,避险行为所造成的损害必须不能超过其所欲避免的损害程度(**法益权衡**)。超过该程度的行为成立**避险过当**,虽然不阻却违法性,但可以根据情节减轻或者免除刑罚(第37条第1款但书)。再者,与正当防卫不同,紧急避险中必须存在"没有其他方法"这一**补充性**(→第288页),实践中几乎看不到因紧急避险而被正当化的情形。

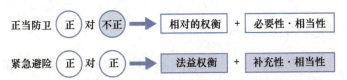

但是,关于因自己服用兴奋剂罪被起诉的案件,东京高判平成二十四年(2012)12月18日(判时第2212号第123页)认定存在以下事实,即服用了兴奋剂并处于兴奋剂影响下的侦查对象用手枪顶着被告人的右太阳穴迫使其注射面前的兴奋剂,认为被告人的行为属于紧急避险[另参见东京地判平成二十一年(2009)9月14日(WJ)]。也存在着这样的案例,即暴力团干部监禁被告人然后强迫其改装手枪,裁判所认为虽然存在现实危难,但具有逃跑的可能性,不能认定为不得已而实施的行为[东京高判昭和五十三年(1978)8月8日(东高刑时报第29卷第8号第153页)]。此外,由于后车有所谓的恶意妨害驾驶行为所以超速行驶的,这样的主张没被裁判所采纳[札幌高判平成二十六年(2014)12月2日(高等裁判所刑事裁判速报集平26号第200页)]。

义务冲突 义务冲突是指紧急要求履行不能同时履行的数个义务的情形,这在不作为犯中需要讨论。义务冲突被作为紧急避险的一种类型处理,在实际履行的义务中,如果选择的是价值更低的义务,则不作为犯不被正当化。

民法上的紧急避险 《民法》第720条第2款中的紧急避险(2020年施行的新《民法》中未作修改)的特色在于:①只对"物"承认紧急避险,对人的紧急避险在民法上全都是违法的。其结果是,存在相当多民法上违法而刑法上正当的紧急避险行为。②民法上的紧急避险不要求法益权衡。

不处罚的根据 与正当防卫相同,紧急避险也被定位为**违法阻却事由**(大塚第382页、藤木第178页),但也存在责任阻却事由说(佐伯第206页)。[1] 责任阻却事由说认为,由于侵害第三人"正"的法益的行为不能说是正当的,而不实施避险行为又不具有期待可能性,所以不过是责任被阻却罢了。[2]

但是,在没有避免方法的状态下,两个法益出现冲突时,容许一方为了保存性命而在法益均衡的范围内否定另一方。刑法上的违法性是从社会(法秩序)整体视角出发进行判断的,而且紧急避险中也包括伦理上不被赞赏却没有处罚必要的行为。

此外,第37条要求"所造成的损害不超过其所欲避免的损害程度"(法益权衡)。即便是不具有均衡性的避险行为,对于没有其他方法的避险人也要承认责任减少。再者,刑法也承认为了第三人的避险,而通过期待可能性的减少、欠缺很难说明这种类型的紧急避险。

2 ■ 紧急避险的要件

(1) 现实危难与法益权衡

现实危难 **危难**是指对法益的侵害或者迫近该侵害的危险[最判昭和二十四年(1959)8月18日(刑集第3卷第9号第1465页)]。《刑法》第

---

[1] 也存在以下主张:(A)有学说将**法益同等**的情形与其他情形区分开来,认为法益同等时的紧急避险是责任阻却事由(佐伯第206页,另参见森下第108页);(B)还有学说将**针对生命、身体的避险**情形与其他情形区分开来,认为针对生命、身体避险时是责任阻却事由(木村第270页)。(A)说认为,例如,船只遭遇海难后两人在海上争夺只能支撑一人的木板时,强者没有牺牲弱者来延续生命的权利。(B)说认为,生命与生命、身体与身体之间不应该进行比较衡量。

[2] 责任阻却事由说认为,很难能接受以下结论,即被害人尽管没有实施不正的行为,却不得不将降临在自己身上的、"避险名义之下的侵害"作为正当事物来甘心忍受。

37条用"现实"取代正当防卫中的"急迫",规定必须是为了避免**现实**危难的行为。但是,"现实"的内容与第36条中的"急迫"相同。也就是说,在**危难现实存在或者即将到来时**,可以进行紧急避险。

关于韩国原高官等逃亡的案件,最判昭和三十九年(1964)8月4日(判时第380号第2页)认为,即便革命立法的施行时期正在迫近,预料到会被科处重刑,但仍不能断定存在现实危难。神户地判昭和四十五年(1970)12月19日(判夕第260号第273页)也认为,政治逃亡者可能受到的不利益不属于现实危难。对于外国人的如下主张,即在外国的生育政策下为了避免针对计划外怀孕的X的身体(与胎儿的生命)、自由、财产的现实危难而偷越入境日本的,广岛高裁松江支判平成十三年(2001)10月17日认为,偷越入境是为了在日本工作,不能认定为为了避免危难,所以连避险过当都不能构成。

另外,前述东京高判平成二十四年(2012)12月18日(判时第2212号第123页)则认为,如果被手枪顶着脑袋,那么很明显对生命及身体存在迫切的危险(虽然手枪是否处于具备杀伤功能的状态之下这一点并不明了,但由于也不存在对此予以否定的情况,所以认定为存在现实危难)。

为了避免危难 既然正当防卫中必须具有防卫意思,那么紧急避险中也就必须具有避险意思。实际上讨论的是,行为是否客观上是应对现实危难的,是不是为了避险而实施的。可以看到,许多判例在过失犯中认定了紧急避险。至少,没有将明确的"避险意思、避险目的"作为紧急避险的要件。

以时速约55千米行驶的被告人发现,前方约30—40米处一辆普通载人汽车超过道路中线以约70千米的时速从对面驶来;被告人于是立刻把转向盘向左旋转,却撞上了跟在后面的摩托车,给摩托车司机造成了伤害。大阪高判昭和四十五年(1970)5月1日(高刑集第23卷第2号367页)认为这种情况也属于紧急避险[参见东京地判平成二十一年(2009)1月13日(判夕第1307号第309页)]。另外,在过失犯中论及紧急避险时,多会讨论自招危难的问题(→第291页)。

法益权衡 紧急避险是"正"与"正"的对立,只在所造成的损害不超过其所欲避免的损害程度时才能正当化。法益价值相同时,也不违法。价值出现冲突不得不否定其中之一时,要从社会整体视角出发选择较大的价值。此外,两者价值相等时,法秩序不认为"要把残存下来的一方作为违法来处罚"。

水田里的稻苗因遭遇暴雨而有浸水枯死的危险,为了保护稻苗被告人破坏了妨碍排水的堰板(价格相当于40日元)。大判昭和八年(1933)11月30日(刑集第12卷第2160页)认为该案满足了法益均衡的原则。由于价格相当于600日元的猎犬被价格相当于150日元的看门狗撕咬,为了救猎犬被告人用猎枪狙击看门狗,使其负枪伤。关于该案,大判昭和十二年(1937)11 月 6 日(大审院判决全集第 4 辑第 1151 页)认为满足了法益均衡的原则。此外,前述东京高判平成二十四年(2012)12 月 18 日(判时第 2212 号第 123 页)认为,服用兴奋剂的行为所造成的损害,明显没有超过所欲避免的对生命及身体的侵害程度。

(2) 补充性

不得已而实施的行为　对于紧急避险中的"不得已而实施的行为"这一要件,要做比第 36 条中更为严格的理解。针对没有实施任何不正侵害的人所实施的重大法益侵害行为,若要使其得以正当化,则必须是在"**该避险行为之外不存在其他方法,做出相关行动在条理上能够予以肯定的情形**"下[最大判昭和二十四年(1949)5 月 18 日(刑集第 3 卷第 6 号第 772 页)]实施的紧急避险(**补充性**)。虽然在允许故意夺去他人生命的情形中必须具备补充性,但根据犯罪类型的不同,尽管要比正当防卫严格一些,可如果认定是为了避险的行为(必要性→第 276 页),且具有相当性(→第 276 页),那么即便欠缺补充性也存在成立紧急避险的余地[3],超过相当性的程度时则可认定为避险过当[木村(光)第 106 页,山中第 493 页]。如果认为只要不具有补充性,就完全不可能成立紧急避险或避险过当,则会导致不合理的结论。

> 关于补充性,在前述东京高判平成二十四年(2012)12 月 18 日(判时第 2212 号第 123 页)中,①被告人是被手枪顶着头部被要求服用兴奋剂,针对生命及身体的危险**迫切程度**很高,②深夜对方暴力团事务所内只有这两个人,在此状况下③除了服用兴奋剂之外,不存在其他可以采用的现实方法。此外,④避险行为是给自己的身体注射兴奋剂,不能说被告人可以预料到本案中的强要行为。鉴于这些情况[4],东京高裁认为本案中被告人服用兴奋剂的行为能够在条理上予以肯定。

避险过当　与防卫过当(→第 280 页)一样,避险过当意味着超过了紧急避险程度的情形,即①超出了不得已程度的情形,与②有失法益均衡

---

[3] 有人在 X 经营的分售地一角设置了有名无实的仓库并树立了暴力团招牌,损害了分售地的销售并招致了 X 的破产危机;X 再三要求撤去招牌却没有得到回应,所以不得已自己将该招牌撤去。最判昭和四十七年(1972)6 月 13 日(判时第 695 号第 119 页)认为,存在上述情况时不能说不存在成立紧急避险的余地。

[4] 本案案情为:被告人虽然向警察提供了有关毒品的情报,但受到警察的委托,希望被告人这次能获得兴奋剂样本;于是被告人前去会见侦查对象,成功地打听出了必要的信息;被告人正准备回来时,侦查对象对其产生怀疑,并用手枪顶住被告人的右太阳穴,命令其用面前的注射器注射兴奋剂。

的情形(团藤第 251 页)。但也能看到在①的情形中不认定为避险过当的判例。[5] 的确,紧急避险不是对不正侵害的反击,而是向"正"的一方避免危难。在紧急避险的情形中,认为既然存在"现实的危难",那么欠缺法益均衡、超出相当性范围时通常都必须认定为避险过当,这样的见解可能会导致不当的结论。[6][7] 但是相反地,将避险过当限定于"能够完全认定补充性、相当性,只是法益不够均衡的情形"中,也不合理。避险行为开始时满足补充性的要件,但一连的行为从中途开始变得欠缺相当性时,也可以考虑成立避险过当。归根结底,应该将避险过当理解为也包括"虽然其他的手段并非不可能,但采用起来显著困难的情形"或超出了手段相当性范围的情形。

欠缺法益均衡的避险过当 X被奥姆真理教的干部包围,依照教祖Y的指示使A窒息而亡。关于该案,东京地判平成八年(1996)6月26日(判时第1578号第39页)认为,X继续拒绝杀害A时,不能否定X自身有被杀害的可能性,但在X决意杀害A并付诸实行的时点,X不过是被Y口头说服而去杀害A,不能认定对X的生命存在迫近的危险;假使X拒绝杀害A,也不能认定存在着X将会被立即杀害这一具体的高度危险性;所以不存在针对X生命的现实危难,只存在针对身体的危险;因此,夺去A的生命欠缺法益均衡,成立**避险过当**。

超出相当性范围的避险过当 对于为避免残酷暴行而实施的酒驾行为,东京高判昭和五十七年(1982)11月29日(刑月第14号第11—12号第804页)认为不成立紧急避险,而成立避险过当。在为将发烧的幼女送往医院而以88千米/小时的速度在最高限速50千米/小时的道路上行驶的案件中,堺简判昭和六十一年(1986)8月27日(判夕第618号第181页)也认为不成立紧急避险,而成立避险过当。[8]

---

[5] 吊桥已经腐朽,存在着不知什么时候就掉落下去的危险,于是被告人用炸药炸毁了该吊桥。对于该行为,最判昭和三十五年(1960)2月4日(刑集第14卷第1号第61页)认为,存在采取强化通行限制等其他适当手段、方法的余地,终究不能认定倘若不将该桥爆破就不能防止上述危险这一事实,于是指出,"没有认定为紧急避险的余地,从而避险过当也不能成立"。

[6] 像昭和三十五年(1960)2月4日中的案件那样,不仅没有满足法益均衡、欠缺补充性,而且使用了显著不相当的手段时,或者采用其他手段很容易时,不能说是"为了避险的行为",不应该认定为避险过当。在正当防卫中一样,显著不相当的防卫手段不能说是为了防卫的行为(→第269页)。在紧急避险的情形中,不乏用手段不相当而说不上是为了避险的情形。

[7] X被绑架并监禁于暴力团的事务所,受到连日暴行,于是本着逃跑的目的对该事务所实施了放火行为。关于该案,大阪高判平成十年(1998)6月24日(判时第1665号第141页)认为,从监视的程度等来看,"作为逃跑的手段,不能说在放火之外不存在其他应采用的方法",通过放火行为现实地牺牲公共安全,这显著有失法益均衡;无论从补充性的观点还是从条理的观点来看,都不能认定这是"不得已而实施的行为"。

[8] 与此相对,对于试图用汽车将急诊病人送往约10千米之外的医院而无照驾驶的被告人,东京高判昭和四十六年(1971)5月24日(判夕第267号第382页)以这难以说得上是避免危难的唯一手段或方法为由,认为连避险过当都不能成立。虽然可以说无照驾驶与酒驾、违反限速驾驶存在区别,但近来判例的趋势是,根据具体情况至少存在成立避险过当的余地。

与此相对,在机动车纠纷中感到自身存在危险的人急速发动汽车向右转,致使直线驶入对向车道的摩托车司机死亡,大阪高判平成七年(1995)12月22日(判夕第926号第256页)以"欠缺补充性、相当性"为由认为该案连避险过当都不构成。〔9〕

被告人在最高速度被指定为50千米/小时的道路上,以超过该最高时速62千米/小时的速度驾驶普通载人汽车前行。关于该案,神户地判平成十三年(2001)11月15日(WJ)认为,在本案违反速度规定的一连行为中,直到将车开至超车道上、超过前方卡车时为止,属于紧急避险;而其后由于大型卡车再次接近被告人车辆后方,为保持与该卡车之间相当的车距而进一步加速,实施本案中违反速度规定的行为,则不得不说超出了能够成为紧急避险行为的范围,属于避险过当(量的过当)。〔10〕

被告人在单侧三车道的道路中行驶在第二车道上时,由于前方的载人汽车从第一车道进入了第二车道,所以被告人驶入第三车道,此时撞倒了从后方进入第三车道的摩托车,使司机负有完全治愈需约6周的伤害。关于该案,东京地判平成二十一年(2009)1月13日(判夕第1307号第309页)认为,如果驶入第三车道的行为保持在回避相撞的必要最小限度内,则能够回避结果的发生,而且可以做到在这种限度内驶入第三车道,所以认定成立避险过当,宣告免除刑罚。对于为避免与突然驶入车道的车辆相撞而实施的"并非最佳的行为",认定为避险过当是妥当的。

※ 避险过当与过失犯→第295页

自招危难与相当性　机动车司机驾车前行时没有充分注意满载货物的货车后方情况,此时为了避开从货车背后突然跑出来的少年,急忙旋转转向盘,却把老妇人撞死。关于该案,大判大正十三年(1924)12月12日(刑集第3卷第878页)指出,"该危难是行为人因其有责行为而自己招致的,按照社会一般观念,不能承认该避险行为是不得已而为之时,不得适用《刑法》第37条"。该判例常被援用以说明紧急避险中需要存在"相当性"的根据。所以,对于自招危难中的紧急避险与自招侵害中的防卫,都应该在**相当性**

---

〔9〕　原判决认为,"为了避免危难,本案中不存在十字路口右转之外的适当方法",从而认定成立避险过当。与此相对,大阪高裁认为,"确认是否存在直线驶入该车道的车辆,即确认安全后再发动汽车向右转,这具有充分的可能性",所以认为欠缺补充性及相当性的要件。虽然认定了对向车道的汽车是在预想到的地点从视野不佳处急速发动驶来的,且被告人出于恐惧心理等而惊慌失措等事实,但作为违法性判断,"不属于不得已而实施的行为"这一判断是合理的。

〔10〕　另外,在以超过最高时速46千米的速度驾驶普通载人汽车这一违反《道路交通管理法》的案件中,被告人一方主张,行驶中出现了与其他机动车发生碰撞的危险,对方似乎要对被告人施加危害,所以这是为了避免针对生命、身体及财产的现实危难而不得已做出的行为。对于该主张,神户地判平成十七年(2005)10月24日(WJ)认为,被告人给自己的汽车加速,完全将两车之间的距离拉开后仍然没有减速,而是继续高速驾驶直至出现本案中违反速度规定的行为;当时**客观上已经不存在构成现实危难的事实**,既不成立紧急避险也不成立避险过当。

> 这一要件中对其处罚进行限定。[11] 对于本案中未被认定为紧急避险的行为,不应该把因不注意而将要撞上少年的行为与旋转转向盘撞上老妇人的行为分割开来思考,而是应该作为一连的过失行为来思考(→第216页)。

第37条第2款 对于业务上负有特别义务的人,不适用紧急避险的规定。业务上负有特别义务的人是指警察、消防员、医师等根据其业务的性质负有置身危难之中的义务的人。的确,不允许负有这些职责的人为了自己的安全而放弃职务,但并不意味着对这些人就绝对不能认定紧急避险。当然允许为了第三人利益的紧急避险;为了自己的安全时,虽然比起一般情况会更加限定其成立,但仍然允许紧急避险。例如,在灭火工作中,为了避免燃烧着掉落下来的物体而不得已损坏邻居围墙进行躲避的行为,可以被认定为紧急避险。

---

[11] 战后也散见一些以自招危难为由不认定适用第37条的判例。关于雨中驾驶时由于没有紧急刹车而撞上被害人的案件,东京高判昭和四十五年(1970)11月26日(判夕第263号第355页)认为,必须紧急刹车的状况是被告人自己招致的。另外,巴士司机为了避免与靠近道路中央的对向车辆发生碰撞,向左旋转转向盘并踩下刹车,但巴士滑行撞上电线杆使乘客负伤。关于该案,东京高判昭和四十七年(1972)11月30日(刑月第4卷第11号第1807页)也认为,被告人在相向行驶时未尽到应予遵守的注意义务,上述与对向车辆碰撞的危险是被告人自己招致的。但是,这些案件也是只将离结果发生最近的刹车操作作为过失行为来把握,在这一点上可以说存在问题。

第五节 ■ 过失犯的违法阻却事由

过失犯的构造　在诸如过失致死罪、失火罪这样的过失犯中，判断犯罪成立与否的框架基本上可以与故意犯的情形作同样思考。①作为客观的构成要件要素，需要具备法益侵害的结果、实行行为性（**客观的注意义务违反行为**）以及后者与前者的归责关系。另外还要考虑②基本上与故意犯相同的违法阻却事由。

此外，基本上是与故意犯一样，通过综合评价①目的的正当性、②行为的相当性、紧急性、③法益衡量等来判断实质的违法性。

	违法性（客观方面）	责任（主观方面）
原则	结果,过失行为 （客观的注意义务违反行为）	构成要件过失 （预见、回避可能性）
例外	容许的危险 正当防卫、紧急避险	期待可能性等

容许的危险与正当化　虽然在故意犯中也会讨论到**容许的危险**（→第 210 页），但容许的危险基本上被定位为过失犯论中实质违法阻却的一种类型。虽然从植根于容许的危险理论基础中的观念推导出了新过失论，但当初容许的危险理论所展示的利益衡量的思考方法，作为以行为时为核心、将危险性要素也考虑进去的正当化事由，也能为旧过失论的立场所采用。这种利益衡量是指，抽象地来看，在行为所具有的价值（U）比起预想到的危险程度（Z）与结果发生的盖然性（V）的乘积更为优越时，在此范围内能够予以正当化。

但是，在现实的具体解释论中考虑能够起作用的正当化事由时，行为所具有的价值必须是具体的。凭借"国家的经济发展"或"交通秩序"等抽象利益，不能使具体行为得以正当化。例如，为了急救患者的生命而冒着危险疾驰的救护车；或者发生列车颠覆事故时医学专业的学生作为唯一懂得医术的人被请求采取应急治疗，虽然尽其所能却仍使患者死亡的情形，能够得以正当化。用容许的危险来表达过失犯中实质的正当化事由时，其适用范围相当狭窄。

过失犯与同意 在过失犯中,当事人之间多发生意料之外的结果,几乎没有就发生的结果本身存在明确同意的情形。但是,过失犯不过是例外地受处罚,也有可能以比故意犯更缓和的要件来否定可罚性。

具体而言,需讨论的是对"危险的行为"存在同意的情形,例如乘坐醉酒的朋友所驾驶的汽车后因交通事故而负重伤。在过失犯的情形中,很难想象对具体法益侵害存在积极的嘱托或容认,与故意犯的情形相比,存在内容抽象的同意就足够了;但是,为了否定法益的需保护性,被害人仍然有必要在认识到结果发生的高度盖然性基础上表示甘愿忍受。这种意义上的同意发挥了违法减少事由的机能,其与正当目的等一道,在法益衡量之际起到了限定可罚性的作用。

关于被害人同意乘坐危险的泥沙地赛车后因事故死亡的案件,千叶地判平成七年(1995)12月13日(判时第1565号第144页)认为,可以视作被害人容认了预见范围内的驾驶方法,在此基础上将伴随该驾驶方法的危险作为自己的危险来接受;对于上述危险现实化之后的事态,能够认定阻却违法性。但是,本案中很难说被害人对死亡的盖然性具有认识。

过失犯与紧急行为 在过失犯的情形中,如果是针对急迫不正侵害实施的处于必要性、相当性范围内的防卫行为,那么也能认定为正当防卫[大阪地判平成二十四年(2012)3月16日(判夕第1404号第352页)]。同样,也存在过失的紧急避险[大阪高判昭和四十五年(1970)5月1日(判夕第249号第233页);东京高判昭和四十五年(1970)11月26日(判夕第263号第355页)]。但是,在紧急避险的情形中,由于要求存在补充性,所以基本上在适用第37条之前,许多情形都以欠缺结果回避可能性为由认定为了无罪(→第215、298页)。"没有回避结果的可能性"这一结果回避可能性的判断,类似于"不得已而做出那样的行为"这一补充性的判断。

另外,在过失犯的正当防卫、紧急避险中,也需要讨论"为了防卫""为了避险"等要件,但过失行为时,防卫、避险的动机自不待言,即便是要发现防卫、避险的认识也很困难(→第268、287页)。但是,能够认定是否认识到处于紧急状态之下。

紧急避险与违反注意义务 必须注意的是,过失犯中的结果回避义务与作为紧急避险要件的补充性在内容上存在重合的一面。

作为过失犯中违反注意义务的前提,要求存在回避可能性,即为了回避结果能够采取适当的措施。既然如此,过失犯中违反注意义务的判断,与紧急避险中"不得已而实施的行为"这一判断,实质上是重合的。所以,过失的成立与否与紧急避险的成立与否,在结论上几乎是一致的。

第五章

责任阻却事由

第一节 ■ 责任的阻却

■ 期待可能性

非难可能性 即便客观上存在该当构成要件的违法行为,也能够认定存在着作为主观构成要件要素的故意或过失,但在主观上仍然不能非难行为人时,不得对其进行处罚(**责任主义**→第 40、154 页)。

过去将责任理解为行为人的心理状态,即具有故意或过失(**心理责任论**);但现在占据支配地位的是**规范责任论**,讨论从国民的视角来看能否非难行为人,**将非难的根据求之于明明可以实施正确的行为却实施了犯罪行为这一点**(→第 154 页)。如今为了非难行为人,必须存在**能够期待行为人在行为时的具体状况下不实施违法行为而实施其他合法行为的可能性**(**他行为可能性**)。这种可能性被称作**期待可能性**。期待可能性被定位为超法规的责任阻却事由,用来应对虽然能够认定故意或过失,但从一般人的视角来看不能予以责任非难的情形。但是,这种情形只限于非常小的范围内。

> 信徒 X 处于被杀害的危险之中,根据宗教团体教祖等的指示用绳索勒住不能抵抗的原信徒 A 的颈部使其窒息而死。该案中,东京地判平成八年(1996)6 月 26 日(判时第 1578 号第 39 页→参见第 290 页)认为,"虽然杀害 A 是解除 X 身体束缚的条件,但 X 可以通过拒绝等方式来避免 A 被杀害,或者通过向 Y 恳求饶 A 一命促使 Y 改变主意等努力使 A 不被当场杀害",从而驳回了 X 欠缺期待可能性这一主张。

实定刑罚法规与期待可能性 由于欠缺期待可能性而不予处罚的典型例子是《盗犯等防止法》第 1 条第 2 款(→第 292 页)。另外,《刑法》第 36 条第 2 款(**防卫过当**)、第 37 条第 1 款但书(**避险过当**)也考虑到期待可能性的减少从而承认了刑罚的减轻(→第 281 页)。在分则规定中也设置了以期待可能性减少为由免除刑罚的规定,如藏匿犯人、隐灭证据罪的亲属间特例(第 105 条)、亲属间盗赃物等罪的特例(第 257 条)。此外,取得伪造货币后的知情行使罪(第 152 条)、自己堕胎罪(第 212 条)中之所以刑罚较轻,也多被解释为是期待可能性较低之故。

违法性意识可能性与期待可能性

认定欠缺期待可能性的判例很少[1]，而且无罪判例集中在也说得上实质欠缺**违法性意识可能性**的案件中[2]。特别是关于《风俗营业取缔法》中的无照营业行为，高知地判昭和四十三年（1968）4月3日（判时第517号第89页）认为，"被告人虽然按照法律及条例提交了申请书，但管辖官厅对其作出不需要执照的指示；既然如此，就不能期待被告人进一步采取获得执照的方法"。另外，关于依照医院院长等的指示命令在无执照情况下作为业务实施的照射X线行为，一宫简判昭和四十八年（1973）12月22日（判时第739号第137页）认为，这是在不知其违法的情况下实行的，期待被告人实施合法行为极其苛刻，从而宣告了无罪。

此外，被告人明明不是税务师，却制作了属于税务文件的法人税确定申告书等。在这一违反《税务师法》的案件中，神户地判平成十九年（2007）12月26日（裁判所网站）针对辩护方提出的没有期待可能性等主张，认为被告人完全有可能认识到本案中的行为是违法的，不能认定不存在合法行为的期待可能性。

判例中，如果对事实的认识达到了足以认定故意非难的程度，那么本来就不欠缺违法性意识的可能性。即便是按照专家的意见行事，原则上也有可能予以故意非难［大判昭和九年（1934）9月28日（刑集第13卷第1230页）；东京高判昭和五十五年（1980）9月26日（高刑集第33卷第5号第359页）→第177页］。

判断基准

关于责任评价的对象，必须以包含主观事项、个人事项在内的行为人本人情况为基础，予以个别判断。但是，由于裁判时进行的是法律上的评价，所以是**将一般人、平均人置于行为之际行为人的地位上，判断该平均人能够实施其他合法行为的可能性**［一般人（平均人）标准说：小野第166页，木村第305页］。从传统的道义责任论的立场出发，则主张**行为人标准说**（团藤第329页，大塚第460页，吉川第210页）。行为人标准说认为，

---

[1] 在战后的混乱期，以违反经济统制法规的案件、劳动争议案件为核心，出现了相当多以欠缺期待可能性为由认定责任阻却事由的无罪判例。但是，最判昭和三十三年（1958）7月10日（刑集第12卷第11号第2471页）虽然维持了原审的无罪结论，却没有使用期待可能性这一概念，而是认为"欠缺犯罪构成要件"等。由此以来，期待可能性概念在实务中不太受到讨论（参见前田雅英：《期待可能性》，载《判例刑法研究3》）。

平成年代的判例有高知地判平成二年（1990）9月17日（判时第1363号第160页）；岐阜地判昭和六十年（1985）7月19日（判时第1166号第185页）；东京地判平成九年（1997）5月28日（判夕第971号第274页）；东京地判平成十一年（1999）9月30日（判夕第1029号第138页）等。但这些判例都认定存在期待可能性。

[2] 东金简判昭和三十五年（1960）7月15日（下刑集第2卷第7—8号第1066页）；松江地裁滨田支判昭和三十八年（1963）12月11日（下刑集第5卷第11—12号第1160页）；松山地判昭和四十年（1965）2月27日（下刑集第7卷第2号第239页）。

如果讨论的不是行为之际具体情况下该行为人能够实施其他合法行为的可能性,那么讨论期待可能性就没有意义了。[3] 但是,想一想确信犯的问题就会明白(→第174页),完全理解行为人意味着完全允许其行为,从而会造成法秩序松弛。虽然也有批判指出"一般人"这一概念太不明确,但这也是几乎所有法律概念都存在的问题(→第21页)。

具体的判断基准 必须以现在的国民规范意识为基础,探究"存在何种程度的可能性时则能够予以责任非难"。必须从法规等推导出来的"国家(国民)意思"为基础,同时考虑刑事政策的要求,进而思考责任阻却的范围。但是,无论国家认为处罚是多么必要,事实上他行为可能性太低时,不应该予以处罚。期待可能性是使刑罚制度不违反国民意识的最后安全阀。[4] 但是反过来,以欠缺期待可能性为由的责任阻却是极其例外的,具体而言,只限于一般人看来没有违法性意识可能性这样的特殊情形中。

有关期待可能性的错误 明明不存在会导致欠缺期待可能性的客观情况,行为人却误以为存在时,应当将其作为期待可能性判断的一部分来处理,即考虑能否例外地不对行为人予以责任非难。

---

[3] 此外,还有主张**国家基准说**的(佐伯第290页),认为应该根据作出期待的一方即国家的法秩序的具体要求来进行判断。

[4] 前述东京地判平成八年(1996)6月26日(→第298页)认为,"即使将被告人的立场置换为一般的通常人,在本案具体状况之下仍然可以期待不实施杀害A的行为"。

第二节 ■ 责任能力

1 ■ 无责任能力、限制责任能力

> 第39条第1款　心神丧失者的行为,不处罚。
> 第2款　心神耗弱者的行为,减轻刑罚。
> 第41条　不满十四周岁者的行为,不处罚。

(1) 责任能力的含义

定义　　非难行为人时,行为人必须具备有责地实施行为的能力,即**责任能力**。《刑法》分别在第39条规定了心神丧失、心神耗弱,在第41条规定了未达刑事责任年龄等"欠缺责任能力的情形",以消极的形式表达了责任能力的内容[平成七年(1995)删除了第40条]。

责任能力是指**辨别事物是非善恶且据此行动的能力**(团藤第280页)。不可以对欠缺评价、判断事物能力的人,以及不能按照这样的判断控制自己的人进行非难。只要欠缺其中任何一种能力,就不能追究刑事责任。

但是,责任能力的概念并不是普遍的、固定不变的。例如,在曾使用与日本相同定义的美国,以欣克利案件判决为契机,责任能力的概念发生了很大转变。[1] 此外,即使是在日本,责任能力的概念也正在微妙地发生着变化(→第303页注3)。

---

〔1〕 1981年3月31日,被告人欣克利向里根总统开枪,另伤害了总统之外的3人。该案中,被告人在联邦地方法院被评定为"因精神障碍之故而无罪",激起了美国国民的猛烈批判。到那时为止,美国使用的是与日本类似的责任能力概念。但有人主张①精神异常抗辩的废除论,具体而言,只要存在犯意,仅凭此就可以追究责任能力;也有人提出②将控制能力的要件排除出去的主张。部分州采用了修改方法①,多数州采用的是修改方法②。最终所有的州都承认了处罚欠缺控制能力(他行为可能性)者的余地。

责任能力的规定方法　存在生物学方法与心理学方法。(a) **生物学方法**以行为人是否存在生物学、医学上的精神障碍为核心进行判断。(b) **心理学方法**则以有无自由的意思决定能力，以及按照这样的意思实施行为的能力（即辨别是非与据此行动的能力）为核心进行判断。但日本采用的是将两者合在一起考察的(c) **混合方法**。虽然现行《刑法》的第39条、第41条的规定方法看上去是以(a)为核心的，但判例是依照(c)将无责任能力理解为"**由于精神障碍而欠缺辨别事物是非善恶的能力或者欠缺据此行动的能力**"的。"由于精神障碍"意味着考虑精神病等生物学上的障碍，而"是非善恶的辨别能力、行动控制能力"是通过心理学上的方法来判断的。

受刑能力　道义责任论将作为非难前提的自由的意思决定能力理解为责任能力。与此相对，社会责任论则认为，"能够通过刑罚达成社会防卫目的的受刑能力"是责任能力。虽然观念上的自由意思论存在问题（→第8—9页），但可以说受刑能力这一理解也并不充分。为了达成社会防卫的目的，也必须具备达到一般国民能够对其予以非难程度的行动能力。

责任能力与故意　在心神丧失时将人杀害的情形中，有时从一开始就不能认定存在杀意。如虽然对"杀害"有认识但对"人"欠缺认识时，规定心神丧失、心神耗弱的第39条被置于规定故意的第38条之后，在认定故意后再判断有无责任能力，这样的判断顺序是自然的。

处于显著幻觉妄想状态下的X将钻头捅入同居中的A的口腔内，贯穿其小脑等从而将A杀害。关于该案，东京高判平成二十年（2008）3月10日（判夕第1269号第324页）以怀疑X心神丧失为由认定为无罪，但X认识到A是"野兽"，就是否具有杀意存在争论。可是，在刑法上，无论是认定为没有杀意，还是认定为心神丧失，在无罪这一结论上没有差异。但是，《医疗观察法》（→第6页）是以依《刑法》第39条第1款被判决无罪的人作为对象的（《医疗观察法》第1、2条），所以没有故意为由认定无罪时就不会成为《医疗观察法》的对象。可是，作为《医疗观察法》预设的本来对象，将部分心神丧失者排除出该法的适用范围，并不妥当。所以，东京高裁认为，在因欠缺辨别事理能力而连杀害行为的对象是"人"这一点都没有认识到时，在判断是否存在作为责任要素的杀意之前，先以心神丧失为由认定为无罪，是合理的。

（2）责任能力与精神医学

法律评价　责任能力是由裁判所综合考虑被告人犯行当时的病情、犯行前的生活状况、犯行的动机、样态等，从**法律的、规范的立场**出发予以判断的。直至昭和四十年代（1965—1975），精神病学者就生物学要素给出的鉴定结果具有很强的影响力[2]，但昭和五十年代（1975—1985）兴奋剂犯罪频发，受此影响[3]，最决昭和五十八年（1983）9月13日（判时第1100号第156页）认为，责任能力的判断自不待言，即便是作为该判断前提的**生物学、心理学要素也应该交由裁判所来评价**。

综合评价　　被告人患有精神分裂症，杀害了拒绝结婚的对方家人等共5人，另使2人负伤。关于该案，最决昭和五十九年（1984）7月3日（刑集第38卷第8号第2783页）认为，"虽然论及的精神鉴定书结论部分有着旨在说明被告人在犯行当时处于心神丧失状况下的记载，但原判决没有采纳这部分意见，而是**综合考虑了被告人犯行当时的病情、犯行前的生活状况、犯行的动机、样态**等通过上述鉴定书全部的记载内容与其他精神鉴定结果能够得以认定的情况，从而认定被告人在本案犯行当时受精神分裂症影响处于心神耗弱状态。原审的这一认定是正确的"。

> **裁判员与责任能力的判断**　　东京高判平成二十一年（2009）5月25日（判时第2049号第150页→第305页）认为，"责任能力……应当考虑社会整体或一般人的可接受性，规范地予以把握。所以，将责任能力作为固定不变的、绝对的事物来把握并不合适，应当将其为随着时代推移、社会流变而具有变化可能性的事物来考虑，……寻求裁判员意见的意义正在于此"；从而认为，在判断责任能力时，必须考虑到各种各样的要素，进行综合判断。该判决重视了昭和五十九年（1984）**最高裁决定**中的综合评价。

可知论与不可知论　　**可知论**的立场是，能够在某种程度上判断出精神障碍如何影响人的意思、行动的决定过程，认为"可在经验科学上证明辨识能力、控制能力"[前述最决昭和五十八年（1983）9月13日、最决昭和五十九年（1984）7月3日基本上是以可知论为前提的]。与此相对，**不可知论**的立场是，不可能获知精神障碍对人的意思决定等产生影响的机理。不可知论是在精神病学的诊断与责任能力的判断（司法）之间预先达成共识（例如，若被诊断为精神分裂症则认定为无责任能力），再据此判断责任能力。但是，也不能断言这两种理论是二选一的关系。

---

〔2〕　曾经有一段时期，如果鉴定医师认为行为时患有精神分裂，那么行为人几乎都被无条件地认定为心神丧失。也曾有主张提出，应当建立起司法精神病学者与裁判所之间的**惯例**（Konvention），提高鉴定的拘束性。

〔3〕　根据当时精神病学的通说，兴奋剂中毒患者被作为与精神分裂症类似的病患来对待。结果是，对于兴奋剂中毒的被告人，医师多附上心神丧失的意见。但是引人注目的是，对于服用兴奋剂而实施犯罪行为的被告人的责任评价，裁判所多采取严厉态度，没有采纳精神科医师的意见（参见实质的第165页）。

（3）心神丧失、心神耗弱

第39条 **心神丧失**是指因精神障碍欠缺辨别事物是非善恶的能力或者据此行动的能力，此时不予处罚（第39条第1款）。心神丧失的典型例子是**精神分裂症**、抑郁狂躁型忧郁症等**精神病**。[4] **心神耗弱**是指因精神障碍而辨别事物（事理）是非善恶的能力或者据此行动的能力显著减弱的情形，此时必须减轻刑罚（第39条第2款）。虽然心神丧失、心神耗弱都必须以医学上、心理学上的知识为基础进行判断，但二者完全是法律上的概念，最终是由法官加入规范评价予以判断[最决昭和三十三年（1958）2月11日（刑集第12卷第2号第168页）]。

精神分裂症与责任能力 在需要讨论责任能力的案件中，最多的是因精神分裂症而在正确认识自己所处状况或周围情况的能力方面存在障碍的案件。过去，一旦被鉴定医师诊断为精神分裂症，原则上就会被认定为心神丧失，但近来也有越来越多的裁判所综合考虑被告人犯行当时的病情、犯行前的生活状况、犯行的动机、样态等，作出不同于心神丧失的判断[最决昭和五十九年（1984）7月3日（刑集第38卷第8号第2783页）]。

通过判断能否说得上是完全偏离了本来人格倾向的行为来决定是否认定为无责任能力，判断的核心在于：既要考虑动机是否由被害妄想等导致，是否认识到自己的行为是"坏的"，对疾病的认识与感受程度，意识是否清晰，是否欠缺识记能力等；又要考虑犯行能否说得上是在完全被幻觉、妄想所支配，不能选择其他行为的状态下实施的。所以，受到被害妄想的强烈影响，被告人欠缺判断是非善恶的能力及根据该判断行动的能力时，即能够认定存在着不能选择其他行为的状况时，属于心神丧失。

> 责任能力的具体判断
> 以医师对疾病程度的判断为前提
> ① 动机与异常病态的关系
> ② 有无违法性意识
> ③ 对疾病的认识与感受程度
> ④ 意识的清晰度、识记能力的完整程度
> ⑤ 是否受到幻觉、妄想的直接支配
> 是否属于完全偏离了本来人格倾向的行为

---

[4] 对于患有神经性厌食症（青春期消瘦症）的被告人所实施的盗窃行为，大阪高判昭和五十九年（1984）3月27日（判时第1116号第140页）认定为心神丧失。

因精神分裂症而出现幻视、幻听等症状的 X 以为 A 在嘿嘿地傻笑,于是施加了殴打其面部等暴行致使 A 死亡。关于该案,原审没有采纳鉴定医师出具的认定为心神丧失的鉴定;与此相对,**最判平成二十年(2008)4 月 25 日**(刑集第 62 卷第 5 号第 1559 页)指出,作为专家的精神病学者出具的鉴定意见等成为证据时,只要不存在不得采用该意见的合理情况,就应该充分地尊重并认定该意见[5],于是发回高裁重审。

对此,发回重审的**东京高判平成二十一年(2009)5 月 25 日**(判时 2049 号第 150 页)认为,①不存在命令性的幻听、被动体验等支配行动的精神症状,②且考虑到精神分裂症的症状程度比较轻微、几乎看不到对社会生活机能产生障碍,能够看出具有违法性意识等情况,由此可以判断出③被告人只是处于心神耗弱的状态之下。

因精神分裂症反复强制住院的 X 杀害了邻居 A。该案中原审认定被告人处于心神耗弱的状态。[6] 对此,**最决平成二十一年(2009)12 月 8 日**(刑集第 63 卷第 11 号第 2829 页)综合考虑了犯行当时的病情、幻觉妄想的内容、被告人本案犯行前后的言行、犯罪动机、从之前生活状况中所能推知的被告人的人格倾向等,讨论了**病患体验是否处于直接支配犯行的关系之中**等,从而指出认定被告人处于心神耗弱的状态是妥当的,驳回了上告。

心神耗弱的认定 关于杀害亲生母亲的案件,东京地判平成二十一年(2009)3 月 26 日(判时第 2051 号第 157 页)以医师出具的被告人虽患有妄想型精神分裂症但

---

[5] 采纳了以下两个鉴定:一个鉴定认为,"在精神分裂症造成的激烈幻觉妄想的直接影响下做出了看上去合理的行动,这在精神病学上被称为'双重定向'现象,并不罕见也不矛盾";另一个鉴定认为,"基于异常体验施加了暴行,难以说其具备辨识事物是非善恶的能力,至少完全欠缺根据该辨识而行动的能力"。

[6] 原审认为,针对能够从中看出被告人是否正确认识到相关状况的本案犯行前后被告人的言行,鉴定中没有予以充分讨论;在此基础上,鉴定中一方面指出在犯行即将开始前与刚刚结束后症状反而看起来正在改善,另一方面针对本案犯行时暂时性幻觉妄想症状恶化并**直接支配**、引起本案犯行的机理这一点,没有作出充分的可令人接受的说明。此外,原审还认为,幻觉妄想的内容说不上达到了通常都会使病人想要杀伤对方的非常迫切程度;对于 X 是否按照幻觉妄想的内容实施了本案犯行这一点,也存有怀疑的余地;本案犯行没有**完全偏离**对暴力采取容认态度的**被告人的本来人格倾向**,并不是由于精神分裂症带来的病患体验直接支配了犯行的动机、样态等而实施的;但是,本案犯行肯定是由于受到了被告人病患体验的强烈影响而实施的,所以认定被告人处于心神耗弱状态之下。

患病程度并非很严重这一鉴定为前提,认为:① 犯行的动机可以作为正常心理来理解,② 一连的犯行样态也可以说是合理行动,③ 犯行时的意识、记忆也相当清晰;从而认为,④ 被告人过着普通的社会生活,在相当程度上保持着辨识事理并依照该辨识控制行动的能力。此外还指出,虽然杀害行为与被告人温和亲切的本来人格在某种程度上有所偏离,难以否定实施杀害行为有可能是由于精神分裂症的伴生症状即焦躁感、易受刺激性导致的冲动控制困难,但是能够认定责任能力的减弱程度并不显著。

其他精神障碍　　除精神病外还会讨论到异常性格等精神病态(psychopathy),但精神病学者之间对于这个概念存在争论,必须慎重地予以讨论。此外,先天的或者从幼儿期开始智力不发育的智力障碍,有时也会被认定为无责任能力。

关于醉酒,生物学、医学上的看法与法律评价之间存在不一致之处〔7〕,但普通的"喝醉了(=**单纯醉酒**)"程度的醉酒原则上不影响责任能力。可是,对于病理性醉酒以及复杂醉酒需要另作考虑[参见东京高判昭和五十一年(1976)12月23日(高刑集第29卷第4号第676页);东京高判昭和五十九年(1984)1月25日(判时第1125号第166页)]。**病理性醉酒**是指,行为人本来就存在病理性因素,由于饮酒而出现急剧的意识障碍,陷入神志不清状态、谵妄状态,甚至出现幻觉妄想。**复杂醉酒**是指程度较高的单纯醉酒。尤其是病理性醉酒,许多精神病学者认为原则上应该认定为心神丧失,但判例对此未必认定为无责任能力。

强制住院　　如果被告人被认定为心神丧失,虽然会被宣告无罪,但根据《精神保健福祉法》第29条有关**强制住院**的规定,事实上多会被强制性地限制自由。〔8〕另外,心神丧失者在检察阶段因精神鉴定(起诉前鉴定)而被不起诉的情形也很多。

《医疗观察法》　　《医疗观察法》,即《有关在心神丧失等状态下实施重大侵害他人行为者的医疗及观察的法律》[平成十五年(2003)7月通过→第6页],规定了对实施重大侵害他人行为(杀人、放火、抢劫、强奸、强制猥亵、伤害)者提供合适的医疗,促进其复归社会为目的的制度。为促进其复归社会而有必要使其住院接受该法规定的治疗时,允许强制令其住院。但是,这与保安处分不同,立法时被定位为"为了治疗而采取的措施"。

---

〔7〕　在醉酒的情形中,法官也广泛地肯定了责任能力[岐阜地裁大垣支判昭和四十一年(1966)9月21日(下刑集第8卷第9号第1273页);大阪地判昭和四十八年(1973)3月16日(判夕第306号第304页)]。

〔8〕　成为强制住院(《精神保健福祉法》第29条)对象的患者,若被认定存在伤害自己或他人的危险则事实上会被限制自由。在此意义上,不能否定强制住院制度起到了保安作用。但是,强制住院完全是在医院进行的住院治疗。此外,近来精神医疗领域存在广泛采用开放式治疗的趋势,这与"保安目的"存在矛盾。

对于心神丧失或心神耗弱状态下实施了重大他害行为却受到不起诉处分或裁判确定无罪的人,检察官就是否应当让其接受《医疗观察法》上规定的治疗与观察向地方裁判所提出申请。如果检察官提出了上述申请,则令患者入住实施鉴定的医疗机构〔9〕,同时由法官与精神保健审判员(具有必要学识与经验的医师)各1名组成合议庭进行审判,以此来决定是否要根据医疗观察制度进行处遇以及处遇的内容[最决平成二十九年(2017)12月18日(刑集第71卷第10号第570页)拒绝了医疗观察制度违宪这一主张]。

审判之后,对于被决定接受《医疗观察法》上规定的住院治疗〔10〕的人,在厚生劳动大臣指定的医疗机构(指定住院医疗机构)内,为其提供专门医疗〔11〕,同时从住院期间开始,由配置于法务省所辖保护观察所的社会复归调整官来实施出院后的生活环境调整工作。

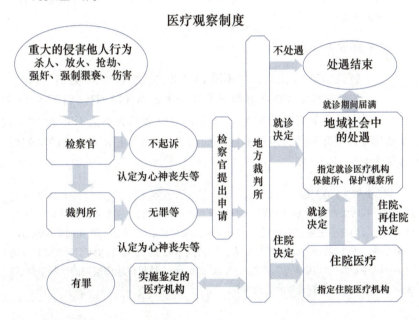

医疗观察制度

---

〔9〕 在听取鉴定人的意见等并发出住院鉴定命令后,裁判所判断认为没有必要住院鉴定时,如查明明显没有必要令患者接受《医疗观察法》中规定的治疗等,可以依职权取消住院鉴定命令[最决平成二十一年(2009)8月7日(刑集第63卷第6号第776页)]。

〔10〕 最决平成二十年(2008)6月18日(刑集第62卷第6号第1812号)认为,对于基于妄想型精神分裂症导致的幻觉妄想状态中的幻听、妄想等而实施的行为是否属于《医疗观察法》第2条第1款的对象行为,不应该基于对象因幻听、妄想所认识到的内容来进行判断;如果在当时的状况下从外形上客观地考察对象所实施的行为后,认为没有陷入心神丧失状态下的人也会实施同样的行为,则应该包含主观上的要素在内,从能否评价为实施了对象行为这一视角出发进行判断。

〔11〕 在检察官提出申请的情形中,不允许以下做法,即对于有必要接受治疗的对象,一方面认为有必要改善其实施对象行为时的精神障碍,伴随这一改善使其不再实施同样的行为并能够复归社会;但另一方面又以强制住院等医疗就足够了为由作出旨在不依据《医疗观察法》进行医疗的决定[最决平成十九年(2007)7月25日(刑集第61卷第5号第563页)]。

309　　　　　此外，对于被决定接受《医疗观察法》上规定的就诊治疗的人以及被许可出院的人，基于处遇实施计划——制作者以保护观察所的社会复归调查官为核心——原则上3年内在地域社会中接受由厚生劳动大臣指定的医疗机构（指定就诊医疗机构）所实施的医疗。

　　　　聋哑人　《刑法》第40条曾规定，"聋哑人＊的行为，不处罚或者减轻刑罚"。聋哑人是指，由于先天或者从幼小时开始丧失听觉机能从而言语机能未发展起来的人[最决昭和二十八年（1953）5月29日（刑集第7卷第5号第1192页）]。[12] 因此，最终是要同时欠缺听觉机能与言语机能。考虑到聋哑人精神上的发育不充分，所以曾经将其作为无责任能力或限制责任能力来对待。但在聋哑教育已发达的现在，考虑到这样的规定限制了聋哑人的权利，助长了不当的区别对待，于是在平成七年（1995）删除了该规定。

（4）未达刑事责任年龄

政策规定　　《刑法》第41条规定："不满14周岁的人的行为，不处罚。"虽然人的精神性发育存在着相当大的个体差异，但《刑法》将不满14周岁的人一律作为无责任能力来对待。第41条并非认为如果不满14周岁就欠缺辨别是非善恶的能力或控制行动的能力，而是考虑到年少者的可塑性，在政策上克制科处刑罚。

> **与《少年法》的关联**　不满20周岁的人的行为原则上属于《少年法》的对象，案件由家庭裁判所来处理，不科处刑罚。但是，对于该当死刑、惩役或者禁锢的犯罪行为，家庭裁判所认为刑事裁判合适时，也会将案件再返回给检察官（**逆送**），按照通常的刑事程序来处理。另外，对于不满16周岁的人，过去是不能逆送的，即便到了刑事责任年龄也不可能科处刑罚；但根据《少年法》的修改（2001年4月施行），可逆送的年龄下调，即便是14、15周岁也能够成为刑罚的对象。

310　2 ■ 责任能力的存在时期——原因自由行为理论

（1）实行行为与责任能力的同时存在

同时存在原则　　责任能力必须存在于实行行为时（**行为与责任同时存在原则**）。正是由于在行为的时点存在责任能力，所以能够将该行为归属于行为人的责任。那么，在暴力团争斗之际，为了鼓劲儿事前注射了

＊　日文原文为"瘖哑者"。——译者注
[12]　"瘖"与"哑"本来的语义都是言语机能存在障碍的人。

兴奋剂,杀害行为的时点却无责任能力的情形中,应该认定行为人欠缺责任从而宣告无罪吗?[参见名古屋高判昭和三十一年(1956)4月19日(高刑集第9卷第5号第411页)]为了处罚这样的案件[13],考虑到的是**原因自由行为**(actio libera in causa)**理论**。[14] 在使自己陷入无责任能力(或者限制责任能力)状态后产生犯罪结果的情形中,该理论以原因行为为根据承认可罚性。

为了回避这种处罚要求和行为与责任能力同时存在原则之间的矛盾,在理论上进行了以下两种努力:(A) 第一种努力是试图在存在责任能力的原因行为时承认实行行为的开始(实行的着手);(B) 第二种努力是一方面将实行着手的时点求之于欠缺责任能力的结果行为,另一方面又承认可罚性。此外,第二种努力又分为两种立场:(a) 第一种立场通过修改同时存在原则认为实行行为时不必存在责任能力;(b) 第二种立场则认为,虽然处罚未遂(实行的着手)需要等到结果行为时,但在原因行为时也能认定存在整体犯罪的实行行为。

工具理论　　(A) 说认为,可以把原因自由行为评价为将处于无责任能力状态下的自己作为"工具"来利用进而实行犯罪,这与**间接正犯**利用他人的行为实行犯罪是一样的(团藤第145页)。由于间接正犯中能够认定"利用行为"具有实行行为性(→第89页),所以当工具是"自己的行为"时,也能够认定"原因行为(注射兴奋剂的行为或饮酒行为)"具有实行行为性。[15] 该学说的特色在于,通过提前实行的着手时期坚持"同时存在原则"。在这样的解释中,是因为无责任能力所以能够成为工具,如果是处于**限制责任能力状态**,就不能说其是被"作为工具来利用",因此不能适用原因自由行为理论。

但是,对于该学说,存在以下批判:① 实行的着手时期过于提前了;[16] ② 如果在限制责任能力的情形中不适用该理论,则与陷入无责任能力状态的情形相比会显得不均衡。[17]

---

〔13〕　过去设想得比较多的情形是,行为人深知自己一喝酒就会忘我地胡闹,想利用无责任能力就会无罪这一点将对方杀害,于是邀被害人喝酒,并真的在心神丧失状态下将其杀害。

〔14〕　也有见解是在构成要件的阶段处理该问题。的确,这也说得上是"实行行为性"的问题,但可以说,问题的核心在于为了进行责任非难,责任能力必须存在到哪个时点为止。

〔15〕　这是以实质的行为说为前提的,即将间接正犯的实行着手求之于利用者实施利用行为之时。

〔16〕　例如,想要利用无责任能力下的凶暴状态来杀人而饮酒,却喝多了而睡着时,既然已经实施了原因行为那么也要成立杀人未遂罪,这不合理。

〔17〕　这是因为,尽管无责任能力时根据该理论要被追究完全的责任,受到重的处罚;而即便是限制责任能力,仍然是具有责任能力的状态,这种状态下实施犯罪的却要根据第39条第2款减轻处罚(→第314—315页)。另外,③在与共犯论的关系上还存在如下批判:根据限制从属性说(→第333页),即便被利用者欠缺责任要件,只要其实施了违法行为,那么利用者也要被认定为教唆犯。如果适用这种思考方法,那么在原因自由行为的情形中,既然介入的是"虽欠缺责任但违法的行为",那么应该成立的不是间接正犯,而是"对自己的教唆犯"。

理论的修正　为了应对这样的批判,(A)说在理论上进行了修正。尤其重视上述批判①,认为如果原因行为本身不具有构成要件的定型性,则不能认定实行行为性(团藤第 146 页),只是喝酒的话欠缺杀人罪的定型性。但是,如果进行这样的修正,那么在故意犯的情形中不能认定原因行为的定型性,只能在定型性缓和的过失犯、不作为犯中使用该理论。可是,过失犯中援用该理论的意义很小〔最判昭和二十六年(1951)1 月 17 日(刑集第 5 卷第 1 号第 20 页);另参见大阪高判昭和四十一年(1966)9 月 24 日(下刑集第 8 卷第 9 号第 1202 页)〕。

(2)"同时存在原则"的修正

原则的修正　最近(B-a)说很有影响力,该学说不是扩张实行行为性,取而代之的是通过修改"同时存在原则",一方面将着手时期求之于结果行为时,另一方面又试图说明原因自由行为的可罚性。即在没有责任能力的时点承认实行的着手。例如,认为虽然在具体的犯行时不存在责任能力,但只要在有责地招致无责任能力状态的原因行为时存在责任能力,就可予以责任非难(佐伯第 245 页)。此外有见解主张,只要结果行为有可能受到原因时责任能力的支配,就可予以责任非难(中第 171 页)。另外,还有很有影响力的解释指出,责任非难是面向决定实施违法行为这一**最终意思决定**的,只要在该时点存在责任能力,就可以对包含实行行为在内的"整体行为"追究责任(西原第 413 页)。

> (A) 原因行为时认定实行的着手(间接正犯论准用说)
> (B) 结果行为时认定实行的着手
> 　　(a) 修正同时存在原则
> 　　(b) 区分实行行为与实行的着手

实行行为的扩张　与此相对,也有学者主张如下见解(B-b):一方面从间接正犯论准用说出发;另一方面则缓和地理解实行行为性,认为可以将结果行为与原因行为合在一起认定为实行行为(小野清一郎:《原因において自由なる行为》,《综合法学》第 1 卷第 1 号,第 21 页;另参见内藤第 880 页)。该见解认为,理论上为了对无责任能力状态下的"行为"所产生的最终结果追究罪责,原因行为必须具备危险性,这种危险性不同于为成立未遂犯而要求的危险性;由于原因行为时开始了实行行为,所以可对最终结果进行责任非难。但是,实行行为的开始时期是"实行的着手",这一点已经在实务中确立下来了。如果将达到能够评价为"实行行为"这一程度的实质内容求之于原因行为,那么必须在该时点就能实质地称其为着手。归根到底应该理解为,在"原因行为时具有责任能力的状态"与实行行为紧密联结在一起的例外情形中,才可能对实行行为进行责任非难。

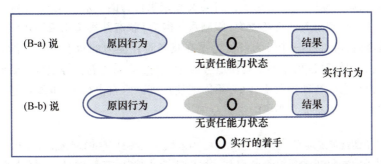

同时存在的意义　在此可以联想到,一般而言,从实行着手开始到结果发生为止的整体实行行为并非全都能够被责任能力覆盖。例如,在**激情犯**中,有相当多的情形都是行为人在结果发生的时点处于无责任能力的状态。此外,在实施暴行的过程中受酒精影响而陷入错乱状态致使被害人死亡时,也认定了伤害致死罪[大阪地判昭和五十八年(1983)3月18日(判时第1086号第158页)。另参见东京地判昭和五十三年(1978)11月6日(判时第913号第123页);冈山地判平成八年(1996)7月17日(判时第1595号第160页)]。虽说是实行行为与责任能力同时存在,但问题在于责任能力必须"影响"到哪一部分为止。

> 发生口角时被告人一边持续喝烧酒加深醉酒的程度,一边对妻子施加暴行致其死亡。关于该案,长崎地判平成四年(1992)1月14日(判时第1415号第142页)认为,犯行开始时(意思决定时)不存在责任能力的问题,如果能够**将全体犯行评价为同一机会下基于同一意思而发动**,那么即便中途陷入心神耗弱状态,也不应该适用第39条第2款。虽然也可以看作是运用了原因自由行为理论,但可以说这不过是表明了以下旨趣,即在实行的过程中,即便并非总是存在着完全的责任能力,却也有可能对结果进行完全的责任非难。

责任非难所及的范围　从国民的视角来看,在不能予以非难则刑罚制度就不能有效发挥作用时,应当考虑"责任非难"(→第15页)。如此一来,"既然是凭借自己辨别是非的能力与控制行动的能力致使结果发生,那么**即便在实行着手的时点没有责任能力也可以追究刑事责任**"。

此外,是通过判断在具有责任能力的时点**能否说得上已经实质地开始了朝向结果发生的危险行为**,来决定能否评价为凭借辨别、行动能力致使结果发生。虽然在具有责任能力时尚不能说已经着手,但可能例外地存在这样的情形,即在具备责任能力的时点,"与处于无责任能力状态下的结果行为相连的一连行为"被认为已经开始。例如，原因行为时希望发生结果的意欲很强烈，若实施了原因行为则几乎会自动实施结果行为的情形。又如，**能够认定行为人认识到陷入无责任能力（限制责任能力）状态并具有积极利用该状态的意思时**，可以将一连行为评价为是在具备责任能力的状态下实行的。[18] 此外，必须针对各犯罪类型具体地考察这一点。在饮酒驾驶等预设了限制责任能力事态的特殊构成要件中，不需要使用到原因自由行为，也能容易地认定成立完全的犯罪。[19][20]

中断型与连续型 像利用饮酒后变得凶暴这样的案件，在可以明确区分原因行为与结果行为的**中断型**情形中，原则上不承认原因自由行为。被告人虽然预料到如果服用菲洛本则会产生幻觉并用持有的短刀对他人施加暴行等危害，却对此予以容认，并在注射后陷入心神丧失状态，在该状态下产生杀意将被害人杀死。关于该案，名古屋高判昭和三十一年（1956）4月19日（高刑集第9卷第5号第411页）认定了**暴行的故意**，认定成立伤害致死罪。的确，比起杀意，暴行的故意更容易认定。可是，虽然饮酒或注射麻药时多能认识到"会神志不清""招致异常"等，但认识到"对人施加暴行行为"的情形较为例外。[21]

与此相对，虽然被告人同样深知注射兴奋剂就会变得凶暴，却在即将去对方那里找碴儿打架前，为了鼓劲儿而注射了兴奋剂，在行为时变得无责任能力。在这样的情形中，原因行为与结果行为的关联性很高，应该认定原因自由行为。像这样的**连续型**情形中，除了时空上的密接性外，主观上的联结也很强。

[18] 与此几乎相同的观点是**二重故意理论**。该理论认为，在设定原因行为时，除了需要对结果能够认定故意，还必须对陷入无责任能力状态具有认识（林第333页）。但是，若认为必须对自己丧失责任能力有严格的认识，则并不妥当。必须综合评价设定原因时的行为的危险性与主观方面。如果认识到了作为原因行为的注射兴奋剂这一行为的意义，那么即便对陷入无责任能力状态欠缺认识，也有可能针对结果进行责任非难。

[19] 最决昭和二十八年（1953）12月24日（刑集第7卷第13号第2646页）；秋田地判昭和四十年（1965）7月15日（下刑集第7卷第7号第1450页）；广岛地判昭和四十年（1966）2月1日（下刑集第8卷第2号第268页）；东京高判昭和四十二年（1967）6月23日（判时第501号第105页）；大阪高判昭和五十六年（1981）9月30日（高刑集第34卷第3号第385页）等。另参见后述最决昭和四十三年（1968）2月27日（刑集第22卷第2号第67页）。

[20] 需要讨论的是，在原因行为时能否说得上"支配着"其后的结果行为。不只是单纯地考虑结果发生可能性的大小，而是要把主观上的意欲也包括进去一并斟酌"关联性"。

[21] 被告人常常过度饮酒后使用暴力，被判处附保护观察的缓刑，且作为特别遵守事项被命令禁酒。该被告人以抢劫目的乘上出租车后向司机出示了菜刀，但司机趁机逃了出去。关于该案，大阪地判昭和五十一年（1976）3月4日（判时第822号第109页）一方面认为在病理性醉酒导致的心神丧失状态下实施的行为不成立抢劫未遂，另一方面又认定成立暴力行为等处罚法第1条规定的出示凶器暴力胁迫罪。像这样，虽然难以认定"利用（容认）醉酒状态的抢劫"，但完全能够认定"利用（容认）醉酒状态的暴行胁迫"。关于对饮酒导致的暴行的认识，另参见长崎地裁大村支判昭和四十三年（1968）11月5日（判夕第232号第231页）。

(3) 限制责任能力的情形

实质的判断基准　在暴力团成员去对方那里找碴儿打架并实施了伤害行为的情形中，即便在抵达前为了鼓劲儿服用了兴奋剂，是在限制责任能力状态下实施暴行的，也应该对其进行完全的责任非难。具有责任能力的时点与限制责任能力时的行为关联性很强时（能够评价为具有支配关系时），与陷入无责任能力状态时一样，仍然应该追究完全的责任能力。重要的是具有责任能力时的行为与结果行为之间存在密切的关联。

否定说主张，明明普通心神耗弱者无论是出于怎样的动机而实施犯行的，都要减轻刑罚，却在利用自己心神耗弱状态的情形中，单单以动机这一点为根据否定刑罚的减轻，这并不妥当。但是，根据否定说，在心神丧失的情形中要依据原因自由行为的法理适用完全的刑罚，而在心神耗弱状态下实现犯罪时，明明应该予以更大的责任非难，却认为要减轻刑罚，这并不合理。

> 被告人喝了 20 瓶啤酒后驾驶机动车，该行为被追究醉酒驾驶罪的刑事责任。关于该案，最决昭和四十三年（1968）2 月 27 日（刑集第 22 卷第 2 号第 67 页）指出，"虽然在醉酒驾驶的行为当时因醉酒陷入了心神耗弱状态，但如果能够认定在饮酒时具有醉酒驾驶的意思，则不应该适用《刑法》第 39 条第 2 款减轻刑罚"。该判例的旨趣似乎也可以解读为，即使没有认定原因行为与实行行为之间的紧密关联，也能适用原因自由行为理论，排除第 39 条的适用。但是，本案中认定了被告人是**自始本着驾驶机动车回去的意思**而饮酒的，而且具有醉酒驾驶回去的意思。如此一来，可以说能够认定饮酒行为与醉酒驾驶行为之间具有很强的关联性。

第三节 ■ 正当化事由的错误

1 ■ 假想防卫（避险）

问题的整理　即便存在该当客观方面构成要件的行为，有时也会阻却违法性。同样，在主观方面即使认识到了该当构成要件的事实，但如果认识到了能够阻却违法性的事实，那么也不能予以故意非难。如果对正当防卫等违法阻却事由存在认识[1]，则否定故意非难。如果客观上存在正当化事由，那么不用讨论到有无故意，就可以认定为不可罚。问题是发生认识错误的情形，即尽管客观上不存在违法阻却事由却误以为存在的场合。

另外，对于违法阻却事由的"评价"所产生的错误，是法律认识错误，对此没有争议（→第 167 页）。争论的对立点在于，对为违法阻却奠定基础的事实所产生的错误，是将其理解为事实认识错误还是理解为法律认识错误。

实质的对立点　判例认为，既然是认识到了存在违法阻却事由而实施行为的，那么欠缺故意（**事实认识错误说**）。关于该错误的认识，在能够认定过失的范围内成立过失犯（团藤第 308 页，曾根第 199—200 页）。与此相对，也存在这样的学说，认为故意是对构成要件事实的认识，违法阻却事由既然不是构成要件事实，那么就不能成为构成要件的错误，而是准确地认识到了犯罪事实而实施行为，不过是对该行为是否被法律所允许产生了错误理解[**法律认识错误（禁止的错误）说**]。这种观点认为，如果认识到了构成要件事实，就要直面法规范的要求（福田第 196 页，大谷第 166 页）。

此外，也有学说认为，虽然形式上难以说是构成要件事实认识错误，但由于欠缺对违法性相关事实形成表象这一责任故意的要件，所以也不是法律认识错误，而是**第三种错误**，从而否定故意犯的成立（大塚第 447 页）。

※ **责任说与假想防卫**→第 176、190 页

---

〔1〕 对成为责任阻却事由前提的事实所产生的错误，也影响责任评价（→第 300 页）。但并不直接影响故意的成立与否。

故意非难　由于行为人实施行为时以为存在着能为正当防卫奠定基础的事实，所以一般人看来也会认为其是在实施正当的行为。〔2〕由于一般人都不能产生违法性意识，所以不能予以故意非难(→第 161 页)。

既然对构成要件存在认识，那么该当主观的构成要件。但是，如果是假想防卫，则不能予以故意非难。在此意义上，这是一个阻却责任非难的事由，也可以解释为"虽然能够认定构成要件故意，但欠缺责任故意"。可是，能否予以故意非难，其实质的判断基准与是否存在构成要件故意的判断是相同的。

对第三人产生的反击结果与假想防卫　实施防卫行为却侵害了攻击者以外的人时(**狭义的正当防卫错误**)，不能予以故意非难。例如，由于 A 发动攻击，于是 X 出于反击而将放在旁边的物品向 A 投掷过去，却打中了无关的 B 使其负伤。X 没有意识到 B 的存在，主观上是本着正当防卫的认识而实施行为的，不能对 X 予以故意非难。也能看到有些讨论中试图将这样的案件作为正当防卫或紧急避险来予以正当化，但这样的做法并不妥当(→第 267 页)。

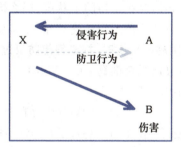

另外，如果想要杀 A 却错将站在旁边的 B 杀害时，根据法定符合说成立杀人既遂罪(→第 194 页)。所以，对于 A 的急迫不正的侵害，以伤害(暴行)的故意进行反击却伤害了旁边的 B 时，似乎对 B 也要成立伤害罪。但是，既然是以为存在急迫不正的侵害，并作为对该侵害的防卫行为而投掷石块，那么属于主观上完全认识到了正当防卫而实施行为。因此，此时不存在能够予以故意非难的主观事项。〔3〕

而认识到了 B 的存在时，对于"这对 B 不是正当防卫而是侵害行为"具有认识，不能构成假想防卫。所以，想着虽然可能牺牲 B 但为了保护自己不得不这么做于是投掷石块时，需要讨论对 B 是否成立假想避险的问题。

---

〔2〕　有见解主张，"从一般人的视角来看，当然会误以为存在着急迫不正侵害时，不违法"，将部分假想防卫理解为正当防卫(野村第 160 页)。虽然认为违法性必须在行为时从一般人的立场出发进行判断，但因存在假想而使不存在的急迫不正侵害变得"存在"，这终究存有疑问。

〔3〕　如果认为"故意只能是构成要件要素"，那么由于 X 不欠缺对客观构成要件要素的认识，所以不能否定对 B 的伤害存在故意。但是，所谓构成要件的故意，应该理解为不过是"为了说明故意起到了将犯罪类型个别化的机能"(曾根第 67 页)。虽然 X 对构成要件要素具有认识，但既然以为能够被正当化，就不能对其予以故意非难。

X和亲哥哥Y等一起，与A所属的团体打架；X看见Y与A扭打在一起，为了保护Y而试图驾车冲撞A，于是以20千米/小时的速度倒车，该车左后部撞上A的同时也把Y撞倒并将其碾轧致死。关于该案，**大阪高判平成十四年（2002）9月4日**（判夕第1114号第293页）认为，对于没有实施不正侵害的Y所造成的侵害，在客观上将其认定为正当防卫是不妥当的；而且，意外碾轧Y的行为客观上欠缺紧急行为性，说不上是为了避险而实施的，所以也不属于紧急避险；但是，"既然是主观上认识到正当防卫而实施行为的，那么对于驾驶本案车辆撞击、碾轧Y的行为，应该说不存在可予以故意非难的主观事项；所以作为一种所谓的假想防卫，姑且不论能否追究过失责任这一点，要肯定故意责任是不可能的"。[4]

2 ■ 假想防卫（避险）过当

（1）假想与过当——故意犯的成立与否

两种类型　　如果错误地相信存在正当防卫状况，那么构成假想防卫，对该当构成要件的行为不能予以故意非难，至多成立过失犯。但是，**防卫行为超过不得已而实施的程度时，构成假想防卫过当，成立故意犯，根据《刑法》第36条第2款可以减免刑罚**[最决昭和六十二年（1987）3月26日（刑集第41卷第2号第182页）]。[5]

　　广义上作为假想防卫过当来讨论的案件中存在两种类型。首先，（A）虽然存在着急迫不正的侵害但防卫行为超过了相当性的程度，而且对超过该程度欠缺认识（以为防卫行为是相当的）的情形（下表中的类型②）。如果对超过了相当性的程度有认识，则构成防卫过当；但由于对该点存在错误认识，所以被认为是一种假想防卫过当。这种类型主观上完全是正当防卫的认识，属于**假想防卫**。

　　但是，说起假想防卫过当时多指以下情形，即（B）明明不存在急迫不正的侵害（客观方面），却误以为存在着（主观方面），而且超过了相当性程度的

---

〔4〕　另外，大阪高裁还认为，由于哥哥Y属于应从对方团体中救助出来的"人"，所以欠缺认定故意有所符合的根据；从而即便从事实认识错误论出发，X也不成立伤害致死罪。但是，当B正在伺机杀害家长A时，行为人试图杀害B却误将A杀害，这样的情形中成立杀人罪的故意犯（本案中设想的前提是行为人不知道B正在实施杀害A的行为。——译者注）。

〔5〕　此外，参见东京地判昭和五十一年（1976）3月26日（判夕第341号第310页）；东京地判昭和五十三年（1978）11月6日（判时第913号第123页）；东京高判昭和五十四年（1979）4月15日（判时第937号第123页）等。另外，有关假想避险过当的判例有大阪简判昭和六十年（1985）12月11日（判时第1204号第161页），其中包含着与假想防卫过当相同的讨论。

情形。[6] 根据有关相当性的认识内容,这种案例大体上分为两类。即认识到实施的是相当的防卫行为的情形(类型⑤),与认识到超出相当性范围的行为而实施的情形(类型⑥)。类型⑤的主观上是正当防卫的认识,属于**假想防卫**[东京高判昭和五十九年(1984)11月22日(高刑集第37卷第3号第414页)]。类型⑥才是狭义的假想防卫过当。

	客观上的情况		主观上的认识		
	防卫状况	防卫行为	防卫状况	防卫行为	
① 正当防卫	急迫不正	相当	急迫不正	相当	无罪
② 假想防卫(过当)(A)	急迫不正	不相当	急迫不正	相当	过失犯
③ 防卫过当	急迫不正	不相当	急迫不正	不相当	故意犯
④ 假想防卫		相当	急迫不正	相当	过失犯
⑤ 假想防卫(过当)(B)		不相当	急迫不正	相当	过失犯
⑥ **假想防卫过当(B)**		不相当	急迫不正	不相当	故意犯

讨论梳理 判例将类型⑥的案件称为假想防卫过当。另外,学说以(B)狭义的假想防卫过当为核心展开讨论,这些讨论可梳理为假想防卫说与防卫过当说之间的对立。(a) **假想防卫说**否定故意犯的成立,承认成立**过失犯**的余地,而(b) **防卫过当说**承认故意犯的成立。但是,对于是假想防卫还是防卫过当,进而成立过失犯还是成立故意犯,将其设定为二选一的问题这种做法本身是有疑问的。防卫过当(故意犯)与假想防卫(过失犯)未必是对立的,否定故意犯成立过失犯时,也存在认定为防卫过当从而减免刑罚的余地。①是否成立故意犯与②是否承认第36条第2款的减免效果,是不同层面的问题,必须分别予以讨论。

对过当性欠缺认识的情形 对于急迫不正的侵害,主观上以为是相当的而实施行为时,亦即关于(A)中的案例(上表中的类型②),不能认定故意犯的成立。如果着眼于主观方面,则完全是在正当防卫的认识下实施的**假想防卫**(参见上表中的类型④),不能对行为人予以故意非难。在误以为行为相当这一点上如果存在过失,则认定过失犯的成立。

---

[6] 假想过当的问题在**紧急避险**的情形中也会产生。指的是客观上不存在现实危难,但误以为存在而且实施了过当避险行为的情形。A女想走向阳台时,X误以为A是真的试图要自杀并想要制止A,竟超过为制止自杀而不得已的程度实施了本案暴行,致使A死亡。关于该案,东京地判平成九年(1997)12月12日(判时第1632号第152页)认为,在身高、体重等方面X都远胜于A,明明存在着其他为制止自杀而能够容易采取的方法,X却施加了用两手猛烈顶推被害人两肩使其跌倒在当场的暴行;即便是以X所假想的"现实危难"为前提,这也明显超过了为避险而不得已的程度。

与（A）相关联的判例有最判昭和二十四年（1949）4月5日（刑集第3卷第4号第421页）。该案案情是，由于老人A拿着棒子模样的东西朝着自己击打而来，于是X拿起身边的斧子进行反击，却没有对该斧子多加注意，以为其是棒子之类的东西。关于该案，最高裁认定为防卫过当。该判决认为X"虽然对斧子没有认识，但对与斧子相当的重量"存在认识，从而认定X对过当性具有认识（上表中的类型③）；但如果没有认定存在这样的认识，则成为（A）中的案件。

在三人共同实施防卫行为致使被害人窒息而亡的案件中，东京地判平成十四年（2002）11月21日（判时第1823号第156页）认为，虽然其中一人的反击行为超出了防卫行为相当性的范围，但能够认定对此没有认识的其他两人是假想防卫，于是宣告了无罪。的确，如果对过当性欠缺认识的人对于其他人实施的不相当行为不存在过失，则应当认定为不可罚。

对过当性具有认识的情形　这一点在类型⑤中也一样。虽然客观上既欠缺急迫不正的侵害又欠缺相当性，但主观上完全具有对应于正当防卫的认识，属于**假想防卫**。

可是，如类型⑥那样，一方面误以为存在急迫不正的侵害，另一方面又认识到行为不相当时，则与此完全不同。虽然认识到了急迫的情况，但既然对过当性存在认识，则不能说具备了正当防卫的主观方面，成立故意犯。[7]

在醉酒的A女与安慰该女的B男交互推挤时A女屁股着地摔倒，空手道三段的在日英国人X目击这一幕后误以为A女受到了B男的暴行；X为了帮助A女而插入两者之间时，B男出于防卫将两拳举起放在胸前附近，但X误以为B男想要过来殴打自己；于是，X想要防卫自己与A女的身体，以回旋踢的腿法踢打B男面部附近，使其跌倒在路面上并最终在几日后死亡。前述最决昭和六十二年（1987）3月26日认为，X的行为作为针对假想的急迫不正侵害的防卫手段，超出了相当性的范围，属于假想防卫过当。X有意图地实施回旋踢，可以说属于类型⑥中的案件［另参见最决昭和四十一年（1966）7月7日（刑集第20卷第6号第554页）］。

最近的案件有，A对X说出的话感到愤怒，X误以为A立刻就会朝自己殴打过来并抓住自己的头发，于是为了保护自己的身体，虽然认识到可能会使A死亡却仍然用刃长15厘米的菜刀朝A背部捅了一刀，但未将其杀害。关于该案，东京地判平成二十年（2008）10月27日（判夕第1299号第313页）认为成立假想防卫过当。

---

〔7〕　具体案例参见东京地判平成十年（1998）3月2日（判夕第984号第284页）；大阪高判平成十二年（2000）6月2日（判夕第1066号第285页）；东京高判平成十三年（2001）9月1日（判时第1809号第153页）；东京地判平成十四年（2002）10月24日（判夕第1135号第305页）等。

(2) 第 36 条第 2 款的适用

责任减少说与违法减少说

责任减少说认为,由于行为处于急迫不正的侵害之下,所以责任减少了。根据责任减少说,与客观上是否存在急迫性没有关系,既然主观上以为是急迫的并产生惊慌,那么责任就变轻了。下表中从①到⑥,由于全都属于主观上以为存在急迫不正的侵害而实施行为的情形,所以全都应该承认刑罚的减免。即便是过失犯,也完全可以考虑第 36 条第 2 款的适用。但是,如果欠缺了防卫过当的形式要件(过当结果),则不能适用第 36 条第 2 款。对防卫"过当"而言,必须发生过当的结果。因此,对于第 320 页表中的②③与⑤⑥,能够承认刑罚的减免。与此相对,**违法减少说**认为,"由于是对不正侵害实施的防卫行为,所以违法性减少了",因此对于存在急迫不正侵害的①②③应该承认刑罚的减免。所以,对于其中产生了过当结果的②与③,适用第 36 条第 2 款。

		责任减少说	违法减少说
① 正当防卫		无 罪	无 罪
② 假想防卫(过当)	(A)	过失犯→第 36 条第 2 款	过失犯→第 36 条第 2 款
③ 防卫过当		故意犯→第 36 条第 2 款	故意犯→第 36 条第 2 款
④ 假想防卫		过失犯	过失犯
⑤ 假想防卫(过当)	(B)	过失犯→第 36 条第 2 款	过失犯
⑥ 假想防卫过当	(B)	故意犯→第 36 条第 2 款	故意犯

具体的讨论 对于假想防卫(过当)(⑤)与假想防卫过当(⑥),责任减少说与违法减少说在结论上会产生差异。关于这一点,如果将第 36 条第 2 款减免处罚的根据理解为以违法性减少为基础同时考虑责任减少(→第 282 页),那么⑤与⑥的情形中客观上的违法性完全没有减少,既然如此就不应该承认刑罚的免除。但是,不能否定也存在着责任减少这一事实,所以一概不承认刑罚的减轻也不合理(如果责任没有减少到一定程度,则不能承认刑罚的减轻)。

第六章

共　犯

第一节 ▪ 共犯与正犯

1 ▪ 共犯处罚的含义

> **第60条** 二人以上共同实行犯罪的,都是正犯。
> **第61条第1款** 教唆他人使之实行犯罪的,科处正犯的刑罚。
> **第2款** 教唆教唆犯的,按照前款处理。
> **第62条第1款** 帮助正犯的,是从犯。
> **第2款** 教唆从犯的,科处从犯的刑罚。
> **第63条** 从犯的刑罚,比照正犯减轻刑罚。
> **第64条** 仅应科处拘留或者科料之罪的教唆犯和从犯,若无特别规定则不处罚。

(1) 正犯与共犯

共犯规定 《刑法》第60条规定了二人以上共同实行犯罪的**共同正犯**(→第343页),第61条规定了教唆他人使之实行犯罪的**教唆犯**(→第375条)。此外,第62条还规定了帮助正犯的**从犯**(即帮助犯→第382页)。共同正犯也具有"正犯"的性质,只有后两者被称为**狭义的共犯**(加担犯)。但是,狭义的共犯实际上非常少,在具有共犯关系的有罪人数中只不过占1.7%。特别是教唆犯,只占了0.2%[1],第61条实际上几乎没有起到作用〔平成十年(1998)〕。在日本,共同正犯具有压倒性的重要地位,共犯论也必须以共同正犯为核心展开。

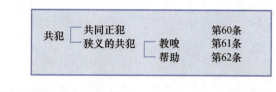

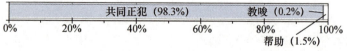

---

[1] 而且,藏匿犯人罪、隐灭证据罪占了一大半[关于其理由→参见各论第八章第四节1(2)]。

处罚扩张事由 关于杀人的参与,除了直接下手的行为外,还可以想到命令杀人、唆使杀人、给予武器等种种形式。此外,对于以某种形式对结果发生作出贡献的人,也可以考虑全都予以与正犯相同的处罚[**单一的正犯(人)概念**]。但是,现行《刑法》采用的形式是,只对能够评价为自己实施了"将人杀害"这一实行行为的人(正犯)进行处罚,而对属于"共同正犯""教唆""帮助"这样的处罚扩张类型的人,补充性地进行处罚。虽然也有见解要求共犯也具有"与正犯相等的处罚根据"(→第328—329页),但如果将该见解贯彻到底,就失去了共犯的存在意义。共犯处罚的是凭借正犯的处罚根据不能予以说明的行为。此外可以看到,共同正犯以"共同"为条件缓和了正犯性。另外,与德国等不同,判例是通过缓和地理解正犯与共同正犯来填补不当的处罚空隙(→第335、346页)。〔2〕 再者,与未遂的情形一样,共犯的处罚范围也是以社会上的处罚要求大小为基础,依照国民的规范意识来决定的(→第107页)。

日本的共犯概念 在日本,传统上认为正犯是犯罪的核心而共犯是从属性的存在,所以认为不应该仅以是否"直接"实行犯罪为基准来决定是否属于正犯(参见平松义郎:《江戸の罪と罰》,第101页)。《新律纲领》名例律下的"共犯罪分首从"也规定,"凡共犯罪者,以造意一人为首;随从者为从,减一等"。但是,在采用西欧型共犯规定的刑法解释论中,完全没有实施"实行行为"的人不能成为共同"正犯"。因此,采取传统共犯概念的实务中的共犯论与忠实于西欧型"理论"的学说中的共犯论之间,产生了对立(→参见第346—347页)。此外,现代国民也把下令者的刑事责任看得比实行犯的更重(参见《司法研究报告书》第57卷第1号第86页)。

例如,虽不是《刑法》中的犯罪,但对抗议的"煽动行为"却广泛地受到处罚(大塚第302页)。此时,不处罚正犯人,只处罚教唆者(独立教唆罪)。这虽然与明治时代引入西欧型共犯规定的《刑法》存在若干矛盾之处,但当下没有必要强调明治时代立法者的意思。只要是在条文解释可能的范围内,就应该使用更具机能性与合理性的共同正犯概念(共谋共同正犯→第346页)。

---

〔2〕 可以说日本实务中基本上采用的是**扩张的正犯概念**,即认为"对于结果发生提供某种条件且值得处罚的,本来全都是正犯,但特别地将其中该当教唆、帮助的作为共犯来处理"。这属于有关正犯与狭义的共犯关系的思考方法中的一极。其结果是,比较缓和地承认间接正犯。另外,德国等国家严格地解释正犯,只将"通过自己之手直接实施实行行为者"作为正犯,此外的参与人全都看作共犯,这样的倾向很强[**限制的(缩减的)正犯概念**]。由于间接正犯是利用"人"的犯罪行为,所以基本上将其归为共犯。

(2) 正犯与共犯的区分

自己实行者　《刑法》第61条明确指出,教唆犯是指"使正犯实行犯罪的人",从形式犯罪论来看,"正犯是指实行犯罪的人"。正犯从客观方面的确可以说基本上是**自己**实施了实行行为从而引起结果的人。但是,正犯不限于通过自己之手直接实行的人,也包括"能够与**此等同视之的人**"。[3]这是因为,不能把所有应受处罚的**间接正犯**(→第89页)全都作为共犯来处理。日语中的教唆、帮助有其历史形成的固有含义,不能理解为包括了所有对他人犯罪行为产生影响的行为。此外,在日本,"正犯"中有很强烈的"核心人物"的意思(→第325页)。即便是经由他人之手实现犯罪,也多称为正犯或共同正犯。正犯是指,考虑到各个构成要件的特征后,实质上可以说"将该罪作为**自己的犯罪**来实施"的情形(→第327、345页)。

实质的正犯概念　关于正犯与共犯的区分,可以看到主观说与客观说的对立。**主观说**认为,无法在客观上区分正犯与共犯,以正犯的意思实施行为的是正犯,以加担者的意思实施行为的是共犯。[4]与此相对,**客观说**认为应当通过客观上的行为来区分正犯与共犯。例如,认为条件关系中给予了重要原因的人是正犯,或者具有相当因果关系的人是正犯(→第134页注4)。但是,对于教唆者的行为,有时也能够认定存在相当因果关系。

从**实质犯罪论**出发,除了要规范地把握客观事项,还要把主观事项考虑进去,综合地判断正犯性。是否说得上是作为**自己的犯罪**来实施,不考虑主观事项就无法予以判断。故意犯该当何种构成要件,不考虑"故意"就无法判断(→第41页),与此相同,在认定正犯性时行为人的意思内容具有重要意义。在此意义上,必须将主观说与客观说统合起来予以运用。

如果以共犯概念的存在为前提再次审视正犯,正犯中存在着(A)**单独正犯**与共同正犯,还可以划分为(B)**直接正犯**与**间接正犯**(→第89页)。在讨论共犯与正犯的界限时,实际上重要的是如何思考共同正犯、间接正犯与狭义的共犯之间的界限。

---

[3]　必须实质地理解"实行行为"(→第89页)。此外,也可以表述为行为人必须在一定程度上支配着结果发生。在此意义上,认为支配了行为的人是正犯的**行为支配说**,与此并没有什么实质性差异。

[4]　过去,因果关系论也起着区分正犯与共犯的作用。这种主观说以因果关系论中的条件说(等价说)为前提,认为存在条件关系的行为在客观上看来全都是等价的。

共犯的独自性、类型性 虽然过去存在着"由于不该当教唆,所以成立间接正犯"这种排除法式的讨论(→第335—336页),但在追问正犯性时必须具有积极的根据。此外,不属于间接正犯的行为也并非全都构成教唆。仍然有必要通过教唆、帮助的类型性来划定界限。

与正犯行为所造成的结果具有因果性的推动行为,并非全都构成教唆或帮助。与正犯行为只限于违法行为中具有构成要件该当性的行为一样,只有该当了教唆或帮助的类型时才予以处罚。在日本,教唆或帮助犯罪的行为中只有极少一部分受到处罚(→第325页)。

必要的共犯 属于以一个行为人的参与为前提而多个人予以加功的犯罪类型时,适用共犯规定(**任意的共犯**)。但是,也存在着像内乱罪、骚乱罪这样,本来就预设了多个参与人的犯罪类型(**必要的共犯**)。必要的共犯中有对向犯与集团犯。**对向犯**(重婚罪、传播淫秽物品罪等)是像贿赂罪这样,必须存在着受贿一方与行贿一方,即所谓的"相互对着的两方当事人"。**集团犯**则是像内乱罪、骚乱罪这样,必须存在着朝着同一方向的多个参与人。无论如何,在必要的共犯的情形中,本来就预设了多个人的参与,不适用共犯规定。

> **必要的共犯论的意义** 在必要的共犯(特别是对向犯)中,"对于就成立某个犯罪而言当然预想到的,毋宁说为成立该犯罪不可欠缺的参与行为〔5〕,既然不存在处罚该行为的规定,那么将该行为作为接受参与一方的可罚行为的教唆或帮助来处罚,这原则上并非法律的意图所在"[最判昭和四十三年(1968)12月24日(刑集第22卷第13号第1625页);另参见最判昭和五十一年(1976)3月18日(刑集第30卷第3号第212页)]。虽然许多情况下不处罚的实质理由在于违法性或者责任欠缺或微弱(参见平野第379页,中第218页),但的确也存在着仅凭这种理由不能予以说明的情形(共犯论的政策性色彩)。在必要的共犯不可罚的范围中,很大一部分是基于刑事政策、立法技术上的理由。

(3) 共犯与共同正犯的处罚根据

共犯处罚根据论的贫瘠性 昭和五十年代(1975—1985)以后,对应于结果无价值论与行为无价值论的对立,尝试着对共犯(尤其是教唆犯)进行理论

---

〔5〕 例如,像传播淫秽物品罪(第175条)这样,虽然有处罚卖方的规定但没有处罚买方的规定时,即使购买淫秽物品的人帮助了出售行为,也不成立传播淫秽物品罪的从犯。其理由是,立法者当然认识到了购买行为的存在却没有设定相应的构成要件,所以明确表示了不予处罚的意思。

说明的德国的**处罚根据论**被介绍到日本。但是，由于基本上是试图将以教唆为核心进行思考的德国式理解引入没有教唆的日本，所以对日本刑事司法实务几乎没有产生影响。[6]

共同正犯的处罚根据论

共犯处罚根据论唯一的实质性影响在于，使得从结果无价值的角度来说明共同正犯处罚根据的趋势增强。共同正犯的意义在于**部分行为全部责任原则**，即对他人的实行行为、结果予以归责，如果不是共同实行的则不能予以归责（→第 343 页）。此外，之所以对共同正犯能够产生实行了部分行为却要承担全体责任的效果，很有影响力的解释是，因为**物理上共同实行，而且共同正犯相互教唆或予以心理上的帮助从而在心理上互相产生影响，提高了结果发生的盖然性**。但是，在日本《刑法》中，例如第 207 条的同时伤害特例那样，对于"欠缺因果性的结果"也承认刑事责任。所以，从一开始要追问的正是"因果性"的具体内容。

2 ■ 共犯的原理与共同正犯的原理

(1) 从属性说与独立性说

实行从属性

共犯论中最基本的对立，是围绕着共犯的本质而产生的① **从属性说**与**独立性说**的对立。另外，几乎与此平行着，围绕共同正犯的本质，存在② **犯罪共同说**与**行为共同说**的对立。**新派刑法学**主张**独立性说**，认为仅凭独立于正犯之外的共犯行为自身的犯罪性就能够处罚共犯；而**旧派刑法学**采用**从属性说**，认为共犯的处罚在某种意义上也是以正犯行为为前提的。这种对立可以说是明治时代以来**形式犯罪论**的**象征**。尤其是**犯罪共同说**，认为运用形式化的理论就能在逻辑上推导出共犯的成立。

从属性论的核心在于**有无从属性（实行从属性）**的问题，即**为了处罚共犯，正犯是否必须至少已经着手实行犯罪**。从属性说占据了压倒性的地位（大塚第 269 页，曾根第 248 页）。[7]

---

[6] 可以说这是一种试图以责任共犯论与惹起说（因果共犯论）的对立来说明共犯的尝试。**责任共犯论**将共犯的处罚根据求之于共犯通过教唆、帮助使正犯堕落，使其陷入有责地受到处罚的状态这一点。而**惹起说（因果共犯论）**则将共犯的处罚根据求之于共犯与正犯一起引起了正犯所实现的犯罪结果这一点。

[7] 但是，该问题实质上是"着手时期（未遂处罚范围）"的问题。旧派的**未遂客观说**占压倒性优势地位与从属性说获得支持，这两者是互为表里关系的。

	旧派	新派
共犯的本质	共犯从属性说	共犯独立性说
共同正犯的本质	犯罪共同说	行为共同说

独立性说认为,教唆、帮助行为本身的开始就是共犯"实行"的着手,即便正犯拒绝实施犯罪行为,但只要实施了共犯行为,就可以作为未遂犯来处罚(**教唆未遂**)。[8] 与此相对,**从属性说**认为,共犯的未遂成立于正犯着手实行的时点[9],在此之前的阶段(教唆未遂)是不可罚的。但是,独立性说的支持者很少,几乎不会讨论到处罚教唆未遂的问题。

从属性说的真实形象

由于《刑法》第61条规定"教唆他人使之实行犯罪的",所以教唆犯本身没有实施实行行为,既然如此,那么《刑法》第43条的"实行的着手"也只是就正犯而言的。这样的解释得到了强烈支持。可是,虽然从属性说的结论是妥当的,但不应该那样形式地理解实行行为的概念。可能存在实行行为开始前的**预备的共犯**[10],判例也承认**预备的共同正犯**[最决昭和三十七年(1962)11月8日(刑集第16卷第11号第1522页)]。如果出现了扩大未遂处罚的必要,那么共犯处罚也会扩大,"在教唆行为中承认实行的着手"这一点"在理论上"也是可能的。独立性说之所以只获得了很少的支持,最根本的原因在于,在战后的日本社会,根据该学

---

[8] 独立性说通过以下几点来主张其合理性(牧野第694页,木村第396页):① 教唆(帮助)行为本身就是具有处罚价值的犯罪的实行行为,《刑法》第43条的"实行"中也包含教唆、帮助行为;② 对从属性说提出批判,认为从属性说采用的是以正犯着手实行为条件的"附条件犯罪"的思考方法,从正犯的行为开始,即脱离了共犯自身行为后的因果流程的中途开始处罚共犯的未遂,这很不自然;③《刑法》第202条独立处罚自杀(不处罚)的共犯行为本身;④《刑法》第65条第2款也将共犯与正犯的处罚作为不同的事物来对待(→第337页)。

[9] 从属性说认为:① 即便承认共犯独自的实行行为,仍然需要出现结果发生的具体危险,这种具体危险为处罚共犯奠定了基础(仅仅说了一句"去把那人杀了"但对方完全置之不理,这种情形下也予以处罚会显得有点过分)。② 作为未遂的"结果",具体危险性也可能发生在脱离行为人之手后的时点(→第111页)。③ 作为独立性说根据的《刑法》第202条,其规定的不是通常的教唆、帮助,而应该理解为特殊规定[→参见各论第一章第一节3(1)]。而且,《破防法》等独立地处罚教唆未遂,但科处的是比正犯的未遂更轻的处罚。如果按照独立性说来思考,则刑罚应与正犯的未遂相同。④《刑法》第65条第1款规定了共犯与正犯的连带性,从第65条整体来看,不能说其决定性地有利于哪个学说(→第338页)。

[10] 例如,Y教唆X实施杀人罪(第199条),X却在准备手枪的阶段(杀人预备罪)被抓获,此时如果形式地套用从属性说,则X尚处于没有着手"实行"的预备阶段,不能追究Y的共犯责任。但不能否定的是,Y引起了能够为杀人预备罪奠定基础的对生命的危险性。如此一来,教唆他人使之实行预备罪的,也应该理解为属于第61条中的"教唆他人使之实行犯罪的"。由于预备不是实行行为,所以不能成立教唆,这种形式化的论证不具有说服力。但是,从第64条所展现的政策目的(→第325页)以及共犯处罚的例外性(→第326页)出发,应该限定预备罪共犯的成立范围。

说所得出的共犯处罚范围太过于宽广了。[11]

此外,有关教唆犯处罚范围的实行从属性说的对立,在当今日本正失去其意义。这是因为,现实中几乎不存在教唆犯(→第 324 页)。共犯论的"主战场"是共同正犯。

331 **体系性思考的界限** 特别是在共犯论中,为了安定地处理复杂案件,重视形式犯罪论,即使用形式化的理论体系,宛如"概念的计算"那样来处理问题。但是,选择"独立性说""犯罪共同说""惹起说"等基本原理的根据,才是争论的核心;抛开立足于国民的规范意识,针对各个具体的论点考虑能否推导出妥当的解决方案这一视角,是不可能讨论"是否应该处罚看上去与结果欠缺因果性的共犯行为"这一问题的。

(2)犯罪共同说与行为共同说

罪名从属性 在从属性的讨论中,除实行从属性问题外,还包括①罪名从属性问题与②从属性程度(要素从属性)问题(平野第 345 页)。**罪名从属性**的问题是指,正犯与共犯成立的罪名是否必须相同。**从属性程度**(**要素从属性**→第 333 页)的问题则是指,为了成立共犯,正犯的犯罪必须完成到哪个阶段。虽然从属性说占据了压倒性地位,但正犯与共犯的罪名可以不同。

> **教唆、帮助与正犯的罪名** 如果将犯罪的从属性贯彻到底,那么正犯与共犯的罪名必须相同,但无论判例还是学说,都**不要求罪名一致**。Y 教唆盗窃但正犯 X 实施了抢劫时,认定 Y 成立盗窃教唆,而不是将 Y 的罪名认定为"抢劫罪的教唆(科处盗窃罪的刑罚)"(→第 199 页)。[12][13] 但是,教唆、帮助必须是使正犯实施"犯罪"。不承认

---

[11] 在英国治安恶化的过程中,一方面维持从属性说,另一方面则通过扩大独立教唆的处罚等,承认了与独立性说同样的处罚范围(参见木村光江:《イギリスにおける共犯処罰と 2007 年重大犯罪法》,《法学新报》第 121 卷第 11—12 号第 260—261 页)。

[12] 由于教唆、帮助限定为故意行为(→第 375、382 页),所以必须对能够为故意非难奠定基础的事实具有认识。因此,Y 教唆 X 盗窃但 X 实施了杀人时,教唆犯 Y 不用承担任何刑事责任。但是,Y 教唆 X 盗窃而正犯 X 实施了抢劫时,Y 在两者构成要件重合的范围内即盗窃的范围内承担教唆的责任(→第 202 页)。共犯之间犯罪类型不同时,首先作为错误的问题来处理。此外,法定符合说与认定共犯成立的"构成要件间重合的范围"几乎是一致的(→第 346 页)。

[13] 正犯是抢劫罪而共犯是盗窃的教唆时也一样,正是因为教唆者实施的"唆使行为达到了能够评价为教唆实施盗窃行为的程度",才将其作为盗窃教唆来处断。因此,共犯不可能成立比正犯更重的罪。但是,例如在不真正身份犯的情形中,身份犯(常习赌博罪)实施的帮助从属于没有身份的正犯行为(单纯赌博罪)是有可能的(→第 341—342 页)。

没有正犯的共犯。以本来的语义及判例的蓄积为前提,必须将教唆理解为完全是指使他人实行犯罪从而产生结果。[14]

犯罪共同与行为共同　在共同正犯中,罪名从属性的讨论表现为是否需要"共同实施同一犯罪"的形式,这具有实践性的意义。**犯罪共同说**只承认同一罪名的共同正犯,该说由于与从属性具有亲和性,所以很有影响力。但是,**行为共同说**也很有影响力,认为共同行为以实现各自所意图的不同犯罪时,也成立共同正犯(不同的罪名)。有一段时期毋宁说判例基本上采用的是行为共同说(→第351页)。判例与学说未必互相关联而展开,但在此所要寻求的是能够在实质上合理说明妥当结论的共同正犯本质论(→第351页)。

	狭义的共犯	共同正犯
正犯实行的必要性	实行从属性	
同一犯罪的必要性	罪名从属性	犯罪共同、行为共同
犯罪要素的共通性	要素从属性	(犯罪共同、行为共同)

　　过去的"从属性说—犯罪共同说—旧派""独立性说—行为共同说—新派"这一图式,从很久之前就已经开始动摇了(佐伯第322页),相当多采取从属性说的学者采用了行为共同说(平野第365页,中山第245页)。这在表面上表现为一方面承认实行从属性,另一方面又不得不针对不同的犯罪认定共犯或共同正犯。但在这一表面现象的深层显现出,"是从属还是独立"等二选一式的讨论方法存在局限。另外,德国式的从属性讨论原本是以教唆犯为主进行思考的,这与日本的共犯理论不具有整合性。

(3) 要素从属性与共同的射程

要素从属性　正犯的行为完成到犯罪成立要件(构成要件、违法性、有责性、处罚条件)的哪一部分时才能够处罚共犯(共同正犯),这一问题被称作**要素从属性**。在此主要考虑的也是教唆犯,讨论的是《刑法》第61条

---

[14] 如果强调对正犯的从属,就会存在将请求杀害自己的人作为同意杀人罪(《刑法》第202条)的教唆来处罚的余地。由于教唆正犯使其实施该当第202条的犯罪行为,所以应该处罚。但是,没有必要去处罚同意杀人罪中的被害人。同样,12周岁的少女引诱男子发生性行为时,如果强调使对方男子实施"强奸行为"这一点,则该少女均构成教唆(但是没有达到刑事责任年龄)。对这种可以被称为**没有共犯的正犯**的案件,以"因为正犯是违法的,所以共犯也违法"的形式来予以处罚,并不妥当。虽然没有正犯行为就不成立共犯,但并不会因存在正犯行为而必然成立共犯。正犯行为是必要条件但不是充分条件。

"教唆他人使之实行**犯罪**"中的"犯罪"是指什么这一解释问题。亦即正犯（或者共同正犯）在无责任能力状态下实施了实行行为，或者作为正当防卫实施了实行行为时，该如何处断的问题。[15] 此外，还会讨论到，对欠缺违法性或责任的人实施的唆使行为，是否应当作为间接正犯来处罚。

> (a) 夸张从属性说：犯罪 =TB+R+S+处罚条件
> (b) 极端从属性说：犯罪 =TB+R+S
> (c) 限制从属性说：犯罪 =TB+R
> (d) 最小从属性说：犯罪 =TB

限制从属性说　使正犯实施"该当构成要件、违法且有责的行为"，这是对"使之实行犯罪"这一规定最自然的理解（**极端从属性说**）。因此，这也成为过去判例所采用的见解。[16] 但是，在"违法是连带的，责任是个别的"这一标语下，**限制从属性说**变得很有影响力。该说认为，虽然违法性在客观上是正犯与共犯所共通的，但是否存在责任有赖于个人的情况；即便正犯欠缺责任，但只要共犯具有责任，那么仍然可以处罚共犯（参见大塚第271页、中山第447页）。[17]

但是，极端从属性说与限制从属性说哪一个才是正确的理论，这一问题设定就是错误的。首先，不可否认的是，存在能够将唆使12周岁的少年或精神分裂症患者杀人的行为称为教唆的情形。可是，如果命令12周岁的少女盗窃，使之实施违法行为，未必成立盗窃的教唆〔最决昭和五十八年（1983）9

---

[15]　无论是共同正犯的情形，还是狭义的共犯的情形，必须存在实行行为的共同或者对实行行为的从属（→第344、375页）。那么，违法是不是也必须是共同的呢？关于违法性，共犯是不是也要从属于正犯？这些问题的答案，似乎也能够从位于行为共同说、犯罪共同说基础之中的"联结程度"这一视角出发推导出来。但以往的讨论集中在是否需要构成要件的共同这一点上，不怎么讨论违法性或责任的"共同"。

[16]　对于该问题，是通过四个学说的对立来说明的。但是，由于《刑法》第65条第2款、第244条第3款、第257条第2款等明确表示正犯的个人处罚条件对共犯不产生影响，所以很少有人支持要求正犯必须满足处罚条件的(a)**夸张从属性说**。另外，认为正犯不需要具有违法性的(d)**最小从属性说**也很不自然。例如有批判指出，关于请求医师对儿子进行手术的行为，如果认为医师该当伤害罪的构成要件，只是通过《刑法》第35条予以正当化，那么按照(d)说家长要构成教唆。所以关于该问题，其实是(b)极端从属性说与(c)限制从属性说二者之间的争论。

[17]　按照极端从属性说，利用未达刑事责任年龄等无责任能力者使其实施犯罪行为的人，由于正犯欠缺责任要件，所以不能构成教唆。可是，将这样的案件认定为不可罚并不妥当，从而将其作为间接正犯予以处罚。但是，将唆使未达刑事责任年龄者盗窃的人都认定为盗窃的正犯，会不当扩张正犯性（实行行为性）。因此能够将这样的案件解释为构成教唆的限制从属性说变得很有影响力。

月21日(刑集第37卷第7号第1070页)→第91页]。"违法性在正犯与共犯中连带着"这一命题也并非总是正确的。存在虽然共犯(共同正犯)违法，但正犯(共同正犯)成立正当防卫的情形(另外，请求他人杀害自己的人，并不具有同意杀人罪的违法性→第332页注14)。[18][19] 在教唆犯极其稀少的现代日本的解释论中，关于要素从属性的讨论不具有解决问题的机能。

共犯的射程(教唆与正当防卫) 教唆他人杀人，但正犯是以正当防卫的方式杀死被害人时，并不能形式化地处理为"由于违法性是连带的，所以正犯的正当防卫也及于共犯"(→第354页)。在**利用正当防卫的间接正犯**情形中，对被利用者来说是正当的结果，对于正犯(利用者)而言也可能是违法的。

间接正犯与要素从属性 德国有关间接正犯的讨论是为了填补教唆与直接正犯的处罚空隙而出现的，认为不成立教唆犯时成立间接正犯。如果采用极端从属性说，利用无责任能力者的行为不成立教唆，但由于并不能不处罚，所以成立间接正犯(中山第447页)。可是，"间接正犯＝不能作为教唆来处罚的范围"这一前提存在问题。在讨论共犯性之前，首先必须考虑是否成立罪质更重的间接正犯(→第89页)。

结论的妥当性 所以，通过要素从属性的讨论不能推导出妥当的结论。如果采用**极端从属性说**(→第333页)，那么利用未达刑事责任年龄等无责任能力者X使其实施犯罪行为的Y不能构成教唆，而是成立间接正犯。但是，认为教唆12周岁的儿童盗窃的Y总是成立盗窃的正犯，并不妥当。于是能够在此种案例中认定构成教唆的**限制从属性说**变得很有影响力。但是反过来，认为利用12周岁儿童的行为总是成立教唆，也不合理。[20] 利用者Y能否成为间接正犯，不能通过被利用者X的行为是"具有构成要件该当性与违法性的行为"还是"具有构成要件该当性、违法性与有责性的行为"

---

〔18〕 正当防卫的急迫性等是相对于各行为人而言的(→第354—355页)。另外，根据广泛承认主观违法(正当化)要素的见解，违法性的判断就更加相对化了。

〔19〕 此外，如同主张"存在同意的手术欠缺构成要件该当性"的学说也变得很有影响力那样，对于在构成要件、违法性与责任阶段要编入何种要素，学说分化得很细。以这样的现状为前提，通过有关要素从属性的形式化讨论来处理问题，显然很不合理。归根到底，不对教唆、帮助的"类型性"进行分析，就不可能讨论狭义的共犯的实质。

另外不能忘记的一点是，要素从属性的讨论与间接正犯的处罚范围密不可分，两者需联结在一起进行讨论。迄今为止的学说都是以应予处罚为前提讨论应该作为教唆来处罚还是作为间接正犯来处罚这一问题的。(c)说之所以变成了多数说，其实质理由也在于间接正犯的处理。虽然要素从属性应该完全是个共犯成立范围的问题，但是在间接正犯那里会再次受到讨论。

〔20〕 另外，根据限制从属性说，唆使3周岁的幼儿盗窃时，由于形式上属于欠缺责任要件的情形，所以成立教唆犯。

这种形式化的讨论来决定。间接正犯性要通过能否说得上是"自己的犯罪行为"来决定(→第 90—91 页)。[21]

336 **"根据要素从属性进行解释"的失败** 母亲命令 12 周岁 10 个月的儿子实施强取财物的行为。关于该母亲,最决平成十三年(2001)10 月 25 日(刑集第 55 卷第 6 号第 519 页)虽然认为儿子是本着自己的意思决意实施抢劫的,母亲不成立间接正犯;但又考虑到母亲传授了犯罪方法并取得了财物等,认为母亲也不是教唆犯,而是认定成立共同正犯(→第 92 页注 13)。[22] "不成立教唆时属于间接正犯"这一解释完全丧失了说服力,确立了按照①间接正犯—②共同正犯—③共犯"由重到轻的顺序"来考察这一理所当然的解释论。[23]

※ 控制下交付(controlled delivery)与间接正犯→第 95 页

3 ■ 共犯与身份

> **第 65 条第 1 款** 加功于因犯罪人的身份而构成的犯罪行为时,虽不具有身份者也是共犯。
> **第 2 款** 因身份而特别地加重或者减轻刑罚时,对不具有身份者科处通常的刑罚。

---

[21] **利用合法行为** Y 欺骗 A 使其对 X 施加攻击,然后利用 X 对 A 的正当防卫来将 A 杀死,Y 成立杀人罪吗?根据以往形式化的讨论,即便采用限制从属性说也会认为成立间接正犯。但是,这种情况下几乎不可能认定正犯性(平野第 362 页)。从 Y 在多大程度上支配了 X 的行为这一视角出发进行思考,这种情形中介入了太多的偶然性。此外,对 X 的教唆行为也不能得到认定。关于此种案件看不到实际的判例[另外,大判大正十年(1921)5 月 7 日(刑录第 27 辑第 257 页)]。

[22] 像本判决这样对共同正犯的理解,在学说中也被主张于**无身份但有故意的工具**的情形中。公务员 Y 让妻子 X 接受贿赂时,由于 X 欠缺公务员的身份,所以不能该当受贿罪(第 197 条)的构成要件,无论根据哪种从属性说,Y 都不能成立教唆犯。因此多将 Y 解释为受贿罪的间接正犯,但是由于 X 充分知晓受贿罪的情况,所以认为 Y 是间接正犯很不自然,于是有学说主张 X 与 Y 构成共同正犯(→第 94 页)。

[23] 包含形式上可以作为教唆来处理的行为在内,对于当罚性较高的参与行为,首先考虑是否成立间接正犯,然后再在考虑犯罪类型的同时原则上斟酌是否成立共同正犯。在难以形式化地决定其处罚范围的广义共犯的领域,依据"是否通过与他人的共同行为实施了达到能与正犯等同视之程度的参与行为"这一基准,将重要的犯罪参与行为予以类型化是合理的(比起"是否属于值得处罚的教唆"这一基准,判断有无共同正犯性更为明确。对于不能评价为共同正犯的部分,则应该挑选出"值得处罚的重大教唆或帮助")。

(1) 身份的含义

《刑法》
第65条

没有公务员的身份就不能触犯受贿罪,那么非公务员参与受贿罪时,该如何处理呢?身份这种个人事项对共犯会产生怎样的影响?为了处理该问题,现行《刑法》设置了第65条。[24] 该条第1款明示了**连带作用**,意味着单独实行时虽不被处罚但如果是作为共犯参与其中则要予以处罚;第2款则规定了**个别作用**,即根据各参与人的身份来科处刑罚。实际上,第65条也是共同正犯中需要讨论的。

身份的意义

第65条中所说的"身份"是指"**不仅限于男女性别、本国人外国人之别、亲属关系、作为公务员的资格等关系,而是所有有关一定犯罪行为的、与犯人本人相关的关系,即某种特殊的地位或状态**"[最判昭和二十七年(1952)9月19日(刑集第6卷第8号第1083页)。"男女之别"随着强奸罪的取消*而丧失了意义]。从"身份"这一词语所具有的通常含义出发,应限定为具有一定继续性的身份。此外,最判昭和四十二年(1967)3月7日(刑集第21卷第2号第417页)认为,走私进口麻药罪中的"**营利的目的**"也是"地位或状态",属于身份。对于没有营利目的的进口行为规定了较轻的法定刑,对不具有该目的的参与人要以相应于该身份的刑罚来处断(第65条第2款)。

> **真正身份与不真正身份** 第1款的身份被称作**真正(构成的)身份**,具体的例子如制作虚假公文书罪(第156条)或受贿罪(第197条)中的"公务员"、伪证罪(第169条)中的"宣誓的证人"、强奸罪(第177条)中的"男性"、侵占罪(第252条)中的"占有人"、背任罪(第247条)中的"事务处理者"、侵占脱离占有物罪(第254条)中的"他人之物的占有人"等。身份中包括违法性更高的情形与责任更重的情形。
>
> 第2款的身份被称作**不真正(加减的)身份**,如常习赌博罪(第186条)中的"常习者"(参见平野第372页)、业务上侵占罪(第253条)中的"业务上的占有人"、业务上堕胎罪(第214条)中的"医师"等。此外,《公司法》第960条的特别背任罪被理解为背任罪(第247条)的加重类型[参见最决平成十七年(2005)10月7日(刑集第59卷第8号第1108页)]。[25] 这种身份中也存在违法性更高的情形与责任更重的情形。

---

[24] 关于第65条的沿革,参见前田雅英:《共犯と身分》,《刑法理論の現代的展開総論Ⅱ》,第248页以下。

* 日本《刑法》原第177条规定了强奸罪,对象只能是女性;现在的第177条改为了强制性交等罪,对象既可以是男性也可以是女性。——译者注

[25] 但必须注意,事务处理者与董事等(《公司法》第960条)的关系不同于侵占罪中占有者与业务上占有者的关系,不是"一般与特殊"的关系。

个人处罚阻却事由 如果延伸第65条第2款的思考方法,则因为具有一定的身份而阻却刑罚时,也不对没有身份的共犯产生影响(参见第244条第3款,第257条第2款)。

事后抢劫罪 中途参与事后抢劫者的罪责(→第356页),应该作为共犯与身份的问题来处理。若以一直以来的通说与判例为前提,则会自然地将事后抢劫罪理解为以盗窃犯人为主体的身份犯。[26] 虽然东京地判昭和六十年(1985)3月19日[判时第1172号第155页)将事后抢劫罪理解为不真正身份犯(参见藤木英雄:《注释刑法(6)》,第117页),但对于侵占罪中的"占有人"、背任罪中的"事务处理者"等属于构成的身份这一点,没有争议。所以,如果将事后抢劫罪理解为不真正身份犯,那么该罪就变成了暴行罪或胁迫罪的加重类型,依据第65条第2款所科处的"通常的刑罚"就是暴行罪或胁迫罪的刑罚。可是,事后抢劫罪的基本罪质是财产犯,该罪被理解为若非盗窃犯人则不能触犯的犯罪,即构成的身份犯[大阪高判昭和六十二年(1987)7月17日(判时第1253号第141页)]。[27]

(2) 第65条第1款与第2款的关系

共犯的成立与科刑 判例(a)将第65条第1款理解为有关真正(构成的)身份犯的规定,将第2款理解为有关不真正(加减的)身份犯的规定[最判昭和三十一年(1956)5月24日(刑集第10卷第5号第734页)]。

与此相对,也存在很有影响力的学说主张,(b)第1款涉及真正与不真正两种身份犯**成立与否**的问题,而第2款是只针对不真正身份犯的**科刑**作出规定(团藤第418页,福田第283页,大塚第314页)。该学说认为,第1款中的表述为"是共犯",第2款是针对依第1款认定的共犯中无身份者的科刑规定"科处通常的刑罚"。该学说站在贯彻共犯从属性的立场,认为正犯与共犯总是"成立"同样的犯罪,而且试图无矛盾地说明第1款与第2款的规定为什么是相反的(部分犯罪共同说→第350页)。

---

[26] 但是,"是构成的身份还是加减的身份"这一对立,实质上与"X的盗窃行为这一先行事项是否也及于Y"这一对立几乎是重合的。也就是说,与承继的共同正犯中"是否需要、是否可以承继先行事项"这一判断构造类似。两者都是关于"只存在于共犯中一方的事项是否影响其他共犯"的问题。可是,由于在承继共犯的情形中,"仅存在于一方的事项"完全是在时间上先行发生的,所以比起身份犯的情形,要说明能够对其他共犯(后行行为人)进行归责会更加困难一些。

[27] 虽说业务上侵占罪也是不具有业务上这一身份就不能触犯的犯罪,但对于业务上侵占罪是委托物侵占罪的加重类型这一点没有争议。另外,对于"事后抢劫绝不是暴行或胁迫的单纯加重类型,而是作为财产犯的抢劫,完全与暴行或胁迫罪质不同的别种犯罪"这一点,也不存在争议。

违法身份与责任身份　还有学说(c)针对第1款连带处理与第2款个别处理的关系进行说明，认为违法性是在共犯之间连带地起作用的，而责任是共犯各自固有的问题，于是认为第1款是有关**违法身份**的，而第2款则是有关**责任身份**的（滝川幸辰：《改訂犯罪論序説》，第254—255页；西田第402页）。但是，该学说不能合理地说明第65条。例如，**业务**属于依第2款来处理的身份，对此不存在争议，但主张此时是由于违法性重大所以加重刑罚的学说也很有影响力。最初立法者并非有意识地将有关违法性的身份规定为构成的身份，将有关责任的身份规定为加减的身份。[28][29]违法性重大时加重刑罚是很自然的；另外，在身份犯规定中，除了违法、责任外还包括许多政策性的考虑。[30]

第65条的身份	第1款	第2款
(a) 判例的观点	真正身份	不真正身份
(b) 团藤说	真正与不真正身份的成立与否	不真正身份的科刑
(c) 泷川说	违法身份	责任身份

团藤说的具体归结　通常范围内判例与少数说在结论上不会产生差异。在无身份者Y教唆身份者X的案例中，若是加减的身份，则只是附加了Y要根据第65条第1款成立与正犯相同的犯罪这一步骤。

第1款与第2款的关系　将第65条第1款的表述解读为有关真正身份的规定，这很自然。正犯与共犯的罪名可以不同，这已被认为是理所当然的，在从属性逐渐缓和的过程中，判例中的思考方法也浸透到了学说之中。

可以说第65条基本上意味着：(A)虽然自身没有身份但介由身份者参与犯罪的人，原则上作为共犯（共同正犯）是可罚的[31]；(B)应当科处相应

---

〔28〕　主张"原则上第1款=违法身份，第2款=责任身份"的有力学说也承认"个人的违法身份"。即在一定的范围内否定违法的连带性（平野第358页）。

〔29〕　违法身份与责任身份的区分相当困难。至少构成的身份与加减的身份的区分是相当容易的。可以通过条文的立法形式在某种程度上进行辨别，而且关于主要的身份判例上也都几乎确定了其属性。

〔30〕　如果试图将"违法连带，责任个别"这一理念贯彻到底，那么不得不作出如下理解：构成的违法身份（Ⅰ）与加减的违法身份（Ⅲ）在正犯与共犯（或者共同正犯）之间是连带着的，而构成的责任身份（Ⅱ）与加减的责任身份（Ⅳ）则是个别化的。即便是构成的身份，如果理解为责任身份的话则会变得不可罚，但这作为第65条的解释并不合理。另外，尽管很明确是加减的身份，却以其属于有关违法性的身份为由不加减刑罚，这也很没有道理。例如，保护责任者遗弃罪（第218条）中的"保护责任者"虽然是加减的身份，但多通过违法性来说明保护义务[→各论第一章第六节1(3)]。

〔31〕　因此，是不是一种身份基本上可以通过以下方法来判断，即无此身份者作为共犯参与其中时是否本应不可罚。

于身份的妥当的刑罚量,应该尽可能地规定相应于身份的构成要件,然后在具有此种规定的情形中按照该规定确保各个结论的妥当性、合理性。

所以,第65条第1款针对构成的身份明示了原则(A);第2款则针对加减的身份,以原则(A)作为当然的前提,在包含该原则在内的基础上明确了(B)中的想法。可以说加减的身份犯是指这样一种犯罪类型,即立法者一方面明示了要处罚该犯罪类型的共犯,另一方面又认为应该根据身份来加减刑罚,且能够在这种犯罪类型中明示该旨趣。

但是,立法者并非预想到了所有的事态并网罗性地设置了加减处罚的规定。没有设置对于无身份者的减轻规定时,只能按有身份者犯罪的共犯来处理。可以说构成的身份犯由以下几部分组成:立法者认为不必根据身份的存否来特别设置旨在加重或减轻刑罚规定的犯罪类型,认为只能由有身份者加功的犯罪类型,以及认为只将有身份者作为单独正犯来处罚就足够了的犯罪类型。在这些犯罪类型中,无身份者参与其中时虽然不得不认定共犯的成立,但考虑到具体的妥当性,更为理想的做法是,在涉及构成的身份时,由第65条第1款规定因不具有该身份而可以减轻刑罚。〔32〕

(3) 第65条第1款的解释

共同正犯　　过去很有影响力的学说主张,第65条第1款中的"共犯"仅限于教唆与帮助。这种学说立足形式犯罪论,认为既然构成的身份犯是"只有存在身份的人才能实行的犯罪类型",那么无身份者不能共同"实行";另外,第65条第1款之所以使用"加功"这一表述以有别于"实行",是为了仅指教唆与帮助。〔33〕但是判例认为共犯**包含共同正犯**。至少实施了部分实行行为时就应该可以成立共同正犯,即便没有身份也完全有可能成立共同正犯。适用第65条第1款的案件几乎都是关于共同正犯的。

> 从实质上来看,**无身份者通过利用有身份者的行为也能够侵害强奸罪的保护法益**;所以,无身份者与有身份者共谋并加功其犯罪时,应该根据该法第65条第1款理解为成立强奸罪的共同正犯[最决昭和四十年(1965)3月30日(刑集第19卷第2号第125页)]。〔34〕

---

〔32〕　《改正草案》第31条规定了如下内容:
　　第31条第1款　加功于因身份而构成的犯罪行为时,虽不具有身份者也是共犯。但是可以减轻不具有身份者的刑罚。
　　第2款　因身份而加重或者减轻刑罚时,对不具有身份者科处通常的刑罚。
〔33〕　也有观点采用犯罪共同说进而指出,"共同正犯成立的是同一罪名,无身份者不能该当相应的犯罪"。
〔34〕　少数说的论者当中也存在如下主张,即"由于强奸罪等不是身份犯,所以女子可以通过压制被害人反抗的形式实施部分实行行为,不用依靠第65条的规定就可以认定共同正犯的成立"(团藤第422页)。但如此一来,身份犯的概念就要变得混乱了。

无身份者的间接正犯　无身份者利用有身份者时能否成立间接正犯,这一问题与第 65 条第 1 款中能否包含共同正犯的问题紧密联系在一起。根据消极说,无身份者"既然连共同实行都不可能,那么当然不能实行正犯行为"。但是,这种情形下应该说无身份者通过利用有身份者的行为,也能够侵害相应犯罪的保护法益。因此,除亲手犯(→第 90 页)的情形外,无身份者有可能成立身份犯的间接正犯。[35]

(4) 第 65 条第 2 款的解释

业务上的占有人　第 65 条第 2 款也主要是在**共同正犯**中受到讨论。另外在适用第 65 条第 2 款时需要注意,存在像业务上侵占罪那样复合了真正身份与不真正身份的情形。最判昭和三十二年(1957)11 月 19 日(刑集第 11 卷第 12 号第 3073 页)认为,既欠缺业务性又不存在占有的人加功业务上侵占罪时,**根据第 65 条第 1 款全员成立业务上侵占罪(第 253 条),但应当科处第 252 条第 1 款的刑罚**。这样的处理似乎采用了团藤说的主张(→第 338 页),即第 1 款是关于真正与不真正两种身份犯成立与否的问题,而第 2 款是只关注不真正身份犯的科刑问题。但判例只是认为第 253 条的身份是"业务上的占有者"这一个真正身份,所以承认第 65 条第 1 款的适用;欠缺业务性的占有者或非占有者由于不具备"业务上"这一加重刑罚的事项,所以科刑时适用第 2 款按照"非业务上的情形"来处断。对于根据第 1 款不得不成立第 253 条之罪的非占有者或欠缺业务性的占有者,由于欠缺"业务上"这一身份,所以第 65 条赋予其相应于身份的刑罚量。[36]

有身份者的共犯加功　非常习者 X 帮助常习赌博者 Y 实施赌博行为时,有身份者 Y 成立常习赌博罪,而无身份者 X 依据第 65 条第 2 款成立单纯赌博罪的帮助(X 不是根据第 65 条第 1 款成立常习赌博罪,然后再根据第 65 条第 2 款仅科处单纯赌博罪的刑罚→第 338 页)。相反,常习赌博者 Y 帮助非常习者 X 时,非常习者 X 成立单纯赌博罪,而身份者 Y 根据第 65 条第 2 款成立常习赌博罪的帮助。[37] 对此有批判指出,第 65 条第 2 款只是规定"对不具有身份者科处通常的刑罚"而不是规定"对于有身份者科处身

---

[35] 参见最判昭和三十二年(1957)10 月 4 日(刑集第 11 卷第 10 号第 2464 页),该判决是关于利用公务员成立第 156 条之罪的间接正犯的。

[36] 东京高判平成八年(1996)2 月 26 日(判时第 1575 号第 132 页)指出,欠缺业务上的身份时,"虽然该当《刑法》第 60 条、第 65 条第 1 款、第 253 条,但由于被告人不具有业务上占有者的身份,所以根据该法第 65 条第 2 款科处该法第 252 条第 1 款的刑罚"。

[37] 参见大判大正十二年(1923)3 月 23 日(刑集第 2 卷第 254 页)。

份犯的刑罚",且承认非常习这一**消极的身份**是不妥当的(团藤第 424 页)。[38] 但是,既然加担了正犯的重要部分,那么在能够认定共犯类型性的范围内有可能成立比正犯更重罪名的共犯,这并不是承认"没有正犯的共犯"。第 65 条第 2 款的规定应该理解为是为了适用相应于各参与人各自情况的犯罪(→第 338—339 页)。

---

[38] 这种观点重视从属性,认为正犯 X 是单纯赌博罪,所以共犯 Y 也应该认定为单纯赌博罪的帮助。但是现在,正犯与共犯所成立的犯罪是不同的这一点已经确定下来,很少有人支持将"从属性"贯彻到底(→第 330—331 页)。

第二节 ■ 共同正犯

1 ■ 共同正犯的基本构造

（1）部分行为全部责任

共同正犯的含义与效果　在多人参与的案件中，将能够评价为犯下**自己的犯罪**的重要参与人（→第 326 页）认定为**共同正犯**，即不是作为共犯（教唆或帮助）而是作为"正犯"来对待。"共同实行犯罪"意味着**通过与他人共同实施，其所实施的参与行为达到能够与正犯等同视之的程度**。[1] 如果被认定为共同正犯，那么即便只是部分地参与，也要对作为共同正犯而实施的全部犯行，即对全部共同正犯者的实行行为与结果进行归责（**部分行为全部责任原则**）。"之所以各自犯罪要承担全部责任，是因为共同正犯不同于单独正犯，行为人相互之间具有意思联络即共同实施犯行的认识，互相利用另一方的行为，全员协作致使犯罪事实得以出现"［大判大正十一年（1922）2 月 25 日（刑集第 1 卷第 79 页）］。

共同正犯由于**具有物理上、心理上相互影响的"因果性"**，所以要对全部结果予以归责[2]，但同时也是因为共同实行时比单独实行时在政策上具有更高的处罚必要性，这也遵循了国民的规范意识（→第 325 页）。

同时犯　二人以上无意思联络地对同一客体同时实行同一犯罪的，称为**同时犯**。此时个人只对自己的行为负责。X、Y 无联络地同时想要杀害 A 于是用手枪射出子弹，但查不明是谁射出的子弹命中 A 时，两人都不用承担杀人既遂的责任（而是成立杀人未遂）。与此相对，共同正犯是在有意思联络的情况下共同实行犯罪的，对所有成员引起

---

〔1〕 没必要将"共同实行犯罪"解读为**全员都实施了一部分的实行行为**（→第 346—347 页）。也可以将共同"正犯"表达为**作为自己的犯罪参与其中**的情形（松本時夫：《共同正犯》，载《刑法の基本判例》，第 66 页）。

〔2〕 关于共犯（教唆）的处罚根据，有一段时期因果共犯论或惹起说（→第 328 页）变得很有影响力。受其影响，在强调结果无价值、主张刑罚谦抑主义的过程中，使用"因果性"来说明共同正犯的倾向变强。但是，不应该过度强调共同正犯的因果性。需要注意，还存在着像《刑法》第 207 条那样，即便没有因果性也要予以归责的情形（→第 344 页）。

的结果都要予以归责(**部分行为全部责任原则**)。查不明是 X 还是 Y 的子弹命中 A 时,或者只有 X 的子弹命中 A 使其死亡时,两人都成立杀人既遂罪。

同时犯特例　但是,《刑法》第 207 条规定,"二人以上施加暴行伤害他人,不能辨别各自暴行所造成的伤害轻重或者不能辨别何人造成伤害时,即使不是共同实行的,也依照共犯的情形处理",即对于无意思联络地施加暴行者,承认共同正犯的效果(**同时犯特例**)。以同时犯的形式施加**暴行**从而产生伤害结果时,即便欠缺意思联络也作为共同正犯来处理。对于不能证明具有因果性的伤害结果也要予以归责。立法者考虑到暴行的同时犯中,很多时候难以确定已发生的伤害的原因行为,于是认为只要被告人没有证明不具有因果性,就应该对伤害结果负责(→各论第一章第二节 4)。〔3〕对于这样的判断可以说没有出现来自国民的批判。

(2) 共同实行与意思联络

共同实行的要件　成立共同正犯时必须存在**共同实行**(→参见第 346 页)。一直以来都认为共同实行是指(A)客观上**分担实行行为**,而且(B)共同正犯之间存在**意思联络**(共同实行的意思)的情形(团藤第 391 页,大塚第 276 页,中山第 453 页)。虽然这是共同正犯的基本型,但必须实质地理解共同实行,实行行为能够评价为**共同实施**就足够了。〔4〕

345　　**假装受骗后的侦查与实行行为的共同(分担)**　但是,即便共同实施了行为,但该行为完全欠缺实行行为的危险性(绝对不可能发生结果)时,不能成立共同正犯。在此意义上,特殊诈骗犯罪中被害人意识到了欺骗行为,与警察商量后开始实施"假装受骗后的作战(侦查)",对于在此之后才加入诈骗罪的人,似乎不能成立诈骗罪(未遂)的共同正犯。但是,认识到存在着先于参与的"欺骗行为"而加入犯罪时,既然参与了与欺骗行为一体化的"取财行为",那么就可以理解为共同实施了诈骗罪的实行行为(→第 359 页)。在考虑共同正犯的成立与否时,不应该只把实行行为的危险性分割出来判断。再者,作为其前提,在考虑"是否绝对不可能发生结果"时也必须综合判断包括后参与者主观内容在内的诸般事项(→第 119 页)。

---

〔3〕　多人无共谋地在不同地点施加暴行使被害人产生伤害,但不能确定伤害结果是由何人造成时,尽管两者的暴行之间存在时间上的差异,且地点发生了变动,但东京高判平成二十年(2008)9 月 8 日(判夕第 1303 号第 309 页)考虑到暴行的过程、实施暴行的缘由与动机、施加暴行者的认识等,适用了《刑法》第 207 条的同时伤害特例,最终承认了部分行为全部责任的效果。

〔4〕　若分担了实行行为则能够认定物理上的因果性,未必需要共同正犯全员都实施一部分实行行为。在抢劫案件中,X 亮出手枪取走财物时,Y 虽然只是站在一旁但也是共同正犯,对此没有争议。支付报酬唆使他人去杀人的,通常不是构成杀人教唆而是杀人罪的共同正犯;指示、命令未达刑事责任年龄的儿子实施强取现值钱财物行为的母亲也构成抢劫的共同正犯[最决平成十三年(2001)10 月 25 日(刑集第 55 卷第 6 号第 519 页)→第 335 页]。

第六章 共犯

意思联络 　形式上完全没有分担实行行为的人也可能构成共同正犯(→第346页)。在此意义上,**意思联络**是共同正犯中最重要的要素。

共同实行(分担实行行为与意思联络)是共同正犯的"构成要件行为"[5],除此之外,作为共同正犯的责任要素,必须存在**共同正犯的认识(正犯意思)**,这相当于单独正犯中的故意。

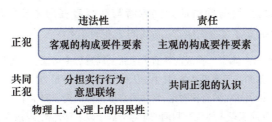

重要部分的意思联络 　在以鼓动他人为核心的共同正犯中,**意思联络**是必备要件,带来了驱动"人"的心理上的因果性。倘若欠缺该要件,即便客观上存在共同实行,也不过是同时犯而已。所以,欠缺意思联络的**片面的共同正犯**不能认定为共同正犯。[6]

必须对各构成要件行为的重要部分[7]存在意思联络(认识的共有),这样才能将"实行行为"评价为共同实施。虽然不需要所有成员一致地共同拥有实行一个犯罪的意思(犯罪共同说→第350页),但如果欠缺对犯罪重要部分的意思联络以及基于该意思联络的影响力的行使,则不能成立共同正犯(→第350—351页)。

单纯地"共同"实施了盗窃与杀人时,不能说是共同实行。但是,可能存在与他人共同实施但分别实现不同犯罪的情形,例如一方怀着杀意而另一方本着伤害的故意共同砍向被害人。在这种情形中,由于若非共同实施则不能完成犯罪,所以是共同正犯,但可以成立不同的犯罪(共同正犯)(**行为共同说**→第350页)。

(3) 共谋共同正犯

判例理论 　共谋共同正犯论是指,**将客观上没有分担实行行为但参与了共谋的人认定为共同正犯的理论**。判例以日本传统的共犯与正犯概念

---

[5] 意思联络也属于与结果的因果性有关的"外部要素"。
[6] 从共同正犯的类型性来看,应该排除完全欠缺意思联络的情形后再考虑共同正犯。
[7] 大阪地判平成十六年(2004)10月25日(判夕第1175号第311页)认为,被告人虽然属于秘密贩卖兴奋剂的组织,但从地位、作用来看,不能认定被告人对兴奋剂具有实力支配关系,否定了其营利目的持有罪的共同正犯性。共同正犯必须起到能够评价为正犯的作用(→第392页)。

(→第 325 页)为基础,对于在杀人谋议中起主导作用却没有前往现场的核心人物,不是形式化地将其认定为教唆,而是规范评价后将其纳入共同正犯中。[8]

此外,**练马案件判决**[最判昭和三十三年(1958)5 月 28 日(刑集第 12 卷第 8 号第 1718 页)]认为,**由于能够认定参加了共谋这一事实,所以即便是没有直接参与实行行为的人,也是将他人的行为作为所谓的自己的手段来实施犯罪;在此意义上,没有理由认为共谋者与实行者在刑事责任的成立方面有所差异**。从而确立了实务中的共谋共同正犯论。[9]

347　　　　**共同意思主体说**　在战前就有人主张共同意思主体说。该说认为,**通过共谋形成了同心一体的共同意思主体,其中一人的实行可以评价为"意思主体"的活动**。还认为可以类推民法中的合伙理论,将共同意思主体的责任归于个人(参见西原第 325 页)。虽然共同意思主体说对判例的思考方法予以了理论化,但该说也遭到了严厉批判。批判指出,该说将脱离个人的事物作为犯罪的"主体",这违反了个人责任原则。

共谋共同正犯论的确定　直至 20 世纪 70 年代,仍然持续着多数说对判例中的共谋共同正犯论施加批判这一基本状态。此外,这些批判的基础在于"以实行行为概念为核心的形式犯罪论",主张由于没有分担实行所以不能成为共同"正犯"。[10]

> ① 正犯＝实施实行行为的人
> ② 共同"正犯"＝必须实施部分实行行为
> ③ 没有分担实行的"共谋共同正犯"不是共同正犯

进入 20 世纪 80 年代后,作为共谋共同正犯否定论核心人物的团藤重光博士认为,"关于使共同者实施实行行为,在说得上是让共同者按照自己所想的那样来行动,本人自身成为了实现该犯罪的主体这样的情形中",即便客观上完全没有实施共同的实行行为,也可以认定为共同正犯,从而肯定了共谋共同正犯的存在[最决昭和五十七年(1982)7 月 16 日(刑集第 36 卷第 6 号

---

〔8〕　这样的判例出现于明治时代,最初仅限于诈骗罪等智能犯,后来逐渐扩大至实力犯(粗暴犯),成为对所有犯罪类型都可妥当适用的一般性理论[大判昭和十一年(1936)5 月 28 日(刑集第 15 卷第 715 页)]。

〔9〕　母亲传授未达刑事责任年龄的儿子抢劫的犯罪方法并自己取得了财物。最决平成十三年(2001)10 月 25 日(→第 335 页)认为母亲不是教唆犯而是共同正犯。学说中对该决定不存在强烈的批判。

〔10〕　在此状况下,藤木博士立足于最判昭和三十三年(1958)5 月 28 日的判例,认为对共同正犯之所以可以承认"部分行为全部责任",是由于共同正犯互相将对方作为自己的手足来利用;而共谋共同正犯也是"基于共同意思形成一个整体,相互了解,互相将对方作为工具来利用",所以对于共谋者也能够认定正犯性。这种说明是类推了"作为工具来利用"的间接正犯原理(藤木第 288 页)。

第 695 页团藤意见）。另参见团藤第 397 页，大塚第 265 页，山中第 874 页］。可以将这一变化看作是学说适应刑事司法实态过程中的一个片段。与此同时，这也是一个象征性的案例，象征着被称作形式犯罪论骨架的"实行行为"形式性与统一性逐步瓦解并向着实质犯罪论转换。

> **共谋共同正犯的必要性** 承认共谋共同正犯的实质理由在于，① 许多情形下制定犯罪计划方案时位于核心地位的"造意者"并没有直接参与实行。从"日本的共同正犯概念"来看，以教唆来处断这些人是不合理的。必须把实务中已经确定下来的"正犯和共同正犯概念"按照德国模式进行修改，"理论上"并不存在着这样做的必要性。② 虽然有批判指出，证明存在共谋会流于随意，但这不能成为否定共谋共同正犯的论据。[11] 判例对"共谋"进行了严格的认定［最决昭和五十七年（1982）7 月 16 日（刑集第 36 卷第 6 号第 695 页）；札幌高判昭和六十年（1985）3 月 20 日（判夕第 550 号第 315 页）；大阪高判平成八年（1996）9 月 17 日（判夕第 940 号第 272 页）］。

共谋共同正犯的成立条件 必须是**沟通意思并将他人的行为作为所谓自己的手段来实现犯罪**（→第 346 页）。首先，① 以客观上参加共谋的某人着手实行了犯罪为前提，必须能够认定 ② 存在能够评价为分担了实行行为的**共谋或谋议**[12]，以及 ③ **在共谋者内部具有重要的地位或作用**（大多融入了共同实行或共谋的认定之中）。共谋未必是以明示的方式达成一致意思，**默示**的就足够了［最决平成十五年（2003）5 月 1 日（刑集第 57 卷第 5 号第 507 页）。另外，被告人追逐竞驶过程中本着高速通过本案十字路口的意图，相互认识到并强化特意无视红色信号灯的意思，以结为一体的方式高速将自己的机动车驶入本案十字路口。该情形中，最决平成三十年（2018）10 月 23 日（刑集第 72 卷第 5 号第 471 页）认定构成危险驾驶致死伤罪的共谋］。

共谋是否达到实质上能够评价为共同正犯的程度，其判断与共同正犯性的判断（→第 343 页）——通过"是否最终享受了较大利益"等来判断**是否主**

---

[11] 有批判指出，这属于仅凭主观上的、心理上的事项来处罚，是很危险的（参见佐伯千仞：《共谋共同正犯》，载《刑法改正の諸問題》，第 95 页）。但是，这与单独犯中"仅凭意思形成"来处罚完全不同。在共谋共同正犯的情形中，客观上存在着由共谋者中的某人所实施的实行行为，在此所要讨论的是有关犯罪计划的共谋是否足以使得对该客观事项予以归责。此外，既然共同正犯中重视的是参与者相互间的心理影响，对于非自己引起的结果也要负责；那么完全可能以强烈的心理因果性为根据，将客观上的行为归责于一点儿也没有实施实行行为的人。

[12] 最判昭和三十三年（1958）5 月 28 日一方面指出，"共谋""谋议"无非是共谋共同正犯中"构成犯罪的事实"；另一方面又认为，不需要具体地认定共谋或谋议的实施时间、地点或者其详细内容，即实行方法、各人行为的分担、分工等。

要作为自己的犯罪来实施——是重合的。在不作为的参与中,具体是要考察是否存在作为义务来判断共同正犯性(→第370页)。

若能认定共谋,则没有必要再另外考虑对共同正犯而言最为重要的**意思联络**(条解第220页)。共谋是以存在单纯的意思联络或对共同犯行的认识为前提的,在此基础上还存在其他更多的要求。

> 共谋共同正犯的成立条件
> ① 参加共谋的某人着手实行犯罪
> ② 存在能够评价为分担了实行行为的谋议
> ③ 重要的地位或作用

未必的认识 共谋共同正犯中,通常是以对犯罪确定的认识为前提,以强烈的主观联结为根据来认定共同正犯性的。但是,并非必须具有确定的认识。X虽然对于申请处理废弃物的Y将不法丢弃废弃物没有确定的认识,但强烈地认识到了不法丢弃的可能性,却认为即便如此也不得不这么做,于是委托Y处理废弃物。对于不法丢弃废弃物,X以未必的故意承担共谋共同正犯的责任[最决平成十九年(2007)11月14日(刑集第61卷第8号第757页)]。

共谋的时期 虽然共谋中也包括在犯罪实行之际所形成的**现场共谋**,但在犯行之前的阶段所形成的**事前共谋**占据了相当大的比例。在事前共谋的情形中多发生与共谋内容不同的结果,此时需讨论共谋射程的问题。共谋未必是所有共谋者都集合在一起,也存在数人之间通过其中某个人来形成共谋的情形(**顺次共谋**)。

共谋共同正犯的具体类型 共谋共同正犯中存在可称为支配型(教唆型)与对等型(相互帮助型)的两种类型。[13] **支配型**以暴力团头目与部下的关系为代表,通过**作为自己的手段来实行犯罪**这一类似间接正犯的理论,可容易地予以说明。[14] 与此相对,**对等型**中虽然没有产生优越的

---

[13] 实际上,占据压倒性多数的是处于这两种类型之间的中间形态。

[14] 母亲X指示、命令未达刑事责任年龄的儿子Y实施强取财物的行为。关于该母亲,最决平成十三年(2001)10月25日(刑集第55卷第6号第519页→第92页)认为,X的指示和命令没有达到足以压制Y意思的程度,X不成立间接正犯;但是,"**X是为了获得生活费而计划了本案中的抢劫,传授了Y犯罪方法并给予其犯罪工具等,在指示、命令Y实行本案抢劫的基础上,自己取得了Y所夺得的所有财物**;考虑到这些,X成立的不是本案中抢劫的教唆犯,而是共同正犯"。

最决平成十五年(2003)5月1日(刑集第57卷第5号第507页)认为,暴力团组长确定地认识到保镖会出于警卫的考虑而自发地持有本案枪支,却将此作为当然之事接受容认,可以说组长与保镖之间存在**默示的意思联络**,实质上可以评价为组长让保镖持有本案中的枪支,组长成立持有枪支等的共谋共同正犯[另参见最判平成十七年(2005)11月29日(裁判集刑第288号第543页)、最判平成二十一年(2009)10月19日(判夕第1311号第82页)]。本案中存在着强烈的组织性联结,这成了判断的前提。

支配,但通过共谋产生了"相互不能背叛的心理约束",或是由于背后有同伙支持者所以实行起来变得容易,另外很多情形下客观上还附加了帮助行为等,据此可以将实行行为评价为"共同实施的"。[15]

2 ■ 共同正犯的本质与射程

(1) 行为共同与犯罪共同

犯罪的共同　　"二人以上共同实行**犯罪**的"是共同正犯(第60条),**犯罪共同说**认为必须是多人共同实行一个犯罪(**数人一罪**)(小野第203页);与之对立的**行为共同说**[16](**数人数罪**)则认为,对于不同的罪名也可以认定共同正犯(共犯)的成立。可是,在X与Y共同杀害了A,但X具有杀意而Y只有伤害的故意时,犯罪共同说也在构成要件**性质相同且重合**的范围(伤害致死罪)内认定共同正犯的成立(**部分犯罪共同说**)。

另外,行为共同说也认为必须是"共同实行"犯罪,共同关系如果没有占据各自所成立的犯罪类型的**重要部分**,则不能承认部分行为全部责任的效果。

实质的对立点　　行为共同说也承认,具有杀意的X与只有伤害故意的Y是共同实行,即共同地将A杀害;[17]但关于共同正犯的罪名,则认为没有必要认定一个共通于所有成员的罪名,于是对X认定成立杀人罪的共同正犯,对Y认定成立伤害致死罪的共同正犯。

---

[15]　在认定共谋时,除了要考虑通过共谋给对方带来的心理因果性达到何种强度(意思沟通的程度)这一点外,还要考虑共谋者与实行者的关系(共谋中的主从关系)、犯罪动机、正犯意思的明确度与强度、犯罪结果(利益)的归属关系、实行行为之外的参与内容等。实行行为后的情况也会成为参考。最决昭和五十七年(1982)7月16日(刑集第36卷第6号第695页→第347页)的案件也是在明明不存在主从关系、支配关系的情况下认定了共谋共同正犯。之所以如此,是因为被告人不仅实施了提供资金行为,而且自身想要获得大麻,积极参与了犯罪计划。而且,被告人还寻找能担当实行犯角色的人并将其引见给Y,这一情节也很重要。

[16]　行为共同说过去是与新派刑法学、共犯独立性说联结在一起而被主张的(牧野第677页,宫本第194页)。但近来行为共同说也得到了旧派刑法学、共犯从属性说一方的支持(平野第365页,中第221页)。

[17]　在此意义上也可以表述为,**在伤害致死罪的范围内承认共同正犯关系**。

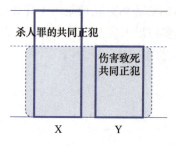 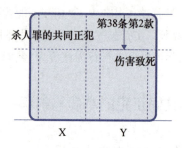

与此相对,部分犯罪共同说认为共同的必须是同一个犯罪,于是解释为 X 与 Y 成立杀人罪的共同正犯,对于 Y 则"在重合的轻罪范围内科刑"。但是,在使犯罪的成立与科刑相分离这一点上存在强烈的批判(→第 200 页)。于是部分犯罪共同说又解释为,X 与 Y 全都成立伤害致死罪这一个共同正犯(福田第 200 页)。如果认为具有杀意的 X 另外还成立杀人罪,那么就还要讨论杀人罪与伤害致死罪的罪数关系问题。

判例的思考方法 在 X 以抢劫的故意、Y 以敲诈勒索的故意共同实行犯罪的情形中,判例过去采用了部分犯罪共同说,认为 X 与 Y 都成立第 236 条之罪,又根据第 38 条第 2 款仅以第 249 条的刑罚对 Y 进行处断 [最决昭和三十五年(1960)9 月 29 日(裁判集刑第 135 号第 503 页)]。但最判昭和五十四年(1979)4 月 13 日(刑集第 33 卷第 3 号第 179 页)对此进行了**修改**。在共谋伤害后其中一人却怀着杀意实施犯罪的情形中,该判决认为,没有杀意的 X 等**在杀人罪共同正犯与伤害致死罪共同正犯的构成要件重合限度内,成立较轻的伤害致死罪的共同正犯**;而不是认为,"成立杀人罪的共同正犯,只是在刑罚上以伤害致死罪来处理无杀意者"。但是,对有杀意者如何处断仍然模糊不清。

此外,被告人让住院中的患者出院,使其生命产生具体危险,然后受全权委托救治该患者。对于该被告人,最决平成十七年(2005)7 月 4 日(→第 97 页)认定了杀意,并指出,"**被告人成立不作为的杀人罪,与无杀意的患者亲属在保护责任者遗弃致死罪的限度内构成共同正犯**"。但是,没有表述为"成立保护责任者遗弃致死罪的共同正犯",被告人成立的是杀人罪。[18] 这可以看作是以共同正犯间成立的罪名不同为前提,然后通过"在……限度内"这一形式明确表示为共同关系奠定基础的部分。

---

[18] 也没有表述为杀人罪的共同正犯。在此意义上,该决定也并没有从正面采用行为共同说。

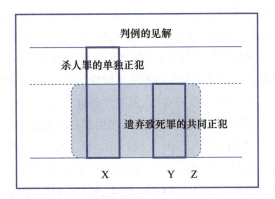

（2）共同正犯的过剩与共同的射程

共同正犯的过剩　X与Y进行实施盗窃的意思联络后X却实施了抢劫的,或者虽然共谋伤害X却产生了杀意的,像这样共同正犯超出共同实行的意思(共谋)内容而实行犯罪时,称为共同正犯的过剩。[19] 在"主客观不一致"的意义上,这也可以说是**错误**的问题(→第167页)。意思联络(共谋)后经过一段时间才实行的,也可以说是共同正犯过剩的一种类型,但将该类型归入**共同正犯的射程**是否及于所实行的犯罪这一问题中会更易于理解。

没有直接参与其中的共同正犯对于作为过剩结果的抢劫或杀人不负责任,而是在盗窃罪或伤害致死罪的范围内成立共同正犯。犯重罪的共同正犯成立抢劫罪(杀人罪),与Y在盗窃罪(伤害致死罪)的范围内构成共同正犯(→第351页)。

结果加重犯的共同正犯　对于结果加重犯中的加重结果,判例不要求具有预见可能性(过失)[参见最判昭和三十二年(1957)2月26日(刑集第11卷第2号第906页)],认为共同正犯需对其他参与人导致的死亡结果负责[参见最判昭和二十三年(1948)10月6日(刑集第2卷第11号第1267页)]。在对抢劫有意思联络的情形中,被害人死亡时认定所有成员都成立抢劫致死罪[《刑法》第240条。参见最判昭和二十六年(1951)3月27日(刑集第5卷第4号第686页)]。虽然共谋实施抢劫,但抢劫结束后其

---

[19] 过剩现象是共犯中的一般性问题,如唆使盗窃后正犯却实行了抢劫的情形,但共同正犯的情形占据了压倒性多数。

中一人将被害人杀害时,没在杀害现场的参与人也要承担抢劫致死罪的罪责[大阪地判平成八年(1996)2月6日(判夕第921号第300页)]。虽然对此也有违反责任主义的批判,但可以说在结果加重犯的类型中,难以想象对基本犯有认识却对加重结果完全欠缺预见可能性的情形(→第49页)。

共同正犯(共谋)的射程 虽然存在共同实行,但对于可评价为部分参与人在与意思联络内容无关的情况下产生**新的犯意**而实行犯罪的部分,不构成共同正犯(→第367页)。可是,既然就如何完成犯罪行为一度进行过意思联络(共谋),那么似乎也还残留着因果性。如果能够理解为共同正犯射程内的一连行为,那么只要没有从共同正犯关系中脱离出来,就要承担共同正犯的罪责。判例通过能否理解为与当初的共同实行是**一连一体的行为**来进行判断。

被告人共谋昏醉抢劫后,虽然让被害人喝了酒并服下药物,但被害人一直没有入睡;于是其中一人对被害人施加暴行使其负伤并夺取了财物。该案中东京地判平成七年(1995)10月9日(判时1598号第155页→第363页)认为,对于只参加了昏醉抢劫计划而在实施强取行为时离开了现场的女性,只能在昏醉抢劫未遂的范围内归责。[20] 虽然是昏醉抢劫,但该被告女性也是想要夺取财物的,与后半段的抢劫行为切割开来判断似乎并不合理。但是,如果共谋的内容特定为"使被害人昏醉后取财",完全不能认定以暴行胁迫为手段——这与昏醉抢劫中的手段方法在性质上有所不同——的抢劫共谋,那么也有可能理解为其中一名共犯超出共谋的射程而实行了新的犯罪行为。

354　　**共同正犯与量的过当**　X与Y共同实施防卫行为但Y有意图地防卫过当时(→第281页),虽然可以评价为基于共谋的**一连的防卫行为**而造成过当结果的,但Y的行为在性质上明显过当时,由于共谋的内容是"作为正当防卫的伤害",所以对X而言过当的部分就超出了共谋的重要部分,在共谋的射程之外(另外,倘若过当结果能够视为结果加重犯中的加重结果,则要将此范围内的过当结果归责于X)。Y的过当行为超出了"因防卫的共谋而实施的一连的防卫行为"时,只要不能认定成立了**新的共谋**,就不能把过当结果归责于没有实施过当行为的人[最判平成六年(1994)12月6日→(3)]。

---

[20] 但是,被告女性之后回来时又帮助夺取财物的,构成普通抢劫的承继的共同正犯(否定其成立抢劫伤人罪的承继的共同正犯,昏醉抢劫的未遂被抢劫罪所评价)。

(3) 共同正犯与正当化事由

共同正犯与正当防卫　　即便共同实行了构成要件的重要部分，共同正犯之间也有可能适用不同的罪名(→第351页)；所以，共同加功正当防卫行为时，也必须针对各个共同正犯判断其罪责。仅有一部分参与人存在为正当化事由奠定基础的事实时[21]，只对这些人的行为予以正当化。[22]在对一方而言是急迫的但对另一方来说并不急迫的情形下，关于共同正犯的罪责，最决平成四年(1992)6月5日(刑集第46卷第4号第245页)认为，"**在构成共同正犯的情形中是否成立防卫过当，应该通过讨论各个共同正犯是否满足防卫过当的要件来予以决定。即使共同正犯中有人成立防卫过当，其他共同正犯最终也并非都当然地成立防卫过当**"。[23]

共同正犯与质的防卫过当　　针对A急迫不正的侵害，X与Y共同(共谋)试图实施相当的反击而使A负伤，在实施防卫行为时Y认识到了过当性却仍然实施了欠缺相当性的行为，最终使A负重伤。在这种情形中，X的行为不成立防卫过当。Y成立伤害罪，构成防卫过当，X作为共同正犯也要对重伤结果负责；但X的行为是作为正当防卫而实施的，至少X对过当性没有认识，构成假想防卫，不成立故意犯。[24]

但是，X与Y的共同反击行为一度结束后，超出**共同(共谋)的射程**，以不能评价为一个防卫行为的形式实施过当的行为时，连防卫过当也不构成(→第281页)。

---

〔21〕　该问题也可以作为**要素从属性**的问题(→第333页)来考虑，即完成到了犯罪成立要件的哪个部分才可以作为共犯来处罚。但是，以违法性在共同正犯间发挥连带作用这一"理论"为前提，认为从防卫过当的本质论出发推导出防卫过当是责任减少事由还是违法减少事由(→第282页)的话就能得出相应结论，这样的解释几乎没有意义。这样的解释没有提供有说服力的论据来说明，为什么"违法性是连带的"足以使一方的正当防卫状况也及于另一方。

〔22〕　共同正犯的情形中，一方的正当防卫情况对其他共同正犯不产生影响。X与Y共谋伤害A与B，在稍有距离的地点各自对其中一人施加暴行时，即便面对A的X存在正当防卫状况，也不能因此说面对B的Y存在正当防卫状况。在此意义上，需从客观上予以把握的急迫性也是相对的。可是，虽然X对A不成立伤害罪，但X在心理上鼓动了Y，共同地伤害了B，所以两人不免成立伤害罪的共同正犯。

〔23〕　本案中，被告人预料到了A的攻击，于是试图利用该机会让甲使用菜刀对A实施反击。对没有积极加害意思的甲而言，A对甲实施的暴行属于急迫不正的侵害；但由于被告人本着积极加害意思置身侵害之中，所以对被告人来说，要认定A对甲实施的暴行欠缺急迫性。

〔24〕　A因Y的行为而死亡时也会得出同样的结论，X与Y成立伤害致死罪。反击中Y产生杀意时，也是在伤害致死罪的限度内构成共同正犯；由于X是以防卫行为共同实施反击的，所以不可罚；但Y成立杀人罪(及伤害致死罪范围内的共同正犯)，依具体情况Y可能连防卫过当都不构成。

> X与Y等为了朋友而共同实施**反击行为**作为正当防卫，Y在侵害结束后单独实施了**追击行为**使被害人负伤。关于该案[25]，最判平成六年(1994)12月6日(刑集第48卷第8号第509页)没有将伤害结果归责于X。关于X，最高裁认为，"反击行为成立正当防卫，且不能认定就追击行为新成立了暴行的共谋，所以**不存在将反击行为与追击行为综合评价为一连一体行为的余地**"。该结论与如下这种共谋过剩的情形并不矛盾，即X和Y共同实行伤害罪之际，隐藏了杀意的Y故意杀害被害人时，要追究X伤害致死的罪责。最判平成六年(1994)12月6日的案件是共同实施了"正当防卫行为"，在反击行为结束后又实施了新的追击行为。从反击时"想要防卫"这一合意中所产生的心理因果性，不能成为让X对后来防卫过当结果承担责任的根据(→第343页)。[26]

共同正犯与假想防卫　在对A实施反击使其负伤的X与Y之间，如果认定存在共同防卫的意思联络(共谋)，那么即使客观上不是正当防卫，由于构成假想防卫两者也不成立伤害罪。在三人共同实施防卫行为使被害人窒息而死的案件中，虽然其中一人的反击行为超出了防卫行为相当性的范围，但对没有认识到这一点的其他两人认定了假想防卫[东京地判平成十四年(2002)11月21日(判时第1823号第156页)]。完全是在"正当防卫的认识"之下实行犯罪的人，不必为其他共同正犯的过当行为承受责任非难。

3 ■ 承继的共同正犯

(1) 承继的共犯的含义

从行为中途开始的参与　承继的共犯是指这样一种形态的共犯，即先行行为人结束了部分的实行行为后[27]，后行行为人才参与进来。分为本着共同实行的意思参加实行的**承继的共同正犯**，与本着加担的意思参与

---

[25]　本案案情为，由于醉酒的A开始实施揪住被告人女性朋友的头发等粗鲁行为，所以X等共同制止A(正在实施侵害时的反击行为)；由于A仍然一边显示应战的气势一边移动位置，所以Y追了上去用拳头殴打A的面部使其摔倒并负重伤(侵害结束后的追击行为)。X虽然没有亲自施加暴行但也没有制止Y的暴行。对于X，最高裁认为不存在"将反击行为与追击行为综合评价为一连一体行为的余地"，所以就追击时的暴行指出，不应该讨论是否已经从反击时的共同意思中脱离出来，应该讨论是否新成立共谋，而本案中不能认定存在新的共谋。

[26]　在共同正犯的心理因果性中，也考虑了存在着"想要大家一起来共同实施防卫行为"的意思联络这一点。但在此基础上，实施了超出共谋射程的新的追击行为这一点更加受到重视。

[27]　**事后抢劫与承继的共犯**　如果是从实行行为一开始就参与进来则不需要讨论"承继"的问题。与此相关的是事后抢劫罪的承继的共犯问题[→各论第四章第三节3(1)]。虽然也有见解认为，由于事后抢劫罪是一种结合犯(→第393页)，所以只要着手实施该罪中的部分行为就能够认定该罪全体行为的着手；于是，没有参与对财物的窃取，只是参与了为防止财物被取回而实施的暴行、胁迫的人，也属于从事后抢劫罪的"实行行为中途"开始参与进来。但是，事后抢劫罪的实行行为是从暴行、胁迫行为开始的。若在盗窃阶段就被抓获，无论怀着怎样的事后抢劫计划，都不能成立事后抢劫罪。如此一来，只是参与了暴行、胁迫的人属于从最初开始就共同实行，这不是承继的共同正犯的问题，而是共犯与身份的问题[→第337—338页，参见东京地判昭和六十年(1985)3月19日(判时第1172号第155页)]。

进来的**承继的帮助**。由于已经本着犯意开始了先行行为,所以不存在承继的教唆。因为教唆是指使他人产生犯意的行为。

例如,X 以抢劫的目的对 A 施加暴行、胁迫后,Y 参与夺取财物的行为时,如果不承认承继的共同正犯,则 Y 只负盗窃的罪责;如果承认承继的共同正犯,则 Y 成为抢劫的共同正犯。承继的共犯论的实质在于,就参与之前的先行行为人的行为(乃至基于该行为的结果)追究后行行为人的责任。[28] 为了能评价为共同正犯,中途参与犯行时也必须能够说得上是作为"自己的犯罪"而参与包含先行行为在内的全体行为。如果不构成承继的共同正犯,则只成立后行行为的共同正犯(或者全体行为的帮助)。

犯罪共同说与行为共同说 根据犯罪共同说会采用承认承继的**积极说**,根据行为共同说则会采用**消极说**,过去是通过这样一种图式来进行说明的。的确,从要求共同正犯共同实施同一个犯罪的犯罪共同说出发,在承继的共犯的情形中也会认为,所有参与人都要对同一个犯罪负责。而从行为共同说出发,则"后行行为人在自己行为的范围内承担责任"。但是,"犯罪共同说与行为共同说"这一对立本身发生了相当大的变化(→第 332 页以下),至少不再具有作为划定承继的共同正犯成立范围的基准的功能。

一罪性 积极说认为,由于一个犯罪是不可分的,所以参与该犯罪部分实行的人要对从该实行行为中产生的全体结果承担责任。但是,承继的共同正犯的问题不仅存在于单纯一罪中,在包括一罪、结合犯、结果加重犯(→第 48 页)中也存在该问题。需要讨论的是,怎样的情形才属于"不可分"。

承继的共同正犯的三种类型 从极端重视共同正犯中的因果性这一立场出发,以"因果不可回溯"为由,会否定对参与之前的行为或结果的归责,但大多数学说都在一定范围内承认承继的共同正犯。针对何种犯罪类型,在怎样的范围内成立承继的共同正犯,这在下级审中也存在争议。[29] 但是,根据犯罪类型的不同,有关是否承认承继的讨论也存在着差异。必须区分以下情形或问题来思考:① 中途参与杀人罪、诈骗罪、敲诈勒

---

[28] 参见大阪高判昭和六十二年(1987)7 月 10 日(高刑集第 40 卷第 3 号第 720 页);东京地判平成七年(1995)10 月 9 日(判时第 1598 号第 155 页);东京高判平成八年(1996)11 月 19 日(东高刑时报第 47 卷第 1—12 号第 125 页)。如果形式化地将因果性的视角贯彻到底则会认为,"既然后行行为人的行为对于参与前的行为不可能具有因果性,那么后行行为人只对参与时点之后的行为及其结果承担责任"。但是,在"能够认定部分行为全部责任"的判断中,因果性只是其中的一个视角。《刑法》第 207 条对欠缺因果性的结果也承认了共同正犯(→第 362 页)。

[29] 开端性判例(leading case)是大判昭和十三年(1938)11 月 18 日(刑集第 17 卷第 21 号第 839 页)。本案中,X 杀害被害人后,Y 听取了情况说明并帮助 X 从被害人那里夺取了金钱。对于 Y,上述判决认定包括其参与前的杀害在内,成立抢劫杀人的帮助。但是,该判例不过是有关承继的从犯的。

索罪等**单纯一罪**的实行行为的情形;② 参与**结合犯**的情形,如只参与了抢劫罪中夺取财物的行为;③ 中途加入共同暴行行为的人对**已经出现的伤害结果是否承担责任**的问题。

(2) 承继的共同正犯的具体成立范围

单纯一罪的承继　在中途参与杀人罪、诈骗罪、敲诈勒索罪等**单纯一罪**(→第393页)的情形中,如果实施的重要参与达到了对认定"**部分行为全部责任**"而言必要的程度(→第328—329页),那么即便是中途参与的,也成立全体犯罪的共同正犯。X 对被害人实施欺骗行为(诈骗罪的实行行为)后,Y 认识到自己有可能担任的是接收诈骗被害财物的角色却仍然接收这些财物。最决平成二十九年(2017)12 月 11 日(刑集第 71 卷第 10 号第 535 页)认为,X 与 Y 共谋完成本案中的诈骗,**Y 参与了计划中与本案欺骗行为一体化的接收财物行为**,所以包括加功前的本案欺骗行为在内,Y 要对整个诈骗负诈骗未遂罪共同正犯之责,认定了承继的共同正犯。[30]

中途参与监禁罪者也成立承继的共同正犯[东京高判昭和三十四年(1959)12 月 7 日(高刑集第 12 卷第 10 号第 980 页)]。属于状态犯的略取诱拐罪也一样,如果参与了其后的监禁行为,则构成共同正犯[东京高判平成十四年(2002)3 月 13 日(东高刑时报第 53 卷第 1—12 号第 31 页)]。X 怀着杀意施加重大暴行后,Y 与 X 沟通了杀害的意思并加入进来施加了轻度暴行时,即便死因仅仅是 X 的暴行,Y 也成立杀人的共同正犯[大阪高判昭和四十五年(1970)10 月 27 日(判时 621 号第 95 页)]。[31]

359　　　X 出于敲诈勒索目的将威胁信寄给 A 后,Y 与 X 沟通意思并给 A 拨打威胁电话、接收财物。虽然仅从 Y 的电话内容来看,没有达到构成敲诈勒索罪的程度,但如果以 X 的威胁信为前提来考虑则可以说完全达到了敲诈勒索的程度时,**应当进行一体化的把握**认定 Y 构成敲诈勒索罪的共同正犯。既然认识到了先行的胁迫行为(欺骗行为)并加入其中,那么后行行为人的参与只要伴随着轻度的威迫性(诡计性)行为,就属于共同实施了敲诈勒索罪(诈骗罪)的实行行为。根据已经存在的客观情况,后行行为人行为的危险性可能会有所不同[最决平成二十九年(2017)12 月 11 日]。的

---

〔30〕 本案中,被害人虽然意识到了共犯人的欺骗行为,但与警察商谈后开展了"假装受骗后的作战"。有观点认为,在该时点已经没有发生诈骗罪结果的可能性了,之后也不能认定实行行为性,不存在实行行为的共同。但是,最高裁认为无论开展了怎样的假装受骗后作战,仍然成立诈骗罪。最高裁认为,既然认识到了先行的欺骗行为,又参与了与之一体化的"接收财物行为",那么可以理解为共同实施了诈骗罪的实行行为。

〔31〕 如果从后述最决平成二十四年(2012)11 月 6 日的思考方法出发进行考虑,大阪高裁的这一判决在当下也有可能不能得以维持。

确,完全没有参与胁迫行为,只是帮助交接金钱时,这属于敲诈勒索罪核心部分的胁迫行为结束后的加功,难以认定共同正犯性,应该认定为帮助[横滨地判昭和五十六年(1981)7月17日(判时第1011号142页)否定了作为正犯的意思,从而否定了承继的共同正犯]。虽然也可能存在着"分担了部分实行行为的人可以成为帮助犯吗"这一疑问,但可以说此时仍然该当了帮助的类型。另外,能够评价为Y也参与了胁迫行为时,没有理由否定敲诈勒索罪的成立。[32]

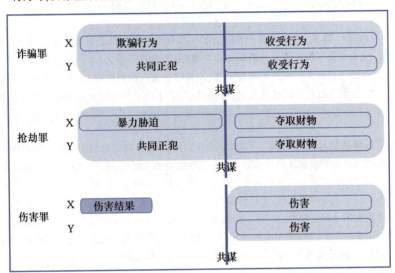

结合犯的承继　　与诈骗罪、敲诈勒索罪不同,在诸如抢劫罪、强制性交罪这样的结合犯中,可以各自分别处罚暴行、胁迫行为与夺取财物、奸淫行为。[33] 但是判例将只参与后半段夺取财物或奸淫行为的人认定为抢劫罪或强制性交罪的承继的共同正犯[名古屋高判昭和三十八年(1963)12月5日(下刑集第5卷第11—12号第1080页);东京高判昭和五十七年(1983)7月13日(判时第1082号第141页);东京地判平成七年(1995)10月9日(判时第1598号第155页)]。关于这些犯罪,强调因果性的最决平成二十四年(2012)11月6日(刑集第66卷第11号第1281页)也承认对参与前的

---

[32] 虽然被告人一开始是在知道敲诈勒索计划的情况下参与进来予以帮助,但中途自己也想分得一部分勒索来的钱财,于是在知道被害人产生恐惧的情况下积极予以利用,加担了勒索金钱的犯行。此时否定敲诈勒索罪的罪责也不妥当。如果将先行的参与行为即对胁迫的帮助和之后接收金钱时所伴随的轻度胁迫性要素一并予以考察,则应该将被告人的行为评价为敲诈勒索行为[参见大阪高判昭和六十二年(1987)7月10日(高刑集第40卷第3号第720页)]。

[33] 虽然也有见解认为,结合犯中不能任意地将被结合的犯罪要素分解开来,再针对各个部分讨论有无构成要件该当性(参见大塚第258页);但是,对于为什么抢劫罪属于"不能分解的犯罪类型",必须作出实质性的说明。

暴行、胁迫的承继（→第361页）。

承继的根据在于，"通过与先行行为人形成一体，将该先行行为人所造成的事实当作所谓自己引起的结果来利用"（藤木第291页）。[34] 实务中也认为，**本着作为自己的犯罪积极利用先行行为人的实行行为的结果这一意图而利用了该结果时，能够认定相互利用的补充关系，成立承继的共同正犯**[参见大阪高判昭和六十二年（1987）7月10日（判时第1261号第132页）]。[35]

利用先行情况 并非只要积极"利用"了反抗被压制的状态就能构成抢劫的共同正犯。完全是由于**积极的利用能够和参与暴行、胁迫等同视之**，才构成抢劫的共同正犯。Y在暗处看到A因暴行而不能动弹，于是将被害人的财物拿走，该行为不过是盗窃。X对A施加暴行使其陷入反抗被压制状态后才产生夺取财物的意思并夺走财物时，原则上也不过是构成盗窃[→各论第四章第三节1（2）]。

单独犯与共同正犯 但在此必须注意的是，待在暗处观察情况的人将财物拿走时或者在被害人被压制反抗后才产生夺取财物的意思时，需要讨论的不是共同正犯而是单独正犯成立与否的问题。至少在具有意思联络之后，通过多人的相互影响会提高结果发生的可能性，当罚性很高。此外，比起单独正犯，在通过共同行为扩大正犯范围的共同正犯中，具有缓和一些的因果性就足够了。在此意义上，即使自己完全没有实施暴行、胁迫，在由其他共同正犯所引起、共犯关系成立后仍继续着的压制反抗状态下，也有可能共同实行抢劫或强奸（参见平野第383页）。[36]

存在新的暴力、胁迫 此外，在通常设想的中途参与抢劫或强奸的案件中，虽然看上去只是参与了夺取财物或奸淫行为，但大多在该阶段强化了对被害人的压制，或者创设了新的压制反抗状态[东京高判昭和四十八年（1973）3月26日（高刑集第26卷第1号第85页）]。在此意义上，很大一部分通过意思联络参与夺取财物或奸淫的后行行为人构成的是普通的共同正犯。

对已出现结果的承继 即便行为人共谋参加时认识到了伤害，也不能针对该已经出现的伤害结果对其追究刑事责任。在能够认定共谋加担后的暴行**使得共谋加担前他人已经造成的伤害严重化**的案件中，

---

[34] 根据这种想法，对于先行行为人所造成的死亡或伤害，原则上不能为之后的犯罪所利用，所以从承继的范围中被排除出去。通常成为利用对象的是，例如抢劫伤人罪中的暴行、胁迫以及由此造成的伤害等中产生的"压制反抗状态"，而不是伤害"结果"。

[35] 包括一罪也存在肯定承继的共犯的判例；但必须注意，该判例涉及被告人继续实施着与先行行为人同种的制造药物行为这一特殊情形[前述东京高判平成八年（1996）11月19日→注28]。

[36] 后行行为人参加后，其他的共犯人如果实施了暴行、胁迫，没有实施暴行、胁迫的共同正犯当然要对抢劫负责，这自不待言。

最决平成二十四年（2012）11 月 6 日（刑集第 66 卷第 11 号第 1281 页）认为，"关于共谋加担前 X 等已经造成的伤害结果，由于 Y 的共谋及基于该共谋的行为与该结果不具有因果关系，所以 Y 对此不承担伤害罪共同正犯的责任"，"只对共谋加担后通过足以引起伤害的暴行对 V 等的伤害发生有所贡献的部分承担伤害罪共同正犯的责任"。[37] 已经出现的伤害结果本身与其后的共谋及基于该共谋的行为之间不具有因果关系，所以不能承继，对此没有争议。但必须注意，《刑法》第 207 条适用于伤害罪和伤害致死罪，无共谋关系的多人在同一机会中施加暴行，查不清楚结果是由哪个暴行所造成时也成立伤害（致死）罪的共同正犯（→第 344 页）。[38]

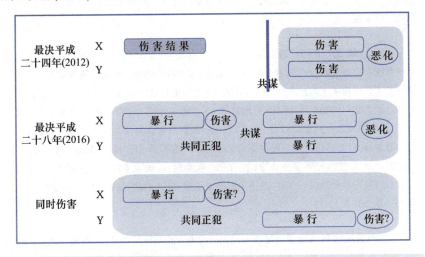

同时伤害特例与因果性 最决平成二十八年（2016）3 月 24 日（刑集第 70 卷第 3 号第 1 页）认为，在能够推定 X 与 Y 的第 1 暴行已经造成 V 急性硬膜下血肿的伤害后，Z 的第 2 暴行**使得该伤害进一步恶化**的情形中，如果能够证明两次暴行是在同一机会中实施的，那么只要不能证明第 2 暴行没有导致构成死因的伤害，X 与 Y 就要对该伤害负责，进而也要对源于该伤害的死亡结果承担责任；**即便能够肯定某个暴行与死亡之间存**

---

[37] 另外，最决平成二十四年（2012）11 月 6 日的补充意见指出，在抢劫、敲诈勒索、诈骗等罪中，有可能通过利用共谋加担前先行行为人的行为效果对犯罪结果成立承继的共同正犯。

此外，最决平成二十四年（2012）11 月 6 日还指出，"原判决的……认定可以理解为旨在说明，被告人利用 V 等受到 X 等的暴行后负伤逃亡，陷入抵抗困难的状态进一步实施了暴行；但即便存在这样的事实，也不过是 Y 在共谋加担后进一步实施暴行的动机或契机，说不上是可以针对共谋加担前的伤害结果追究刑事责任的理由"。但是，该判例并没有旨在说明利用已经存在的压制反抗状态时（如抢劫罪中）要否定承继（→参见第 359—360 页）。

[38] 第 207 条的存在成了下级审判例中对参与前出现的伤害结果也承认承继的实质根据。

在因果关系,X 与 Y 也都成立伤害致死罪。X 实施了第 1 暴行后,X 与 Y 沟通意思后立即实施了另外的第 2 暴行时,不仅参与了两个行为的 X 要对结果承担责任,根据第 207 条,Y 也要对结果负责。

的确,在 X 施加暴行后无意思联络的 Y 立即施加暴行从而出现伤害结果时,即便不能确定哪个行为是造成伤害的原因,《刑法》第 207 条也把 X 与 Y 作为共同正犯对待,认定伤害罪的成立。虽然出现的结果是相同的,但却认为取得意思联络后参与其中的只成立暴行罪,而欠缺意思联络的则构成伤害罪,这样的处理太不均衡了。

作为《刑法》第 207 条的解释,X 单独实施的第 1 暴行与 X 和 Y 共同实施的第 2 暴行能够评价为发生在同一机会中时,根据该条应当认定第 1 暴行与第 2 暴行都引起了伤害结果[参见大阪地判平成九年(1997)8 月 20 日(判夕第 995 号第 286 页),各论第一章第二节 4]。

《刑法》第 207 条的旨趣 同时伤害特例有抵触"存疑有利于被告"原则之嫌,应当尽可能做限制解释,这样的想法很有影响力;下级审与部分学说中也有见解主张,"该特例是为了回避无人对出现的伤害(其结果)承担责任这一不合适的情况"[大阪高判昭和六十二年(1987)7 月 10 日(高刑集第 40 卷第 3 号第 720 页);西田各论 6 版第 47 页]。**最决平成二十八年(2016)3 月 24 日的一审判决**也认为,Z 既参与了第 1 暴行也参与了第 2 暴行,能够认定其与死亡结果之间的因果关系,所以欠缺适用《刑法》第 207 条的前提。但是,能够证明多个暴行实施于同一机会时,应该说各行为人只要不能证明自己参与的暴行没有造成该伤害,就不免对伤害承担责任[最决平成二十八年(2016)3 月 24 日→第 362 页]。[39]

有意图地利用结果 被害人因先行行为人的暴行而昏迷,利用该昏迷状态时看上去是利用了"伤害结果"。但是,不应该将已经出现的结果归责于后行行为人。利用"昏迷""受伤"实施抢劫或强奸时,后行行为人所利用的完全是因负伤而产生的"反抗被压制状态"。

在因先行行为人的暴行而产生伤害的案件中,有关抢劫致伤罪的前述东京地判平成七年(1995)10 月 9 日(→第 353 页)一方面认定成立抢劫罪的共同正犯,另一方又认为不用承担抢劫致伤罪的责任。[40] 伤害罪是也一样,例如被告人中途加担一连的暴行行为,但加担后的暴行没有造成伤害。关于该案,前述大阪高判昭和六十二

---

[39] 比较一下 X 施加暴行后 Y 与 X 沟通意思参与暴行的情形,与 X 施加暴行后 Y 在无意思联络的情况下施加暴行然后产生伤害结果的情形,毋宁说前者的当罚性更高,至少仅将欠缺意思联络的后者作为第 207 条的适用对象是没有实质根据的,条文上也不存在应将两者区别对待的根据。可以说,存在共犯关系并不构为排除第 207 条适用的理由(→参见各论第一章第二节 4)。

[40] 但是,查不明结果是由参与前后的哪个行为造成时,有时也可以归责[参见名古屋高判昭和四十七年(1972)7 月 27 日(刑月第 4 卷第 7 号第 1284 页)]。

年(1987)7月10日(→第357、359页)认为,说不上是将先行行为人的行为等作为完成自己犯罪的手段而予以积极利用,从而否定成立伤害罪的承继的共同正犯,认为仅成立暴行罪的共同正犯。

抢劫(强制性交)致伤罪与同时伤害 行为人参与前被害人已经出现了伤害结果,不知情的行为人中途参与抢劫或强制性交时,不能让其承担抢劫伤人罪或强制性交致伤罪的严重罪责。此外,查不清楚伤害结果是参加后发生的还是此前已经发生的时,不适用《刑法》第207条,不构成抢劫致伤罪或强奸致伤罪[广岛高判昭和三十四年(1959)2月27日(高刑集第12卷第1号第36页);东京地判平成七年(1995)10月9日(判时1598号第155页);东京高判平成十七年(2005)11月1日(东高刑时报第56卷第1—12号第75页)。另参见札幌高判昭和二十八年(1953)6月30日(高刑集第6卷第7号第859页)]。

4 ■ 共同正犯的脱离

(1) 共同关系的脱离或共犯关系的消解

共同关系的脱离 虽然X与Y之间存在犯行的意思联络(共谋),但Y中途中断参与时,Y当然要对参与过程中所产生的事态(①)承担责任。可是,Y"作为中断参与前所形成的共犯",是否由于其存在"影响力"而不免也要对中断参与后的事态(②)负责呢?对于这个问题,是以能否说得上从共同正犯关系(共谋)中**脱离**出来了,或者能否说得上共同正犯关系已经**消解**了这一形式展开讨论的。可以说,"共谋的射程是否及于此"这一表述表达的也是相同的内容。

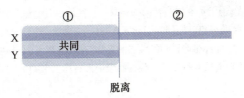

从共犯中止论到脱离论 共犯中的一人改变主意中止实施犯罪时该如何处断?对于这一问题,过去讨论的是**能否适用中止未遂的规定**[最判昭和二十四年(1949)7月12日(刑集第3卷第8号第1237页);最判昭和二十四年(1949)12月17日(刑集第3卷第12号第2028页)],认为(A)部分共同正犯(共谋)**自动中止**,且(B)**防止结果发生**时,(C)中止的**效果仅及于本人**。此外,判例承认从**共谋中脱离**,即不将脱离后的结果归责于共谋后(尤其是着手前)获得其他共犯同意而脱离出来的人。但是,对"共犯与中止"和"从共谋中的脱离"未必进行了统一说明。

此后，① 共犯论中"因果性"的视角受到重视；② 认识到共同正犯的案件占据了压倒性比重；③ 最决平成元年(1989)6月26日(刑集第43卷第6号567页→第367页)中，伤害致死罪的脱离成为争议点，而该罪中没有讨论"未遂"的余地；于是，从共犯中止论转移到了脱离共谋论，即转换为讨论**能否就中断之后的结果、其他共犯的行为予以归责**。"中止"的问题变得不过是个补充性问题，即评价为未遂犯时是否要适用(准用)第43条。

着手前的脱离　可否在共同的犯行**着手前脱离**一般而言是以其他共犯是否**同意脱离**为基准；在**着手实行后**的情形中，多认为如果其后**犯罪完成的危险**没有消灭，则对于全体犯罪而言说不上是从共犯中脱离出来了(大塚第330页以下)。

的确，与一直参与到着手后的情形相比，Y在正犯(共同正犯)X着手实行行为前脱离时，所给予的影响力相对较小，比较容易与正犯的实行着手和结果切断因果性，从而也比较容易免除未遂或既遂的罪责。[41] 如果存在完全的同意，那么容易说明因共谋而形成的**心理因果性**被切断了。但是，脱离者在参与时提供了信息、工具等情形中，还残留着**物理因果性**，单纯获得脱离的同意有可能还说不上**共谋关系已经消解**。另外，能够评价为其他正犯独自**实施了新的犯行**时，不能将脱离后的结果归责于脱离者。

> 为抢劫望风的共犯单方面给已侵入住宅内的共犯打电话，表达了"停止犯行比较好，我先回去了"等意思；知道此事的X也从待机现场脱离了。关于该案[42]，最决平成二十一年(2009)6月30日(刑集第63卷第5号第475页)认为，由于X不过是在**没有采取防止后续犯行措施**的情况下脱离的；所以，"即便存在以下情况，**脱离是在着手抢劫行为之前**，X也是在认识到望风者上述电话内容的基础上脱离的，留下来的共犯们之后也知道了X的脱离；仍然不能说当初的**共谋关系已经消解**"。该决定认为：① 多人实施的侵入型抢劫中，共同正犯已经侵入了被害人的住宅；② X没有亲自告诉其他共犯自己要脱离；③ 还存在X自身在前日已经踩点的事实；在此情形下，必须要**采取某些防止后续犯行措施**。这种判断构造与着手后脱离的情形没有质的区别。

---

[41] 被Y拉入抢劫行为的X绘制了被害人住宅的示意图并将该图交给了Y，但在即将实行前，X打电话告知Y说"让我退伙不干了吧"。但是，第二天Y等强取了被害人的金钱。关于该案，福冈高判昭和二十八年(1953)1月12日(高刑集第6卷第1号第1页)认为，既然着手前已经脱离，那么不成立抢劫的共同正犯。可是，如果认为X所交付的地图等对抢劫的实行造成了强烈影响，那么仅凭单纯的脱离与对该脱离的同意不能否定共同正犯性；但是，可以说该案中重视了犯行乃是"改日"实行的这一点。

[42] 本案中X等达成了以下有关侵入住宅与抢劫的共谋，即由Y与Z两人侵入A的住宅打开门锁，然后X等也进入屋内实施抢劫。X驾驶汽车从现场附近离开约1小时后，留在现场附近的其他共犯一起按照原计划实行了抢劫，此时施加的暴行造成A等两人负伤。

着手后的脱离　实行行为已经开始后部分参与者才脱离时,为了不对后续发生的事态负责,仅凭获得其他参与者的同意后脱离是不够的,**必须通过防止结果的积极行为来阻断因果性**。[43] 的确,如果说得上**实施了与共谋无关的新的犯行**,那么就能够认定脱离。[44] 但在此重要的是共谋的射程是否及于退出之后的事态,除了"因果性的有无"外,还要考虑脱离的动机、有无防止结果发生的真挚努力等。

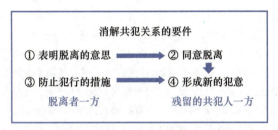

共谋射程的规范评价　X 与 Y 共谋对 A 施加暴行,在 Y 处两人用竹刀殴打了 A 一个小时后,X 觉得 A 很可怜,于是对 Y 说"已经可以住手了吧。我回去了",然后离开;留下来的 Y 又用木刀继续殴打 A 致其死亡。关于该案[45],最决平成元年(1989)6 月 26 日(刑集第 43 卷第 6 号第 567 页)认为,"在 X 回去的时点,Y 对 A 施加制裁的危险仍然没有消灭,X 却**不过是在没有特别采取防止该危险措施的情况下,听任事态自然发展而离开现场**,所以**不能说当初与 Y 形成的共犯关系在上述时点已经消解**,其后 Y 的暴行仍是基于上述共谋而实施的";从而认定 X 要承担伤害致死的责任。与此相对,原审东京高判昭和六十三年(1988)7 月 13 日(高刑集第 41 卷第 2 号第 259 页)认为,认定脱离"限于以下情形,即在停止暴行的基础上,**创造出包括自己在内任何一个共犯都不再基于当初的共谋继续实施暴行的状态**"。但

---

〔43〕　暴力团的组长 X 与组员 Y 想要杀害 A,于是绑架了 A 并将其捆绑起来;X 打算将手枪的子弹打入 A 的头部而正要扣动扳机时,被 A 的哀求打动的 Y 想要阻止 X 的杀害行为,于是**用身体冲撞 X** 致使子弹射偏;另外,Y 给 A **解开绳索**并**劝说 X 放弃杀害**,但恼怒的 X 殴打 Y 使其昏迷,然后立即射杀了想要逃跑的 A。在该案中,可以说是由于存在**防止结果的积极行为**所以能够认定脱离。① Y 虽然是共同正犯,但不过是被动参与其中;② Y 对 X 的心理上的影响可以评价为被劝说等行为所切断;③ 物理上的影响力也可以评价为被解开绳索等行为所切断(参见平野第 386 页)。

〔44〕　关于持有剧毒物品罪中的脱离问题,东京地判昭和五十一年(1976)12 月 9 日(判时第 864 号第 128 页)指出,必须通过从现实的持有者那里将剧毒物品取回等使之丧失占有,或者必须存在**以下特殊情况**,即尽管为取回剧毒物品作出了真挚的努力但现实的持有人没有返还,而后续的持有能够认定为是**基于与当初的共谋完全不同的新的意思而实施的**。

〔45〕　该决定中指出,不能断定上述死亡结果是由 X 回去前 X 与 Y 相继施加的暴行造成的,还是由之后 Y 的暴行造成的。

是,如果作出了努力,如进行充分的劝说等从而在心理上打消了共犯一方的攻击意思,并收拾起木刀等除去了物理上的因果性,那么就可以认定脱离。这是一种规范评价,即"是否有必要对结果(包含未遂的结果)予以归责"。

> **基于新的意思的犯行** 对于脱离而言,认为必须存在**能够认定为基于新的意思这一特殊情况**时,也没有必要创造出"绝对不再基于当初的共谋继续某种事态这一状态"。X与Y等对A施加暴行后(第1暴行),Y与X发生口角,Y殴打X使其昏厥后,将A带到另一地点再次施加暴行使其负重伤(第二暴行);不能判明部分伤害是由第一暴行造成的,还是由第二暴行造成的。关于该案,名古屋高判平成十四年(2002)8月29日(判时第1831号第158页)认为,"通过Y自身的行动,即对X的暴行并将最终昏厥的X放置一旁,共犯关系被单方面消解了;此后的第二暴行是在排除X的意思与参与的情况下仅由Y等实施的"。[46]但是,仅凭X已昏厥这一点还不能断言是在与X所参与的共谋没有关系的情况下实施了新的暴行。在判断对于重伤结果是否要认定X的共犯关系时,综合评价了X**试图制止暴行**,被单方面地殴打以至昏厥从而没有办法再制止此后的**暴行**等情况[另外,监禁及拐取者要求赎金等案件中承认脱离共犯关系的案例,参见东京地判平成十二年(2000)7月4日(判时第1769号第158页)]。

(2)共犯与中止

中止的要件　在共犯关系中讨论中止问题时,具有"基于自己的意思"这一自动性是当然的前提。结果是,讨论集中于能否说得上"中止"这一中止行为的问题上。

着手未遂时,到实行行为结束为止若能评价为自发地放弃了犯意且中止了后续的实行,就足够了;但是,在实行未遂的情形中,为了认定为中止行为,必须积极地防止结果发生(→第127页)。此外,得到了他人的帮助而防止结果发生时,必须存在**真挚的努力**,达到能够与行为人自身直接防止结果发生等同视之的程度。

共犯的中止　在共犯的情形中,即使某个共犯自动中止了,由正犯或其他共犯达至既遂的可能性仍然很大。所以,为了说得上"中止",与实行未遂的情形类似,必须① 阻止其他共犯的实行或者② 防止结果的发生。该判断与能否脱离的判断几乎是重合的。

---

[46] 必须注意的是,关于伤害结果的原因是脱离前X与Y的共同行为,还是脱离后Y等的行为,残存查看不明的部分,所以涉及第207条的适用问题。如果能够将Y等施加的第二暴行与X和Y共同施加的第一暴行评价为在同一机会中实施,则根据第207条伤害结果既可以归责于第一暴行也可以归责于第二暴行。

结果发生与中止 多数说认为,"如果防止结果发生失败,结果仍然以某种形式发生,则不用考虑中止犯的问题"(→第 130 页)。但是,在共犯的情形中,能够评价为通过真挚的努力切断了与结果的因果性,不过是由其他行为人引起了"新的(另外的)"结果时,仅对该行为人给予"出于刑事政策目的的褒奖"更为合理(→第 124 页)。既然已经脱离了,那么只能追究未遂责任,所以即便从第 43 条的表述来看这也完全具有解释的可能。

中止效果所及的范围 正犯自动中止的效果不及于共犯。中止必须由自己来实施[参见大判大正二年(1913)11 月 18 日(刑录第 19 辑第 1212 页)]。同样,共犯的中止效果也不及于正犯。此外,共同正犯的情形也一样,结果因部分共同正犯的自动中止而不发生时,应该只对这些人承认中止犯的效果。

5 ■ 不作为与共同正犯

(1) 不作为与共犯

三种类型 不作为与共犯的问题大体上可以分为以下三种类型:(A) **对不作为犯的共犯**(教唆),如教唆母亲以不给婴儿喂奶的方式将其杀害。(B) **以不作为的方式实施的共犯**(帮助),如孩子将被第三人所杀,父亲却不予阻止。(C) **以不作为的方式实施的共同正犯**,如父母沟通意思后对虽然溺水但容易救助的孩子放置不管使其死亡。[47] 在共同正犯的情形中,"对不作为犯的共犯"与"以不作为的方式实施的共犯"通常是重合的。[48]

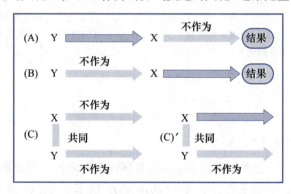

---

[47] 也存在(C)'作为与不作为的共同正犯的情形。例如,同居的情夫虐待、伤害情妇的幼儿,作为幼儿母亲的情妇却未予制止、袖手旁观时,该母亲可以认定为共同正犯。

[48] 但是,在一方是作为另一方是不作为的共同正犯情形中,根据所要讨论的是哪一方的共同正犯成立与否的问题,会产生微妙的差异。

作为义务是身份吗 也存在很有影响力的见解认为,不作为犯是唯有具有作为义务的人才能成立的真正身份犯(内田第310页)。如此一来,根据《刑法》第65条第1款,无身份者也可以成立共犯。但是,有无作为义务的判断,关系到的是某个不作为是否具有构成要件该当性的问题,并不构成特殊的身份犯(平野第396页)。

(2) 不作为的共同正犯

<u>作为义务人的共同</u> 在父母沟通意思后不照料婴儿等情形中,认定成立不作为的杀人的共同正犯没有问题。[49] 母亲抱着婴儿敲击被炉的桌面致其死亡,而丈夫没有制止母亲的该行为。大阪高判平成十三年(2001)6月21日(判夕第1085号第292页)认定丈夫成立杀人的共谋共同正犯。为了认定为共同正犯而不是帮助犯,必须要在综合考虑共谋关系与结果防止义务后,能够认定为其"自己的犯罪"(→第343页)。

也存在学说认为,唯有具有作为义务的人才能实行不作为犯,所以只有在具有作为义务的人共同实行的情形中才成立共同正犯。但是,在共同正犯中,即便部分参与人在客观上不具有实行行为性,但在给予了强烈的心理影响等情形中也可以对全体犯罪负责;所以,即使不具有作为义务,也有可能构成共同正犯。未同居的情夫命令情妇将其生下来的婴儿饿死时,应该认定为不作为的杀人的共同正犯(参见大塚第260页)。

X虽然没有直接参与杀害行为,但提供的虚假信息成了共谋者形成杀意的原因,且X将被害人喊到了暴行现场。东京高判平成二十年(2008)10月6日(判夕第1309号第292页)认为X具有"阻止犯行的作为义务",认定其成立不作为的杀人罪(共同正犯)。虽然比起共谋更加重视了作为义务,但也可以理解为是以重要"作用"为基础来认定共谋共同正犯的。

6 ■ 过失的共同正犯

(1) 学说对立

<u>过失的共同正犯</u> 过失的共同正犯是指**共同违反共同的注意义务**的情形[最决平成二十八年(2016)7月12日(刑集第70卷第6号第

---

[49] 也有见解认为,可以将各人按不作为的单独正犯来处理,不必非要认定为"共同正犯"。但是,与难以认定意思联络的过失的共同正犯不同(→第371页),在故意犯的情形中,即便是不作为,只要是在沟通意思的情况下实行的,那么理所当然构成共同正犯。

411页）〕，[50] 虽然学说上存在争议，但判例一贯承认过失的共同正犯。X 与 Y 没有充分注意被称为威士忌的液体中是否含有甲醇，并将其贩卖出去。关于该案，最判昭和二十八年（1973）1月23日（刑集第7卷第1号第30页）认为，由于 X 与 Y **共同经营餐饮店，有意思联络后进行贩卖**，所以认定成立共犯关系是相当的，从而认定成立过失的贩卖含甲醇饮料之罪的共同正犯。

> 一方在电焊，另一方负责监视并逐次交替工作内容时，将现住建筑物烧毁。该案中名古屋高判昭和六十一年（1986）9月30日（高刑集第39卷第4号第371页）认为，虽然不能确定哪个焊接行为中的火花是起火的原因，但可以认定，两人在即便不采取遮蔽措施也没有问题这一相互的意思联络之下，共同实施了本案中的焊接作业这一实质的危险行为，所以应当承担业务上失火罪共同正犯的责任。[51] 此外，在地下从事用火作业的两人退出洞外时，在没有相互确认已将煤油灯火熄灭的情况下就离开了，致使发生火灾。关于该案，东京地判平成四年（1992）1月23日（判时第1419号第133页）认定为共同实施了过失行为。

部分行为 全部责任　承认过失的共同正犯，其意义在于使单独来看不能认定与结果具有直接因果性的人也成立过失犯。X 与 Y 交替着从山崖上投下大石块，造成途经山下的 A 死亡。此时若查不明是 X 还是 Y 投掷的石块砸中 A（过失的同时犯），则不能将死亡结果归责于其中任何一人；但是，如果承认过失的共同正犯，则 X 与 Y 都成立过失致死罪。[52] 另外，即便查明了是 X 投掷的石块砸中了 A，Y 投掷的石块没有砸中 A，Y 也要成立过失致死罪。此外，Z 等 10 人共同练习射击时，Z 射出的流弹命中了路人 B 致其死亡。本案中 Z 以外的 9 人也要被追究过失致死罪的罪责。

犯罪共同说与行为共同说　关于共同实行的意思，行为共同说认为，"只要存在共同行为的意思就足够了，不必存在实现共同结果的意思"，从而承认过失犯的共同正犯（木村第 405 页）。犯罪共同说则认为，"不存在对应于结果的意思时，就说不上

---

[50]　本案是关于烟花大会中踩踏致人死伤事故的，根据检察审查会法中的强制起诉制度，警察署副署长以业务上过失致死伤罪被起诉。虽然距最终死伤结果已过去 5 年，似乎已经过了公诉时效，但警察署副署长仍然受到起诉，原因是认为其与已受有罪判决确定的当地警备本部指挥官处于共同正犯关系中，公诉时效停止了（参见《刑事诉讼法》第 254 条第 2 款）。但是，最高裁认为，"不能说存在着共同的具体注意义务"。

[51]　名古屋高判昭和六十一年（1986）9月30日不仅认定为共同实施了"焊接行为"，而且也认定了共同地"以为在此状况下作业是没有问题的"。

[52]　另外，与此类似的案例是，两人将若非两人合力则不可推动的大石块推落时，"共同"的特征更加明确，但此时认定为共同正犯没有什么实际益处。因为此时可以很容易地将结果归责于各自的行为。

是共同的,更说不上是共同实行"(团藤第 393 页)。但是,承认过失犯中也有实行行为性的学说变得很有影响力(→第 214 页),承认过失犯的共同正犯的学说也增加了(福田第 202 页)。

例外性的存在 过失犯实行行为中的重要部分归根到底还是无意识的,有关实施危险行为的意思联络并非总能推导出"部分行为全部责任"。[53] 但是,过失犯中也存在共同实施行为并对结果产生影响的情形。既然在过失的单独正犯中不要求对结果具有认识,那么在过失的共同正犯中也不能认为必须具有"有关结果的意思联络"。

(2)共同过失

共同过失 不仅自己要遵守而且必须尽力让其他共同者也遵守,处于此种关系中时可以认定**共同过失**,要将结果归责于所有的共同者(大塚仁:《刑法総論 I》,第 381 页)。能够认定"相互包含着让对方也遵守义务的注意义务"时,也就是说,必须对另一方的行为也予以注意时,成立过失的共同正犯(参见平野第 395 页)。

交替投下石块时,X 不仅自己具有注意投掷石块的义务(①),而且具有让造成被害人死亡的共同者 Y 也注意投掷石块的义务(②);所以对于所投掷的石块没有砸中被害人的 X,也成立过失致死罪。但是,这样的案件中 X 与 Y 各自在共同投下石块时都懈怠了安全确认义务,可以追究过失单独正犯的责任。[54]

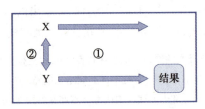

---

[53] 必须存在"达到值得处罚程度的情况",如对方的存在强化了"不注意",提升了危险性等。例如,修补屋顶的工匠 3 人在休息时吸烟并引燃了建筑物,但查不明是谁的香烟造成失火时,并不能对所有人都认定成立失火罪[参见秋田地判昭和四十年(1965)3 月 30 日(下刑集第 7 卷第 3 号第 537 页)]。

[54] 的确,在 10 人共同进行射击训练,其中 1 人的流弹致人死亡时,为了追究其余人的过失责任,必须考虑在射击计划中该人起到了何种作用等,从而认定该人违反了安全确认义务或者违反了让现实中造成死亡的人遵守注意义务的义务。在只有两个人的情形中,设想出这样的义务比较容易;但是,例如在 100 人进行训练的情形中,将死亡结果归责于所有人的情形很罕见。

过失共同正犯的例外性　能够具体地认定存在着为过失共同正犯奠定基础的共同注意义务,即"也不让结果从对方的行为中产生的注意义务"时,大体上可以各参与人自身违反了监督义务或监视义务(→第218页)为由追究过失责任。但是,虽然 X 与 Y 存在共同过失,却能够认定仅因 X 的行为而发生结果时,在应追究 Y 过失责任的例外情形中,承认过失的共同正犯是有意义的。

《刑法》第 38 条第 1 款规定以处罚故意为原则,应当尽可能地以符合个人参与形态的预见可能性判断为核心,追求对过失单独正犯的认定。

> 在过失犯竞合的案例中,当事人处于对等关系中且以相同样态参与犯罪时[前述名古屋高判昭和六十一年(1986)9 月 30 日,东京地判平成四年(1992)1 月 23 日)],称其为共同正犯很自然;除此之外,还有承担不同注意义务者的行为竞合,以及存在上下关系时的共同行为等情形。这些案例中也存在"必须对其他人的行为也予以注意的情形"。判例在这样的情形中或许并没有认定过失的共同正犯,而是个别地斟酌对于"介由他人发生结果"是否存在过失。

结果加重犯的共同正犯　多数说要求对结果加重犯的加重结果具有过失(→第 48 页)。因此,容易将能否承认结果加重犯的共同正犯与是否承认过失的共同正犯联结在一起进行思考。[55] 但是,与过失犯不同,结果加重犯中对于基本的犯罪行为存在故意。如果对于基本的犯罪存在意思联络,那么将与之具有刑法上因果关系的结果归责于共同正犯是理所当然的。因此,虽然不存在对过失犯的教唆,但可以承认对结果加重犯的教唆(→第 375 页)。此外,在结果加重犯的类型中,可以说不存在对基本犯有认识却对加重结果完全欠缺预见可能性的情形(→第 49 页)。

---

[55]　判例对于加重结果承认共同正犯,例如共谋抢劫但其中一人致使被害人死亡时,认定所有共同正犯都成立抢劫致死罪(第 240 条)[参见最判昭和二十六年(1951)3 月 27 日(刑集第 5 卷第 4 号 686 页)]。由于判例对于加重结果不要求具有过失,所以可以容易地承认结果加重犯的共同正犯。

第三节 ■ 狭义的共犯

1 ■ 教唆犯

（1）教唆的含义

教唆的样态　《刑法》第 61 条规定,唆使他人实行犯罪的是教唆犯,在所唆使犯罪的法定刑范围内准于正犯处罚。[1]　**教唆**是指使人产生犯意并实行犯罪。仅仅使人产生犯意还不够,若正犯没有着手实行则没有处罚的必要(→第 325 页)。**教唆**中也必须存在故意,必须对"使正犯产生犯意"具有认识(不必认识到已经产生犯意)。即便客观上实施了教唆行为,但主观上只有帮助的认识时,不成立教唆犯。《刑法》第 64 条规定,对非常轻的犯罪的教唆,原则上不可罚。

　　过失的教唆　教唆是"故意使人产生犯意的行为",过失使人产生犯意时不作为教唆来处断。[2]　另外,通过对第 38 条第 1 款的解释,也应该将教唆限定为故意行为(→第 160 页)。由于不可能使人产生过失犯的"犯意",所以也不承认**对过失犯的教唆**。有意图地引起过失犯时,构成利用过失犯的间接正犯。

　　不作为与教唆　不承认以不作为的方式实施的教唆。难以设想以不作为方式鼓动他人使之产生犯意的情形,很难想出达到了能够与作为的教唆等同视之的案例。与此相比,**对不作为的教唆**是可能的。但是,教唆的可罚性很高时,如鼓动母亲不去喂奶的行为等,多以不作为的共同正犯来处理(→第 371 页)。

　　预备的教唆　如果贯彻形式犯罪论并套用从属性说,那么正犯在尚未着手实行的预备阶段被查获时全都不可罚,但这并不妥当。完全可以解释为"使人'实行'了预备罪这一犯罪"。但是,连预备的教唆都予以处罚的情形很罕见(→第 108—109 页)。

　　如果认识到犯罪不能完成,原则上欠缺教唆的故意(→第 378 页)。但是在日本,教唆犯的数量相当少,具有可罚性的"鼓动他人的行为"几乎都作为共同正犯或间接正犯来处理了。

---

〔1〕　并不是与受到唆使而实行的正犯进行相同的处罚。唆使盗窃但实行了抢劫时,正犯成立抢劫,共犯成立盗窃的教唆(→第 327 页)。此时共犯是在盗窃的法定刑范围内予以处断。

〔2〕　实质上看,过失地使人产生犯意时也没有必要与故意的正犯在相同的法定刑范围内处罚。

使人产生犯意的方法中也包括**默示**,还包括使用甜言蜜语、哀求、提供好处等(大塚第 297 页)。但是,由于是在与正犯相同的法定刑框架内处断,所以仅限于与正犯具有同等当罚性的鼓动行为。伴随欺骗、胁迫时也可以成立教唆,但多数情况下都构成了间接正犯。鼓动已产生犯意者时,不是教唆而是帮助。由于不需要被教唆者认识到自己被教唆了,所以与共同正犯不同,有可能构成**片面的教唆**。

另外,在只规定了拘留或科料的轻微犯罪类型中,只要不存在特别的规定就不处罚教唆与帮助(第 64 条)。**侮辱罪**(第 231 条)、《**轻犯罪法**》第 1 条之罪就属于这种情形,但《轻犯罪法》中存在旨在处罚教唆与帮助的规定(该法第 3 条)。

间接教唆 《刑法》第 61 条第 2 款规定,"教唆教唆犯的"也是教唆犯。但是,如果认为教唆是指使人实施"实行行为=正犯行为"的人,那么对于"没有实施实行行为的教唆犯",不能认定为教唆。有见解认为,至少应该限定性地解释第 61 条第 2 款,该条款中的"教唆犯"仅限于直接教唆正犯的人,对教唆教唆犯的人再进行教唆的即**再间接教唆**不可罚(团藤第 384 页,大塚第 273 页)。但是,完全有可能将使人实行教唆这一犯罪行为的行为也解释为教唆,而且第 62 条第 2 款也规定了帮助的教唆即教唆帮助犯的情形。再间接教唆属于**教唆**[大判大正十一年(1922)3 月 19 日(刑集第 1 卷第 99 页)]。

教唆未遂 虽然实施了教唆行为,但正犯尚未着手实行时,称为**教唆未遂**(不可罚)。与此相对,还存在着称为**未遂的教唆**的情形,即正犯着手实行了但没有导致结果发生(作为未遂犯来处罚)。

教唆与中止 **被教唆的正犯自动中止且防止了结果发生**时,正犯构成中止犯,但中止的**效果只及于本人**。

教唆犯中止且阻止了结果发生时也一样,但现实中这样的情形很罕见。

教唆的射程 教唆的情形中,可以评价为正犯是在与教唆内容没有关系的情况下新生犯意并实行时,也要否定教唆与实行行为的因果性[最判昭和二十五年(1950)7 月 11 日(刑集第 4 卷第 7 号第 1261 页)→第 379 页]。

(2) 教唆的故意与未遂的教唆

可罚说与不可罚说 从一开始就意图使犯罪终于未遂的教唆,称为**未遂的教唆**。例如,教唆他人去已经埋伏了警察的银行盗窃等情形。**从属性说**认为,对于"使人实施实行行为的行为(教唆行为)"具有认识就足够了,即便知道会终于未遂,也可以处罚共犯(团藤第 406 页)。而**独立性说**将教唆本身也理解为一个"实行行为",所以要求教唆的故意中必须存在发生基本构成要件结果的表象(木村第415页)。〔3〕但是,从共犯从属性视角出发所作的说明几乎丧失了意义。〔4〕

引诱侦查 引诱侦查(agent provocateur)是指,在"教唆他人犯罪的刑事巡查"的意义上,以使他人陷入犯罪为任务的警察线人所实施的行为。虽然使他人陷入犯罪,但实际上终于未遂,这种情形下多出现未遂的教唆的问题。

378

客观与主观的综合评价

未遂的教唆的处罚范围需要综合评价①客观方面的"正犯实行行为的危险性"与②以"教唆的故意"为核心的主观方面后来决定。即便是唆使客观危险性较低的行为,根据犯罪计划的程度、犯罪意思的确定性、教唆的样态等也有可能产生可罚性(→第358页)。

一方面,必须存在对处罚未遂而言必要的实质危险性(→第111页)。例如,教唆他人使其让被害人喝下小麦粉以期将其杀害的行为,由于完全不存在发生死亡结果的危险,所以没有处罚这种教唆行为的必要。与此相对,教唆他人使其让被害人喝下没有达到致死量的毒药的行为,由于具有产生一定危险的可能性,所以对这样的教唆可以认定可罚性。

另一方面,若确定地意欲结果发生并唆使他人则能够认定教唆的故意,但作为为"教唆"这一类型奠定基础的认识,未必需要对结果具有明确的认识,认识到正犯的行为虽然不能达成既遂却绝对会构成未遂时,可以说能够成立教唆犯。至少,既然能够认识到结果发生的危险性,那么即使不希望结果发生,也能够认定认识到结果发生的盖然性,而对结果发生盖然性的认识为故意非难奠定了基础。〔5〕

未遂的教唆与错误 Y一方面认识到A当日绝对不会回家,另一方面又唆使X说"朝着床上的A开枪将其击毙";可是当日A偶然回家了,并被X射杀身亡。此时,Y要被归责为杀人既遂(虽然也不是不能成立教唆,但几乎都构成了杀人的共同正

---

〔3〕 从属性说的实质理念在于,如果没有产生一定的危险性则不应该作为未遂来处罚(→第329页)。根据从属性说所得出的未遂的教唆的处罚范围本来也应该比独立性说更加限定。但是,在未遂的教唆领域,按照两说所得出的处罚范围呈现出了"扭曲关系"。

〔4〕 从从属性说出发也可能这样思考,即"在教唆的故意中,需要对通过正犯的行为实现目的中的犯罪结果具有认识"。相反,独立性说的实质理念也可以理解为,"即便正犯没有着手实行,也可以作为共犯(未遂)来处罚";所以也可能会得出如下见解,即虽然对结果的发生不具有认识,但如果存在"将他人拉入犯罪行为之中的认识",则存在共犯的故意,可作为未遂来处罚。

〔5〕 如何理解教唆的故意,并不能以逻辑推导的方式从以往的从属性说与独立性说或者共犯处罚根据论(→第328页)中演绎出来。

犯)。如果认为未遂的教唆中必须对结果发生(危险性)具有认识,则由于 Y 欠缺杀人教唆(共同正犯)的故意,只能追究其过失致死的罪责。[6]

(3) 教唆与错误

参与人之间的不一致　教唆正犯实施伤害,正犯却产生杀意并将其实现时,该如何处理教唆者的罪责(**共犯的错误**)呢?虽然基本上是根据错误论(→第 191 页以下)来解决,但由于也包含着共犯特有的问题,所以必须引起注意。

不一致的多样性　必须注意的是,在共犯的情形中,存在多个产生不一致的阶段。以下四个阶段各自之间都有可能产生不一致:① 教唆的故意内容与 ② 客观的教唆行为,以及 ③ 正犯的犯意与 ④ 正犯客观上的犯罪事实。尤其需要注意区分所产生的是②与③之间的不一致,还是③与④之间的不一致。例如,教唆盗窃但产生了抢劫的犯意时,属于②与③之间产生了不一致;而虽然产生了盗窃的犯意但犯下的是侵占脱离占有物的行为时,属于③与④之间产生了不一致。[7]

具体的事实认识错误　Y 教唆 X 说"去 A 的家中盗窃",可 X 弄错了在邻居 B 家实施了盗窃时,对于 Y 而言属于方法错误(→第 192 页),根据判例 Y 的罪责构成盗窃[大判大正九年(1920 年)3 月 16 日(刑录第 26 辑第 185 页)]。[8] 此外,Y 命令 X 去杀 A,X 却搞错了把 B 杀死时,也应该采用法定符合说来处理,但具体案件中不是作为杀人的教唆而是作为共同正犯来处理(→第 325 页)。

抽象的事实认识错误　**唆使犯轻罪,正犯却犯下重罪时**,在构成要件重合的范围内成立轻罪的教唆犯(→第 202 页)。例如教唆盗窃,正犯却以抢劫的犯意强取财物时,认定成立盗窃的教唆犯(需要注意,也可能成

---

〔6〕 承认过失的教唆的学说会认为,Y 成立杀人罪的过失的教唆(过失致死罪的教唆)。

〔7〕 所以,不一致未必只发生在主观方面与客观方面之间,也存在客观的教唆行为与客观的正犯行为构成不同罪名的情形。在此意义上,在广义的错误论(→第 167—168 页)之前,需要讨论成立不同罪名的共犯(共同正犯)的可能性问题。

〔8〕 但必须注意的是,X 想要侵入 A 家中却失败了,其后 X 产生了新的盗窃意思并侵入 B 家中时,要否定与 Y 的教唆之间的因果性[最判昭和二十五年(1950)7 月 11 日(刑集第 4 卷第 7 号第 1261 页)→第 377 页]。

立共同正犯）。正犯与共犯的罪名不同并不存在什么问题。[9]

教唆犯重罪,正犯却实行了轻罪时,例如教唆盗窃,正犯却产生了侵占脱离占有物的犯意并将其实现时,认定在两罪重合的范围内成立轻的侵占脱离占有物罪（→第 204 页）。此时考虑到的是,"由于盗窃与侵占脱离占有物在构成要件上有所重合,所以实际上所实施的教唆盗窃可以评价为满足了教唆侵占脱离占有物的主客观要件"。[10] 在此也不可避免地要进行"有所重合"这一实质评价。[11]

间接正犯与教唆犯的错误 本打算教唆盗窃而唆使他人,却实现了该当盗窃间接正犯的事实时,也成立盗窃的教唆 [仙台高判昭和二十七年（1952）2月29日高检速报第 26 号]。**打算实施轻的教唆犯,却实行了重的间接正犯时**,从抽象的事实认识错误论出发,虽然可予以故意非难,但必须在客观上能够认定教唆犯。考虑到判例中"教唆"的射程很狭窄（→第 325 页）,客观的"间接正犯"行为中必须严格地斟酌是否包含了"唆使他人使之产生犯意并实现犯罪这一事实"。

相反,Y 想将 X 作为工具使用来实施杀人的间接正犯,X 却认识到了事态,产生杀意并自己实施了杀人的实行行为时,既然没有支配实行杀人的 X,Y 就不存在作为正犯的杀人行为,所以不能成立间接正犯。此时出现的是错误的问题,即《刑法》第 38 条第 2 款的解释问题,表现为"杀人的间接正犯的故意与杀人教唆犯的故意在实质上是否有所重合"这一形式。比起客观上是否存在教唆犯（是否能够认定"使人产生了犯意"）的问题,可以比较容易地说"间接正犯的故意中包含着教唆的故意"。

Y 想利用"不知情的"X 使其处分 A 的挖掘机,但 X 也注意到了盗窃的事实,却仍然实行了盗窃。关于该案,松山地判平成二十四年（2012）2月9日（判夕第 1378 号第 251 页）认为,"是由 X 实施了盗窃的实行行为即出售了本案中的挖掘机,间接正犯的故意在其实质上应该评价为包含了教唆犯的故意,所以按照《刑法》第 38 条第 2 款的旨趣,在犯情较轻的教唆盗窃的限度内能够认定成立犯罪"。

---

[9] 之所以能够成立轻罪的教唆犯,是因为可以评价为实施了"达到能够评价为教唆实行轻罪程度的唆使行为"。可以说,教唆完全是使正犯产生犯意的行为。所以,在客观上所实施的重罪行为中,必须综合考虑主客观两方面慎重斟酌能否评价为包含着"被教唆的轻罪"。此外,正是由于能够评价为使正犯产生了包含于重罪之中的"轻罪"的犯意,所以成立教唆犯。

[10] 在以重罪的认识因下轻罪时,例如在以杀人的故意犯下伤害的情形中,还要讨论重罪的未遂问题（→第 203 页）,但必须能够认定正犯具有重罪的故意并着手实行。

[11] 唆使盗窃,正犯产生了盗窃的犯意却最终侵占脱离占有物时,正犯成立侵占脱离占有物罪,对此没有争议。但由于教唆者使正犯按照其意图产生了盗窃的犯意,所以看上去似乎属于教唆盗窃的未遂。可是,不能认定正犯具有盗窃的实行行为性。只要是根据实行从属性说,就仍然要按侵占脱离占有物的教唆来处理。此时必须认为教唆盗窃行为中包含了侵占脱离占有物的教唆,使正犯产生了"包含侵占脱离占有物的故意在内的盗窃犯意"。

被利用者（工具）的变化
　　X 从国外将藏有大麻的货物寄给 X 在国内的店铺，但在机场海关被查明货物中藏有大麻，于是实施了控制下交付。该情形中也认为，X 是按照其意图将第三人的行为作为实现自己犯罪的工具来利用，从而在间接正犯性上没有发生变化[最决平成九年(1997)10 月 30 日(刑集第 51 卷第 9 号第 816 页)→第 95 页]。

　　医师 Y 想要杀害患者 A，于是将注入达到致死量毒药的注射器交给护士 X 并命令其注射，X 虽然在即将注射前注意到"很奇怪"，但轻率地相信"这是 Y 的指示，所以没有问题"，于是将 A 杀害了。该情形也没有什么不同，Y 构成杀人的间接正犯(X 成立业务上过失致死伤罪，例外情况下会讨论是否成立伤害致死罪)。

　　Y 想要杀害 A，于是让 X 将注入了氰酸钾的咖啡给 A 送过去；但 X 在中途注意到咖啡有毒，却还是让 A 喝下了咖啡将其杀害。在此情形中，与这里所讨论的问题相关，有见解认为虽然 X 是"实行行为人"，但 Y 也存在着作为正犯的着手，应该作为因果关系错误的问题来处理。如果处于相当因果关系的范围内，则不能否定故意，Y 构成第 199 条的既遂。与此相对，也有见解认为，从客观上来看，不得不说结果是由教唆所产生的，如果以结果为核心进行考察，则不能成立间接正犯。因此在认定成立间接正犯的未遂与教唆的基础上，整体评价后认定成立间接正犯这一罪(另参见大塚第 327 页)。

　　从判例中广泛的实行行为概念[最决平成十六年(2004)3 月 22 日(刑集第 58 卷第 3 号第 187 页→第 86 页)]出发，似乎也可以说在 Y 发出命令的时点开始了实行行为。但是，杀害行为的开始至少应该理解为在 X 将咖啡送至 A 附近的时点之后。如此一来，本案则会归结为"主观上是间接正犯，客观上是教唆的案例"。

2 ■ 帮助犯

(1) 帮助犯的类型性

帮助犯的样态
　　《刑法》第 62 条规定，帮助正犯的是从犯；第 63 条规定，从犯的刑罚比照正犯的刑罚予以减轻(**必要减轻**)。[12] 即对于所帮助犯罪的法定刑进行法律上的减轻（→第 410 页），然后在此范围内处断。[13]

---

〔12〕　帮助犯的有罪人数也不过只有 140 人[平成十年(1998)]，而且其中 85 人(61%)犯的是赌博和彩票罪。
〔13〕　因此，帮助犯被宣告的刑罚在逻辑上有可能比正犯的还重。

此外，对于只规定了拘留或科料的**轻微犯罪类型**，只要不存在特别规定就不处罚帮助犯（第64条→第324、375页）。

《刑法》第62条第1款中的从犯是指，**以加功他人犯罪的意思**[14]，**通过有形或无形的方法帮助该犯罪，使他人的犯罪变得容易之人**［最决平成二十五年（1950）4月15日（刑集第67卷第4号第437页）］。提供工具、场地等是典型的有形帮助，无形帮助中包括**提供有关犯罪的信息**、**在精神上强化犯意等**。[15] 由于帮助的对象行为中包括对社会有用的行为以及可以说是价值中立的情形，所以被利用于犯罪的帮助行为必须超出类型上的一般可能性［最决平成二十三年（2011）12月19日（刑集第65卷第9号第1380页）→第383页］。另外，通过帮助的故意来限定处罚范围的相关讨论参见第383页］。

既存在**以不作为方式实施的帮助**，也存在**对不作为的帮助**［札幌高判平成十二年（2000）3月16日（判时第1711号第170页）→第387页］。但是，正犯实行行为终了后不能成立从犯（→参见注14）。

> **精神上的帮助与帮助的成立范围**　职场上的后辈认识到前辈受酒精影响陷入难以正常驾驶的状态，却同意发动车辆，并乘坐该车，继续默认由前辈来驾驶，参与到了危险驾驶致死伤的行为之中。关于该案，最决平成二十五年（2013）4月15日（刑集第67卷第4号第437页）认为，① 正犯是**前辈**；② **两名被告人的同意成为重要契机**；③ 虽然**认识到前辈陷入难以正常驾驶的状态**，**却仍然同意发动车辆**；④ 没有制止驾驶，而是**就这样乘坐了本案车辆，继续默认前辈驾驶**。这些情况**使得驾驶的意思更加强固**，**使危险驾驶致死伤罪变得容易**，从而认定两名被告人成立危险驾驶致死伤罪的帮助。对于不作为样态的帮助，除了要考虑（A）与引起正犯行为（结果）的联结程度（①②④）以及（B）对正犯行为（结果）的认识（③），还要考虑（C）是否存在作为义务（①④）。

帮助的故意　在帮助中也必须认识到使正犯行为变得容易才能说具有故意。[16] X制作、公开并传播了文件共享软件Winny，Y等利用该软件使不特定多数人自动发布作品的信息成为可能，X涉嫌帮助侵害作品的

---

〔14〕　盗品等的搬运罪、隐灭证据罪等被称为**事后从犯**，但严格来说这些不是从犯，而是独立的犯罪行为。

〔15〕　此外，虽然多将帮助解释为实行行为之外的使正犯的实行行为变得容易的行为，但帮助行为与正犯行为（实行行为）的界限很微妙（→第388页）。例如，即使形式上实施了部分的实行行为，也可能构成承继的帮助（→第356页）。

〔16〕　没有必要将处罚扩张到**以过失的方式实施的帮助**，即过失地帮助了犯罪的情形。如果对这种情形全都进行处罚，会不当扩大处罚范围。也没有必要承认**对过失犯的帮助**。在过失的共同正犯论之外，逻辑上或许也有可能存在对过失犯的帮助。但是，对于对过失犯的结果发生作出贡献的"帮助行为"，只在相应行为人存在注意义务违反时对其进行处罚就足够了。

发行权。关于该违反著作权法的案件[17]，**最决平成二十三年（2011）12月19日（刑集第65卷第9号第1380页）** 认为，**价值中立的软件** 具有有用性与侵害著作权的危险这两个侧面，在此情形中"为了成立帮助犯，**必须存在超出一般可能性的具体的侵害利用状况，而且提供者也必须认识、容认该状况**"。具体而言是指，① 认识并容认了具体著作权侵害的情形，以及 ② 能够认定获得该软件的人利用该软件侵害著作权的盖然性很高，且提供者对此有所认识与容认的情形。由于不能认定X"**认识并容认了利用该软件侵害著作权的盖然性很高这一点**"，所以认为X欠缺**帮助犯的故意**[18][另参见东京高判平成二年（1990）12月10日（判夕752号第246页）。该判决认定印刷卖淫宣传手册的印刷业者成立介绍卖淫罪的帮助]。

间接帮助与教唆的帮助 《刑法》第61条第2款规定间接教唆属于教唆，但不存在有关**间接帮助**的规定。过去，立足于从属性说之上，帮助被认为不是实行行为，所以帮助了帮助犯的人不能成为第62条第1款中"帮助正犯的人"。但是，可以解释为虽然是间接的但也帮助了正犯的实行，而且也可以理解为帮助了帮助犯这一犯罪行为。X将淫秽影片借给Y，Y又将其借给Z，Z在不特定多数人面前放映该影片时，X构成间接帮助[最决昭和四十四年（1969）7月17日（刑集第23卷第8号第1061页）]。

第62条第2款规定教唆帮助犯的人也是可罚的，那么帮助教唆犯时如何处理呢？尽管不是太被考虑到的事态，但既然将间接帮助解释为"虽然是间接的但也帮助了正犯的实行"，那么教唆的帮助也同样可以认定可罚性。因此，对间接教唆的帮助也能认定可罚性[大判昭和十二年（1937）3月10日（刑集第16卷第299页）]。

（2）帮助的因果性

共犯的因果性 与共同正犯的情形一样，比起**物理上的因果性**，帮助的因果性的重点也在于**心理上的因果性**。但是，如果过于强调帮助行

---

[17] 本案一审宣告有罪，而原审认定 Winny 在具有有用性的同时也可用来侵害著作权，是**价值中立的软件**；认为只在以下情形中才成立帮助犯，即软件的提供者在网络上建议将该软件用于违法行为并提供该软件，从而认为不能认定X成立帮助犯。与此相对，最高裁认为，"只限于提供者对外建议用于违法行为并提供软件的情形，难以承认这样的限定具有充分的根据，这是错误地解释了《刑法》第62条"。

[18] 对于故意的成立而言，只要认识到了一般人会从中认为"利用该软件侵害著作权的盖然性很高"的事实，就足够了。① 从X所写下的内容中可以看出其意识到了侵害性的利用，② X 接触到了有关侵害性利用的杂志报道，③ X自身也下载了作品文件；根据以上等状况，应该认定X对于该软件会被广泛用于侵害著作权这一点具有认识。此外，X对将该软件用于侵害著作权的利用行为发出了警告，毋宁说这一事实补强证明了X认识到违法利用的盖然性较高（参见大谷刚彦反对意见）。

为与结果之间的"因果性",认为除非某帮助行为能够评价为"若没有该帮助行为就不会发生结果"否则就不可罚,则会使一般认为值得处罚的帮助行为变得不能处罚,这并不合理。为深夜实行入户盗窃的正犯担任望风的角色,但其间没有任何人通过附近,也没有与正犯取得任何联络时,构成盗窃罪的帮助,对此很少有不同意见。[19]

片面的帮助 帮助犯与正犯之间未必需要存在意思联络。**片面的帮助**也得到了承认,例如装作没有看到朋友实施盗窃行为的样子而单方面对其进行帮助。[20]但是,X 想要枪杀 A,试图片面帮助 X 的 Y 也开了枪,却只有 X 的子弹击中 A 使其死亡时,Y 不构成帮助犯。帮助犯的情形中原则上也必须具有因果性。

促进犯罪行为 因此,虽然也有见解认为帮助犯是**危险犯**,不需讨论与结果之间的因果性;但在昭和五十年代(1975—1985)以后"重视因果性的潮流"中,支持这种见解的人很少。[21] 此外也有见解认为,通过非常具体地、严格地认定结果,可以认定帮助行为与结果之间的因果性[22];但是,为了将其作为帮助犯来处罚,与正犯在没有帮助情况下所实行的情形相比,必须在结果上产生**重要变更**[23],而需要讨论的是为处罚提供根据的重要变更的内容是什么。

现在多使用**是否促进了结果发生(使结果发生变容易了)**这一基准。除了使结果发生变得可能或者提前实现结果的情形外,还认为在物理上或心理

---

〔19〕 正犯想要杀死被害人于是用刀砍向被害人使其负重伤,此时为了给被害人致命一击而把手枪借给正犯的行为,不得不说属于帮助。本来,条件说以来的因果关系论是决定"正犯"的理论,其表现之一是,与结果具有因果关系的人会被认为是正犯(→第 134 页),不能对所有帮助犯都要求与结果具有相当因果关系。

〔20〕 知道正犯 X 开设赌场,Y 打算帮忙,于是在没有告诉 X 的情况下招揽客人,该行为属于开设赌场罪的帮助[大判大正十四年(1925)1 月 22 日(刑集第 3 卷第 921 页)]。Y 当场认识到 X 干涉投票活动的事实却置之不理,Y 也被认定为成立干涉投票罪的帮助犯[大判昭和三年(1928)3 月 9 日(刑集第 7 卷第 173 页)]。被告人受托向日本寄送藏有枪支的桌子,尽管从中途开始对枪支的存在具有未必的认识,却还是实施了帮助行为,该行为构成走私的片面的帮助[东京地判昭和六十三年(1988)7 月 27 日(判时 1300 号第 153 页)]。

〔21〕 认为帮助犯是提高正犯导致结果发生的可能性的行为,这一视角实质上是妥当的,但在形式上认为不需要因果性这一点上很少获得支持。

〔22〕 X 在破坏保险柜窃取财物之际,即将撬开时 Y 出现了并把保险柜的钥匙递给 X,于是 X 使用该钥匙打开保险柜取走了金钱。根据这种见解,即便只提前了一瞬间,但只要能够说得上使解锁时间提前了,Y 的行为就存在因果性。

〔23〕 有批判指出,连"借给盗窃犯人好看的衣服"都会构成帮助。但是,大判大正四年(1915)8 月 25 日(刑录第 21 辑第 1249 页)认为,出借帽子与布袜的行为并非总是构成抢劫帮助。

上促进了导致结果发生的行为时也属于帮助。[24] 关于夜间望风的行为,即便没有进行任何联络,但正由于有人帮其望风所以才能够实行盗窃的情形自不待言,在正犯想到有人在望风于是能够安心实施犯罪的情形中,也能够将望风行为解释为"促进了正犯行为"。[25] 但是,存在何种程度的影响时才说得上是"促进了",这必须考虑犯罪类型的特征进行实质判断[参见福冈高判平成十六年(2004)5月6日(高检速报第1443号)]。

> Y对X说"我将去抢宝石,想让你把仓库借我一用";为了方便Y行事,X事先将仓库的窗户缝糊上,以防泄漏声音;可是Y最终在没有使用该仓库的情况下实施了抢劫行为。关于该案,东京高判平成二年(1990)2月21日(判夕第733号第232页)认为,所谓帮助行为,要求行为**本身起到在精神上给予正犯力量、维持或强化犯意的作用**,从而否定了糊窗户缝的行为成立帮助。的确,X糊窗户缝的行为在物理上没有起到作用,这自不待言;而且在心理上,由于Y没有认识到X的行为,所以也不能认定强化了犯意、使Y安心地实施了实行行为。但是,其后X认识到或许会有助于抢劫杀人的实行于是跟着Y所乘坐的汽车前往现场,对于该行为,东京高裁认定Y"**由于X追随其后而来所以感到很安心**",X成立抢劫杀人罪的帮助。

(3) 不作为与帮助

以不作为的方式实施的帮助　存在着鼓动不给婴儿喂奶的家长强化其犯意的情形,此时不能否定**对不作为犯的帮助**。但实际上会成为问题的是**以不作为的方式实施的帮助**。如果能够认定存在着作为义务达到可与作为的帮助等同视之的程度,则成立以不作为的方式实施的帮助(作为义务说)。

母亲X没有制止丈夫Y对儿子A(当时3周岁)的责打,孩子因此被杀害。对于母亲X的行为,札幌高判平成十二年(2000)3月16日(判时第1711号第170页)认定成立伤害致死罪的不作为的帮助犯。对于成立不作为的帮助犯来说,能够证明**可与通过作为使结果发生变得容易等同视之**就足够了。尚处于还说不上制止侵害**显著困难**的状况中时,不需要行为人有能力几近确

---

[24]　的确,对于帮助来说并非必须采用与正犯同样的"条件关系概念"。共犯是在正犯之外政策性地扩张处罚范围,在共犯的情形中采用独自的因果概念是可能的。但是,应该要求"结果发生可能性的提高要及于正犯行为完成时"。

[25]　此外,例如正犯X杀害被害人时使用了从Y处借来的散弹枪,但X也从Z处借来了手枪以防万一。该情形中,在X"由于在散弹枪之外还有手枪所以决意实施杀害行为"时,或者在能够证明X想着"即便用散弹枪杀人失败了,但还有手枪在手所以很安心"于是实施犯行时,Z出借手枪的行为也说得上促进了犯行。

定地阻止犯罪的实行。考虑到 X 没有偏向 A 一方制止 Y 的暴行,也没有用语言来制止 Y,且 X 是 A 的母亲,所以可以评价为无异于通过作为使结果发生变得容易(促进了犯行)。

帮助犯的作为义务　店长 X 从部下那里得知部下将去 X 任职店铺的连锁店进行抢劫这一计划,却没有采取通报警察等措施。关于 X 是否成立抢劫致伤罪的帮助犯,东京高判平成十一年(1999)1 月 29 日(判时第 1683 号第 153 页)认为,店长并不因为履行管理、监督工作人员的职务而负有通报犯罪的义务,对于雇佣公司的财产,仅在"有人试图对其实施犯罪一事确实且明白时"才负有通报犯罪的义务。的确,虽然会认为店长比一般工作人员负有更重的义务,但关于部下的犯行,X 没有认识到该犯行确实会实施,不能认定存在成立帮助犯的作为义务。

正犯与帮助犯的作为义务差别　必须对应于作为犯中正犯与帮助犯的区别实质地进行判断。认定"正犯性"时也要考虑行为人的主观方面,而且要从共犯(乃至正犯)的类型性视角出发进行考察,必须在考虑到存在其他参与人的基础上作出"将谁作为正犯来处理最为妥当"这一政策判断。

> Y 用车载着 X 等与被害人 A 一起前行,由于 X 说出了"我要把 A 给杀了"这样的话,所以 Y 与 X 共同行动,试图在杀人时制止 X 的杀害行为;但 Y 逐渐意识到,X 要把 A 杀了是不可避免的,并完全预料到,如果自己在山林里离开现场,X 就将杀害 A;在 X 拜托 Y 去取东西时,尽管不存在其他人可以阻止 X 的杀害行为,Y 还是离开了现场;其间,X 杀害了 A。关于该案,大阪高判昭和六十二年(1987)10 月 2 日(判夕第 675 号第 246 页)虽然认定 Y 负有义务应当阻止 X 的杀害行为,成立不作为的杀人帮助;但又认为,Y 的意图并非积极地希望 A 被杀害,只是单纯地预测并容认了这一点,因此难以将被告人的行为评价为与以作为方式将人杀害的行为具有等价性(杀人的正犯)。

(4) 共同正犯与帮助犯的区别

与正犯的区分　关于帮助的界限,最需要讨论的问题是帮助犯与共同正犯的区分。[26] 即便参与人完全没有实施暴行、胁迫行为也没有实施夺取财物行为,但由于与其他人在抢劫目的下闯入了被害人家中,所以成立的不是帮助犯而是共同正犯。是否分担实行行为不是区分二者的决定性基准(→第 346 页)。要以参与人的主观方面(能否认定具有作为正犯来实施

---

〔26〕　激励正犯、提供信息等无形帮助与教唆的界限问题需要讨论。虽然是以使正犯产生了新的犯意(教唆)还是强化了已经存在的犯意(帮助)来区分,但究竟属于哪种情形有时判断起来很微妙。

行为的意思），在整体犯罪行为中实质上所起作用的重要性，共犯人之间有无相互作用或相互依存关系，以及犯罪所产生的"利益"归属于谁等为核心，判断是否属于**自己的犯罪**(→第343页)。

> 共同正犯与帮助犯的区分标准
> Ⅰ 客观上能否评价为实施了自己的犯罪
>   ① 所起作用的重要性，共谋者与实行行为者的关系
>   ② 有无相互作用或相互依存关系
>   ③ 所得利益的归属
>   ④ 犯行前后的参与样态(掩盖犯罪痕迹的行为等)
> Ⅱ 主观上是否具有作为正犯的意思
>   ① 犯行的动机
>   ② 共谋者与实行行为者之间沟通意思的样态

Y向X提出了走私大麻的计划，X把Z介绍给Y来代替自己作为实行犯，X与Y约定要将部分大麻给自己后提供了部分资金。关于该案，判例认为X也是共同正犯[最决昭和五十七(1982)年7月16日(刑集第36卷第6号695页)→第347页]。

但是，对于分担了抢劫杀人(未遂)的实行行为的人，福冈地判昭和五十九年(1984)8月30日(判时第1152号第182页)以不能认定共同实行的意思为由认定成立帮助。X虽然预料到Y会敲诈勒索A，却还是将暴力团成员Y介绍给了自己担任警卫的餐饮店经营者A；然后，X接受了A因受到敲诈勒索而交付的金钱，并将该金钱转交给了Y。关于该案，大阪高判平成八年(1996)9月17日(判夕第940号第272页)认为，X欠缺敲诈勒索的犯意，领受行为不属于敲诈勒索的实行行为，不能认定X分担了实行行为，从而认定X成立帮助犯。

被告人在Y等已造成V负有濒死的重伤后才参与进来，虽然知道Y等为了掩盖犯行想将V遗弃并杀害，却还是拖拽着V将其移动到了别处。对于该被告人，名古屋地判平成九年(1997)3月5日(判时第1611号第153页)认为，不仅难以认定其具有不作为的杀人罪的正犯意思，而且遗弃行为与死亡之间不存在因果关系，不过是使杀人行为变得容易了而已，从而认定构成帮助。

望风行为　判例中多将杀人、抢劫、盗窃等的**望风**认定为共同正犯[大判明治四十四年(1911)12月21日(刑录第17辑第2273页)；最判昭和二十三年(1948)3月16日(刑集第2卷第3号220页)]，而将赌博的望风认定为帮助[大判大正七年(1918)6月17日(刑录第24辑第844页)]。

从实施实行行为的是正犯这一立场出发形式化地来看，除望风行为本身属于实行行为的情形外，如监禁罪中防止被害人逃跑的望风，其他情形都只构成帮助(大塚第308页)。但是，即便是望风，实质上是在稍稍远离犯罪现

场的地方指挥整个犯罪时,仍然属于共同正犯。这种情形多出现在杀人、抢劫、盗窃之中。另外,在赌博的情形中,望风多应被评价为完全从属性的帮助犯。即便是在杀人或抢劫中,也存在着只是核心人物的手下从而应当被评价为帮助的情形。

  X 被喊来将正犯开来的汽车带回去,然后于犯行时在现场附近为正犯们望风,并在犯行后将汽车运送回去。原判决认定 X 成立共谋共同正犯,但福冈高判平成十九年(2007)1 月 10 日(WJ)推翻了该判决,认为 X 只实施了帮助行为。福冈高裁认为,X 没有收受报酬,是为了报答自己作为小弟受到照顾的恩情而参与犯行;要认定 X 于望风之际确实察觉到共犯们的盗窃意思并在此情况下形成共同谋议,对此存在合理怀疑。

第七章

罪数论

1 ■ 罪数论的含义

392

罪数论　行为人犯数个罪时如何处理(**罪数论**)，该问题由以下两个问题组成：(A) 相关行为是一个犯罪还是数个犯罪；(B) 如果是数个犯罪那么该如何处断。此外，在科以怎样的刑罚才合理这一意义上，(B) 可以说是一个刑罚论的问题(→第 408 页)。[1] 现行《刑法》中，关于成立数罪时的处断，第 45 条以下设置了有关并合罪(→第 404 页)的规定，第 54 条设置了有关科刑上一罪(第 400 页)的规定，但关于没有对问题(A)作出规定。

一罪与数罪　犯罪的个数不是单数或复数二选一的问题，而是在"完全的一罪"与"完全的数罪"中间存在许多阶段。按一罪性的明确程度来排序，存在着① **单纯一罪**(认识上一罪)，② **评价上一罪**[**法条竞合**(当然一罪)+**包括一罪**]，③ **科刑上一罪**，以及④ **并合罪**。①与②被作为一罪来对待，③与④则是数罪；但②的界限，尤其是包括一罪的范围很微妙，必须基于判例具体地予以理解(→第 395 页)。此外需要注意的是，在刑事诉讼法上，直至③为止都被作为"一罪"来对待，与④相比在处断上有相当大的不同。

一罪的基准　过去罪数论的重心在于揭示"一个犯罪"的一般性基准，以行为个数为标准的**行为标准说**，以行为人的意思为标准的**意思标准说**，以及以受侵害法益的个数为标准的**法益标准说**之间存在着对立，但以满足构成要件的次数为标准的**构成要件标准说**变得很有影响力(团藤第 437 页)。可以说，构成要件标准说综合了其他各学说，更加容易推导出合理的结论。问题在于"满足构成要件次数"的实质判断基准，划定单纯一罪的界限的工作与划定包括一罪的界限的工作自然会有所差异。

2 ■ 一罪——单纯一罪与评价上一罪

393

(1) 单纯一罪

一罪性　偷了他人的包则成立一个盗窃罪，有意图地杀害一个人则成立一个杀人罪。像这样，发生一次该当构成要件的犯罪事实的，被称为**单纯一罪**，也叫作认识上一罪。这一判断原则上通过事实判断就可以形式化地予以判定，比较明确，但在构成要件该当性的判断中却不可避免地存在着规范

---

[1] 问题(B)中的思考方法反过来也会对"什么是一罪"这一问题(A)的回答产生影响。

性评价。

结合犯与集合犯 有的构成要件预设了多个行为的存在。**结合犯**(→第358页)是其代表,例如抢劫罪由暴行、胁迫行为与夺取财物的行为组成。虽然存在着暴行与夺取行为,但并不因此讨论暴行罪与盗窃罪的问题,抢劫罪是单纯一罪。另外,**集合犯**也预设构成要件本身包括了数个同种类的行为。例如,在**常习犯**的情形中,常习赌博者即便实施了多次赌博行为,也只成立常习赌博(第186条第1款)这一罪。此外,**营业犯**的情形也一样,即便反复实施无照行医的行为,也不过成立无照行医罪这一罪。

> **常习实施的偷拍行为** 东京高判平成十七年(2005)7月7日(判夕第1281号第338页)认为,在埼京线内实施的同种偷拍行为,既然在埼玉县内与东京都内都实施了,那么属于违反了不同地方公共团体条例的犯罪,不构成常习的一罪。

评价上一罪 尽管存在多个单纯一罪,但被评价为一罪的,叫作**评价上一罪**。[2] 例如,用手枪射杀人时把西服给毁损了的情形,形式上分别该当杀人罪与损坏器物罪的构成要件,但毫无争议的是只成立杀人罪这一罪。

评价上一罪大体上分为① 法条竞合与② 包括一罪。① 与单纯一罪较为接近,也被称为**当然一罪**。② 则与科刑上一罪较为接近。

(2) 法条竞合

法条竞合的含义 虽然看上去该当数个构成要件,但根据构成要件相互间的关系,实际上只该当一个构成要件的,被称为**法条竞合**。首先,在**特别关系**中,虽然看上去一个行为该当了两个刑罚法规,但两者存在**一般法与特别法**的关系,只适用特别法。例如,业务上侵占的行为虽然看上去不仅该当业务上侵占罪(第253条)还该当侵占委托物罪(第252条),但只成立前者。

补充关系是指,如果为基本构成要件规定了补充构成要件,只有不该当基本的构成要件时才该当补充的构成要件。例如,如果成立杀人既遂罪,就没有适用杀人未遂罪的余地了。只有当现住建筑物等放火罪(第108条)与非现住建筑物等放火罪(第109条)不成立时,才考虑建筑物等以外放火罪(第110条)。

---

[2] 可以说评价上一罪处于单纯一罪与科刑上一罪的中间位置。但是,对于评价上一罪也使用"是否该当一次构成要件"这一基准。

择一关系是指,对一个行为存在可以适用的多个构成要件,但这些构成要件相互难以并存的情形,此时只适用其中一个构成要件。一般举例如侵占罪与背任罪、营利诱拐罪与诱拐未成年人罪等,在重合的范围内只成立前者。此外,虽然也有见解认为毁损信用罪与毁损名誉罪的罪质也存在重合,属于法条竞合,但二者保护法益不同,应理解为想象竞合[大判大正五年(1916)6月26日〔刑录第22辑第1153页〕]。另外,择一关系与特别关系、补充关系的界限很微妙,对于设置择一关系这种单独类型也存在疑问。

吸收关系是指,当某个构成要件该当行为通常会伴随其他构成要件该当行为时,只对前者进行评价就足够了的情形。吸收关系中的具体例子大部分被作为包括一罪来处理,将"吸收关系"这一概念定位于包括一罪中会更加容易理解。[3]

```
         ┌─ 单纯一罪
  一罪 ──┤                ┌─ 法条竞合  特别+补充+择一+(吸收)
         └─ 评价上一罪 ──┤
                           └─ 包括一罪  ┌─ 一个行为
                                        └─ 数个行为
```

(3) 包括一罪

一罪与数罪　　罪数论中含义最模糊的是**包括一罪**。非要定义的话,可以说包括一罪是"不包含在法条竞合中却被评价为一罪的情形的总称"。

继续犯与集合犯　在像监禁罪这样的继续犯中,很多情况下实行行为是由事实上的多个行为构成。因此,继续犯有时也被作为包括一罪来对待。同样,常习犯、营业犯等集合犯有时也被称作包括一罪。但是,这些犯罪的一罪性很明确,应当认定为单纯一罪(→第393页)。

包括一罪与科刑上一罪的区别,是刑法上一罪与数罪的分界线。如果是科刑上一罪,则对于数个罪都要认真地予以认定,在此基础上再统一科刑(→第400页)。与此相对,包括一罪时只要对所适用的一个罪作出认定就够了。[4] 科刑上一罪时需对其中各个犯罪作出独立评价,而包括一罪时则无

---

[3] 有观点将既遂与未遂的关系这一补充关系的例子作为吸收关系来对待,也有观点将"用手枪杀人的行为与损坏衣物的行为"以及"盗窃与不可罚的事后行为"作为吸收关系来对待。但是,为了说明既遂与未遂的关系不需要用到吸收关系这一类型,此外的情形则应作为包括一罪来处理。

[4] 另外,包括一罪时也有成立处罚较轻的罪这一罪的情形(代表性的例子是第152条与诈骗罪的关系)。

此必要。换言之，包括一罪虽然形式上成立数罪，但可以理解为立法者在规定其中一个罪的法定刑时，把其他的犯罪类型也都已经考虑进去了。

	同一构成要件	不同构成要件
一个行为造成一个结果	单纯一罪	法条竞合
一个行为造成数个结果	I	II
数个行为	III	IV

━━━ 包括一罪

情形 I 如果**一个行为产生的数个结果处于同一构成要件内**，那么侵害法益的个数可以理解为"**实质上看来是一个**"时，包括地认定为一罪。[5]
例如，以一个行为偷了多个人的所有物时，只不过成立一个盗窃罪（因为作为盗窃罪直接保护法益的占有只受到了一次侵害）。以一个行为造成被害人多处受伤时，只成立一个伤害罪。此外，以一个放火行为燃烧了多户人家时，也只成立一个放火罪（因为作为保护法益的公共安全被评价为只受到了一次侵害）。

另外，从保护法益的重要性来看，以一个行为杀害多个人时，成立数个杀人罪（想象竞合→第 401 页）。如果是对数人造成伤害则成立多个伤害罪（对同一人造成的多个伤害被评价为一罪）。对两人实施了一个要求"交出现金"的胁迫行为并夺取了两人现金时，成立两个抢劫罪（侵害了两人的身体、自由→想象竞合）。

以一份告诉状诬告两人时，成立两个虚伪告诉罪。虚伪告诉罪在侵害刑事司法作用这一国家法益的同时，还伴随着对被诬告者利益的侵害。与放火罪中的公共安全与保全各个财物的关系不同，有必要针对各被诬告者分别予以处理。

情形 II **一个行为产生的数个结果涉及不同构成要件时**，也存在着认定为包括一罪的例外情形。用手枪杀人时附随产生的衣服毁损结果，被杀人罪包括地评价了（**附随犯**）。用拳头殴打戴眼镜者的面部，损坏眼镜并使被害人负有痊愈需一周时间的伤害时，包括地成立伤害罪一罪［东京地判平成元年（1989）7 月 31 日（判时第 1559 号第 152 页）］。

从既然形式上该当了多个构成要件，那么为了包括地成立一罪，一方的构成要件该当性评价中必须能够把构成的其他犯罪都完全评价进去。对执行职务中的公务员施加暴行实施伤害的行为，同时该当妨害执行公务罪与伤害罪，不能作为包括一罪来处理（想象竞合→第 401 页）。在妨害执行公务罪

---

〔5〕 一个行为造成数个结果时，需要讨论与想象竞合的界限问题（→第 401 页）。

(3年以下)中不能完全评价15年以下的伤害罪,也难以将伤害罪评价为类型化地包含着妨害执行公务行为。

情形Ⅲ　大量存在着**实施同一构成要件内的多个行为**[6]被包括地评价为一罪的情形(有时称为**狭义的包括一罪**)。首先,(A)**以实现一个犯罪为目的而实施数个行为的情形**,例如用手枪发射了五发子弹,第五发子弹将对方杀死时,不是成立四个杀人未遂与一个杀人既遂,而是包括地成立杀人既遂这一罪。即便各个行为存在着某种程度的时间间隔,也可以被包括在一起评价。对于约五个月的时间里五次失败,第六次才将对方杀害的案件,大判昭和十三年(1938)12月23日(刑集第17卷980页)认定为一个杀人罪,但如今该判例是否还能继续维持,很是微妙。

此外,(B)**指向相同的法益侵害,且时间、地点接近的数个行为分别满足构成要件时**,也有可能成立包括一罪。这样的情形被称为**接续犯**。例如,一夜之间将装米的草袋多次搬出的行为被认定为一罪[最判昭和二十四年(1949)7月23日(刑集第3卷第8号第1373页)]。四个月的时间里,在特定地点出于相同动机对一个被害人反复实施同种样态的暴行使其负伤的情形中,最决平成二十六年(2014)3月17日(刑集第68卷第3号第368页)将全部行为作为一个整体认定为包括一罪。对同一被害人持续实施的多个汇款诈骗也作为包括一罪得到处理[东京高判平成十九年(2007)8月9日(东高刑时报第58卷第1—12号第58页)]。[7]

> **连续一罪**　过去《刑法》第55条设置了**连续犯**的规定,即"连续的数个行为触犯同一罪名时,作为一罪来处断",该规定于昭和二十二年(1947)被删除。[8]但是,有必要将一定范围内连续实施的行为作为一罪包括地予以对待。判例通过解释的方式在满足以下条件时"把多个行为作为整体认定为一个犯罪"[**连续一罪**:最判昭和三十一年(1956)8月3日(刑集第10卷第8号第1202页)]:① **一个或者同一被害法益**,② **犯行样态类似**,③ **犯行时间、地点接近**,④ **犯意单一且持续**。例如,约四个月的时间里违法地将麻药交付给患者38次的行为,包括地认定为一罪[最判昭和三十二年(1957)7月23日(刑集第11卷第7号第2018页)]。

---

[6]　关于存在数个行为时的包括一罪,需要讨论与牵连犯、并合罪的界限问题。

[7]　另外,对于在高速机动车道上相距约20千米(约10分钟)的两个地点违反速度规定的行为,最决平成五年(1993)10月29日(刑集第47卷第8号第98页)认为不能包括地评价为一罪,而是并合罪。违反速度规定是继续犯,只要违反速度规定这一状态持续存在,就是单纯一罪;但是,如果违反速度规定的状态消失后,再次实施违反速度规定的行为,则变成了并合罪。

[8]　连续犯在地点、时间上不如接续犯那么接近,只是反复实施该当同一构成要件的行为。但是,如果对这些行为中的某一个所作的裁判确定了,那么既判力及于连续着的所有同种行为,不能再追究刑事责任。以此为由,该条被删除。但连续犯所预设的情形在该条被删除后仍然存在。

> **捐款诈骗与包括一罪** 关于街头募捐诈骗,最决平成二十二年(2010)3月17日(刑集第64卷第2号第111页)以① 行为样态是对不特定多数的行人实施同一内容的、具有定型性的举动从而募集捐款,② 这是基于一个意思持续实施的活动,③ 难以确定被害人,现金直接与其他被害人的现金混合在一起,丧失了特定性等为由,认为可以将其评价为一个整体,理解为包括一罪。本案中虽然被害人不只一个人,但最高裁考虑到① 行为样态具有定型性,② 时间很接近,③ 犯意单一,此外④ 确定被害人显著困难等情况,认为作为并合罪处理的话就必须针对各个罪明示被害金额,这明显不合理,从而认定为包括一罪。

再者,还存在着(C)**将数个不同的行为包括地评价为一罪的情形**(也多将这种情形称作**狭义的包括一罪**)。这种情形中各犯罪的联结很紧密,可以评价为"一罪"。例如,要求、约定、收受贿赂时,即便各个行为的时间、场所并不相同,也还是作为整体认定为一个受贿罪(第197条)。又如,逮捕他人后继续实施监禁时,也不过是包括地成立一个逮捕监禁罪(第220条)。还如,藏匿、隐避犯人的(第103条),搬运、保管赃物以及就该赃物的有偿处分进行斡旋的(第256条第2款)等也可以说属于这种类型。传播淫秽物品罪与具有该传播目的的持有罪(第175条)也包括地构成一罪。

> 关于**施加暴行后又向对方说出胁迫性言辞的行为**,不是暴行罪与胁迫罪的并合罪,而是包括地认定为暴行罪一罪。这也是考虑到两者紧密相接,胁迫的内容是将要施加与已施加暴行内容基本相同的危害时,以暴行罪一罪来评价就足够了[京高判平成七年(1995)9月26日(判时第1560号第145页)]。虽然不是反复实施同一行为,但可以说本案中的两个行为准于该情形。

情形Ⅳ 即便数个行为跨越不同的构成要件,也有可能例外地成立包括一罪。这种情形即所谓的**不可罚的(共罚的)事后行为**(→第48页)。即便毁弃了偷来的财物也不以毁弃罪处罚。这是因为,通过对盗窃罪的处罚,窃取财物后的违法状态已完全受到评价。同样地,即便其后处分了偷来的财物也不再以侵占罪处罚。

但是,最大判平成十五年(2003)4月23日(刑集第57卷第4号第467页)认为擅自设定、登记抵押权从而侵占土地后又再出售该土地时,后者也可以构成侵占罪,从而否定了包括一罪性[参见各论第四章第六节2(2)]。盗窃后的损坏器物情形中,如果不能证明盗窃时也可以按毁弃罪处罚,只在盗窃行为时无责任能力的情形也一样。

作为情形Ⅳ这种包括一罪的例子,常讨论知情后使用伪造的货币罪(第

152条)与**诈骗罪**的关系。

不知道是伪造的货币而取得,然后在知道是假币时使用该假币的行为,出于期待可能性减少等理由,只处以该货币面额3倍以下的罚金。但是,使用伪造的货币的行为多会伴随着诈骗罪的实行行为(或者是一个行为触犯两个罪),如果适用诈骗罪中较重的刑罚,则第152条规定的较轻法定刑就会丧失意义。因此,处罚较重的诈骗罪被处罚较轻的第152条吸收,包括地成立一罪。[9] 可以理解为在第152条中类型性地完全评价了诈骗罪。

> **混合的包括一罪** 近来,成立数个犯罪、跨越不同的罪名且存在数个法益侵害时,从具体的妥当性的观点出发认定以一个处罚来处理,这种情形被称作**混合的包括一罪**[最决昭和六十一年(1986)11月18日(刑集第41卷第7号第523页)认定了诈骗或盗窃与二款抢劫的包括一罪;名古屋高裁金泽支判平成三年(1991)7月18日(判时第1403号第125页)是关于伤害罪与事后抢劫罪的;东京高判平成七年(1995)3月14日(判夕第883号第284页)是关于诈骗罪与行使伪造的私文书罪的]。最近的判例有东京高判平成十九年(2007)5月21日(东高刑时报第58卷第1—12号第29页)。该案中,被告人想从步行中的女性A那里抢夺手提包于是使其跌倒在路上负伤,然后出示小型菜刀等胁迫A,分别从A及同行的女性B那里强取了现金。关于该案,东京高裁认为对A的抢劫致伤罪与对B的抢劫罪成立混合的包括一罪。

3 ▪ 科刑上一罪

> **第54条第1款** 一个行为触犯二个以上的罪名,或者作为犯罪的手段或者结果的行为触犯其他罪名的,按照其中最重的刑罚处断。

(1) 科刑上一罪的处断

科刑上一罪的含义 即便犯下数罪,但一个行为触犯数个罪名时(想象竞合、一行为数法),与作为犯罪的手段或者结果的行为触犯其他罪名时(牵连犯),作为**诉讼法上一罪**来对待(对其中一部分的既判力也及于其他部分)。实体刑法也将这些情形在科刑上作为一罪来对待,按照其中

---

[9] 不必考虑这种均衡性的使用伪造的有价证券与诈骗被认为是牵连犯,使用伪造的文书与诈骗也被认为是牵连犯。

最重的刑罚处断。[10] 即对于刑罚最重的犯罪之外的犯罪不予评价。

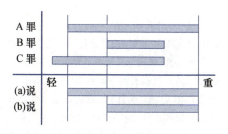

最重的刑罚的含义,是指适用数个刑罚规定中规定了最重法定刑的规定[大判大正三年(1914)11月10日(刑录第20辑第2089页)]。不限于选择法定刑**下限**最重的那个。但是最判昭和二十八年(1953)4月14日(刑集第7卷第4号第850页)认为,**不能作出比其他规定中法定刑的下限刑罚更轻的处断**。在犯B罪之外还犯了A罪、C罪时,认为可以作出比B罪更轻的处断,这实质上是不合理的。

另外,数罪处于科刑上一罪的关系中时,虽然其中最重之罪的刑罚只是惩役刑,但其他罪规定选择性地并科罚金时,在最重之罪的惩役刑之外可以并科罚金刑[最决平成十九年(2007)12月3日(刑集第61卷第9号第821页)]。

(2) 想象竞合(一行为数法)

一个行为　　**想象竞合**是指一个行为触犯数个罪名的情形。[11] 对正在执行职务的公务员施加暴行使其负伤时,伤害罪与妨害执行公务罪构成想象竞合;以掩盖犯罪的痕迹为目的放火损坏尸体时,成立放火罪与损坏尸体罪,二者想象竞合。[12]

关于一个行为的实质含义,判例认为指的是**抛开法律上的评价,舍弃构成要件上的视角,基于自然意义上的观察,行为人的举动在社会见解上被评价为一个举动的情形**[最判昭和四十九年(1974)5月29日(刑集第28卷第4号第114页)]。所以,醉酒驾驶之罪与业务上过失致死伤罪不能说是一个行

---

[10] 根据并合罪的规定来决定哪个是"重的刑罚"(→第403页)。虽然也有观点认为再犯加重和予以法律上的减轻时应该考虑上限与下限,但判例是以法定刑为基准的。

[11] 如果评价为不是一个行为则构成并合罪,处断的方式具有相当大的不同。具体而言存在以下差异:是科处最重的刑罚(想象竞合),还是可以科处至最高刑期的1.5倍(并合罪);在程序法上,公诉事实的同一性、裁判既判力的范围及于其他罪(想象竞合),还是不及于其他罪(并合罪)。

[12] 另外,想象竞合中除了一个行为该当不同的多个构成要件的情形外,还包括可以看作一个行为多次该当同一个构成要件的情形。例如,以一个行为杀害多个人时,以一份文书诬告多个人时(→第396页)。但是这些案例中,比起是想象竞合还是并合罪这一问题,更有争论的是这属于想象竞合还是包括一罪。

为,疲劳驾驶也不能与业务上过失致死伤罪构成想象竞合。[13]

与此相对,判例认为,① 无照驾驶与醉酒驾驶是一个行为[最判昭和四十九年(1974)5月29日(刑集第28卷第4号第151页)]。② 关于《道路交通管理法》上的违反救护义务与违反报告义务,无视这两个义务离开现场的举动可以被评价成一个举动,可以归结为"肇事逃逸"这个具有社会类型性的行为[最判昭和五十一年(1976)9月22日(刑集第30卷第8号第1640页)]。另外,③ 在将兴奋剂带入国内然后就这样闯过关口的情形中,虽然《兴奋剂取缔法》上的进口兴奋剂罪与《关税法》上的无照进口罪的实行行为并不重合,但这仍然是一个行为,属于想象竞合[最判昭和五十八年(1983)9月29日(刑集第36卷第2号第206页)]。④ 对于将违法的电子仪器装载在电话机上妨碍信号输出的行为,与使得作为计算电话费基础的度数计不能运行的行为,也认定了妨害有线电气通信罪与伪计妨害业务罪的想象竞合[最决昭和六十一年(1986)2月3日(刑集第40卷第1号第1页)]。[14]

帮助行为的个数 共犯(尤其是帮助犯)的行为个数依照正犯之罪的行为个数来决定,但成立多个帮助罪时,这些罪是否由《刑法》第54条第1款中所说的一个行为来构成,是依照帮助行为其本身来判断的[最决昭和五十七年(1982)2月17日(刑集第36卷第2号第206页)]。[15]

(3) 牵连犯

手段与结果　牵连犯是指作为犯罪的手段或者结果的行为触犯其他罪名的情形。此外,"应该理解为,**犯罪的手段是指在某犯罪的性质上通常都会将其作为手段来使用的行为**,而犯罪的结果是指当然地会从某犯罪中

---

〔13〕 此前,醉酒驾驶(疲劳驾驶)行为本身被认为是业务上过失致死伤罪的实行行为,二者被认为是想象竞合。

〔14〕 但是,⑤ 关于在汽车内持有兴奋剂之罪与在该车内隐藏、携带消防钩之罪,判例考虑到被告人是将兴奋剂装在手提小包中带着行走,而消防钩是堆放在该车里面等事实,认为两罪是并合罪的关系[最决平成十五年(2003)11月4日(刑集第57卷第10号第1031页)]。

另外,⑥ 关于使儿童实施淫行的行为(《儿童福祉法》第34条第1款第6项)与让儿童摆出性交等相关姿态后拍摄并制造儿童色情制品的行为(《儿童色情制品法》第7条第3款的行为),判例考虑到**两行为虽然存在着部分重合之处,但不能说其处于通常相伴发生的关系中**这一点以及**两行为的性质**,认为两者中行为人的举动可以说在社会见解上是不同的举动,所以两罪不是想象竞合的关系[最决平成二十一年(2009)10月21日(刑集第63卷第8号第1070页)]。此外,⑦ 违反《劳动基准法》第32条第1款(规制以周为单位的时间外劳动)之罪与违反该条第2款(规制以日为单位的时间外劳动)之罪是并合罪的关系[最决平成二十二年(2010)12月20日(刑集第64卷第8号第1312页)]。

〔15〕 以一个行为帮助伪造罪与诈骗罪时,成立伪造帮助罪与诈骗帮助罪这两罪,构成**想象竞合**。出借枪支导致A与B两人被杀时,构成两个杀人帮助罪的想象竞合。

产生的结果;所以,在成为牵连犯的某犯罪与作为手段或结果的犯罪之间必须存在着紧密的因果关系"[最判昭和二十四年(1949)7月12日(刑集第3卷第8号第1237页)]。[16] 所以,如果现实中犯下的罪只是偶然地具有手段或结果的关系,仅凭此还不能说是牵连犯[最判昭和二十四年(1949)7月12日]。必须是数罪之间具有**罪质上一般来说其中一方是另一方的手段或结果这种关系**(**抽象的牵连性**),且犯人在相关关系中具体地实行了该数罪(**具体的牵连性**)[最大判昭和二十四年(1949)12月21日(刑集第3卷第12号第2048页);最大判昭和四十四年(1969)6月18日(刑集第23卷第7号第950页);最判昭和五十七年(1982)3月16日(刑集第36卷第3号第260页)]。

> 实务中认为具有牵连犯的关系,能够成立牵连犯的代表性例子有:① 侵入住宅罪与盗窃罪、抢劫罪、强奸罪、伤害罪、杀人罪、放火罪;② 伪造文书罪、伪造有价证券罪与行使伪造的文书罪、行使伪造的有价证券罪;③ 行使伪造的文书罪、行使伪造的有价证券罪与诈骗(关于行使伪造的货币的情形,参见第399页)。
>
> 虽然是紧密联结的犯罪类型,但判例中没有认定为牵连犯的有:① 以获得保险金为目的放火时的放火罪与对保险金的诈骗罪;② 杀人罪与杀人后立即实施的遗弃尸体罪;③ 堕胎与杀害因堕胎而排出母体外的"人"时的堕胎罪与杀人罪;④ 监禁行为过程中出现伤害时的监禁罪与伤害罪等。这些罪都分别作为并合罪受到处理。

> **作为敲诈勒索手段的监禁** 虽然过去认为敲诈勒索罪与监禁罪这两罪的关系是牵连犯[大判大正十五年(1926)10月14日(刑集第5卷第10号第456页)],但最高裁认为,"即使是作为敲诈勒索的手段实施监禁,**也不能认为作为犯罪的通常形态,两罪处于手段或结果的关系之中,两罪不存在牵连犯的关系**",从而变更了判例[最判平成十七年(2005)4月14日(刑集第59卷第3号第283页)]。[17]

夹结现象 X侵入A的住宅将A与B杀害时,对A的杀人罪与对B的杀人罪既不是通过一个行为实施的,也不具有手段或结果关系,所以不成立科刑上一罪,但判例认为这是一个侵入住宅罪与两个杀人罪的牵连犯[最决昭和二十九年(1954)5月27日(刑集第8卷第5号第741页)]。像这样,甲罪与乙罪本是并合罪的关系,当甲

---

[16] 过去也存在着**主观说**,认为牵连犯是指行为人主观上认为其是犯罪的手段或结果的情形。

[17] 虽然逮捕监禁这种犯罪类型多被用于实现其他犯罪目的的手段而被触犯,但尚不能说作为杀人、伤害、强奸等犯行的手段,一般都会首先将被害人逮捕监禁起来。以对被害人施加暴行、胁迫或使其负伤为目的,首先将其逮捕监禁起来然后实施暴行等行为时,逮捕监禁罪与暴行罪等也不成立牵连犯[最决昭和四十三年(1968)9月17日(刑集第22卷第9号第853页)]。逮捕监禁与强制性交罪[最判昭和二十四年(1949)7月12日(刑集第3卷第8号第1237页)]、杀人罪[最判昭和六十三年(1988)1月29日(刑集第42卷第1号第38页)]、以勒索赎金为目的的诱拐及要求赎金罪[最决昭和五十八年(1983)9月27日(刑集第37卷第7号第1078页)]之间的关系也是一样的,关于敲诈勒索罪与逮捕监禁罪的罪数关系变更判例可以说是自然而然的。

罪、乙罪分别与丙罪形成科刑上一罪的关系时,甲罪与乙罪也变成科刑上一罪的情形,称为**夹结现象**。但是,X 在屋外将 A、B 杀害时是作为两个杀人罪的并合罪来处断的,而伴随着侵入住宅时反而处断更轻了,这不合理。即便承认夹结现象,也应该比较被夹结在一起的犯罪类型,因夹结而捆绑在一起的犯罪的法定刑较重时,应当采用具有均衡性的处断刑(→第 405 页)。

4 ■ 并合罪

> **第 45 条** 未经确定裁判的两个以上的罪,是并合罪。如果某罪已经确定判决处禁锢以上刑罚,则该罪只与其裁判确定前所犯的罪是并合罪。

并合罪的含义　未经确定裁判[18]的数罪被称为**并合罪**。如果某罪已经确定判决处禁锢以上刑罚,则该罪与其裁判确定前所犯的罪是并合罪(第 45 条)。[19]

对于不能成为科刑上一罪的**数罪**,虽然也可以分别处断,但在可以同时处断这些罪时,刑法将这些罪集中起来一并处理(对于有同时审判的可能性但未集中起来一并处理的数罪,考虑到均衡性,要作为并合罪来处断→第 51 条)。关于并合罪有以下几种处断方法:① **并科主义**,即科处全部的刑罚;② **吸收主义**,以最重的刑罚来处断;处于上述二者之间的③ **加重单一刑主义**,即设定一个加重的处断刑,在其范围内量定一个刑罚;和④ **综合刑主义**,即在对各罪量定刑罚后综合起来宣告一个刑罚。

> **儿童色情制品与淫秽物品**　贩卖淫秽图画罪与具有贩卖目的的持有罪是包括一罪(→第 395 页),如果强调儿童色情制品与淫秽图画(《刑法》第 175 条)的类似性,那么会把提供儿童色情制品的行为与具有提供目的的持有行为理解为**包括一罪**。但是,最决平成二十一年(2009)7 月 7 日(刑集第 63 卷第 6 号第 507 页)认为,《儿童色情制品法》的目的同时在于保护儿童权利,提供罪等的保护法益与《刑法》第 175 条的不同,应该重视对被害儿童造成的重大侵害性,提供儿童色情制品罪与具有提供目的的持有罪是**并合罪**。另外,贩卖淫秽的儿童色情制品的行为该当提供儿童色情制品罪与贩卖淫秽图画罪,二者是**想象竞合**关系,具有贩卖(提供)目的的持有也是一样的。最终,如果实施了贩卖淫秽的儿童色情制品行为与具有贩卖(提供)目的的持有行为,那么根据所谓的**夹结理论**(→第 403 页),全体成立一罪[另参见东京高判平成二十四年(2012)11 月 1 日(判夕第 1391 号第 364 页)]。

---

[18] 确定裁判是指经过通常的诉讼程序以致不能再争议状态的裁判,具体而言是指有罪、无罪或免诉裁判,略式命令,交通案件即决裁判等。

[19] 只要作出确定裁判就足够了,刑罚是否执行终了并不会有什么影响。

并合罪的处理 ① 如果并合罪中包含死刑、无期刑,则不再科处其他刑罚(第46条,**吸收主义**)。但是,死刑时也可以并科没收(无期刑时可以并科罚金、科料、没收)。

> **吸收主义** 第46条旨在规定,对一个罪处以死刑或者无期刑时不再科处其他的刑罚。该条的旨趣并不是说对一个罪处以死刑或者无期刑时,对于那些最终未被科处刑罚的罪就不再追究了;而是说这些未被科处的刑罚被死刑或者无期刑吸收了,这些罪仍受到了处罚[最决平成十九年(2007)3月22日(刑集第61卷第2号第81页)]。所以应该说,对处于并合罪关系中的多个罪中的某个罪选择死刑或者无期刑时,可以考虑为最终未被科处刑罚的那些罪也被包含在死刑或者无期刑中受到了处罚;从而,仅凭这一个罪来判处死刑、无期刑不相当时,并非不能选择死刑、无期刑。

② 所犯之罪**应处数个有期惩役或者禁锢**时,以其中最重之罪刑罚的最高刑期的**1.5倍**为最高刑期(第47条,**加重单一主义**)。但是,不得超过各罪最高刑期的总和(第47条)。此外,无论如何加重处罚都不能超过30年(第14条)。对于最低刑期虽然没有规定,但并合罪中包含的其他罪的最低刑期比最重之罪的最低刑期更重时,应该适用该**较重的最低刑期**。

③ 罚金与其他刑罚(死刑除外)并科(第48条第1款,**并科主义**)。数个罚金时,应在各罪所规定的罚金总和以下处断(第48条第2款)。

④ 拘留、科料也与其他刑罚(但死刑、无期除外)并科(第53条第1款,**并科主义**)。数个拘留或科料时也并科(第53条第2款,**并科主义**)。

⑤ 如果并合罪中有没收,那么即便较重之罪中没有没收,也可以并科。数个没收也并科(第49条)。

⑥ 对于并合罪有两个以上的裁判时,将其宣告的刑罚合并执行。但是,死刑时只合并执行没收,无期刑时只合并执行罚金、科料与没收。执行数个有期惩役或者禁锢时,不得超过其最重之罪最高刑期的1.5倍(第51条)。

> 被告人略取小学生后监禁了9年多,其间使其负伤(略取、逮捕监禁致伤),同时又被追究盗窃(扒窃)的刑事责任。关于该案[20],最决平成十五年(2003)7月10日(刑集第57卷第7号第903页)认为,要**对构成并合罪的各罪在整体上形成统一刑以此作为处断刑**,再在这个范围内,对各罪在整体上决定具体的刑罚;而不是对并合罪中的构成单元即各罪个别地予以量刑判断,再计算这些量刑的总和。

---

[20] 逮捕监禁致伤罪与略取罪是想象竞合关系,所以只依据较重的逮捕监禁致伤罪的刑罚来处断。又由于与盗窃罪是并合罪,所以按照第47条来决定处断刑。

先行羁押日数的折抵与刑罚的并科 《刑法》第 21 条规定,可以将先行羁押日数折抵本刑。对于具有并合罪关系的数罪,是通过一个主文包括地宣告刑罚,所以该刑罚属于**本刑**[最决平成十八年(2006)8 月 30 日(刑集第 60 卷第 6 号第 457 页)]。

第八章

刑罚的具体运用

1 ■ 当今的刑罚

日本现行的刑罚　现行《刑法》第 9 条(→第 2 页)规定了生命刑即死刑,自由刑即惩役、禁锢(有期惩役或禁锢是 **1 个月以上 20 年以下**,加重处罚时上限为 **30 年**,减轻处罚时可以降至**不满 1 个月**)与拘留(注意与羁押的区别),还规定了财产刑即**罚金**(1 万日元以上)、**科料**(1 千日元以上不满 1 万日元)**与没收**(→第 421 页)。〔1〕其中,没收是**附加刑**,此外全都是**主刑**。主刑是可以独立宣告的刑罚,而附加刑是只能在宣告主刑时附加其上予以宣告的刑罚(追征不是刑罚→第 2 页)。

另外,伴随着刑罚的宣告,会有种种资格限制。例如,丧失就任公职的资格(《国家公务员法》第 38 条,《地方公务员法》第 16 条,《学校教育法》第 9 条),失去选举权、被选举权等(《公职选举法》第 11 条、第 252 条)。但这些是行政上的处分,不是刑罚。

除此之外,作为法律上的制裁手段,还存在着民事罚、行政罚(具有代表性的是**过料**)。这些也必须与刑罚明确区分开来。

> **保安处分**　有许多立法例着眼于行为人的危险性,为了守护国民的利益,在刑罚之外还规定了保安处分(→第 6 页),但现行《刑法》不承认保安处分。可是,《卖春防止法》第 17 条规定的**辅导处分**可以说是一种剥夺自由的处分。此外,《精神保健福祉法》第 29 条的**强制住院**制度也是以患者的危险性为由限制其自由,具有保安处分的色彩(→参见第 307 页)。〔2〕另外,平成十五年(2003)7 月通过的《**医疗观察法**》(→第 308 页)的目的在于,通过对处于心神丧失等状态下实施了重大他害行为(指给他人造成损害的行为)的人实施持续且适当的医疗,以及对确保该医疗而言必要的观察及指导,改善其病情并防止伴随该病情的相同行为再次发生,以此促进其复归社会(该法第 1 条)。虽然有裁判所介入并实施强制性治疗,但这不是保安处分。

---

〔1〕虽然也存在着杖刑、笞刑、黥刑(刺青刑)、肉刑(将身体一部分割下来的刑罚)等,但包括日本在内,西欧诸国及受其文化强烈影响的各国都不使用这些刑罚。

虽然也有相当多废除了死刑的国家,但根据日本的民意调查,占据压倒性多数的人都赞同死刑保留论。裁判员裁判制度确定后,这一倾向也没有发生变化。

〔2〕另外,有学者将保护观察、对少年实施的保护处分、《破防法》中的团体规制处分也作为保安处分来对待(参见大塚第 585 页以下)。

2 ■ 刑罚的适用

> **第10条第1款** 依照前条的排列顺序决定主刑的轻重。但无期禁锢与有期惩役之间以禁锢为重刑;有期禁锢的最高刑期超过有期惩役的最高刑期二倍时,也以禁锢为重刑。
> **第2款** 同种类的刑罚,以最高刑期较长或者最高数额较多的为重刑;最高刑期或者最高数额相同时,以最低刑期较长或者最低数额较多的为重刑。
> **第3款** 二个以上的死刑,或者最高刑期、最高数额及最低刑期、最低数额相同的同种类刑罚,按照犯罪情节决定其轻重。
> **第66条** 有应予酌量的犯罪情节时,可以减轻刑罚。
> **第67条** 即使在法律上有加重或者减轻刑罚的情形,也可以酌量减轻。

(1) 处断刑的量定

法定刑与处断刑　刑罚法规各条中规定的刑罚被称作**法定刑**。关于其轻重,第10条规定依死刑、惩役、禁锢、罚金、拘留、科料这一顺序来判断**主刑的轻重**。但是,无期禁锢与有期惩役相比,前者更重;有期禁锢的最高刑期超过有期惩役的最高刑期2倍时,也是前者更重(第10条第1款)。同种类的刑罚,以最高刑期较长的或最高数额较多的为更重;最高刑期、最低数额相同时,则依最短刑期的长短、最低数额的多少来决定(第10条第2款)。两个以上死刑的情形,或者最高刑期与最低刑期、最高数额与最低数额相同的同种类刑罚的情形中,依照犯罪的性质、犯行的手段、被害的程度等**犯罪情节**来决定轻重(第10条第3款)。

> 宣告刑的决定顺序
> ① 规定的适用→② 科刑上一罪的处理→③ 选择刑种→④ 加重或减轻刑罚

加重减轻事由　加重、减轻法定刑后得到的刑罚被称作**处断刑**。加重、减轻事由中,既有法律规定的类型化的加重减轻事由,又有裁判上的减轻事由(**酌量减轻**)。

	法律上	裁判上
加重事由	并合罪加重+累犯加重	—
减轻事由	必要减轻+任意减轻	酌量减轻

法定的刑罚加重事由，包括**并合罪加重**(→第 404 页)与**再犯(累犯)加重**。〔3〕因并合罪而加重处罚时，若选择了有期刑则可以加重至最重法定刑的刑期的 1.5 倍，但不能超过 30 年(→第 419 页)。再犯的刑罚为该罪所定惩役最高刑期的 2 倍以下(第 57 条)。

处断刑(加重)的具体例子 犯有杀人(5 年以上惩役、无期惩役或死刑)与伤害(15 年以下惩役或 50 万日元以下罚金)的并合罪者，就杀人与伤害分别选择了有期惩役刑时，处断刑为 5 年以上 30 年以下惩役。犯有盗窃(10 年以下惩役或 50 万日元以下罚金)与伤害(15 年以下惩役或 50 万日元以下罚金)的并合罪者，就盗窃与伤害分别选择了有期惩役刑时，处断刑的上限为 22 年 6 个月。

> 加重或减轻刑罚的顺序(第 72 条)
> ① 再犯加重→② 法定减轻→③ 并合罪加重→④ 酌量减轻

法定的刑罚减轻事由，分为必要减轻事由与任意减轻事由。**必要减轻事由**包括心神耗弱的情形(第 39 条第 2 款→第 304 页)、帮助犯(第 63 条→第 382 页)、中止犯(第 43 条但书。也可能**免除刑罚**)等；**任意减轻事由**包括未遂犯(第 43 条→第 106 页)、防卫过当与避险过当(第 36 条第 2 款，第 37 条第 1 款但书。也可能**免除刑罚**)、法律认识错误(第 38 条第 3 款→第 170 页)、自首(第 42 条)等。

作为**裁判上的减轻事由**，刑法上承认"有值得酌量的犯罪情节时，可以减轻刑罚"这一**酌量减轻**(第 66 条)。〔4〕酌量减轻以与法定减轻相同的方法来减轻刑罚。即使根据法律加重或者减轻刑罚时，也可以在此之外予以酌量减轻(第 67 条)。

处断刑(减轻)的具体例子 例如，对于帮助盗窃(10 年以下惩役或 50 万日元以下罚金)的人，选择惩役刑时，处断刑为 5 年以下惩役。对于犯抢劫致伤罪(无期惩

---

〔3〕 再(累)犯是指反复实施犯罪，但《刑法》将被判处惩役者自惩役执行完毕(或者免除执行之日起)5 年内又犯应当判处有期惩役之罪的，规定为再犯(第 56 条第 1 款)。再犯的刑罚为该罪所定惩役最高刑期的 2 倍以下(第 57 条)。三犯以上者也同再犯一样处理(第 59 条)。

〔4〕 《刑法》第 66 条规定的酌量减轻适用于以下情形，即根据具体情节，认为科处比法定刑或者经过法定加重减轻后的处断刑的最下限还轻的刑罚是相当的[最判昭和四十年(1965)11 月 2 日(刑集第 19 卷第 8 号第 797 页)]。

役或 6 年以上惩役)的人,选择有期惩役刑后酌量减轻时,处断刑为 3 年以上 10 年以下惩役。

自首 犯罪者在侦查机关发觉前自首时可以减轻刑罚(《刑法》第 42 条)。该条旨趣在于考虑到,① 犯人的悔悟体现出其责任减少,以及② 有利于犯罪侦查等的顺利开展这一刑事政策上的理由。**犯罪者在侦查机关发觉前自首**,是指在侦查机关发觉之前自发地将自己的犯罪事实报告给侦查机关,请求追诉。即使犯罪事实被发觉了,只要犯人未被发觉也可以成立自首。但不包括单纯的犯人所在不明的情形[最判昭和二十四年(1949)5 月 14 日(刑集第 3 卷第 6 号第 721 页)]。受到侦查机关询问时曾作出了隐瞒犯罪的供述,然后在犯罪事实被发觉前主动报告犯罪事实的,属于自首[最判昭和六十年(1985)2 月 8 日(刑集第 39 卷第 1 号第 1 页)]。此外,在犯罪事实被发觉前去了侦查机关,但由于侦查员不在等原因没能进行报告时,也能认定自首的成立[东京高判平成七年(1995)12 月 4 日(判时第 1556 号第 148 页)]。〔5〕

另外,在**亲告罪**的情形中,向有告诉权者报告自己的犯罪事实并由其处置时也构成任意减轻刑罚的事由(《刑法》第 42 条第 2 款)。

包含虚假内容的报告与自首 被告人持有手枪及匹配该枪的实弹,并朝着对立帮派的事务所开枪发射了 4 发子弹;约 1 个月后,被告人将另外 1 支手枪伪装成发射了子弹的样子,并将该枪交给司法警察,报告说"是用这把枪发射子弹的"。关于该案,最决平成十三年(2001)2 月 9 日(刑集第 55 卷第 1 号第 76 页)认为,"虽然能够认定被告人关于所使用的手枪陈述了虚假事实,但这不妨碍成立《刑法》第 42 条第 1 款的自首"。〔6〕

减轻刑罚的方法 若存在依法律应当减轻刑罚的事由,则:① 减轻死刑时,减为无期或者 10 年以上惩役或者禁锢;② 减轻无期惩役或禁锢时,减为 7 年以上惩役或者禁锢(不能变更刑种);③ 减轻有期惩役或禁锢时,将其最高刑期与最低刑期减去 1/2;④ 减轻罚金时,将其最高数额和最低数额减去 1/2;⑤ 减轻拘留时,将其最高刑期减去 1/2;⑥ 减轻科料时,将其最高数额减去 1/2(第 68 条)。即使存在多个法定减轻事由,也只能减轻一次。

---

〔5〕 在公路上射杀案件中,虽然被告人 8 日后去了警察署,但侦查机关在两三天内就已经锁定了犯罪嫌疑人,只是由于没有获得脸部照片,不能核对相貌所以没有请求拘留状。在此事实关系下,大阪高判平成九年(1997)9 月 25 日(判时第 1630 号第 154 页)认为,"侦查机关已确定被告人是犯罪人",不该当自首。

〔6〕 既然 X 报告了自己持有手枪与实弹的事实(加重持有罪)以及开枪射击的事实,那么即便不出示所使用的手枪,也属于自行坦白了这两罪。的确,如果提交了虚假手枪,会对发现事实造成困难;但有关"构成要件事实"的报告本身不包含虚假内容,既然手枪已经交给了侦查机关,那么通过鉴定等能够容易查明该枪的真伪;所以,扰乱侦查的程度未必能说得上很严重。

法定减轻的方法			
死刑	无期,10 年以上	罚金	最高与最低数额减去 1/2
无期	7 年以上	拘留	仅最高刑期减去 1/2
有期	最高与最低刑期减去 1/2	科料	仅最高数额减去 1/2

(2) 刑罚的量定

宣告刑 　法官在处断刑的框架内通过裁量来决定具体的**宣告刑**。这项工作被称为**刑罚的量定**或**量刑**。与量刑相关联,经常会使用"情节"这个词语(第 25 条第 1 款,第 66 条),但实质基准是必须通过考虑刑罚的目的、效果来进行判断(→参见第 15 页)。

量刑 　战后刑法理论的基调是相对的报应刑论(→第 12 页),刑罚被认为对应于责任。关于"刑罚的一般基准",《改正刑法草案》(→第 12 页注 32)规定,①刑罚必须对应于**责任**来量定,在此框架内②考虑犯人的年龄、性格、经历及环境、犯罪的动机、方法、结果及社会影响、犯罪后犯人的态度等情况,应以**有助于抑制犯罪与犯人的改过自新**为目的。

```
影响量刑的情况
Ⅰ  构成犯罪的事实
    ① 犯罪结果的重大性(例如被害者的人数)
    ② 行为样态的恶劣性(例如所使用凶器的种类)
    ③ 故意的内容(确定的程度等)
Ⅱ  与犯罪事实密切联系的情况
    ① 行为人与被害人的联系(例如有无亲子关系)
    ② 被害人与被告人之间发生纷争的原因与经过
    ③ 攻击被害人的具体样态
    ④ 有无计划性
    ⑤ 与共犯的关系,加功的程度
Ⅲ  犯罪后的情况等
    ① 被告人精神上与身体上的资质,成长过程,前科、前历
    ② 复归社会时的社会环境、家庭环境
    ③ 被告人自身的改过意愿
    ④ 犯行后对被害人的态度,赔偿被害的诚意等情况
    ⑤ 被害人一方的意向
    ⑥ 案件给社会造成的影响程度
```

除了行为时的行为责任外,前科、成长经历等在量刑中也起到重要作用。"报应"与"预防"两方面都要考虑到。再者,也不能无视被告人在行为后是否反省、反省的程度,以及被害人的意向。此外,本来也不可能以一个"点"来确定行为责任的量,而是在通过行为责任推导出的大致幅度内加入预防效果的考虑来量刑(**幅的理论**)。[7] 责任刑中也有幅度,再加入预防的考虑,其上限、下限会得以扩张。在法定刑的幅度内,通过考虑结果的重大程度与行为样态决定量刑的骨架部分,但还必须根据有无前科、动机的恶劣性、行为后的赎罪或赔偿来大幅修正。在结果重大程度的判断中,也包含着构成要件结果以外的其他结果[最决平成二十九年(2017)12月19日(刑集第71卷第10号第606页)认为,允许量刑时在法定刑框架内考虑因该当现住建造物等放火罪的行为而造成的人员死伤结果]。

　　裁判员裁判与"幅"　虽然也不能恣意地进行量刑判断,但尤其是在裁判员制度之下,过度强调"追求一个不变动的、正确的点"的想法很危险。在量刑论中必须重视"幅",这种"幅"有助于吸收对应于社会变化的国民规范意识变化从而推导出妥当的结论。另外,在夫妇将1岁8个月大的幼儿虐待致死的伤害致死案件中,针对10年的求刑,一审、二审作出了宣告15年刑罚的判断,**最判平成二十六年(2014)7月24日**(刑集第68卷第6号第925页)却以"过度偏离量刑中的先例"为由推翻了该判断,宣告了10年与8年的刑罚。

(3) 缓刑

> **第25条第1款**　被宣告三年以下惩役、禁锢或者五十万日元以下罚金者,具有下列情形之一的,可以根据情节,自裁判确定之日起在一年以上五年以下的期间内暂缓其全部刑罚的执行:
> ① 曾经未被判处过禁锢以上刑罚的;
> ② 曾经虽然被判处过禁锢以上刑罚,但从执行完毕之日或者获得免除执行之日起五年内未再被判处禁锢以上刑罚的。
> **第2款**　曾经虽然被判处过禁锢以上刑罚但暂缓执行其全部刑罚者,被判处一年以下惩役或者禁锢且具有应当特别酌量的情节时,也与前款同样处理。但依照下条第1款的规定交付保护观察且在此期间内又犯罪的,不在此限。

---

〔7〕 幅的理论认为,相应于责任的刑罚在法定刑中是通过一定的幅度来体现的,客观上不存在确定的、唯一的责任刑。与此相对,"点的理论"认为,虽然不能唯一地确定责任的量,但存在正确的责任刑。这种观点认为,理论上只有作为"特定的点"的刑罚才与行为的责任相对应。但是,学说中幅的理论认为,通过对具有幅度的责任刑加入预防效果上的考虑,能够推导出唯一正确的量刑。在此意义上可以说,最终的量刑中没有幅度。

> **第 25 条之二第 1 款** 前条第 1 款的情形中,可以在缓刑期间内交付保护观察;该条第 2 款的情形中,应当在缓刑期间内交付保护观察。
> (第 2 款以下略)
>
> **第 27 条** 未撤销暂缓执行全部刑罚的宣告且经过缓刑期间的,刑罚的宣告丧失效力。
>
> **第 27 条之二** 被宣告三年以下惩役或者禁锢者,具有下列情形之一的,考虑犯罪情节轻重及犯人境遇等情况认为对防止再犯而言必要且相当时,可以在一年以上五年以下的期间内暂缓其部分刑罚的执行:
> ① 曾经未被判处过禁锢以上刑罚的;
> ② 曾经虽被判处过禁锢以上刑罚,但刑罚被全部暂缓执行的;
> ③ 曾经虽被判处过禁锢以上刑罚,但自执行完毕之日或者获得免除执行之日起 5 年内未再被判处禁锢以上刑罚的。

要件　　**缓刑**是指,根据犯罪的情节认为未必需要现实执行刑罚时,在一定期间内暂缓刑罚的执行,若顺利经过缓刑期间则消灭刑罚权的制度。[8][9] 即面向将来消灭刑罚宣告的效力,也面向将来消除资格限制等。缓刑是在宣告刑罚的同时通过判决或略式命令来宣告。另外,对拘留和科料不能适用缓刑。

①（A）曾经未被判处过禁锢以上刑罚者[10],或者（B）自执行完毕禁锢以上刑罚或者获得免除执行禁锢以上刑罚之日起 5 年内未再被判处禁锢以上刑罚者;② 被宣告 **3 年以下惩役、禁锢或 50 万日元以下罚金**;③ 可以根据情节自裁判确定之日起在 **1 年以上 5 年以下**的期间内暂缓刑罚的执行(第 25 条第 1 款)。

再度缓刑　　此外,曾经被判处过禁锢以上刑罚但暂缓执行该刑罚者,被判处 1 年以下惩役或者禁锢且具有应有特别酌量的情节时,也同样可以暂缓执行其刑罚(但限于**经过保护观察期间后**的犯行:第 25 条第 2 款)。缓刑是在宣告刑罚的同时通过判决或略式命令来宣告的。一般的缓刑可以交付保护观察,再度缓刑则必须交付保护观察。

---

〔8〕 该制度是英美法系中的"有罪判决的暂缓宣告制度"输入大陆诸国后发展而来的。英美的 probation 是连刑罚都暂缓宣告;与此相比,日本的制度不过是在宣告刑罚的基础上,经过缓刑期间后消灭刑罚权而已。

〔9〕 地方裁判所中惩役的缓刑率是 61.7%（2017 年）。但禁锢的缓刑率为 97.79%（同年）,而罚金的缓刑率为 0.1%（同年）。

〔10〕 "曾经"是指"在宣告缓刑的判决之前",不是指"在实行应被宣告缓刑的犯罪行为之前"［最判昭和三十一年(1956)4 月 13 日(刑集第 10 卷第 4 号第 56 页)］。

> **缓刑的要件**
> ① 无禁锢以上刑罚或前刑执行完毕后 5 年内未被判处禁锢以上刑罚
> ② 宣告刑(3 年以下或 50 万日元以下)
> ③ 缓刑期间(依情节 1 年—5 年)
> **再度缓刑的要件**
> ① 前刑被暂缓执行(保护观察期间经过后的犯行)
> ② 宣告刑(1 年以下)
> ③ 应当特别酌量的情节+必要的保护观察(第 25 条之二第 1 款)

保护观察 为了进一步提升缓刑中犯罪人的改善、矫正效果,设置了保护观察制度[第 25 条之二,昭和二十八年(1953)新设]。保护观察是指,以遵守"居住在一定住处且从事正当职业""保持善行""不与具有犯罪性的人或品行不好的人交往""搬家、长期旅行时要请求许可"等事项为条件,允许犯罪人在社会中自由生活的制度。

缓刑的撤销 ① 缓刑期间内又犯罪并被判处禁锢以上刑罚[11],且对该刑罚没有宣告缓刑时;② 对缓刑宣告以前所犯其他罪判处禁锢以上刑罚,且对该刑罚没有宣告缓刑时;③ 发现在宣告缓刑以前曾犯其他罪且该罪被判处禁锢以上刑罚时,必须撤销缓刑(**必要撤销**——第 26 条)。

> **必要撤销**
> ① 缓刑期间内禁锢以上刑罚(未暂缓执行)
> ② 缓刑前的犯行(禁锢以上)未暂缓执行
> ③ 发现被判处禁锢以上刑罚
> **裁量撤销**
> ① 缓刑期间内罚金刑
> ② 严重违反遵守事项
> ③ 发现被判处禁锢以上刑罚(全部缓刑)

此外,④ 缓刑期间内又犯罪被判处**罚金**时;⑤ 依照第 25 条之二第 1 款的规定交付保护观察者不遵守应当遵守的事项,情节严重时;⑥ 发现在宣告缓刑前有其他罪被判处禁锢以上刑罚且该刑罚被全部暂缓执行时,可以撤销缓刑的宣告(**裁量撤销**——第 26 条之二)。

检察官提出请求后由裁判所以决定的方式撤销缓刑。

---

〔11〕 若宣告禁锢以上刑罚的判决尚未确定,则不能撤销缓刑[最决昭和五十四年(1979)3 月 27 日(刑集第 33 卷第 2 号第 155 页)]。

部分缓刑　平成二十五年(2013)的刑法修正引入了宣告 3 年以下惩役或者禁锢时暂缓执行其部分刑罚的制度[平成二十八年(2016)6 月施行]。犯罪人在**接受部分刑罚的执行后**,可以对其宣告旨在于一定期间内暂缓执行剩余刑罚的判决。从防止再犯的观点来看,该制度的目的在于使得有可能紧接着设施内处遇而在充分的期间内对犯罪人进行社会内处遇。〔12〕〔13〕 ① 曾经未被判处过禁锢以上刑罚的,或者虽被判处过禁锢以上刑罚但刑罚被全部暂缓执行的,又或者虽被判处过禁锢以上刑罚但自执行完毕之日(或获得免除执行之日)起 5 年内未再被判处禁锢以上刑罚的;② 被宣告 3 年以下惩役或者禁锢时;③ 若考虑犯罪情节轻重及犯人境遇等情况认为对防止再犯而言必要且相当的,则可以在 1 年以上 5 年以下的期间内暂缓其部分刑罚的执行(第 27 条之二)。此外,准于全部缓刑,设置了保护观察、必要与裁量撤销等规定(第 27 条之三至第 27 条之五)。

但是,部分缓刑只占全部缓刑案件数量的 1.9%,且九成以上都与违反《兴奋剂取缔法》的犯罪相关。〔14〕 部分缓刑中对刑法犯的缓刑比例不过是 4.3%[平成二十九年(2017)司法统计年报]。*

> **部分缓刑的要件**
> ① 无禁锢以上刑罚或前刑执行完毕后(免除执行后)5 年内未被判处禁锢以上刑罚
> ② 宣告刑(3 年以下惩役或者禁锢)
> ③ 若对防止再犯而言必要且相当则在 1—5 年范围内暂缓部分刑罚的执行

---

〔12〕 第 27 条之二旨在规定:① 曾经未被判处过禁锢以上刑罚者;② 曾经虽然被判处过禁锢以上刑罚但刑罚被暂缓执行该全部刑罚者;③ 曾经虽然被判处过禁锢以上的刑罚但自执行完毕或者获得免除执行之日起 5 年内未再被判处禁锢以上刑罚者,被宣告 3 年以下惩役或者禁锢时,若考虑犯罪情节轻重及犯人境遇等情况认为对防止再犯而言必要且相当的,则可以在 1 年以上 5 年以下的期间内暂缓其部分刑罚的执行。

〔13〕 在部分缓刑期间内可以任意地交付保护观察(新设第 27 条之三)。随着部分缓刑制度的引入,现行的缓刑被表述为"暂缓执行全部刑罚"。所以,除部分修改第 25 条、第 25 条之二、第 26 条、第 26 条之二、第 26 条之三、第 27 条外,关于部分缓刑的宣告、部分缓刑期间内的保护观察、部分缓刑的撤销、经过缓刑期间后的效果等,新设了第 27 条之二至第 27 条之七。此外,关于假释的撤销新设了第 29 条第 2 款。另外,与引入部分缓刑制度一道,还制定了关于犯服用毒品罪者部分缓刑的法律。对于犯服用毒品等罪的人,即便不满足刑法上部分缓刑的要件,也有可能暂缓执行部分刑罚(部分缓刑期间内必须交付保护观察)。

〔14〕 与刑法修正一道,制定了《关于犯服用毒品等罪者部分缓刑的法律》。犯有自己服用麻药等毒品的犯罪者被宣告 3 年以下惩役或者禁锢时,必须实施保护观察。缓刑的方法、期间与刑法修正中规定的一样,这种"必要的部分缓刑"占据了部分缓刑案件数量的一半。

* 日本自 2013 年引入、2016 年起施行部分缓刑制度后,于 2022 年刑法修正时又对该制度作出了若干精细化调整。目前日本的缓刑制度分为全部缓刑(规定在日本《刑法》第 25 条至第 27 条)与部分缓刑,后者又分为:① 针对一般犯罪的部分缓刑(规定在日本《刑法》第 27 条之二至 27 条之七,简称"刑法中的部分缓刑");② 针对犯服用毒品等罪的犯罪人的部分缓刑(参见脚注 14,简称"毒品成瘾者的部分缓刑")。2022 年日本刑法修正后,全部缓刑、刑法中的部分缓刑以及毒品成瘾者的部分缓刑三者的对比,可参见译者后记最后制作的附表"日本全部缓刑与部分缓刑的对比"。——译者注

3 ■ 刑罚的执行

(1) 死刑

> **第 11 条第 1 款** 死刑在刑事设施内用绞首的方式执行。
> **第 2 款** 已受死刑宣告者在执行前应拘禁在刑事设施内。

死刑的执行　宣告刑罚的裁判确定时,国家刑罚权得以实现,刑罚将被执行。执行刑罚的内容因刑罚的种类而异。死刑是在刑事设施内以绞首的方式执行。但在法医学上叫作"缢首"。[15]

科处死刑的犯罪　现行《刑法》第 81 条将死刑规定为绝对的法定刑,第 77 条第 1 款第 1 项、第 82 条、第 108 条、第 117 条第 1 款、第 119 条、第 126 条第 3 款、第 127 条、第 146 条、第 199 条、第 240 条、第 241 条将死刑规定为选择刑。但实际上运用死刑的主要是第 199 条与第 240 条。以新派刑法学为核心,死刑废除论在刑法学说史中也是个受到讨论的重要问题。许多国家已经废除了死刑,在日本也能看到废除论。但是,刑罚制度只能建立在国民的规范意识之上(→第 14—15 页),所以对理念化的讨论操之过急也是很危险的。根据民意调查等,当今支持死刑保留论的还占八成以上。

(2) 自由刑

> **第 12 条第 1 款**　惩役分为无期和有期。有期惩役为一个月以上二十年以下。
> **第 2 款**　惩役是拘禁在刑事设施内使其进行规定的作业。
> **第 13 条第 1 款**　禁锢分为无期和有期。有期禁锢为一个月以上二十年以下。
> **第 2 款**　禁锢是拘禁在刑事设施内。
> **第 14 条第 2 款**　有期惩役或者禁锢加重时,可以加至三十年;减轻时,可以减至不满一个月。
> **第 16 条**　拘留为一日以上不满三十日,拘禁在刑事设施内。

---

[15]　缢首是指悬吊脖子状态下的死亡。绞首是指勒紧对方脖子将其杀死。与缢首相比,以绞首的方式将人杀死会更困难。

惩役、禁锢与拘留　自平成十七年(2005)1月1日起提高了自由刑的上限。**惩役**是指在服自由刑时从事规定的劳动(刑务作业),与不用从事规定劳动的**禁锢**相区别(《刑法》第12条第2款,第13条第2款)。但是,服禁锢刑的犯人也可以根据其希望从事刑务作业。惩役、禁锢分有期与无期,有期是指1个月以上20年以下(第12条第1款,第13条第1款;上限由以前的15年改为了现在的20年)。但加重时可加至30年(修改前是20年),减轻时可减至1个月以下。**拘留**是指将服刑人员拘禁于刑事设施的刑罚,期间为1日以上不满30日。＊平成十八年(2006)扩张了科处罚金的犯罪(第235条等)。

自由刑的执行　一般认为服刑人员的处遇目的在于"矫正及社会复归"。刑罚制度当然是以广义上的"社会防卫(防止犯罪以保卫社会)"为目标的,必然会伴随着因执行自由刑而出现的剥夺自由及关押在刑事设施里等苦痛,但超出该范围的苦痛则不应该得到承认(联合国《囚犯待遇最低限度标准规则》第57条)。过去,自由刑的执行是以"独居拘禁制度"为核心的;但随着教育行刑思想的发展,采用了"累进处遇制度"(1993年《行刑累进处遇令》),即将行刑过程分为几个阶段,逐渐提高服刑人员在刑事设施内生活的自由度。战后的行刑以服刑人员分类与处遇个别化为目标展开。另外,还通过了假释制度等,以发展社会内处遇为目标。

假释　在日本广泛承认**假释**制度,即虽然没有执行完自由刑,但从目前的执行状况来看认为已经没有必要继续执行时,将服刑人员暂时释放,如果顺利经过了剩余刑期的期间,则免除刑罚的执行。假释是《刑法》中规定的狭义的假释与假出所的总称。**狭义的假释**[平成十七年(2005)《刑事收容设施法》修改前的**假出狱**]是指,被判处惩役或者禁锢者若有悔改表现,在有期刑的执行经过 **1/3**、无期刑的执行经过10年后,根据地方更生保护委员会的决定予以释放(《刑法》第28条)。**假出所**是指,依情节可以根据地方更生保护委员会的决定准许被判处拘留者离开拘留场所(《刑法》第30条)。尤其是从1984年3月起开始推行积极适用假释的措施。[16]

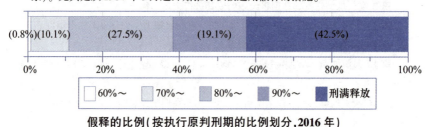

假释的比例(按执行原判刑期的比例划分,2016年)

＊　除"惩役""禁锢"可以统一替换成拘禁刑来理解外,根据修正后的日本《刑法》第12条、第16条,拘禁刑与拘留都是将犯罪人拘禁在刑事设施中;为了谋求被科处拘禁刑或拘留的人改过自新,可以使其从事必要的作业或者对其进行必要的指导。——译者注

〔16〕　2016年出狱的服刑人员中,57.5%是被假释的。

(3) 财产刑

> **第 15 条** 罚金为一万日元以上。但减轻时可以减至不满一万日元。
> **第 17 条** 科料为一千日元以上不满一万日元。
> **第 18 条第 1 款** 不能缴清罚金者应在一日以上二年以下的期间内留置于劳役场。
> **第 2 款** 不能缴清科料者应在一日以上三十日以下的期间内留置于劳役场。
> (第 3 款以下略)
> **第 19 条第 1 款** 下列之物可以没收:
> ① 组成犯罪行为之物;
> ② 供犯罪行为使用或者将要供犯罪行为使用之物;
> ③ 因犯罪行为所产生或所获得之物,或者作为犯罪行为报酬所获得之物;
> ④ 作为前项所列之物的对价所获得之物。
> **第 2 款** 只能没收不属于犯人以外之人的物。但即便是属于犯人以外之人的物,犯罪后知情并取得该物时,也可以没收。
> **第 19 条之二** 前条第 1 款第 3 项和第 4 项所列之物的全部或者部分不能没收时,可以追征其价款。
> **第 20 条** 对于只该当拘留或者科料的犯罪,若无特别规定则不得科处没收。但对于第 19 条第 1 款第 1 项所列之物的没收,不在此限。

罚金与科料　　财产刑是将一定的金额缴纳给国库。《刑法》将 1 万日元以上[17]的财产刑规定为罚金,将 1000 日元以上不满 1 万日元[18]的财产刑规定为科料。

留置于劳役场　将不能缴清罚金的人留置于劳役场,这没有被规定为"刑罚"(参见第 9 条),所以属于财产刑的特殊执行方法。但不能否认的是,这实质上具有换刑处分的性质,即通过剥夺自由来替代财产刑。因为具有这种实质上的性质,所以根据犯罪后的法律留置于劳役场的期间发生变更时,准于刑罚的变更,适用第 6 条的规定(→第 67 页)。

在科处罚金或科料时,必须对留置于劳役场进行宣告,对罚金宣告缓刑(参见第 25 条)时也一样。但是对于少年不能宣告留置于劳役场(《少年法》第 54 条)。对于法人,因其性质也不能宣告留置于劳役场。

---

[17] 平成三年(1991)法律修改前是 4000 日元以上。上限由各罚则予以规定。另外,对于《刑法》《暴处法》以及有关整备经济关系罚则的法律上的犯罪之外的其他犯罪所规定的罚金,其最高数额不满 2 万日元时以 2 万日元为最高数额,其最低数额不满 1 万日元时以 1 万日元为最低数额(《罚金等临时措施法》第 2 条第 1 款本文)。

[18] 平成三年(1991)修改前是 20 日元以上不满 4000 日元(《罚金等临时措施法》)。

没收 　**没收**是由裁判所作出的、剥夺与犯罪相关联的一定有体物的所有权的裁量性处分,是在宣告主刑时附加其上科处的刑罚(参见第9条)。没收在法律性质上是一种财产刑,但也包含着使犯罪人不能保有通过犯罪所获得的利益、消除目的物的社会危险性这一刑事政策目的。

　　本条规定的没收是任意性的。但是在第 197 条之五以及特别法中存在与本条规定不同的情形,如承认对第三人所有物进行没收,或者规定了必要性的没收等(本条是一般法,优先适用特别法→参见各论第 8 章第 8 节 9)。

　　对于只该当拘留或者科料的犯罪,不得科处没收(第 20 条)。[19]

没收的对象物　　"物"是指有体物,不仅是动产还包括不动产,但对利益不能没收(有价证券等有体物化了的利益,可以没收)。物因消费、丢失、让渡、破坏、混同等失去同一性时,不能予以没收(→**追征**)。对于金钱,虽然也必须具有特定性,但只要存在特定性,即便兑换成了其他货币也能予以没收。能够没收**主物**时,也可以没收其**从物**(枪支与装填其中的弹药,刀与刀鞘等)。对于犯罪后产生的**果实**,若能评价为现有物品的自然增加则可予以没收。

　　没收的对象物包括:① 组成犯罪行为的**组成物件**(例如贿赂罪中的贿赂、传播淫秽物品罪中的淫秽物品、犯行使伪造文书罪时的伪造的文书);② 供犯罪行为使用或者将要供犯罪行为使用的**供用物件**[20](作为杀人罪、伤害罪的手段所使用的"凶器");③ 因犯罪行为所产生的**产出物件**(犯伪造文书罪,结果所产生的"伪造的文书")或因犯罪行为所获得的**取得物件**(赌博赢得的财物),或者作为犯罪行为的报酬而获得的**报酬物件**;④ 作为③中之物的对价所获得的**对价物件**(第 19 条第 1 款)。

> **供用物件**　最决平成三十年(2018)6 月 26 日(刑集第 72 卷第 2 号第 209 页)指出,强制猥亵罪、强制性交罪的实行者"为了让被害人知晓其犯行时的样子被拍摄下来了,使被害人放弃向侦查机关请求处罚被告人的想法,从而避免被追究刑事责任",于是偷偷地拍下了犯罪行为,在此情形中藏匿拍摄数据的数码摄像机该当《刑法》第 19 条第 1 款第 2 项中所说的"供犯罪行为使用之物"。
>
> 实行行为终了后,在出于使逃跑更为容易等确保犯罪成果的目的而实施的行为中,所使用的物品也属于供犯罪行为使用之物。例如,偷鸡之后为了搬运起来方便而用于砍掉鸡头的长柄尖刀或小刀,也属于供确保盗窃结果之用的物品,可以没收这些物品[东京高判昭和二十八年(1953)6 月 18 日(高刑集第 6 卷第 7 号第 848 页)]。

---

〔19〕　宣告没收时,若对象物在判决时已经确定了,则没有必要由裁判所来扣押。
〔20〕　在入户盗窃的案件中,只起诉盗窃罪时,既判力也会及于未起诉的侵入住宅罪,可以没收侵入住宅时用作工具的撬棍。

对第三人的没收　只有**当物不属于犯人以外之人时**才可以没收（第 19 条第 2 款）。第 19 条第 2 款原则上禁止没收第三人的所有物，盗窃获得的赃物为第三人所有时，不能予以没收（属于共犯所有时，可以没收该物）。但是，如果履行了告知第三人、给予其辩解机会等程序，也有可能没收第三人之物［参见《有关刑事程序中第三人所有物没收程序的应急措施法》。关于对第三人进行没收的合宪性，参见最判昭和三十七年（1962）11 月 28 日（刑集第 16 卷第 11 号第 1577 页）］。另外，第 19 条第 2 款中的"知情并取得"是指认识到该物符合第 1 款各项的事实后取得该物。

追征　犯罪时尚能没收的一定的物，事后在法律上或事实上变得不能没收时[21]，承认追征这一任意性处分。[22] 这种处分旨在命令犯罪人向国库缴纳替代本应没收之物的金额（第 19 条之二）。因此，对于本来就不能没收的非有体物、**属于犯人以外之人所有的物**，不能予以追征。**追征的价款以行为时为基准**［最大判昭和四十三年（1968）9 月 25 日（刑集第 22 卷第 9 号第 871 页）］。没收的对象物是金钱时，追征的价款与金钱的额度相同；没收的对象物是物时，追征的价款是该物客观上的价格。对于公示了定价的物，依该价格；对于没有公示定价的物，则依据客观上被认为是正当的价格［最判昭和三十一年（1956）12 月 28 日（刑集第 10 卷第 12 号第 1811 页）］。

> **特别规定**　《刑法》本身设置了有关没收、追征的特别规定（关于贿赂罪的第 197 条之五→各论第八章第八节 9）。不能没收贿赂时，要追征其价款。不能没收是指：① 设宴款待、艺妓表演等本来就不适合没收的情形；② 收受贿赂后消费了或贿赂灭失了的情形；③ 与其他物混同或者转移给了不知情的第三人所有，从而不能没收的情形等。应追征的价款以收受贿赂的时期为基准进行计算［最大判昭和四十三年（1968）9 月 25 日（刑集第 22 卷第 9 号第 871 页）］。

---

[21]　典型的如裁判时对象物已被消费的情形。此外还有因混同、损毁、加工、丢失等不再作为"物"存在或失去同一性的情形（→各论第四章第八节 1），以及善意第三人取得所有权等物权的情形，等等。
　　作为兴奋剂对价而获得的一张 1 万日元纸币与钱包内其他 1 万日元纸币混杂在一起，无法确定该纸币。尽管如此，在从中任意取出一张 1 万日元纸币后另行保管剩下的其他现金这一事实关系下，可以从任意取出的一张 1 万日元纸币与剩余现金组成的混合财产中没收金额为 1 万日元的已混合的不法财产［东京高判平成二十二年（2010）4 月 27 日（判夕第 1344 号第 253 页）］。
[22]　裁判所不仅可以裁量是否要科处追征，而且允许在可追征金额范围内裁量确定要追征多少金额。但需注意，存在不少规定了必要性追征的特别规定。

此外,特别刑法中有的规定对第 19 条没收对象物件以外的也承认没收(《枪刀法》第 36 条),有的规定则相当广泛地承认对第三人的没收(《酒税法》第 54 条等)。[23]

毒品犯罪与追征 应特别予以注意的是为了应对麻药新条约*而通过的《麻药特例法》中的没收与追征规定。该法将毒品犯罪的取得财产、报酬财产以及提供资金等罪的资金规定为"不法收益",此外还将不法收益的果实、对价等基于保有或处分不法收益而获得的财产规定为"源于不法收益的财产",并承认对其的没收与追征(参见古田他,《法曹时报》第 44 卷第 7 号第 15 页)。该法中承认了与以往的没收、追征有所不同的"刑罚"。

关于《麻药特例法》中的不法收益,最判平成十五年(2003)4 月 11 日(刑集第 57 卷第 4 号第 403 页)认为,《麻药特例法》第 2 条第 3 款中的"通过毒品犯罪的犯罪行为所获得的财产"是指,犯人通过该当毒品犯罪构成要件的行为本身所获得的财产;犯人接受其他共犯交付的财产,在完成毒品犯罪的过程中予以消费、使用的,该财产不属于**通过犯罪行为所获得的财产**。[24] 此外,最决平成十七年(2005)7 月 22 日(刑集第 59 卷第 6 号第 646 页)认为,犯罪行为表现为让渡规制药物时,"通过毒品犯罪的犯罪行为所获得的财产"应该理解为作为规制药物的对价所获得的财产本身,所以没收或追征时不应该扣除犯人为获得该财产而支出的费用等。

共犯关系与追征 存在共犯时,从追征的性质出发即以剥夺因犯罪而获得的不法利益为目的,原则上是从现实中获得利益的人那里进行追征。关于贿赂罪中的追征,判例认为,数人共同收受贿赂时,按照各自分赃额度予以追征;分赃额度不明时,将额度平均分配后予以追征。市长 X 与作为其支持者的非公务员 Y 共谋后,在与 X 的职务相关的事务上,由 Y 收受了来自高尔夫球场开业者的贿赂,合计现金 1.5 亿日元,但该贿赂在二人之间的分配状况等不明。关于该案,最决平成十六年(2004)11 月 8 日(刑集第 58 卷第 8 号第 905 页)认为,关于共同正犯共同收受的贿赂,该贿赂还现

---

[23] 判例从合宪性视角出发对这些规定进行了限制解释[最大判昭和三十二年(1957)11 月 27 日(刑集第 11 卷第 12 号第 3132 页);最判昭和三十三年(1958)4 月 15 日(刑集第 12 卷第 5 号第 895 页)]。

* 即《联合国禁止非法贩运麻醉药品和精神药物公约》。——译者注

[24] 但是又认为,为完成毒品犯罪的犯罪行为而消费后将剩余金额作为该行为的报酬而获得时,对于接受共犯的交付后由犯人所有的财产可以全额没收。另外,最判平成十五年(2003)4 月 11 日认为,为实行犯罪而接受共犯交付的往返机票并使用其中的去程机票进入日本的犯罪人,在实行完犯罪的次日为离开日本而持有的回程机票,属于《刑法》第 19 条第 1 款第 2 项中的"供犯罪行为使用或者将要供犯罪行为使用之物"[立足于该判决,最判平成十五年(2003)10 月 28 日(判夕第 1138 号第 81 页)认为,对于为完成毒品犯罪而接受共犯交付且已经使用的去程机票,追征其价款是违法的]。

实存在时,可以对各共犯分别宣告没收各自的全部贿赂;所以,根据追征是没收的换刑处分这一点,不能没收时的追征也一样,可以针对各共犯分别命令征收其收受的全部贿赂价款;另外,没收、追征旨在不允许犯罪人保有不正当的利益,所以并非通常都必须命令追征各人的全部价款;命令予以追征时,允许依裁量对各人分别命令追征部分的价款,或者仅对部分犯罪人科处追征,这样的理解是妥当的。所以该决定指出,原判断旨在宣告对两名被告人分别追征贿赂总价款的1/2即7500万日元,具有相应的合理性,并没有破坏必要性追征的旨趣。

最判平成二十年(2008)4月22日(刑集第62卷第5号第1528页)认为,对**帮助犯**而言,能够作为毒品犯罪的收益等从而根据《麻药特例法》第11条第1款、第13条第1款予以没收或追征的,仅限于帮助犯通过该帮助行为所获得的财产等;正犯通过其犯罪行为获得毒品犯罪的收益等时,不能以帮助了该犯罪行为为由对帮助犯科处与正犯同样的没收或追征。

(4) 刑罚权的消灭

<u>消灭事由</u>　如果刑罚执行结束了[25],则国家的刑罚权消灭;但国家的刑罚权也会因犯人(服刑主体)的死亡(法人的消灭)、恩赦、刑罚时效[26]而消灭。[27]

恩赦　恩赦是指国家性的庆祝或悼念时,行政权消灭、削减部分乃至全部刑罚权的制度。虽然不能说该制度完全没有意义,但从刑事司法的视角来看,这是个相当有问题的制度。恩赦由以下五种组成:① **大赦**,即对于犯下政令所规定犯罪的所有人消灭刑罚权;② **特赦**,即对于被宣告有罪的特定人,使该宣告丧失效力;③ **减刑**;④ **免除刑罚的执行**;⑤ **复权**,即恢复因宣告刑罚而丧失的资格、权利。

---

[25] 也会因为假释期间、缓刑期间的届满而消灭。

[26] 刑罚时效是有别于"公诉时效"——以经过一定期间为条件消灭公诉权——的制度,即刑罚的宣告确定后,在一定期间没有受到确定裁判的执行时"可以免除刑罚的执行"(第31条)。刑罚时效的期间为:① 死刑时没有刑罚时效;② 无期惩役或者禁锢时为30年;③ 10年以上的有期惩役或者禁锢时为20年;④ 3年以上不满10年的惩役或者禁锢时为10年;⑤ 不满3年的惩役或者禁锢时为5年;⑥ 罚金时为3年;⑦ 拘留、科料及没收时为1年(第32条)。

[27] 《刑法》第34条之二第1款规定,"禁锢以上的刑罚已经执行完毕或者被免除执行者,经过十年未被判处罚金以上刑罚的,刑罚宣告丧失效力。罚金以下的刑罚已经执行完毕或者被免除执行者,经过五年未被判处罚金以上刑罚的,亦同";第2款规定,"被宣告免除刑罚者在宣告确定后,经过二年未被判处罚金以上刑罚的,免除刑罚的宣告丧失效力"。该条规定的不是有关刑罚权的消灭问题,而是关于执行刑罚后的法律上的复权问题,即所谓的"前科的抹消"。

|时效的修改| 平成二十二年（2010）进行了有关时效的修改。[28] 首先，关于**公诉时效**修改如下：造成人死亡的犯罪中，该当**死刑**的，**被排除在公诉时效的对象之外**；该当无期惩役或者禁锢的，公诉时效的期间为 **30 年**（《刑事诉讼法》第 250 条）。考虑到与有关公诉时效的处理相均衡，关于**刑罚时效**，除将死刑从刑罚时效的对象中排除出去外（第 31 条、第 34 条第 1 款），还延长了刑罚时效的期间，将无期惩役或者禁锢的时效延长至 30 年，将 10 年以上有期惩役或者禁锢的时效延长至 20 年（第 32 条第 1 项、第 2 项）。

---

[28] **公诉时效**是指，在一定期间没有提起公诉时公诉权消灭。在日本，公诉时效完成的期间是以对象犯罪的法定刑为基准的（《刑事诉讼法》第 250 条）。**刑罚时效**是指，经刑事裁判受到刑罚（死刑除外）宣告者，在该宣告确定后经过一定期间没有执行刑罚时，刑罚权消灭（《刑法》第 31—34 条）。

译者后记

这是我第二次翻译前田雅英教授的《刑法总论讲义》。初次翻译时我还在早稻田大学攻读博士学位,那时翻译的是第 6 版,中译本已由北京大学出版社于 2017 年 12 月出版。感谢出版后诸多师友善意的评价,让我无论是在翻译技巧方面还是在对前田教授刑法思想的理解方面都有了不少长进。后来北京大学的助理教授,也是我的好友张梓弦老师与我闲聊时提到,前田教授的第 7 版《刑法总论讲义》《刑法各论讲义》已经出版;据说前田教授当时是把第 7 版作为最终讲义来撰写的,其中更多地体现了他的个人想法,而不是像前几版一样受限于其导师平野龙一博士的见解,有较大的出版价值,问我是否有翻译新版的打算。这立即激起了我的翻译欲望。

虽然在高校的科研考核中译著算不上重要的科研成果,但作为前田教授体系书[1]在中国大陆地区的首位译者,我自觉有翻译该最终版的使命感,同时也十分希望能把体系书的后半部分,即《刑法各论讲义》呈现给读者朋友。另外,还有个极其个人的理由。我与前田教授同月同日生,他长我正好 40 岁,这令我近乎天然地对这位相隔近半个世纪的前辈学者充满好奇,对其理论倍感兴趣。于是我立即联系前田雅英教授、张明楷教授以及北京大学出版社表达翻译的意愿,获得了各方的允诺与支持。

但是,日本近年来刑法修改频繁,部分内容甚至是大改,如自由刑的单一化、缓刑规定的调整与精细化、性犯罪的体系化修正,等等。所以前田教授打破第 7 版作为最终版的原有规划,积极应对立法及判例中出现的重大变化,修订出版第 8 版体系书(总论部分已于 2024 年 5 月底由东京大学出版会出版,各论部分也已纳入出版规划)。在此背景下,仍然出版第 7 版中译本是否还有价值,令我十分苦恼。沟通后,前田教授鼓舞我说修法对总论部分的影响不大,第 7 版中彰显其理论特色的实质犯罪论这一核心思想在第 8 版中并

---

〔1〕 在日本,同一位学者可能会撰写多本有关刑法全貌的书,但这些并非都能被称为体系书。简单地说,体系书是学者基于自身对刑法的理解,逻辑一致地逐一整理刑法中的重要问题并阐述自己观点的著作。因此,体系书是一位学者刑法立场与思想的总决算,是一项需用毕生之力来完成的事业。就刑法部分问题展开个别研究的论点式著作,便于初学者学习的入门书,面向全体国民介绍刑法的概说书,以实务家为对象的刑法释义书,将在期刊杂志上连载的文章汇编成册的刑法讲解书,由诸多学者共同编纂的法条评注书,乃至学者在某一特定时期为方便教学而撰写的教科书,都不能称为体系书。

没有改变,还是希望能够尽早出版本书,以便中国读者了解其对刑法总论重要问题的最新看法。至于各论部分,由于对性犯罪做了大幅度修改,所以前田教授倾向于能够直接出版第8版各论中译本。我十分理解、赞同且尊重前田教授的想法,所以在日文第8版总论已经面世的情况下,仍然坚定了出版本书的想法。但遗憾的是无法实现当初第7版总论与各论中译本同时出版的愿望,只能等日文第8版各论出版后再行翻译。在此,不得不对读者们说声抱歉。

在第6版总论中译本的后记中,我曾对前田刑法学(体系书)的特色做过以下三点总结:"(1)前田教授坚持实质的解释论,力求在处罚必要性与罪刑法定主义之间取得平衡,在解释上具有极大的灵活性。(2)前田教授强调'国民规范意识',基于最新的犯罪形势与刑事政策,最大限度地尊重裁判所的判断,并以此为出发点来解释各理论问题。(3)前田教授善于运用图表的形式,将复杂的理论争议与难以理解的术语概念等形象地表现出来,易为初学者所接受。"这三点特色在第7版总论中同样表现得淋漓尽致。

在第6版总论中译本后记中,我还曾对上述第二点特色做了详细说明,指出"前田教授最大限度地支持裁判所的结论,可以说在理论联系实务方面做得最为出色。……但与此同时,由于不同时期裁判所的构成与价值取向有着微妙的变化,要将积累了几十年的最高裁判决(及决定)乃至下级裁判所与大审院时代的判决(及决定)都整合在一起,难免有损体系上的一致性,难免会遭受逻辑性不强的批判。可以说,在'问题指向型的思考'与'体系指向型的思考'之间,前田教授义无反顾地选择了前者。……正是这种紧跟判例发展、考虑国民可接受性的刑法解释学,成就了前田教授在学界与实务界的地位与分量"。在此,想结合上述第一点特色再稍微谈一谈前田刑法学中最具特色的"实质犯罪论",或者说"日本式的犯罪论"。[2]

前田教授在亲自撰写的退休纪念文集《法の奥底にあるもの——ゆく川の流れは絶えずして万事塞翁馬》(羽鸟书店,2015年)中,对其成长、求学以及40年教研经历(1975—2015年于日本东京都立大学)作出了回顾性总结,对其所主张的实质犯罪论更是予以了平易且翔实的阐述。该书副标题中的后半段"塞翁失马,焉知非福"概括了前田教授对待人生的态度,而前半段"逝水川流不息"则恰到好处地点明了实质犯罪论的精髓。在前田教授看来,实质犯罪论并不意味着从固定不变的基本立场出发,仅在刑法解释的技巧或方法上采取实质态度,而旨在从根本上就对犯罪理论的基本立场保持目的性追求。换言之,把前田教授所主张的实质犯罪论矮小化为仅与严格的文

---

[2] 前田教授在日文第8版总论前言中对实质犯罪论做了更为鲜明的揭示与总结,其核心观点也反映到了本书《致中国读者》中。

义解释处于相对位置上的实质解释论,恐怕是不妥当的,低估了其实质犯罪论的思想价值。

前田教授认为,犯罪理论不是为了弄明白犯罪的本质,不过是为了合理确定值得处罚的行为的工具,其应该随着待解决的具体问题状况而发生变化。他指出,真理是变动着的,理论是虚幻的;从法理论推导不出结论,法解释不过是隐藏价值判断的戏法。当然,实质的犯罪论并非完全抛弃法解释,只是认为并不能从理论直接推导出价值判断。"价值"会依状况而发生变化,所谓正确的价值只能求诸现代社会当下的国民。法解释的作用在于说明结论(价值判断)的妥当性或者说可接受性,变动发展着的犯罪论是在"细致绵密的分析"与"令妥当的结论易于理解"之间求取调和。

由此不难理解,为何我国学者长期将前田教授划入结果无价值论的阵营,但读其《刑法总论讲义》时却总感觉他并不像典型的结果无价值论者,甚至在对判例的解读上更有行为无价值论的味道。这主要是因为,从实质犯罪论的思想来看,本就不该固守结果无价值论或行为无价值论的立场然后形式地演绎出解释结论。在前田教授看来,毋宁说正是在某一具体时空状态下对某一具体问题的合理应对,才反过来彰显出此时仅考虑结果无价值是合理的,抑或不得不同时考虑行为无价值等。在此意义上,可以说实质犯罪论给以往理论的思想根基或者说思考模式带来了巨大冲击,是极富挑战性的观点。另外,在实质犯罪论的观念下,前田教授敏锐地指出,现代日本社会与战后的昭和时代不同,75年间的变化导致当下不能一味地强调刑罚谦抑主义,不能说刑罚谦抑主义就是不变的正确理论。学说的任务也不仅限于通过理论来控制实务中过于宽广的处罚范围,在与基于国民规范意识的处罚必要性相衡量后,不能说处罚范围越窄就越好,而是要强烈地意识到"国家权力保护国民免受人权侵害"的作用。这与我国近年来兴起的积极刑法观确有不少相似之处,其思想观点可供我国学界参考借鉴。

如此一来,前田教授才特别强调,必须依据"价值判断",即国民的规范意识来对"理论"展开修正工作。他认为,对曾经作出的价值判断进行修正,这对学者而言并不是什么羞耻之事。本书《致中国读者》的结尾处说,"世间不存在违背人民意愿的正义"。多么简洁有力地说出了国民规范意识的重要性!前田教授还认为,法律世界衡量的精髓在于"保守",没有节度就不可能有自由。"慎重"是法律的优点,尤其是刑法,为应对激昂的处罚感情而立即作出立法回应并不理想,需要等待国民规范意识的成熟。而受到信任的判例正是国民规范意识的投影。他并不赞同脱离判例,由所谓优秀学者先构筑精致的体系论再由此推导出所谓价值判断的做法。在通说与判例发生偏离的场合下，前田教授把判例中心主义贯彻到底，一直致力于通过判例研究进口的西欧近代法理论是如何适应于日本社会的。

自明治七年(1874)聘用波阿索那德开始编纂西欧型的刑法起，150年间日本刑事立法与判例的庞大积累，已经形成了不同于德国型的刑法理论。如本书《致中国读者》中所提到的，在以因果关系论、正当防卫论、故意论、未遂论以及共犯论为代表的犯罪论重要领域，几乎都完成了"判例"中的刑法解释对"德国式学说"的全面替换。这套以日本的国民规范意识为支撑的日本型刑法理论，正是前田教授试图呈现给大家的实质犯罪论。当然，前田教授也清晰地意识到，由于国民规范意识仍然会随着时代发展而变化，应对当前价值判断的现代刑法解释论不可能是研究的终点，只是研究过程中的途经点。如今看似大体完成的日本型刑法理论，也不过是进一步展开的出发点而已。自尚在日本攻读博士学位时起，前田教授在与我的交谈中就反复叮嘱，作为中国学者，一定要关注中国自身的问题，考虑中国的犯罪形势与刑事政策，打造"中国型"的刑法理论，而不能一直依赖日本或德国的理论。这与当前我国刑法学界试图构建中国刑法学自主知识体系的大潮流可谓不谋而合。

另外，本书基本沿袭了第6版总论中译本的翻译方针与风格。但为了让表述方式更符合中文读者的阅读习惯，较之前版，本书更少拘泥于日语文法表达，更多采用意译手法。原书中涉及《刑法各论讲义》时指引参照的是日文第6版，但翻译本书时由于已经出版了日文第7版（且原本打算翻译该版与本书一同出版），所以本书将指引参照的内容替换为了日文第7版的相应章节。对于原书中疑似错漏之处，我已与前田教授一一核实，故本书按照修正后的文本进行翻译。虽然在大学工作已有8年，还算顺利地评定了职称，也有了自己的硕士生、博士生，但翻译时的心境依旧不变。能够担当前田教授这样重量级日本刑法学者体系书的翻译工作，深感荣幸又诚惶诚恐。所以对于本书，依旧怀揣着慎之又慎的心情仔细打磨，不敢懈怠敷衍。虽已尽可能疏通语句，但限于理解与翻译能力，恐仍有读来难明其义之处，文责完全在我，还请各位读者多多见谅，不吝赐教。[3]

最后，要感谢前田雅英教授一直以来的信任与支持，通过会面、邮件等方式与我交流并给予宝贵指导。也要感谢我的两位恩师，清华大学的张明楷教授与早稻田大学的松原芳博教授，没有他们的教导，我对日本刑法学的理解无法达到能够顺利完成翻译本书的程度。还要感谢北京大学的江溯教授，正是因其大公无私的牵线搭桥，我才有机会担任前田教授刑法体系书的译者一

---

[3] 关于译文中的错误，还请读者能致信 zengwk1989@126.com 予以指正。也欢迎读者来信与译者讨论本书中的其他问题。

职。同时，感谢目前正在清华大学攻读博士学位的罗雨荔同学，她是我指导的第一届硕士研究生，其凭借出色的日语能力承担了新旧两版日文原稿的比对工作，节省了本书的翻译时间。另外，我指导的博士研究生童俣菏、王宸以及硕士研究生王晶妍、罗博成、杨崴、周泽伊、粟志杰、王倩、张致志、张瀚文、刘成等同学在译稿校对阶段通读全文，提出了不少翻译上的有益意见。此外，多亏了此前郭栋磊先生辛勤的编辑工作与离职后仍不余遗力的推荐，第6版总论中译本才能迅速面世且让本书也得以立项。在本书出版环节，受疫情影响，毕苗苗先生、孙嘉阳女士、张宁女士三位先后接力承担了本书繁重的版权申请与编辑校对工作，尤其是张宁女士亲自来办公室与我逐一确认校对过程中发现的种种问题。没有他们的认真负责，难以想象本书会是何种面貌。深知出版译著不易，在此对北京大学出版社以及各位编辑老师表达诚挚的谢意。

译事多艰辛，却也自觉乐在其中。希望自己能够早日将前田教授的《刑法各论讲义》译出并付梓出版，为读者朋友还原一套完整的前田刑法学。

曾文科
2024 年 6 月 14 日

附表　日本全部缓刑与部分缓刑的对比

	全部缓刑	刑法中的部分缓刑	毒品成瘾者的部分缓刑
前科	情形①：以前未被判处过拘禁刑[4]以上刑罚 情形②：以前虽被判处拘禁刑以上刑罚，但自执行完毕或者获得免除执行之日起 5 年内未再被判处拘禁刑以上刑罚 情形③：以前虽然被判处过拘禁刑以上刑罚但被宣告全部缓刑（但是，因该情形已被再度宣告全部缓刑后在保护观察期间内又再犯罪的除外）	① 以前未被判处过拘禁刑以上刑罚 ② 以前虽被判处拘禁刑以上刑罚但被宣告全部缓刑 ③ 以前虽被判处拘禁刑以上刑罚，但自执行完毕或者获得免除执行之日起 5 年内未再被判处拘禁刑以上刑罚	

---

〔4〕 2022 年 6 月的日本刑法修正中，将以往的惩役刑与禁锢刑统合规定为拘禁刑。该修正内容已在立法机关通过并公布，虽然目前尚未施行，但将自 2022 年 6 月 17 日起 3 年内依政令所确定的日期（具体而言预计是 2025 年 6 月 1 日）起施行。因此，本书除引用其他文献中的表述时或特意讨论惩役刑或禁锢刑时之外，均不再区分惩役与禁锢，直接使用拘禁刑这一表述。

(续表)

	全部缓刑	刑法中的部分缓刑	毒品成瘾者的部分缓刑
宣告刑	情形①②：3年以下拘禁刑或者50万日元以下罚金 情形③：2年以下拘禁刑	3年以下拘禁刑	因服用毒品等之罪或者因服用毒品等之罪及其他罪，被判处3年以下拘禁刑
考虑要素	情形①②：根据情节 情形③：具有应当特别斟酌的情节	考虑犯罪情节的轻重及犯人的境遇等情节，认为对防止再犯而言是必要且相当的	考虑犯罪情节的轻重及犯人的境遇等情节，认为接续刑事设施中的处遇在社会内实施有助于改善对规制毒品等依赖的处遇，对防止再犯而言是必要且相当的
缓刑期间	判决确定之日起1年以上5年以下	实刑部分执行完毕之日或者不受执行之日起1年以上5年以下	
保护观察	前科要件中的情形①与②可以交付保护观察，情形③必须交付保护观察	可以交付保护观察	必须交付保护观察
必要撤销事由	① 宣告缓刑后再犯罪被判处拘禁刑以上刑罚，该刑罚未被宣告全部缓刑 ② 因宣告缓刑前所犯其他罪在宣告缓刑后被判处拘禁刑以上刑罚，该刑罚未被宣告全部缓刑 ③ 宣告缓刑后发现因宣告缓刑前的其他罪被判处拘禁刑以上刑罚（但是，该刑罚被宣告全部缓刑的，或者自执行完毕或者获得免除执行之日起5年内未再被判处拘禁刑以上刑罚的除外） ④ 竞合的两个以上缓刑中，其中一个被撤销	① 宣告缓刑后再犯罪被判处拘禁刑以上刑罚 ② 因宣告缓刑前所犯其他罪在宣告缓刑后被判处拘禁刑以上刑罚	

(续表)

	全部缓刑	刑法中的部分缓刑	毒品成瘾者的部分缓刑
裁量撤销事由	① 在缓刑考验期内再犯罪被判处罚金	① 宣告缓刑后再犯罪被判处罚金	
	② 被交付保护观察者不遵守应当遵守的事项,情节严重	② 被交付保护观察者不遵守应当遵守的事项	
	③ 发现因宣告缓刑前的其他犯罪被判处拘禁刑以上刑罚,该刑罚被宣告全部缓刑		
经过缓刑期间的效果	刑罚的宣告丧失效力[但是,对于全部缓刑期间的再次犯罪(仅限于该当罚金以上刑罚的)提起公诉时,在效力存续期间内(即缓刑期间经过之日起至全部缓刑宣告尚未被撤销为止)原判刑罚的宣告仍然有效。原判刑罚在该效力存续期间内视作被宣告了全部缓刑]	原判拘禁刑减轻为以未被暂缓执行的那部分期间为刑期的拘禁刑。该部分期间执行完毕或不受执行之日,作为所受刑罚执行完毕之日[但是,对于缓刑期间的再次犯罪(仅限于该当罚金以上刑罚的)提起公诉时,在效力存续期间内(即缓刑期间经过之日起至部分缓刑宣告尚未被撤销为止)尚不减轻原判拘禁刑的刑期。原判刑罚在该效力存续期间内视作被宣告了部分缓刑]	